【英】安德鲁·克拉彭/著

ANDREW CLAPHAM

朱利江/译

布赖尔利万国公法

·第7版·

Brierly's
LAW OF NATIONS

(seventh edition)

中国政法大学出版社

2018·北京

Brierly's Law of Nations: An Introduction to the Role of International Law in International Relations, Seventh Edition
by Andrew Clapham
Copyright © Andrew Clapham 2012
Brierly's Law of Nations: An Introduction to the Role of International Law in International Relations, Seventh Edition was originally
published in English in 2012. This translation is published by arrangement with Oxford University Press. China University of Political
Science and Law Press Co., Ltd. is solely responsible for this translation from the original work and Oxford University Press shall have no
liability for any errors, omissions or inaccuracies or ambiguities in such translation or for any losses caused by reliance thereon.
《布赖尔利万国公法》一书英文版首次出版于 2012 年。该书中译本经牛津大学出版社授权出版。中国政法大学出版社对中译本翻
译的准确性完全负责。牛津大学出版社对中译本翻译质量以及因翻译质量问题所造成的任何损失概不负责。

版权登记号：图字 01-2017-9125 号

图书在版编目（ＣＩＰ）数据

布赖尔利万国公法：国际法在国际关系中的作用简介：第七版/（英）安德鲁·克拉彭著；
朱利江译.—北京：中国政法大学出版社，2018.8
ISBN 978-7-5620-8438-9

Ⅰ.①布… Ⅱ.①安… ②朱… Ⅲ.①国际公法－研究 Ⅳ.①D99

中国版本图书馆CIP数据核字(2018)第197140号

——

出 版 者	中国政法大学出版社
地 址	北京市海淀区西土城路 25 号
邮寄地址	北京 100088 信箱 8034 分箱 邮编 100088
网 址	http://www.cuplpress.com（网络实名：中国政法大学出版社）
电 话	010-58908524(编辑部) 58908334(邮购部)
承 印	固安华明印业有限公司
开 本	720mm×960mm 1/16
印 张	21
字 数	337 千字
版 次	2018 年 8 月第 1 版
印 次	2018 年 8 月第 1 次印刷
定 价	69.00 元

声 明 1. 版权所有，侵权必究。

2. 如有缺页、倒装问题，由出版社负责退换。

第七版序

"不管公正与否，世界认为今天的国际法需要改造；即使那些笃信其未来的人也极有可能承认，它在整个国际关系领域发挥的相对渺小的作用也是令人失望的。"[1] 这就是布赖尔利于 1924 年在牛津大学首讲的开幕演说中对国际法直接发出的批判声。在这一新版的《万国公法》中，我的目的是帮助布赖尔利再次揭示国际关系中国际法的作用，并且和他一起简明阐述国际法在今天的运作情况。新增加的副标题体现了布赖尔利对国际法发挥的作用的关注，并且体现了他的思想，即国际法"仅仅是我们可以用来建设一个更加健全的国际秩序的一个机制"。[2]

布赖尔利乐于看到，法律是为特定的目的而存在的，他认为存在"法律的目的"。可以说，它既为相互交流提供一个稳定、合理和有序的框架，同时"体现法律的社会正义（无论我们现在对这一措辞的含义如何解释）"。[3] 稳定和变革之间存在明显的对立，这一对立贯穿于他对国际法的认识。1924 年，布赖尔利认为，国际法"试图维持现有的价值，但很少创造新的价值"。[4] 要使国际法在国际关系中发挥作用，对它的认识必须与世界正在发生的变革有关，而且必须体

---

〔1〕 'The Shortcomings of International Law' (first published in the *British Year Book of International* Law, 1924), reprinted in J. L. Brierly, *The Basis of Obligation in International Law and Other Papers*, H. Lauterpacht and C. H. M. Waldock (eds), (Oxford: Clarendon Press, 1958) 68 – 80, at 68.

〔2〕 J. L. Brierly (ed.), *The Law of Nations: An Introduction to the International Law of Peace*, 5th edn (Oxford: Clarendon Press, 1955) preface, at v., 另见第一版序的开场白（前面）。

〔3〕 Ibid 23.

〔4〕 'The Shortcomings of International Law' (above), at 72.

现这种变革。布赖尔利认为，"非常有必要"考虑诸如"主权"或者"独立"在"现代社会"的含义。[5] 他想要我们承认，"由于国际社会的联系越来越紧密，话语已经发生了改变，而且正在持续改变它们的含义。"[6]

因此，我认为布赖尔利会同意更新此书的目的，即给读者们提供我们希望国际法在今天的国际关系中发挥的作用的一些看法。为了使本书通俗易懂，我不仅对内容正在发生改变的一些相关概念进行了研究，而且还寻找具体的实例，希望引起读者共鸣。我尽量采用一种体现布赖尔利和我对整本书有共识的散文风格，想象作为共同的作者对其一辈子研究的内容发表看法。因此，当我认为布赖尔利其他研究有助于支持某种观点时，我有时会穿插他在其他研究中的内容。而且，他的其他研究也帮助我努力想象在我们对某些新的内容（或删除的内容）的实际讨论中布赖尔利可能会怎么说。

为了保持这种双向对话，我决定从《布赖尔利万国公法》（第 5 版）开始，而不是从 1963 年由汉弗莱·沃尔多克（Humphrey Waldock）爵士编写的第 6 版开始。不过，我参考了沃尔多克爵士作出的一些修改，而且有时，当某种表述或思想是建立在布赖尔利的看法的基础上时，我会考虑沃尔多克爵士撰写的段落或者提到出版第 6 版时他在海牙国际法学院发表的讲演集。

脚注都会保留，也会扩大一些布赖尔利原先的参考书目，但是我认为，读者现在希望有进一步阅读的书目。而且，有时，有必要提到 1963 年以来出现的重要条约和判决。在过去五十年，国际法的研究急速增多。这些参考书目大多旨在帮助学生寻找本书框架以外的法律解释。在一些案件中，我故意强调那些与布赖尔利的研究具有相同传统的研究作出的贡献，我乐于提到沃恩·洛（Vaughan Lowe）编写的《国际法》，因为他自己认为布赖尔利的书是他编写的书的"始祖"。[7]

在过去五十年，出现了一些弥补国际法和国际关系领域空白的研究。有影响的国际关系学者尝试挑战那种认为国际法在国际关系中具有重要作用或影响的观点。布赖尔利对于那些怀疑国际法是否作为一套真实的义务在现实世界中运作的

---

〔5〕 Ibid 75.
〔6〕 Ibid 76.
〔7〕 （Oxford：OUP，2007），at 4.

人比较不耐烦，他说："那些从事国际事务实践的人（与仅仅思索国际事务的人相比），即政治家、外交家、法官、律师经常果断认为存在国际法中的法律义务。"[8] 今天，人们越来越认为不仅存在国际法这门法律，而且存在国际法律师这一律师队伍。[9]

布赖尔利的实证方法是建立在其作为政府的法律顾问经常接触国际法的日常适用的基础之上的。这种认为国际法是被日常讨论和适用的认识与他否定对"主权"和"独立"这样的概念进行抽象的政治学解释是相配的，他认为，进行抽象的政治学解释是容易产生误导的，而且具有反作用。在过去的半个世纪，一直有人努力尝试在国际法领域和国际关系领域恢复友好关系，[10] 现在这个版本就是为了加强布赖尔利关于国际法在国际事务中的真实作用的观点。

大多数最近的跨学科研究提到了分析话语的重要性，找到了术语的共同含义，并且形成了一种不仅使学者更好理解国际秩序的发展，而且推动国际法在国际关系中发挥更大作用的话语。从布赖尔利的观点中，我们可以看到语言学的方法，即他主张，实践者果断认为国际法是存在的，而且认为，由于采用的交流手段，理解国际法对于国际关系中的行为来说是基本的。这种通过国际法语言实现的社会化现象是一个（本版编者看到的）真实现象，而且从某种程度上解释了国际法的强大影响力。

法律方法就是实践者用来对付具体情况的"主张方式、语言表达方式"。[11]

---

[8] 'The Basis of Obligation in International Law' in Lauterpacht and Waldock（eds）（above），at 19.

[9] P. Sands, *Torture Team*: *Uncovering War Crimes in the Land of the Free*（London：Penguin，2009）. 2010 年，美国国务院法律顾问高洪柱（Harold Hongju Koh）这样向美国国际法学会致辞："但是，除了咨询外，我们还是美国政府关于国际法的良心……也就是说，法律顾问的一个最重要的作用是，当正在建议的政策选择是'合法但糟糕'时，向国务卿提出建议。"就像前任法律顾问赫尔曼·弗莱格（Herman Pfleger）说的那样："当法律和你的良心说'是'的时候，你不应当对你的客户说'不'；但是当你的法律和良心说'不'时，你不应说'是'。"'The Obama Administration and International Law', 25 March 2010.

[10] 进一步参见 A. - M. Slaughter Burley, 'International Law and International Relations Theory：A Dual Agenda', 87 *AJIL*（1993）205 – 39；A. M. Slaughter, A. S. Tulumello, and S. Wood, 'International Law and International Relations Theory：A New Generation of Interdisciplinary Scholarship', 92 *AJIL*（1998）367 – 97；R. O. Keohane, 'International Relations and International Law：Two Optics', 38 *Harvard International Law Journal*（1997）487 – 502；M. Byers（ed.）, *The Role of Law in International Politics*：*Essays in International Relations and International Law*（Oxford：OUP，2000）.

[11] M. Koskenniemi, 'Letter to the Editors of the Symposium', 93 *AJIL*（1999）351 – 61，at 359.

尽管法律方法可能的确有所不同，但是要看国际法是如何发挥作用的，就必须理解更深的结构和用来解释它们的法律标签。[12] 而且，理解法律词汇有助于理解国际关系中正在发生的事情。一项最近的跨学科研究显示，"在国际上，国际关系的'正式语言'是国际法的语言。这意味着，不仅法律规范正在成为国际话语的一部分，而且法律推理的标准形式已经悄悄混进了国际'对话'"。[13]

尽管有人认为，布赖尔利认为国家是国际法唯一关注的对象，而且过度关注国家对法律的执行，[14] 但是我认为，我们可以找到证据证明，他不仅关注个人和某些组织的作用，而且实际上他还非常关注当时不把非国家行为者视为国际法主体的主流学说的明显失败。在 1928 年，他写道：

> 任何国家的法律的主体既包括个人，也包括机构，因此没有理由认为国际法不应成为（如果还没成为的话）主体——包括国家、其他组织（例如国际联盟、国际劳工组织、万国邮政联盟）或个人的法律。对国际法律共同体的这种看法从某种意义上说仅仅是对格劳秀斯时代的国际共同体的回归，它是一个城邦（*Civitates*）的共同体，但它也是一个全人类（*genus humanum*）的共同体。[15]

保留"万国公法"（Law of Nations）这一名称，而不是将其"更新为"国际法（international law），是一种很好的主张。尽管强调国家可以说是打开了巩固令人厌恶的民族主义的大门，但是回到这一法律秩序原先的意义还是有吸引力的，它本来就包括适用于各种行为者的一些普遍规范。问题在于对这一学科的范围的辩论中存在的错误说法。令人讽刺的是，历史上曾经流行的称法（"万国公法"）可

---

〔12〕 M. Koskenniemi, *From Apology to Utopia：The Structure of International Legal Argument* (Cambridge：CUP, 2005).

〔13〕 D. Armstrong, T. Farrell, and H. Lambert, *International Law and International Relations* (Cambridge：CUP, 2007), at 30.

〔14〕 A. Carty, 'Why Theory? —The Implications for International Law Teaching', in British Institute of International and Comparative Law, *Theory and International Law：An Introduction* (London：BIICL, 1991) 75 - 99, at 80. 实际上，卡蒂（Carty）自己说："布赖尔利反对国际法的前辈们说的'国家并不是一个有道义的实体'的说法，认为它只是一个机构，'是人建立的确保实现某种目的的一种关系'。"

〔15〕 'Basis of Obligation' (above), at 52.

能让这套法律秩序体现今天的现实，而且使它更能得到进一步发展。马克·贾尼斯（Mark Janis）就要求这种改变，他这样写道：

> 我想问的是，我们这个学科，即"国际法"这一名称是否仍然有意义。实证国际法的基础认为，相关的规则就是那些保护各种主权国家利益的规则。但是，非国家行为者现在有助于塑造全球法律制度。可以说，重新采用"万国公法"这一名称更加合适和有用。在边沁批评"万国公法"这个名称并且用"国际法"一词取代"万国公法"之前，可以说，在法律话语中用的都是"万国公法"这一名称。边沁认为，"万国公法"这一名称无法清晰表明这个学科仅与主权国家之间的关系有关。由于"国际法"现在并不仅仅涉及"主权国家"，而且实际上可能从来不是这样，因此是时候将边沁发明的这个名称束之高阁了。现在，国际法的实践和理论模型已经被打破了，为什么不采用一个旧的名称即更容易体现这个学科的多样性和复杂性的"万国公法"或者"droit des gens"来为这个学科宣布新的内容呢？[16]

赫希·劳特派特（Hersch Lauterpacht）爵士反思道，布赖尔利在1924年研究的有些理论可以说是"打破旧习的"，即使到了1958年有些方面已经成了"一种正统"。[17] 自相矛盾的是，今天这本书被视为各种教材中的一个典范。那么，这本书的内容是如何做到既打破陈规又受人尊敬的呢？这就是本书核心内容的一个谜。劳特派特对布赖尔利教材中的主题归纳如下：

- 国际法的道义基础；
- 个人作为国际法的主体；
- 国际法与国内法的一体性；
- 国家的独立和主权。

---

[16] 脚注省略。M. W. Janis, ' International Law?' 32 *Harvard Journal of International Law* (1991) 363 – 72, at 371 – 2.

[17] H. Lauterpacht, ' Brierly's Contribution to International Law', in J. L. Brierly, *The Basis of Obligations in International Law and other Papers* (1958) xv – xxxvi, at xvi.

可以说，布赖尔利经常对国家的作用轻描淡写，我们可以从上述主题中看出其中的玄妙。他要求减少对国家的关注，强调组成国家的个人的权利和义务，他抨击那种试图否定其他行为者成为国际法主体的理论，并且采取了人格概念：

> 即使它是一个国家、一个伟大和强大的机构，也从来都仅仅是我们的一部分人格，而且正是这部分人格才体现了国家存在的目的或目的之一。无论这些目的是多么重要，无论从某种意义上说它们是社会中其他人类活动的前提条件这一说法多么真实，它们从来都不是我们生活的全部。[18]

布赖尔利预见到其他实体将成为国际法的主体，就像"任何国家的法律的主体既包括个人，也包括机构"一样。[19] 布赖尔利对社会的认识不是对主权国家构成的社会的认识，而是在对超越传统边界的团结的认识基础上组成的社会的认识。当国际联盟看来无法阻止意大利对阿比西尼亚诉诸武力并侵略时，布赖尔利对跨越边界的物质联系与为社会找到"一个精神和物质基础"进行了对比。[20] 他认为，在"更加深刻的道义基础"领域，来自不同国家的个人并不是陌生人。[21] 他在 1936 年写道：

> 这些共同的标准有时也造成共同的行动，尽管这些行动可能是缺乏热情的，而且效果可能是有限的，但是它表明一般认可至少为了共同的福祉具有某种程度的共同责任。委任统治制度、保护少数者的条约、保护难民的南森办公室、国际红十字组织以及国际联盟的各种社会和人道工作等这些事情也许是不足的，但却不可忽视。而且，考验国际社会现

---

[18] 'The Basis of Obligation' (above), at 51.

[19] Ibid 52.

[20] 'The Rule of Law in International Society', reprinted in *The Basis of Obligations in International Law and other Papers* (above), at 250, 251. 比较 P. Allott, *Eunomia: New Order for a New World* (Oxford: OUP, 2001), at xx, 他要求寻找"正在出现的**国际社会的公共意识**"，并且强调出现了"国际社会良知的**存在条件**"；另见 Carty (above) esp. at 79ff.

[21] Ibid 252.

实的严格标准应当是，怀着足够强烈的信心包容国际社会的成员，在捍
卫法律中采取共同行动，甚至不惜牺牲，来维护共同的行为标准。[22]

也许，通过这些话题，有可能推动布赖尔利本来的看法。重新思考布赖尔利
的方式的关键是，理解他并不是真正想要阐述法律，而是想要强调如何看待国际
法的发展。为了体现这一点，让我们回到劳特派特的看法：

> （布赖尔利）对国际法学科的杰出贡献……主要不在于他提出的解
> 决问题的方法——因为他经常承认或暗示并不存在解决方法或无法轻易
> 解决——就像他指出了有关的困难所在，并在明显提出解决这些困难的
> 答案之后，继续论述给出的答案的虚伪和不足。看来，对于他来说，重
> 要的不是研究的结果，而是研究本身；他乐于成为一个揭示困难的人，
> 而不是一个解决问题的人；事实上，对于他来说，他有没有解决问题并
> 不重要。[23]

本书的这一最新版本将努力维持布赖尔利的这一看法，也将维持他对国际法
的自然法渊源、承认国际法涉及国家以外的其他实体的必要性，以及国际法为国
际关系提供话语的强调。

为了维持布赖尔利这本书的可读性，我将努力保持它们简单流畅的特点。[24]
关于布赖尔利的这本书，我建议学生们一口气读完。在 1963 年发表的书评中，
诺曼·马什（Norman Marsh）一开始就写道："在过去的糟糕的日子里，至少有一
所英国大学的本科生常说，只要在国际法考试之前看一夜布赖尔利这本教材就能
考到满意的分数。"[25] 沃恩·洛告诉我们，这本书可以帮助"学生在学习这门课

---

〔22〕 Ibidem.

〔23〕 'Brierly's Contribution'（above），at xxx – xxxi.

〔24〕 我选择保留通用代词"它们"，而不是使用"他或她"。布赖尔利全文喜欢用"他"，但是这看
来不再合适。奥康纳（O'Conner）和凯勒曼（Kellerman）最近指出，"几个世纪以来，通用代词是'它
们'。乔瑟（Chaucer）等早期学者都用这个词来指代单数和复数，男性和女性"。'Anybody who's everybod-
y'，*International Herald Tribune*，27 July 2009. 我受到了这一文体策略的激励。

〔25〕 N. S. Marsh，'Book review of J. L. Brierly *The Law of Nations*，6th ed. H. Waldock（ed）（1963）'，
12 *International and Comparative Law Quarterly*（1963）1049 – 50.

之前或有兴趣的其他专业的学生在假期阅读"。[26] 所有这些，读者都铭记在心。国际法将变得越来越重要，因为它会变得更好。本书的目的之一是使国际法更易于理解，并使它开始属于我们大家。

安德鲁·克拉彭（Andrew Clapham）
日内瓦国际关系和发展高级研究院教授
于日内瓦穆瓦尼耶别墅（Moynier Villa）

---

[26] *International Law*（above），at v.

第一版序

对国际关系问题的任何明智的研究都必须思考法律在其中的作用问题。不幸的是，现在对这个问题的讨论基本上都假定这个问题可以通过先验的方法解决，忽视了对法律在今天的国际关系中实际发挥的作用或者任何社会中有效的法律秩序赖以建立的条件的认真考察。对万国公法的这种研究方法对其性质产生了两种非常流行的误解：一种认为，它的存在只是或者主要是为了使战争变得人性和温和，一些人因此批评国际法整个学科基本上毫无价值，而另一些人则认为，必须设计一套十分强有力的"制裁"体系；还有一种观点认为，由于一国国内的法律通常是确保和平的一种手段，因此只有政府的邪恶才能让我们意识不到万国公法是一股强大的力量，这种力量可能会使战争直接在国际关系中成为"非法"。

在这本小册子中，我努力解释自己的信念，即万国公法既不是一种妄想，也不是一种灵丹妙药，仅仅是我们可以用来建设一个更加健全的国际秩序的一个机制。低估它在今天产生的作用或者加强和扩大它的必要性都是愚蠢的。

J. L. 布赖尔利
牛津
1928 年 2 月

致　谢

　　每当我和我的同事说我正在更新布赖尔利爵士的《万国公法》时，他们的脸上总是浮现笑容，然后是热情鼓励，他们通常会说这是他们"喜欢读的法律书"，并且总会说"答应我你不会修改任何内容"。国际法教师们的热情一直激励着我，我应当感谢所有热情帮助我推动这一项目进展的人。尤其是，我应当感谢乔治·阿比－萨阿卜（Georges Abi－Saab）、扎克里·道格拉斯（Zachary Douglas）、马塞洛·科恩（Marcelo Kohen）、艾贝·里德尔（Eibe Riedel）、戴维·谢弗（David Scheffer）、伊丽莎白·维尔姆秀斯特（Elizabeth Wilmshurst）和瓦朗坦·泽尔韦格（Valentin Zellweger），他们阅读了本书的一些段落，并且对初稿提出了许多有益的建议。当然，如果里面有任何错误或缺陷，都将由我负责。米歇尔·希利（Michelle Healy）对本书初稿提出了具体建议，她的辛勤工作极大地提高了本书的质量，我很幸运能有这么一位合作者，她对布赖尔利的观点有很好的理解。我还想感谢以下朋友提出的非常宝贵的鼓励和建议：安德烈亚·比安基（Andrea Bianchi）、卢修斯·卡夫利希（Lucius Caflisch）、洛朗斯·布瓦松·德·沙祖尔内（Laurence Boisson de Chazournes）、罗伯特·克赖尔（Robert Cryer）、皮埃尔－玛丽·迪皮伊（Pierre－Marie Dupuy）、本·埃默森（Ben Emmerson）、盖伊·古德温－吉尔（Guy Goodwin－Gill）、彼得·赫根马凯尔（Peter Haggenmacher）、凯特·琼斯（Kate Jones）、苏珊·马克斯（Susan Marks）、弗雷德里克·梅格雷（Fréderic Mégret）、西奥多·梅隆（Theodor Meron）、菲利普·桑兹（Philippe Sands）以及布里吉特·斯特恩（Brigitte Stern）。

　　我尤其需要感谢日内瓦国际关系和发展高等研究院给我提供的一个有益的环

境，让我享受学术休假，以便全心完成本书的写作。当我在日内瓦国际人道法与人权学院工作时，保拉·加埃塔（Paola Gaeta）承担了该学院较多的领导工作，我十分感谢她展现出来的永不改变的友谊以及对本书提出的重要建议。我应当在这里感谢日内瓦国际关系与发展高级研究院和日内瓦国际人道法与人权学院的硕士研究生们。他们在课堂上对本书初稿的评论和建议无疑提高了本书的质量，并且让我看到了国际法面临的现代挑战。我还荣幸地得到了我的课程助教们在过去几年的帮助，他们对这个项目的参与是无价的。我应当感谢菲奥娜·勒·迪雷松（Fiona Le Diraison）、贝蕾妮·丝施拉姆（Bérénice Schramm）、阿梅勒·韦西耶（Armelle Vessier）、埃利斯·汉斯伯里（Elise Hansbury）以及塞丽娜·博洛兹（Céline Bauloz），还要感谢 2011 年秋季国际法院的西玛法官（Judge Simma）在位于安娜堡（Ann Arbor）的密歇根大学法学院开设的课上的学生们。

从一开始，牛津大学出版社的约翰·劳斯（John Louth）就不断指引和支持我完成这一项目。我还应当感谢牛津大学出版社所有协助完成本书出版的工作人员，尤其要感谢梅雷尔·阿尔斯坦（Merel Alstein）、格温·布思（Gwen Booth）、安东尼·欣顿（Anthony Hinton）、菲奥娜·斯特布尔斯（Fiona Stables）以及卡罗琳·昆内尔（Caroline Quinnell），还要感谢本书的匿名评审专家，他们提出了有益的建议和鼓励。

最后，我需要感谢我的两位家人，首先是我的母亲玛格雷特·克拉彭（Margaret Clapham），她阅读了整部书稿，指出了一些含糊不清的地方，并对其中一些不适当的法律术语提出了疑问；其次，我要特别感谢我的妻子莫娜·里什马维（Mona Rishmawi），她不仅全程支持我的写作，而且仔细阅读了书稿，极大地提高了本书的质量。

最后，我还要感谢已故的安东尼奥·卡塞塞（Antonio Cassese），他启发了我对国际法的兴趣，并向我们展示了挖掘国际法潜力的方式。

缩　写

AJIL	《美国国际法杂志》
ARSIWA	《国家对国际不法行为责任条款草案》
BYBIL	《英国国际法年刊》
CERD	《消除一切形式种族歧视公约》
CTC	反恐委员会
CUP	剑桥大学出版社
DSB	争端解决机构
DSU	《争端解决谅解》
ECtHR	欧洲人权法院
EEZ	专属经济区
EFZ	经济渔区
EJIL	《欧洲国际法杂志》
FAO	世界粮农组织
FCO	外交和英联邦事务办公室
GAVI	全球疫苗和免疫联盟
IBRD	国际复兴开发银行
ICANN	互联网名称与数字地址分配机构
ICAO	国际民航组织
ICC	国际刑事法院
ICJ	国际法院

ICLQ	《国际法与比较法季刊》
ICRC	红十字国际委员会
IDA	国际开发署
IFAD	国际农业发展基金
IHRR	《国际人权报告》
ILC	国际法委员会
ILO	国际劳工组织
ILQ	《国际法季刊》
IMF	国际货币基金组织
IMO	国际海事组织
ITLOS	国际海洋法法庭
ITU	国际电信联盟
JICJ	《国际刑事司法杂志》
LOSC	《海洋法公约》
MICIVIH	联合国海地国际民事特派团
MINUGUA	联合国危地马拉核查团
MUP	曼彻斯特大学出版社
NATO	北大西洋公约组织
NGO	非政府组织
OAS	美洲国家组织
OHCHR	联合国人权高级专员办公室
ONUC	联合国刚果办事处
OUP	牛津大学出版社
PCIJ	常设国际法院
RCADI	《海牙国际法学院讲演集》
RIAA	《国际仲裁裁决报告》
UNEF	联合国紧急部队
UNESCO	联合国教育、科学和文化组织
UNGA	联合国大会

UNIDO	联合国工业发展组织
VCCR	《维也纳领事关系公约》
VCDR	《维也纳外交关系公约》
VCLT	《维也纳条约法公约》
WHO	世界卫生组织
WIPO	世界知识产权组织
WMO	世界气象组织
WTO	世界贸易组织
ZaöRV	《外国公法与国际法杂志》

译者说明

詹姆斯·莱斯利·布赖尔利（James Leslie Brierly），生于 1881 年，卒于 1955 年。毕业于牛津大学，是英国著名的国际法学家。1911 年，他将英国 17 世纪法学家理查德·朱什（Richard Zouche）的《论祭祀团的法律与程序或国家之间的法律及问题》（*Jus et judicium feciale, sive jus inter gentes*）一书从拉丁文翻译成英文。[1] 他在 1922 年至 1947 年间担任牛津大学奇切利（Chichele）国际法教授，1929 年被选为国际法研究院（Institute de Droit International）院士，1929 年至 1936 年担任《英国国际法年刊》主编。他于 1949 年至 1951 年被选为联合国国际法委员会第一批委员，并于 1951 年被选为主席，在 1949 年至 1950 年期间担任条约法问题特别报告员。布赖尔利获得过挪威奥斯陆大学、美国芝加哥大学和英国曼彻斯特大学等多所大学的荣誉博士学位，是美国国际法学会的荣誉会员。他一生出版了多部有影响力的国际法学术著作，包括《万国公法》[2]、《国际法展望》[3]、《国际法义务的基础》[4] 等，并发表了许多国际法论文。其中，最有影响力的当属他编写的《万国公法》一书。该书是在他于 1928 年在荷兰海牙国际法学院的讲演的基础上修改而成的，阐述了他对法律应当在国际关系中发挥何种作

---

〔1〕 *The Classics of International Law*, T. E. Holland（ed.），J. L. Brierly（trans.）（Washington：Carnegie Institution, 1911）.

〔2〕 J. L. Brierly, *The Law of Nations：An Introduction to the International Law of Peace*, Clarendon Press, 1928.

〔3〕 J. L. Brierly, *The Outlook for International Law*, Clarendon Press, 1944.

〔4〕 J. L. Brierly, *The Basis of Obligation in International Law and other Papers*, Clarendon Press, 1958.

用的观点。该书首先在 1928 年出版,此后在 1936 年(第二版)[1]、1942 年(第三版)[2]、1949 年(第四版)[3]、1955 年(第五版)[4]、1963 年(第六版)[由汉弗莱·沃尔多克(Humphrey Waldock)爵士编写][5] 经过多次更新出版,并被翻译成多种外语在国外出版,成为国际法领域十分有影响力的教材之一。

　　本书的第七版是由瑞士日内瓦国际关系和发展高级研究院国际法教授安德鲁·克拉彭(Andrew Clapham)更新的,他将原书的全名《万国公法:国际和平法简介》改为《布赖尔利万国公法:国际法在国际关系中的作用简介》,并在 2012 年由牛津大学出版社出版。[6] 这是继 1963 年过去将近半个世纪后对《万国公法》的再次更新,受到了国际法学界的关注。克拉彭教授出生在英国威尔士,博士毕业于位于意大利弗洛伦撒的欧洲大学研究院(European University Institute),师从意大利著名国际法学者安东尼奥·卡塞塞(Antonio Cassese),主要研究国际人权法、国际人道法、国际刑法以及国际法庭制度,此前担任过瑞士日内瓦国际人道法与人权学院院长(2008 年—2014 年),并担任过联合国人权事务高级专员玛丽·罗宾逊(Mary Robinson)女士的公司责任问题特别顾问、联合国秘书长伊拉克特别代表德梅洛(Sergio Vieira de Mello)先生国际人道法顾问,2017 年被联合国人权理事会主席任命为监督南苏丹人权问题的委员会委员之一。我于 2008 年瑞士驻华使馆在北京组织的一次学术活动中认识克拉彭教授,此后在 2011 年、2014 年、2016 年与其一同参加过瑞士日内瓦举行的联合国人权理事会专家会议和中国政法大学与英国皇家国际问题研究所举行的学术会议。2016 年 11 月,克拉彭教授应邀在北京参加了中国政法大学与英国皇家国际问题研究所举行的学术会

---

〔1〕 J. L. Brierly, *The Law of Nations: An Introduction to the International Law of Peace*, 2 nd ed, Clarendon Press, 1936.

〔2〕 J. L. Brierly, *The Law of Nations: An Introduction to the International Law of Peace*, 3rd ed, Clarendon Press, 1942.

〔3〕 J. L. Brierly, *The Law of Nations: An Introduction to the International Law of Peace*, 4th ed, Clarendon Press, 1949.

〔4〕 J. L. Brierly, *The Law of Nations: An Introduction to the International Law of Peace*, 5th ed, Clarendon Press, 1955.

〔5〕 J. L. Brierly, *The Law of Nations: An Introduction to the International Law of Peace*, edited by Humphrey Waldock, 6th ed, Clarendon Press, 1963.

〔6〕 Andrew Clapham, *Brierly's Law of Nations: An Introduction to the Role of International Law in International Relations*, 7th ed, Oxford University Press, 2012.

议，期间他希望我翻译由他编写的《布赖尔利万国公法》（第七版），我欣然答应。我觉得，虽然现在中国大学中的国际法教师和学生几乎都能看懂英文国际法资料，但仍然同意翻译这本国际法教材是因为，与英语世界中的其他国际法教材不同，《布赖尔利万国公法》（第七版）十分简洁、明了，不仅简明扼要地阐述了重要的国际法原则、规则和制度，而且在每一章介绍完这些原则、规则和制度之后，总是会对它们在国际关系中的作用有几段高屋建瓴的总结，充满思辨，令人深思。因此，我觉得有必要将它翻译成中文，使更多的中国读者分享国际法知识。另外，对于我自己来说，翻译的过程本身就是一个精读的过程，会加深我对国际法的体会。近百年来，布赖尔利教授的《万国公法》始终保持"万国公法"（law of nations）这一称谓，没有使用"国际法"（international law）这一更加常见的称谓，而且沃尔多克教授和克拉彭教授也对此予以保留。这是刻意作出的安排，体现了他们对调整国家以及其他主体之间的权利和义务关系的这套法律的价值的认识。与"国际法"这个称谓相比，"万国公法"这一称谓充满着这套法律同时具有限制国家主权和追求人类社会共同福祉的意味。读者朋友们在阅读的过程中应该能深刻体会到。因此，我将其译成《布赖尔利万国公法》，而不是《布赖尔利国际法》。另外，《布赖尔利万国公法》（第七版）还有一个十分明显的特征，那就是，它没有其他英文国际法教材通常具有的繁杂的脚注，文体比较简洁，比较适合法学院和国际关系学院的本科生或其他想要了解国际法的人士阅读。在整个翻译过程中，我尽可能做到翻译所要求的"信、达、雅"的标准，但是由于我的能力有限，只能翻译到这一水平。如有翻译错误，责任当然在我。

我要感谢克拉彭教授给我翻译本书的机会，并资助本书的翻译和出版，也要感谢中国政法大学出版社的刘海光编辑答应出版这一译著，感谢中国政法大学出版社的邓娇编辑和其他匿名审校者的细致审校。在翻译完初稿后，我还请我的2017级博士研究生陈苏同学、2018级博士研究生张彤同学和2017级硕士研究生王鸿同学进行了初步阅读，感谢她们提出的宝贵的修改意见。最后，我还要感谢我的妻子霍成茹女士，在过去一年的翻译时间里，她承担了许多照看小孩的任务和家务工作，使我有比较充分的时间投入翻译工作。

朱利江

2018 年 4 月 8 日

目　录

第一章　国际法的起源

第一节　现代国家的兴起

人类自从开始构建政治社会的共同生活以来，就开始意识到需要某种规则体系来调整政治社会之间的彼此关系，哪怕是非常初级的规则体系。在远古和中世纪的世界中，人们总是能够找到一些被称为"国际法规则"的规则。[1] 但是，作为一个明确的法学分支，当今被称为"国际法"的体系则相对现代。它只能追溯到 16 世纪和 17 世纪。它的基本特征由现代的欧洲国家体系界定，并在文艺复兴和宗教改革过程中酝酿形成。因此，要理解国际法的性质，就有必要对这一欧洲国家体系有所了解。[2]

宗教改革后的现代体系与中世纪的国家最大的区别是，现代国家政府的权力更加强大和集中。我们今天所熟知的民族国家和领土国家具备各种政府机构，这通常使国家具备随时进行控制的能力。不过，这种类型的国家的形成是历史上长期演变的结果，而且过程跌宕起伏。在整个中世纪，强大的中央集权政府的出现

---

〔1〕 关于这方面的简介，参见 S. C. Neff, 'A Short History of International Law', in Evans (ed.) *International Law* 2nd edn (Oxford: OUP, 2006) 29 – 56, *War and the Law of Nations: A General History* (Cambridge: CUP, 2005)。

〔2〕 必须承认，这完全是一种欧洲的视角。大沼保昭 (Onuma Yasuaki) 在他的"手册"中鼓励我们用自己的观点思考，参见 *A Transcivilizational Perspective on International Law* (Leiden: Nijhoff, 2010) ch. IV；他提醒我们，不能认为其他民族是"被允许进入"（欧洲的）国际社会，欧洲的国际法实际上是被强加的，随后被其他民族吸收，"从地理意义上说，大约在 20 世纪末实现了全球化"。At 302.

曾经遇到许多挑战，例如交通问题、人口稀少问题以及基本的经济状况问题。但是，尤其值得注意的是以下两个阻碍因素，因为它们对现代国家留下了深刻印记。

第一个因素是封建主义。现代历史研究告诉我们，尽管封建"制度"的说法是不准确的，但是使用"封建主义"这个词却是一种提及某种基本相似性的便利方法。尽管各地情况差异很大，但是从所有西欧国家9世纪到13世纪的社会发展中都能找到这种相似性。毕晓普·斯塔布斯（Bishop Stubbs）在讲到诺曼人征服英国时的封建主义时这样说道：

> 它可以说是通过土地所有制这一媒介形成的一套完整的社会组织。从国王到最下级的土地所有者均通过服务和保护的义务联系在一起：领主保护其封臣，封臣向领主服务；一方向另一方提供的保护和服务根植而且受制于拥有的土地的性质和大小。在那些已经发展到领土阶段的国家，除了保护和服务的权利外，还有管辖的权利。领主裁判而且保护封臣；封臣通过服务便领主满意。在封建制度得到最充分发展的国家，政治、财政、司法和公共管理的每一个部门都受到相同管理。中央政府徒有虚名。[3]

因此，如果说一个社会的封建组织就是一个国家的组织，那么，要说这个社会是一个封建国家，实际上是对"国家"一词的误用；真正的封建状态并不是一个微弱的国家，实际上根本就不能算是国家。无论何时何地，封建国家的状态实际上从来就没有完全实现过。不过，很明显，在现代国家产生之前，封建主义将我们现在通常认为属于国家或多多少少受国家最终控制的权力赋予社会不同阶层的趋势就已经消失了。

另一方面，在封建社会中存在一些能够转变成统一的民族国家功能的因素；在西欧，从12世纪到16世纪，这些因素得到持续加强，而且对西欧国家可能采取的政体产生影响。这样，当封建主义对政府的崩解效应被排除时，作为封建主

〔3〕 *Constitutional History of England*, 6th edn, vol. i,（Oxford：Clarendon Press, 1903）274.

义突出的特征，封臣对领主的个人效忠义务就能够转变成民族国家中臣民对君主的效忠义务。这种人身与土地佃租之间的密切联系很容易、而且也很自然地转变为具有**领土性质**的君主制。而且，将财产权利与政治权利等同导致了政府的绝对性，将领地视为君主的"领土"或财产，将人民视为其"臣民"而非公民。对于民族国家的发展来说，虽然封建主义就是一个障碍，但它把强调政府绝对性这一思想遗产留给了战胜它的对手。

阻碍中世纪时期国家发展的另一个因素是教会。在这里，并没有必要提及教皇与皇帝之间长期的斗争，尽管这种斗争附带产生的一个后果是，通过打碎基督教世界的完整性，帮助了民族国家的发展。在这种背景下更具有意义的是，在宗教改革之前，没有一个国家的世俗权力是最高的权力。政府的权威从来就是分化的；教会要求而且也得到了臣民的顺从，而且教会的要求并不通常限于纯粹的精神世界。甚至在英格兰这样受教会影响较小的地区，完全的世俗权力这样的思想也是不可想象的。

学者们对教会和国家之间的权力范围经常产生争议，但是有一点是肯定的，即国家的权力是有限的；教会对国家的成员具有**某些**权力，而且这些权力既不是由国家派生，也不需要被国家宽容。国家可能通常像宗教改革之后的绝对国家那样任意行为，也可能与教会这样那样的要求做斗争，但是无论在理论还是实践层面，实际上它们都不是绝对的。但是，随着国家逐渐加强权力，为了对抗封建主义从内部出现的分裂倾向，国家更加抵制教会从外部强加的分权。它宣称在自己的领土范围内具有最高的世俗权力，这是对正在兴起的统一民族国家的对手的致命一击。在多数西欧国家，世俗权力的翻盘都很成功和彻底。即使是在那些认为新教并不是宗教的国家，教会作为一支政治力量也受到了削弱，再也无法与国家竞争。威斯特伐利亚和会在 1648 年终结了长达三十年的宗教战争，标志着新的欧洲政治秩序的确立。

此前，尽管存在各种争论，仍然有一种挥之不去的看法，即认为基督教世界在某种意义上说仍然是一个整体，这种新秩序的出现的确是对这一看法的致命打击。而且出现了一种危险，即国家间的关系会像此前常见的那样事实上不受控制，而且不会受到任何统一的思想的约束。与中世纪相比，现代国家看来很有可能最终实现统一。尽管马基雅维利（Machiavelli）在 1513 年撰写的《君主论》（*Prince*）

并没有提出任何政治学理论，但是已经认为国家就是一个完全自足和非道德的实体，并向世人提供了自己对政府管理术的分析。不过，令人欣慰的是，当政治发展看来正导致国家的完全独立和不用承担责任的同时，其他因素也在发展，使得世界不可能接受一种国与国之间没有任何联系的状态。比起理论上的团结在任何地方都能得到接受的年代，这些因素使各国之间的关系变得更加紧密和持续。[4]它们包括：①因发现美洲大陆和通往印第安的新路线而带来的商业和探险的动力；②文艺复兴所培育的共同的知识背景；③各国信奉同一教派的人彼此的同情所产生的跨国界的效忠；以及④宗教战争后的颓败所引起的共同的反战情感。

在所有这些因素的共同作用下，人们确信，各自独立的国家永远都不能被认为是最终和最佳的人类联系形式；就像在中世纪时候一样，在现代社会也有必要承认存在一个更加广泛的整体。这些真理在国际法的崛起中得到体现，因为国际法抛弃了中世纪时世界国家的思想，而是认为在根本上许多国家的存在是一个假定，即这些国家是世俗的、民族的和具有领土性质的。但是，国际法否认了国家的绝对独立和无须担责，而是主张各国在法律至上的理念下彼此约束。因此，当它重申了中世纪的团结概念时，只不过是以一种新的欧洲政治结构的形式重申而已。

第二节　主权理论

在宗教改革运动中发展而来的新型国家中出现了一个关于国家性质的新理论，即主权理论。这一理论首先是在 1576 年让·博丹（Jean Bodin）的《论共和国》（*De Republica*）中明确提出的，随后主权成为研究现代国家性质和国际法理论的核心问题。因此，有必要仔细探究主权的起源和随后的发展。

与所有政治学理论著作一样，即使声称是纯粹客观的，博丹的《论共和国》也深受当时的情况和作者对那些情况的情感的影响。而且，博丹的优点是，他的

---

〔4〕 Cf J. Westlake, *Collected Papers*, L. Oppenheim（ed.），（Cambridge：CUP，1914）55. 韦斯特莱克（Westlake）还提到，"共同的文艺复兴经历和每个人都在思考的问题使不同国家产生了大量研究，它们彼此存在密切联系。"

结论来自对政治现实的观察，而不像此前和以后的一些学者的结论是来自所谓的有关国家性质的永恒原则。在博丹的年代，法国境内宗派林立、内战频发。博丹相信，法国如此痛苦的原因是，缺乏足够强大的政府来控制封建对手和宗教暴力的破坏，因此解决这些问题的最好办法是加强法国的君主制。他还认为，在他生活的那个年代，整个西欧实际上正处于这一进程。在松散联系的中世纪时期的国家中正在出现统一的国家，中央的权威正以一个强大的君主个人的形式出现在每个地方，其对所有要求权力的对手具有最高性，无论这些对手来自世俗还是教会。

　　因此，博丹断定，国家的本质，也就是让人类联合体成为国家的质变标志，是统一的政府。他说，一个没有最高权力（summa potestas）的国家就像是一艘没有龙骨的船只。他认为，国家是"大量的家庭和财产，它们共同受到一个最高权力和理性的治理"（respublica est familiarum rerumque inter ipsas communium summa potestate ac ratione moderata multitudo），他用很大的篇幅阐述了这种"最高权力"（summa potestas）或"君权"（majestas），或者就是我们称为"主权"的东西。博丹相信，没有协调的独立的权力如果发生混乱，对国家来说就是致命的，因此必须有最终的，且最多就一个的权力来制定法律。他认为，主权的基本表现（primum ac praecipuum caput majestatis）是制定法律的权力（legem universis ac singulis civibus dare posse）；君主制定法律后，显然不受自己制定的法律的约束（majestas est summa in cives ac subditos legibusque soluta potestas）。

　　我们可能会从这些话中认为，博丹想要让君主成为无须担责的超法律权威，而且《论共和国》中的某些话看来支持这种解释。但是，这并不是他真正的想法。[5] 因为他继续说，君主并不享有不受法律约束的权力（potestas legibus omnibus soluta）；有些法律约束他们，那就是神圣的法律、自然或理性的法律、对所有民族来说共同的法律以及某些他称为"统治法"（leges imperii）的法律，即关于政府的法律。这些"统治法"并不是由君主制定的，而且也不能被废除，是国家的基本法律，尤其是那些决定谁应当得到君主权力的法律，以及限制君主权力行使的法律。今天，这些法律常常被我们称为"宪法"。

---

　　〔5〕　关于这一点，参见 C. H. McIlwain, *Constitutionalism and the Changing World*（New York：Macmillan，1939）。

要真正理解博丹的理论，就必须明白，他所描述的国家是指政府是"正直的"（recta）或"法治政府"（legitima gubernatio）的国家，也就是说，是一个其最高权力，无论多么强大和统一，既不能滥用也不是无须担责，反而臣服并且受制于法律的国家。他继承的是中世纪的自然法传统，因为在中世纪，人们认为法律并不是人定的；任何人类社会制定的都仅仅是实在法，在实在法的后面是具有更高效力的基本法律，它体现过去的智慧；而实在法想要有效，就必须符合这一更高的法律。

在中世纪时期的所有法律思想中，人们都认为，正当的权力是不能被任意行使的。在这个方面，博丹的著作并没有什么新意。中世纪时期的统治者们可能都任意行使过权力，而且毫无疑问也经常这么做过，但是，他们无法改变一个事实，那就是，他们的行为的正当与否必须由法律判断。是法律产生了统治者，而不是像之后的主权理论说的那样，是统治者的意志制定了法律。博丹所打破的中世纪的法律传统是，他把君主视为一个立法者，而中世纪法律传统不轻易认为立法是君主的一项权力。在中世纪，当统治者制定新的法律时，该行为通常被视为一种解释或者恢复构建从过去传下来的法律的行为而已。

从形式上看，对于国际法学者来说，博丹宣布的主权论并不是一个特别的问题。对于他来说，主权是国内政治秩序的一项基本原则，如果后世的学者将它歪曲成一项国际动乱的原则，并且以此证明由于它们的性质导致国家要高于法律，那么他显然会感到惊讶。博丹显然并不这么认为，因为他在《论共和国》中有一段关于调整各国行为的那些规则的讨论，而他那个年代的其他学者实际上已经开始基于那些规则构建新的国际法学。博丹当然不会出现在构建这种科学的过程中，因为从他对主权的研究来看，他实际上是逐渐远离国际法的基础的。尽管如此，他的观点仍然是我们被告知的主权理论的内容。尽管这个故事有点漫长和混乱，但是，有两大发展令人惊讶地颠覆了人们对主权本来效果的理解。一是主权后来被认为是一项超越法律的绝对权力；二是主权原来只是一国内部统治者个人的一项特征，后来却被视为一国在处理与其他国家关系方面的一项特征。发生这些变化的原因在于现代国家的历史发展，这一理论如同其他理论一样，是随着实践的发展而发展的。

现在我们已经知道，博丹想要让君主成为一个臣服国家基本法的立宪的统治

者。但是，把中世纪时期的基本法的概念理解成对抗绝对主义的利器存在严重的　11
问题。当时并不存在所谓的基本法的权威文本，因此无法断定统治者是否违反了
基本法，而且即使其违反了基本法，通常也对其无能为力。但是，从整个中世纪
来看，一个事实是，统治者的权力是受限的，而且，只要这种状态持续，就可以
继续相信法律对统治权的确施加了某些限制。

　　不过，在 16 世纪，对绝对主义的限制逐渐消失，政府的权力越来越强大，
而且对统治者的权力没有有效的制衡，这逐渐打破了中世纪时期认为法律是对所
有人类权威有所限制的习惯规则的思想。集权的出现使人们很自然地认为法律是
人定的，是上级统治者的意志的体现。当时，随处可见的对罗马法的崇拜加剧了
这一趋势，因为罗马法认为国王的意志就是法律。但是，总的看来，这是一种新
的政治现象，它将统治者视为一种超法律的权力，并且让人们习惯于认为君主是
国内至高权力的拥有者，无论这一权力是如何取得的；而这完全不是博丹的看
法，因为他认为君主只是法律所确立的统治者。

　　随着托马斯·霍布斯（Thomas Hobbes）的《利维坦》（*Leviathan*）在 1651 年出
版，这种趋势发展到了顶峰。值得注意的是，与博丹一样，霍布斯的这一著作就
是对他身处时代的事件的写照，因为他也目睹了一场内战，而且就像博丹一样，
他也认为主权是关于秩序的一项基本原则。霍布斯相信，人类为了安全，需要
"一项让他们感到敬畏而且指挥他们采取实现共同福祉的行动的共同权力"，[6]　12
而且，对于他来说无论这项权力是如何取得的，掌握这项权力的人或机构就是君
主。法律既不产生君主，也不限制他的权威。产生君主的是威力（might），法律
只是它所控制的东西。而且，既然最强大的权力显然无法受到任何其他因素的限
制，那么主权就必然是绝对和不受限制的。"对我来说，显然，无论从理性还是
《圣经》来看，主权权力无论是由一个人拥有，例如君主制，还是由一群人拥
有，例如亚里士多德所称的共和国，最有可能都是由人所设想产生的。"[7]　当
然，这就是今天我们所称的"极权主义"。

　　将主权与威力而非与法律权利等同的一个后果是，主权被踢出了它所起源和
归属的法学范围，并被纳入了政治科学的范畴，从而成为混乱的起源。只要君主

---

　　〔6〕　*Leviathan*, R. Tuck (ed.) (Cambridge：CUP, 1991) 120, ch. xvii.
　　〔7〕　Ibid 144, ch. xx.

是最高的**法律**权威，识别他们通常比较容易。但是，为了识别这项最强大的权力，我们需要研究法律以外的所有决定国家机构实际上是如何运作的因素，例如政治、社会、哲学等。这将令人绝望，因为一般说来，一个社会中没有哪个人或机构的意志总是占据优势；实际上，正如有人已经准确指出的，一个社会真正的统治者是无法发现的。不过，政治学家十分看重主权的拥有者，他们不久便发现，君主个人不再适合这个角色，于是他们开始对主权进行重新"定位"。只要足够仔细寻找，主权并不是对某个特定年代政治现实的理论体现，而是一种每个国家当然必须在某个地方找到的东西。随着立宪政府的出现，洛克（Locke）以及此后的卢梭（Rousseau）提出了新的理论，认为人民作为整体就是君主或主权者。在 18 世纪，这一理论成为美国和法国革命的正当理由。作为一种战斗口号、对专制政府的抗议，以及要求政府应当服务被统治者而不仅仅是统治者自己的呼喊，人民主权理论的确产生了有益的效果；但是作为一种科学理论，它所赖以存在的思想是混乱的。它试图调和两种对立的思想，即国家在某些领域拥有绝对权力的思想和权力的每个实际拥有者行使权力的责任思想。

其实，在立宪国家也可以找到博丹所称的主权者，只是博丹说的过于绝对了。他认为，立法的最高权力只能集中在一个人手中。他没有预见到联邦制度也可以在不同的主权拥有者之间进行分权，而且不会造成国家的混乱。[8] 但是，在立宪国家却无法找到霍布斯所称的主权者；政治哲学家没有看到，随着民主的来临，需要一种新的关于统治权性质的理论。无论如何，全体人民无法成为博丹或霍布斯所称的主权者，因为全体人民并不是统治者，政府管理工作是一项十分需要技术并且专职的工作，法律只能将其委托给特定的个人或机构，全体人民根本无法作为一个机构从事这项工作，他们甚至都不是最强大的权力。比全体人民更强大的可能是少数政客、军事集团、或者某种压力集团，而且他们更能向别人施加自己的意志。只要我们更加仔细地考察人民主权的影响，就会发现，人民主权甚至不是一个真正民主的理想状态，因为人民只能依据多数人的意见行事，而多数人的意见很少，且从不应当是无所不能的。民主主义者信奉的基本原则是，绝对不能相信国家应该有一个掌握绝对权力的机构或人员；而且，他们认为，主

---

〔8〕 Cf *U. S. v Lanza*, 260 U. S. 377 (1922). 在这个案件的判决书中，首席大法官塔夫脱（Taft）谈到了"来自不同渊源、能够在同一块领土上处理同一个问题（禁止问题）的两个不同的主权"。at 382.

张绝对权力属于人民实际上是认为，除非得到多数人的允许，否则少数者或个人就没有权利。这种思想是极权主义思想，因为独裁统治就是独裁统治，无论谁是独裁者。

现在，主权理论的另一个发展认为应当放弃寻找国家内部掌握绝对权力的个人或机构，转而认定主权就属于国家自己，并且把国家视为一个法人。这里，我们又一次见到了主权理论改变政治现实的方式，因为国家主权成为 19 世纪得到逐渐强化和专享的关于国籍情感的理论表述。这样一来，它就给国际法带来了巨大挑战。这是因为，如果主权是指绝对权力，那么它们就不可能同时受到法律的限制。我们接下来会看到，国际法学家们尝试用各种方法来回应这种挑战，但是，如果关于主权的上述假设是正确的，那么一个不可避免的结论是，国际法仅仅只是一个幻想。

第三节　自然法理论的影响

虽然国际法体系是现代的，但是就像现代国家一样，它具有中世纪的基础。早期的国际法学家是从自然法的观念中发展出对国际法的看法的。就像弗雷德里克·波洛克（Frederick Pollock）爵士说的那样，人们认为这种基础总是对的，而且到处存在，除了一个孤立和非历史的学派。[9] 现代的法学家，尤其是在英格兰，有时会嘲笑自然法思想，或者虽然承认它具有伟大的历史意义，但认为它只是一种迷信，而且已经遭到现代世界的抛弃。这种态度实际上是对中世纪思想的一种误解；它只是一个我们不再熟悉的术语，并不能说明法律是停止发展的。如果我们想要了解国际法是如何产生或者说它今天是如何发展的，我们就必须了解中世纪学者的一些知识。在这个概念的背后是一段漫长和持续的历史，[10] 至少可以

---

〔9〕 就像弗雷德里克·波洛克（Frederick Pollock）爵士在他的《自然法的历史》(*History of the Law of Nature*) 一书第一部分中展现的那样。在第二部分，他解释说："在 17 世纪，宗教改革争论之后，自然法古典传统被终结。结果，在这个国家，它已经永远被遗忘或误解。而且，边沁和他的追随者们有可能真的认为自然法仅仅是个人的想象，但同时推测我们之间不用再遵守自然法，因为它已经进入了实际权力这个新领域。" *Essays in the Law* (London：Macmillan，1922)，at 62.

〔10〕 Ibid ch. ii.

上溯至古希腊时期的政治学思想。它对国际法的影响又与罗马法的影响交织在一起，因此可以对两者一起进行讨论。原始的罗马城市国家的早期法律之所以能够发展成为一套满足高度文明的世界帝国需求的法律，是因为它具有一种打破早期罗马法以及其他所有原始法律所具有的古代形式主义的特殊的扩张和适应能力。

　　简单地说，这种扩张和适应的过程体现的形式是，与罗马自身特有的法律即"市民法"（*jus civile*）同时发展的另一种更加自由和进步的法律，即"万民法"（*jus gentium*）。之所以称其为"万民法"，是因为人们相信而且声称它具有普遍适用性；它的原则被认为是简单和理性的，必须在任何地方得到所有人的承认。在罗马共和国时期快结束的时候，自然法（*jus naturale*）这种哲学思想推动了这一实践的发展。自然法思想最初由希腊的斯多葛学派发展，后来被罗马人采纳，它认为，应当控制人类行为的原则的基础是，认为人是理性和社会的。随着时间的推移，作为罗马人的实践才能同他们的实际的法律结晶"万民法"以及符合理性的理想法律——即"自然法"——逐渐被认为是相同的。实际上，它们的确是相同的一套法律，只是视角不同而已，因为万民法是每个地方都必须遵守的规则，它当然来自作为人的理性的法律，即自然法，反之亦然。中世纪的学者们后来将这种自然法概念发展成为一套理论体系，虽然有时用一种对现代人来说看上去既奇怪又枯燥的方式进行阐述，不过由于影响太大，这套理论体系得到了教会的采纳。例如，托马斯·阿奎纳（St Thomas Aquinas）说，与上帝直接启示的那部分法律相比，自然法是上帝法律中可以被人的理性发现的那部分法律。将自然法与神法等同的一个必然后果是，自然法被认为是必然高于任何仅仅由人的命令所发布的实在法。有些学者甚至认为，违反自然法的实在法不能有任何效力。

　　当这种观念适用于新的民族国家之间的彼此关系理论时，它具有很明显的效果。这种观念意味着，国家之间的关系不能仅仅是无政府状态，这不符合事物的性质；相反，它们必须受到一个更高的法律的控制，这种法律是每个主权者服从的自然秩序的一部分，而不仅仅是任何主权者的意志的创造。与代表欧洲新兴民族主义独立国家的主权理论完全不同，自然法理论既否认国家无须担责，也否认它们之间必定是彼此独立的局面。虽然自然法的权威文本毫无疑问无法被找到，且对此可能有不同的解读，但是其基本的信条仍然是，包括主权者在内的整个宇宙彼此之间的关系都必须受到法律的规制，尽管形式各异。而且，尽管很难发现自然法的具体要求，但自然法对中世纪学者的冲击比对现代人要小得多，因为中世纪学者们很容易从罗马法中得到指导。

16 世纪罗马法在欧洲的地位与国际法的起源关系很大。有一些国家，例如德国，已经"接受"了罗马法。也就是说，它已经取代了当地的习惯法成为有全国性拘束力的法律。在其他国家，这一过程并没有这么彻底。但是，即使在这些国家，罗马法的原则也得到了极大尊重，当当地法律中没有规则排除它们时就会得到适用。实际上，罗马法在每个地方都被视为"成文的理性"（*ratio scripta*），而中世纪的学者为了阐释自然法，只能去到处寻找世界上实际在运作的、作为每个国家共同财产的、在每个地方作为人类理性最高典范而崇拜的法律制度。而且因为它与教会的教会法之间存在密切联系，这一法律制度还希望得到进一步尊重。

因此，罗马法将找到自然法内容的困难程度降到了最低。实际上，每当国际法的奠基者们认为国王之间的关系可以比照私人之间的关系时，为了找到它们之间的规则，他们会毫不犹豫地将目光投到罗马法身上。例如，当每个地方政府几乎都是君主制政府而且封建的领土概念仍然十分强大时，对领土的权利就非常像私人对财产的权利，其结果是有关领土的国际法规则基本上仍然是罗马法中关于财产的规则。因此，虽然人们信仰自然法这一种天生具有普遍约束力的理想法律制度，且它还因为具有普世性而到处得到崇拜，但我们却很容易发现为什么自然法不是国际法基础的原因。我们现在必须叩问，这一基础对于今天的我们来说是否仍然有效。 19

我们可以在一定程度上批判中世纪的自然法思想。首先，必须承认，即便有罗马法的帮助，自然法仍然意味着相信宇宙存在理性，而这对于我们来说有点夸张了。的确，当中世纪的学者认为自然法是可以基于理性得到发现时，他们的意思是说最佳的人类理性可以发现自然法，而非任何一个人的理性导致的结果就是自然法。杰里米·边沁（Jeremy Bentham）曾批评自然法的荒谬，他说："一大群人都在不停地谈论《自然法》，然后还告诉你他们的是非观，而你理解的他们的是

非观涉及《自然法》的那么多章节。"[11] 这一批评仅仅体现的是边沁对这一重大
20 概念的蔑视，而他不费力气就能轻易理解。中世纪的好争论者可能抽取自然法中
的观点来论证几乎所有的情形，但是就像《圣经》的内容不会因为魔鬼的援引
而变得很随意，自然法这一概念本身也不会变得随意。但是，中世纪的学者们没
有意识到的是，关于何谓合理——或者说按照他们自己的术语，自然法的内容是
什么——这一问题几乎不可能得出一个最终的定义。它总是或者说终究是人的行
为的问题，与时间和地点等情形有关。他们所没有意识到、但我们已经意识到的
是，这些情形从来不是静止的。无论是对于我们还是他们来说，即便我们无法证
明存在一个理性的世界，但是这个理性的世界无论对于思想还是行动来说都是一
个必要的假设，而我们和他们的思想区别主要在于看待世界和人类社会的方式不
同。当现代的律师们被问到何谓理性时，他们只会从现在和身边有效的东西中寻
找答案，而不会去寻找一个最终是真实的答案；而中世纪的学者们却可能说，如
果我们无法知道最终的真实，这并不是因为它无法被发现，而是因为我们的理性
不够完美。一些现代的学者已经注意到了这种区别，认为今天我们有权相信的东
西是**一种具有变量内容的**自然法。

其次，当中世纪的学者们认为自然法有能力推翻与其抵触的实在法时，他们
是在提倡一项无政府原则，对此我们必须反对。但是，这其实是一项根深蒂固的
原则，即使在 18 世纪，布莱克斯通（Blackstone）就写道："自然法与人类几乎同
时产生，是上帝的要求，它当然比任何其他法律更加高级。它对全世界所有国家
在任何时候都具有约束力。**所有人类的法律如果与其发生抵触，就没有任何
效力。**"[12]

21 但是，在布莱克斯通心中，这些话仅仅是对传统的一种敷衍，并没有对他阐
释法律产生任何影响。然而，认定不符合理性就可以使法律规则变得无效，就等
于混淆了立法功能和查明现有法的功能。如果法院自己不在法律已经设定的更高
的理性框架内对何谓理性进行理解，那么法律就不可能发挥它在社会中的控制力

---

〔11〕 *An Introduction to the Principles of Morals and Legislation*，（1789）ch. ii. 但是，正如弗雷德里克·
波洛克爵士指出的，边沁自己没有意识到，他实际上"就像自然法的任何倡导者一样，是一个教条主义
者"。[*History of the Science of Politics* (London, Macmillan, 1890) at 109 - 10] 他对人类的一般动机进行了抽
象的思考，并在此基础上构建了一套关于立法的普遍理论，不过并没有考察任何历史或具体实践。

〔12〕 *Commentaries on the Laws of England*, Book I, Introduction (emphasis added) (1765 - 1769).

这一恰当功能。法律的假定也许有问题，但是为了我们的社会安全，在法律得到修改之前必须按照法律行事。

这些批评都是对的，但是它们并没有影响自然法思想中的永恒真理，虽然今天我们一般使用另外一个不同的术语，但是我们承认这些真理的永久有效。自然法说明法律的存在是有目的的，提醒我们法律并不是一套由法院进行机械适用的毫无意义的任意原则，而是服务于某些目的，尽管这些目的在不同的时间和不同的地点可能会有不同的理解。因此，我们可能会说，我们的目的是让法律体现社会正义（我们正在思考应当赋予法律这一术语何种解释），而中世纪的思想家则已经说，实在法的有效性必须依据更高的法律即自然法来进行判断。

因此，自然法或者具有其他名字的相似原则是立法的基本原则。不仅如此，它还是实际执法必须遵守的一项原则。这是因为，任何法律制度都必须对付非常复杂的现实生活，而人类的预见能力也是有限的，无法以规则的形式完全体现法律。各种超越已经制定的规则范围的情形不断出现。法律不会也无法因为问题很新或没有规定而不去解决问题。法律可以通过法律规则以外的原则来解决这些问题，而这些原则不一定都在法律中得到规定。实际上，它会采用法院或陪审团认为在那种情形下是合理的解决方法。英国的普通法不断将理性作为裁判的正当理由来判断在特定的情形下何谓合理的时间、合理的价格或者合理的人员。一方面，我们认为即使对那些问题的回答在科学上不一定是真理，但只要它们大概是正当的就行了；另一方面，我们不打算因为明确的规则而彻底否定这种理性标准，因为也不可能这么做。尽管如此，这种对理性的追求仍然仅仅是对自然法的追求。有时，英国法还会使用"自然正义"这样的术语，而我们的法院必须尽最大努力判断在特定的情形下"自然正义"的内容。例如，1924年枢密院发布的《北罗德西亚法令》（Northern Rhodesian Ordinance）对如何管理这一被保护国进行了规定；它规定在当地人之间的民事案件中，罗德西亚的法院必须尽最大可能适用当地法律，而且**并不排斥自然正义**。罗德西亚的法院在解释这一法令时应该不会有什么困难。[13]

亨利·梅因（Henry Maine）爵士写道："在现代国际法和现代战争法的产生过

---

[13] Cf C. Huntington, 'Law and Anthropology', 31/1 *Columbia Law Review* (1931) 32 – 55, at 55.

23　程中，自然法发挥了最伟大的作用。"[14]　即便这样一种基础并不确切，在 16 世纪也不可能有其他的基础。此后，在 17 世纪和 18 世纪，人的理性要求每个人在每个地方总是遵守法律的中世纪传统变得模糊不清，此后，学者们回到了这个术语的另一个含义，其可以追溯至斯多葛派（Stoic）和早期的教会学者。他们用自然法来指称人人处在**自然状态**下的法律，这一状态是人类社会政治状态之前的一个幻想状态，是在人类组成政治社会后遗留下来的。[15]　这一发展对国际法产生了不幸的后果，但是让我们首先来回顾一下那些对国际法进行系统论述的学者们。

第四节　国际法古典学者

　　国际法作为一门独立的学科可以追溯至 16 世纪下半叶。一些早期的学者论述的一些话题属于现代国际法的范围，尤其是对战争惯例和大使待遇的论述，但是他们在论述时没有进行法学和神学或伦理学的区分，也没有进行国内和国际的区分。因此，许多问题都是放在一起讨论的，例如战争是否正当、发动战争的理由是否合法、作战手段是否合法等，他们同时讨论战术问题、军事纪律问题或者
24　封臣协助领主义务问题等，全然不知他们实际上是在讨论一些属于另外一门学科的问题。

　　神学家尤其关注战争实践引起的复杂的伦理问题，以及 15 世纪和 16 世纪西班牙一些伟大的传教士对推动这些问题的思考作出的重要贡献问题等。其中，最伟大的要数弗朗西斯科·德·维多利亚（Francisco de Vitoria），他在 1526 年至 1546 年是萨拉曼卡（Salamanca）大学的神学教授。他死后出版的两本讲义，即《论印第安人和战争法文选》（*Relectiones De Indis*）和《关于西班牙人对野蛮人的战争法》（*De jure belli Hispanorum in Barbaros*），讨论了西班牙对新大陆上的居民行使统治权的问题。这些论述非常引人关注，因为它们捍卫那些被征服的土著人的权利。在这方面，维多利亚的论述对于把国际法扩大到全世界跨出了重要一步；这是因为他

---

　　〔14〕　*Ancient Law*, ch. iv.
　　〔15〕　Below, 34 – 5, 51 – 2.

的论述表明，由于建立在自然法这一对世界上所有人都适用的法则的基础之上，产生于欧洲基督教世界王国的一套法律并不仅限于它们或者它们之间的关系，而是普世有效的。这些早期的西班牙学者的论述过去常常被忽视，尤其是在新教国家，不过现在人们对它们的兴趣与日俱增，而且肯定了它们的重要性。[16]

阿尔贝里科·真蒂利（Alberico Gentili），通常又被称为真提利斯（Gentilis），是一位意大利的新教徒，他为了免遭迫害流亡到了英格兰，后来成为牛津大学的民法教授。他可能是第一位将国际法从神学和伦理学中彻底分离，并且将国际法作为一门法学分支来对待的学者。他在他最重要的著作，即 1598 年出版的《战争法》（De jure belli）一书中写道："神学家最好对不属于他们领域的问题不发表意见。"[17] 真提利斯更有名的继承者是胡戈·德·赫罗特（Hugo de Groot），或者格劳秀斯（Grotius），他自称尤其需要感谢这本书；不过这本书看上去应该没有什么影响，真提利斯这个名字也经常被遗忘。[18]

格劳秀斯于 1583 年出生在荷兰，卒于 1645 年。早在孩提时代，他就以好学闻名欧洲，成年后几乎成为自己喜欢的每一个学科领域的大师。他既是一位律师，也是一位历史学家，还是一位诗人，他甚至是一位神学家，特别渴望看到基督教教会的重新统一。不过，他的生活并不像一位学者而是像一位活动家，既从事法律职业又身兼许多要职。他卷入了那些名义上是神学事务、但实际上是政治事务的纠纷，即荷兰各省是应当成为一个松散的具有联邦性质的联盟还是接受奥兰治王室的强权统治。格劳秀斯支持前者，但是失败了。他因此被监禁了两年多，然后在其妻子的帮助下躲在一个书柜里成功越狱，当时监狱的看守人员以为

25

26

---

〔16〕 参见 J. B. Scott, *The Spanish Origin of International Law*（Oxford：Clarendon Press，1935）；以及 C. R. Rossi, *Broken Chain of Being：James Brown Scott and the Origins of Modern International Law*（The Hague：Nijhoff，1998）.

〔17〕 *Silete theologi in munene alieno*, Book I, ch. XII, *in fine. Classics of International Law*, J. C. Rolfe tr.（Oxford：Clarendon Press，1933）vol. II，at 57；彼得·赫根马凯尔（Peter Haggenmacher）认为，这句话的意义有时被夸大了。他提醒我们，真蒂利准备将那些宗教问题留给神学家，"真蒂利这一著名的呼吁实际上是要求分权，而不是要求法律全面世俗化"。他还说，"这句话极有可能是对反对他称为牛津大学清教派成员的争论的一种回应"。'Grotius and Gentili：A Reassessment of Thomas E. Holland's Inaugural Lecture', in H. Bull, B. Kingsbury, and A. Roberts（eds）, *Hugo Grotius and International Relations*（Oxford：Clarendon Press，1990）133 - 76，at 171.

〔18〕 关于格劳秀斯比较成功的原因的讨论，参见 P. Haggenmacher, ibid.

里面都是书，他后来成为瑞典驻法国大使。

很少有书能够获得像格劳秀斯的《战争与和平法》（*De jure belli ac pacis*）这样的声誉，不过因此把他称为国际法之"父"则是夸大了该书的原创性，而且对于他之前的学者来说也是不公平的。格劳秀斯以及任何其他学者都不能被称为国际法之"父"。尽管这本书的内容很好，但是它之所以享有盛誉并不全是因为它的内容，还有一部分原因是它出版的时间和情况。在 1625 年写完这本书时，格劳秀斯已经非常有名了，因此他写的任何东西都会受到广泛的关注。而且，他还有一个优势，那就是他的国家在当时的欧洲在许多领域都处在领先位置。

在此前一个世纪，荷兰取得摆脱西班牙统治的解放战争的胜利，预示着现代国家制度的兴起。它是民族国家思想的第一次伟大胜利，也是行使反抗普遍君主制权利的一次成功案例。在 17 世纪，荷兰是欧洲文明的领导者，它不仅向其他国家传授新的商业方法，而且还有新的政府观念，包括更加自由的机制和宗教宽容措施。当时的英格兰仍在绝对主义与自由主义之间摇摆不定，而且在法国大革命之前欧洲其他地方仍然都是绝对主义盛行，而此时的荷兰已经解决了这个问题，采取了自由主义。

27 对于现代的读者来说，格劳秀斯的书有点令人生厌，因为他的书引用太多了，从古代历史一直到《圣经》，还进行了过分微妙的区分；他的书有他那个年代的学者的风格，具有浓厚的经院哲学的传统。不过，格劳秀斯写书的目的非常实际。他这样描述他写作的目的：

> 根据我的思考，我深信国家之间有一套共同的法律，无论对于战争还是战争期间都适用，我有许多重大的理由来研究这一课题。从整个基督教世界来看，我发现缺乏对战争的限制，即便野蛮人都会为此感到羞耻；我注意到，人们为了一些轻微的理由，甚至没有任何理由而竞相获取武器，而且一旦拿起武器都不再尊重法律，无论是神的法律还是人定的法律；好像根据大家的看法，暴怒犹如脱缰的野马，可以实施任何犯罪了。[19]

---

〔19〕 Prolegomena, 28. *The Classics of International Law*, J. B. Scott (ed.), F. W. Kelsey (trans.) (Washington: Carnegie Institution, 1913–25) vol. II, at 20.

为了对付这种无政府状态，他主张即便是国家也应当认为自己是社会的一个成员，一起承认正义的普遍性和至高性。他说，人不是纯粹自私的动物，因为人性中有一种"社会欲望"（*appetitus societatis*），即那种追求人类社会的渴望和保存这种社会的需求，而这正是自然法的渊源。他在他的第一本书中这样写道：

> 这是正当理性的要求。正当理性指出，行为是否符合理性要看道德基础或道德必要性；因此，行为要么被自然的主人即上帝禁止，要么被吩咐。[20] 28

他说，除了受到自然法的限制外，民族之间的关系还受到万民法（*jus gentium*）的制约；因为，就像在每个国家一样，民法追求一国的福祉，因此，也存在基于同意确立法律以追求一个更大的共同体的福祉，这个更大的共同体由所有或者大多数国家组成，而这种法律就是万民法（*jus gentium*）。显然，这个定义与这个术语在罗马法中的定义是不同的。我们可以发现，这个术语在罗马法中是一种**私法**，调整的是罗马人与其他民族的人之间的关系，而在格劳秀斯的著作中，它成了**公法**的一个分支，调整的是民族之间的关系。格劳秀斯告诉我们，区分自然法和万国公法（law of nations）［这是对"万民法"（*jus gentium*）这个概念的误译，但是必须赋予其新的含义］这两个概念是很重要的，但是他自己却没有做到。他也不可能做到，这可以从他自己对两者各自内容的阐述中看出来。他不仅采用，而且还向我们列举那些哲学家、历史学家、诗人和演说家的证词，这不是因为他们是确凿的证人，而是因为当他们取得一致意见时，只能通过以下一种方式解释他们取得的一致意见：要么他们说的话肯定是从理性原则推导出来的正确结论，即自然法规则；要么肯定是存在某种共同同意的东西，即万国公法规则。因此，我们 29 发现，这两个术语实际上仍然表达的是同一个思想，只是这一思想的理论和实践的两面而已。

与那些试图理解法律的含义和基础的所有思想家一样，格劳秀斯必须直面一

---

〔20〕　Book I, ch. X § 1. Ibid 38 - 9（footnote omitted）.

个长期存在而且看似合理的观点，即认为正义仅仅只是一种实用。他的回答十分清楚，而且令人信服。他说，正义的确是最高的实用，仅仅因为这个原因，如果没有正义，无论是一国还是一个由国家组成的共同体都无法得到保存。但是，它不仅仅是实用，因为它是我们真正的社会性质，而且也是我们必须确保正义的基础。

格劳秀斯的著作中含有关于战争的基本原则，因为他说：

> 最不能接受的是有些人的说法，即战时所有法律都应当暂停适用。相反，除非为了执行权利，否则就不应该发动战争；一旦开战，必须遵守法律和善意。德莫斯特内斯（Demosthenes）说得好，他说，战争针对的是那些无法通过法律手段进行制裁的人。司法判决能有效对付那些感觉自己过于弱小而无法抵抗的人。但是，对于那些同样强大的人，或者认为对手是同样强大的人，就可以发动战争。不过，要使发动战争正当化，必须像司法判决过程一样小心翼翼。

> 那么，当动用武力时就让法律保持沉默吧，不过保持沉默的只能是一国的法律，也就是那些法院所关心的、仅仅与一国和平有关的法律，而不是那些在任何时候永久有效的其他法律。罗马帝国时期普鲁萨的哲学家迪奥·克里索斯托姆（Dio of Prusa）说得非常好。他说，在敌人之间，成文法，也就是那些特定国家的法律，不再有效，但是不成文的法律仍然有效，也就是那些由自然所决定的法律或者那些已经确立的各国之间的协议。[21]

因此，他的第一本著作研究的是战争是否可以是正当的（*justum*）、合法的或合格的。由于格劳秀斯认为，要使战争合法，其中一个条件是它应当是由一国内掌握最高权力的人发动，因此实际上需要探究主权的性质。不过，他对这个问题的看法令人失望，而且比较混乱。他否认政府存在的目的一定是为了被统治者的利益，而且将主权视为一种所有权，一种君主可以全权享有的权利（*jus regendi*），就像私人对物体享有的权利一样，因此他实际上是在鼓励那种认为主权就是绝对和

---

〔21〕 Prolegomena, §§ 25, 26, ibid 18–20 (footnote omitted).

无须担责的权力的观点。这是不幸的。他在著作中还认为由君主下属的封建王子们发动的战争也有可能是合法的，尽管这些人只能被视为拥有虚拟的最高权力（summa potestas），这就使得他对待主权的态度与他自己对主权的定义产生了矛盾。在第二本著作中，格劳秀斯研究了战争的理由，实际上将可以发动战争的理由减少到两项，即保护人员或财产以及惩罚犯法者。

格劳秀斯还对下列问题有过研究，例如什么是国家的财产、作为国家财产的海域有多大、国家财产可以如何取得和丧失，以及现代国际法学者可能放在平时国际法讨论的其他问题，还有那些根本就不是国际法的问题。在第三本著作中，他讨论了属于现代战争法上的问题，也就是那些诸如在战争过程中哪些行为是合法的、哪些行为是非法的问题。关于这些问题，他的计划是不仅陈述严格意义上的战争法，而且还进一步阐述他认为是"调整"（temperamenta）的内容，即进行删减或修正，以便使战争更加人道。

通常，我们在评估格劳秀斯的著作时经常会提到他的著作所取得的明显和瞬间的成功。如果一本著作的作者死后几年其著作成为被广泛采用的教材、在国际谈判中经常被引用、多次得到重印和翻译，以及后来的学者都对他的大名顶礼膜拜算是成功的证据的话，无论他是否大大偏离了自己的说教，都必须得说，格劳秀斯是成功的。但是，如果判断是否成功的标准是看他的整个理论是否被各国接受，而且在他之后的时代是否成为调整各国关系的法律，那么他的著作几乎是一种彻底的失败。

的确，他的某些理论已经成为了确定的法律。例如，公海不属于任何国家的主权这一理论，以及他提出的建议列入国际法的对战争的许多"调整"（temperamenta）。但是，对于格劳秀斯来说，这些变化基本上就是因为航海性质和作战技术的改变。他的体系是尝试对合法战争（bellum justum）与非法战争（bellum injustum）进行区分。他认为，除非作出这种区分，否则国际秩序将变得不确定，就像如果国内法不对合法和非法地使用暴力作出区分国内，秩序将变得不确定一样。但是，这种区分从来没有成为国际法中的实际规则。

为了尝试确立这种区别，格劳秀斯继承了国际法古典学者从中世纪的神学家和宗教学家那里继承来的传统。这一传统甚至可以追溯至 4 世纪基督教时期的圣奥古斯丁（Saint Augustine）。但是，由于各国不断将战争视为一种政策而不是法律，因此他显然知道要让这种区别被他人接受是多么困难。他认为，困难主要有两个。[22] 一个是，怎么知道一场战争中的哪一方对另一方来说是对的；另一个是，如果它们将战争的是非提交法院并且采取行动限制那个犯错的国家，那么对于其他国家来说会有什么风险。消除战争的任何计划都无法绕开这两个问题。前者是我们现代所称的谁是"侵略者"的问题，后者是"集体安全"的问题，需要有一个国际社会的联合力量同时需要保护援助国。无论是格劳秀斯还是17世纪和18世纪延续他的观点的学者都无法找到克服这些困难的方法，他得出的结论也缺乏说服力，即认为唯一实际的处理方式是不要请求第三国对战争的合法与非法做出裁判，而应该将这一问题留给交战方的良心去解决。

33

因此，必须承认，尝试在法律上对发动战争的合法与非法做出区分是相当不现实的；格劳秀斯之后的大多数学者都把这个问题作为这个话题的装饰内容，他们并不认真地认为这是一个理论。后来，这个问题甚至从任何理论中消失了，国际法开始有一段时间坦率承认所有战争都是合法的。1919年，国际联盟的成立是第一次真正尝试推翻上述认识并在实在法中体现格劳秀斯思想的基本原则的事件。1945年通过的《联合国宪章》最终承认会员国之间应当尊重不使用武力这一原则，而且要求联合国必须确保所有会员国尊重这项原则。[23] 我们将在本书的后面详细讨论这项原则。现在，让我们结束对古典学者的介绍。

理查德·朱什（Richard Zouche）（1590—1660年）是牛津大学的民法教授，也是海事法院（Court of Admiralty）的法官。他写过许多关于法律的书，其中有一本是关于国际法的书，即1650年出版的《论祭祀团的法律与程序或国家之间的法律及问题》（*Jus et judicium feciale, sive jus inter gentes*）。[24] 这本书被称为"第一本国际法手册"，[25] 因为它对国际法的每个分支都进行了简洁而明确的介绍。朱什并没有否认自然法是国际法的一个基础，但更倾向于认为国际法是从国家实践的先例中发展出来的，因此他有时被认为是国际法中"实在法"学派的先驱学者，这

34

---

〔22〕 *De jure belli ac pacis*, Book III ch. XII and ch. XXIII.

〔23〕 虽然第2条第4款规定的是会员国，但是第2条第6款规定，联合国应当确保非会员国在维护国际和平与安全方面也遵守联合国的原则。

〔24〕 *The Classics of International Law*, T. E. Holland (ed.), J. L. Brierly (trans.) (Washington：Carnegie Institution, 1911).

〔25〕 Scelle, 'Zouche' in *Les fondateurs du droit international* (Paris：Giard and Brière, 1904), at 322.

一学派认为国家的实践是国际法的唯一渊源。朱什对方法进行了重要的改进，因为他是第一位对平时法和战时法进行区分而且更突出前者的学者。这十分重要，因为战争可以被视为而且也应当被视为国家之间的不正常关系。

萨穆埃尔·普芬多夫（Samuel Pufendorf）（1632—1694 年）是海德堡大学的教授，后来成为瑞典隆德大学教授，于 1672 年出版了《自然法和万民法》（*De jure naturae et gentium*）一书，他因此可以被视为国际法"自然法学派"的奠基人。他的整个理论体系是建立在自然法的基础之上的，但他否认自然法对各国实践的任何拘束力，认为自然法是一种新的、低级的法律形式，仅对处在虚构的**自然状态**下的人具有约束力。

科尔内留斯·范·宾刻舒克（Cornelius van Bynkershoek）（1673—1743 年）是一位荷兰的法官，他对许多国际法的专题有过研究，其中最重要的是 1737 年出版的《公法问题》（*Quaestiones juris publici*）一书。宾刻舒克非常了解海事和商事方面的惯例，因此发展了国际法涉及这两个方面的知识。他属于"实在法"学派，认为法律的基础是习惯，但同时又认为习惯必须通过理性解释，而且必须受理性控制，他认为"理性是万民法之师"（*ratio Juris Gentium magistra*）。[26] 他还认为，与他之前的学者一般为了修饰他们的著作而依赖古代历史上的说明相比，近期的国家实践对于查明习惯更有价值，因为"随着各国习俗和习惯的改变，万国公法也会改变"，[27] 但是与现代实践相比，在证明习惯法的证据中，他更看重特定条约的具体规定。

埃默里克·德·瓦泰勒（Emerich de Vattel）（1714—1769 年）于 1758 年出版了《万国公法》（*Le Droit des gens*）一书（又译《万民法》——译者注）。他是一位瑞士人，曾经在萨克森外交部门工作。他希望他的书成为处理国际事务的手册，他更多的是对他人思想的整理，而不是一位原创的学者。不过，与其他学者相比，他可能对国际法产生了更长久的影响。他的书有时仍然在国际争端中作为权威引用。他接受**自然状态**这一理论："由人组成的国家自然是自由和独立的，在组成世俗社会之前，以一种自然状态生活在一起；民族国家或主权国家就像是自然状态中一起生活的许多人一样"，由于人自然是平等的，国家也应当是平等的。"在这个方面，无论是强国还是弱国，没有区别。一个侏儒与一个巨人一样，都

---

〔26〕 *Quaestiones*, vol. I, ch. 12（Oxford：Clarendon, 1930），at 95.

〔27〕 Ibid vol. II, T. Frank（trans.），'To the Reader', at 7.

是人；一个小的共和国与一个强大的王国，都是主权国家。"[28] 因此，尽管国家平等理论是一个从错误的前提得出的错误推论，[29] 但是就这样被引入了国际法。

在瓦泰勒看来，万国公法的**起源**仅仅是适用于各国的自然法，它是不变的，而违反它的条约或习惯是非法的；但是，其他内容也被纳入了法律之中，这是因为自然法为每个国家确立了自由和独立，因此每个国家都是自己行为的唯一决定者，仅仅依据自己的良心决定是否需要为违反自然法的行为负责。其他国家可以**请求**它改变它的行为，但是它们实际上可以从中要求的可能少得多。瓦泰勒把这种很低的**可强制执行的**义务标准称为**任意的**万国公法，因为与他所称的自然界的**强制法**所含有的其他内容相比，这种任意的万国公法假定国家已经表示了同意。"尽管他在自己的行为中一直遵守的是**强制法**的规则，但是他应当允许他人利用**任意的**万国公法。"[30]

瓦泰勒的上述说法过分强调了各国的独立，实际上贬低了自然法，他认为自然法差不多仅仅是各国之间建立更好关系的一种渴望罢了；但是在格劳秀斯心中，自然法是一国抵抗另一国任意作为的法律武器。不过，对于瓦泰勒思想中唯一与国家实践真正有关的**任意法**来说，他并没有论证其理论基础，因为他无法解释各国为什么具有遵守任意法的义务。他的这种区分是令人失望的，而且区分的结果也很不成功。例如，瓦泰勒告诉我们，基于**强制法**，一国有义务维持自由贸易，这是为了提高人类的福祉。但是，基于**任意法**，如果该国想要在任何草拟的贸易条约中对自由贸易有所限制，它就可以这么做，因为它对自己承担的义务比它对其他国家承担的义务更加重要。[31] 而且，对于瓦泰勒来说，基于**强制法**，只有三个理由可以发动战争，即自卫、要求对造成的损害承担责任以及惩罚犯法者。但是我们显然会认为，基于**任意法**，每一国都会有发动战争的合法理由，因为"每个王国可能都有这样行动的明智而正当的理由，而这对于任意的万国公法

37

---

[28] E. de Vattel, *The Law of Nations*, *or Principles of the Law of Nature*, *Applied to the Conduct and Affairs of Nations and Sovereigns* (1797), B. Kapossy and R. Whatmore (eds), T. Nugent (trans.) (Indianapolis: Liberty Fund, 2008) Preliminaries § 4, at 68.

[29] Ibid § 18, at 75.

[30] Ibid Book III, ch. 12, § 189, at 590.

[31] Ibid Book II, ch. 2, § 25, at 275 and see also Book 1, § § 92 and 98.

来说就够了”。[32]

不过，在有些方面，瓦泰勒的思想推动了他之前的思想。他主张战争中各国权利应当更加人性化。他否定了格劳秀斯认为的政府性质的长期理论：“将其比喻成国王拥有的财产权是一种幻想，是这种思想的支持者们随意制定尊重私人**遗产**的法律造成的。国家不是一个人的祖传遗产，也不能是这样的遗产，那样说只是符合那个人的利益，而建立王国是为了国家的利益。”[33] 他承认，在某些情况下，一国的一部分有权脱离该国。[34] 正是因为这种思想，当 1775 年他的书首次在美国出版时，受到了广泛的欢迎。[35] 德·拉普拉德尔（De Lapradelle）教授这样称赞他：

　　在 1776 年和 1789 年的大事件发生之前，他已经撰写了国际法的著作，美国和法国的革命都依据公法原则取得了成功。尽管他的著作发表的时间是 1758 年，但是它完全符合 1789 年美国革命中的原则。它遇到了相同的抵抗，经历了相同的暂时挫折，最终都取得了成功。瓦泰勒的《万国公法》是基于 1789 年的原则确立的国际法，是对卢梭的社会契约论的补充，它将万国公法中个人主义这项伟大的法律原则传播到了全世界。这就是瓦泰勒的著作很重要的原因，也是他取得成功的原因，更是确定他的影响以及发现他的缺点的标准。如果说格劳秀斯撰写的是绝对主义的国际法，那么瓦泰勒撰写的则是一部关于政治自由的国际法。[36]

---

〔32〕　Ibid Book II, ch. 18, § 335, at 457.

〔33〕　Ibid Book I, ch. 5, § 61, at 114 – 15, 该段还写道：“后果是很明显的：如果一国明显认为该国的继承者将是一位给国家带来厄运的君主，该国有权废黜该君主。”

〔34〕　Book I. 1 ch. 7, 虽然瓦泰勒要求，如果一个城市或省份被武力征服，那么“危急情况”可以让它不再履行效忠义务。他举出的例子是楚格（Zug）国因为受到瑞士人的攻击而在 1352 年选择加入瑞士联邦，而苏黎世同样也在 1351 年选择加入瑞士联邦。

〔35〕　有趣的是，在“德雷德·斯科特案”（Dred Scott）中，最高法院的不同法官们有的引用瓦泰勒的书支持奴隶制，有的则引用他的书反对奴隶制。一方面，由于各州具有独立性，因此它们就有固有的权利自由制定自己的法律；但是另一方面，万国公法则具有从自然权利中引发的国际道义。关于进一步的解释，参见 M. W. Janis, *America and the Law of Nations* 1776 – 1939 (Oxford：OUP, 2010), at 105 – 9.

〔36〕　'Introduction' to Vattel's *Le Droit des Gens, ou Principes de la Loi Naturelle, appliqués à la Conduite et aux Affaires des Nations et des Souverains*, C. G. Fenwick (trans.) (Washington：Carnegie Institution of Washington, 1916), at lv. 关于对瓦泰勒思想影响的最新评估，参见 V. Chetail and P. Haggenmacher (eds), *Vattel's International Law from a XXIst Century Perspective* (Leiden, Nijhoff, 2011).

虽然从来没有任何时候特定的国家之间总是处在战争状态，但是由于各主权国家的国王是彼此独立的，他们总是不停嫉妒，而且处在格斗状态；他们的武器枪口瞄准彼此，他们的眼睛盯着彼此；他们的堡垒、要塞、枪口总是瞄准对方的边界，并且不断窥探邻国，这是一种战争的状态。[1]

43　　在我们这个时代，我们仍然可以看到残忍对待他人的行为，还有因为种族、宗教、民族或语言而迫害他人的行为。所有这些都让人即便在今天也难以相信存在一个单一世界社会。轻视创造这样一个社会所存在的困难程度是十分愚蠢的。那些困难并没有消失，甚至可能增加了。

　　从某种意义上说，这是因为我们对自然法的认识发生了深刻的改变。我们已经知道了国际法是如何从自然法中产生出来的，也就是说，我们认为各国必须通过法律相互约束，因为这是一项自然原则，我们这个世界必须是一个有序的而不是混乱的世界。因此，尽管各国是独立的，但是他们毫无例外接受这项普世法则。但在中世纪之后，对自然法的这种认识逐渐被实证主义思想取代，实证主义认为，所有法律只不过是上级迫使下级接受其意志的体现。对于国际法来说，对法律的这种现代看法尤其不幸，我们将回过头来再解决这个问题。在这里，仅仅需要指出，实证主义带来的后果是，整个法律思想都世俗化了，因此削弱了支撑所有法律效力的道义基础。

　　没有人类有意识的努力，就不会有一个世界社会。世界共同体问题基本上仍然是一个道德问题，从某种意义上说还是一个领导问题，国际社会需要可以使其成员学会一起努力追求共同社会目标的机制。国际联盟是实现这一目的的第一次伟大试验，但是我们都知道它失败了。第二个试验是联合国，目前来看还比较成功，尽管它在许多问题上仍然令人失望。但是，我们应当知道，自从开展创造世
44界共同体的实践以来，仅仅过去了很短的时间，而且也仅仅只是在最近，我们才开始知道，这个问题实际上是非常紧迫的。

---

　　[1] Above, ch. 13, at 90. 这段话的后面还说："对于这场每一个人针对每一个人的战争来说，这也是必然的，没有什么东西可以说是正义的。对与错、正义与邪恶的概念根本是不存在的。当没有一个共同的权力机构时，就没有法律；而如果没有法律，就没有邪恶之说。"

第二节　现代的"主权"国家

在前面一章，我们回顾了博丹甚至霍布斯设想的主权理论从一项国内秩序原则转变为国际无政府状态原则的奇妙过程。

在博丹的著作中，主权刚开始是 16 世纪一个正式的法律概念，是宪法赋予君主个人具有制定该国普通法律最高权力的特性。在欧洲各国政府在性质上发生历史性发展的情况下，主权随后被认为是一项绝对的、高于法律的权力。最后，当在一国内的任何一个人或机构中无法找到这样一种权力时，主权开始被认为是人格化了的国家自己的一种特性。

主权理论主要是由政治学家发展的，他们对国家之间的彼此关系并没有什么兴趣，而且也没有什么关注。在后来的形式中，主权不仅否认存在各国有遵守任何法律的可能性，而且在一个由各国组成的世界中它也根本不可能存在。

国际法学者们尝试用各种巧妙的方法来协调国际法和国家的绝对主权理论，但是所有那些尝试实际上都是下面要讨论的自我限制的主权的某种变异。例如，有一个说法是，国际法是相互协作（co - ordination）的法律，而不是讲究主从关系（subordination）的法律。即便是 20 世纪的奥本海（Oppenheim）并不相信绝对主权，但是他也不得不认为国际法具有与一般的法律不同的性质。他告诉我们，万国公法通常被认为是国家**之间**的法律，而不是**关于**国家的法律。[2] 然而，如果各国是国际法的主体——这一点奥本海也承认——那么国际法当然必须高于各国法律，各国也必须遵守国际法。

美国法官卡多佐（Cardozo）曾提醒我们，当我们认为某些概念好像就是理所当然的存在和发展，而不去思考它们的后果时，这些概念就会成为禁锢我们的"暴君"，而不是我们的"仆人"。他还告诉我们，我们应当把我们的概念当作临时的假设，当它们会带来压制和不公时，我们就应该重新构建它们，并对它们进

45

---

〔2〕 *International Law*：*A Treatise*（*the Law of Peace*），H. Lauterpacht（ed.），6th edn，vol. i（London：Longmans，1947）6.

行限制。[3] 如果国际法学家能够借用这一推理，并且消除主权理论带来的噩梦，那当然更好。但是，无论作为一项政治理论需要怎样被重构，主权在今天代表的都是各国之间那种既真实又可怕的关系。它体现的是各国一种习惯性的主张，即它们可以采取自己认为适当的任何行为，它们的自由是没有限制的。不过，这是一种误解。

46 　　对于务实的国际法律师来说，主权并不是一个形而上学的概念，也不是国家本质的一部分；它仅仅是指代各国习惯性地在与他国的关系上提出具体和广泛主张的集合的一个术语而已。如果说主权意味着国家的本质中有一些无需遵守法律的固有内容，那么，它就是一个没有得到国际关系实践支持的错误理论。但是，它提醒我们，各国受制于法律是一个尚未完全实现的目的，那么从这个意义上说，它是一个我们不能忽视的理论。

　　让各国受到法治原则的限制最大的困难在于，各国掌握着权力。让法律控制权力总是非常困难的，而且这个问题并不仅仅是国际法特有的。每一个国家的国内法也有相同的问题，只是没有那么尖锐而已。在任何一个受到良好治理的国家，国内法通常能有效对付个人的行为，但是，那是因为个人是很弱的，而社会则相对强大。但是，当人们为了实现某种特定的共同目的而组成社团或派别时，法律的问题就变得更加困难。这些团体总是能产生力量，当它们的成员数量众多、能够掌握强大的资源，并且强烈感到他们联合进行保护的利益对于他们自身来说至关重要时，他们可能会通过法外甚至是非法的手段来追求目的的达成，而不会十分在意那些名义上将他们与其他社会成员约束在一起的法律因素。事实
47 上，主权国家在国内从事行为的方式与它们在国际社会中从事行为的方式是相同的。

---

〔3〕 B. N. Cardozo, *Paradoxes of Legal Science* (New York：Columbia University Press, 1928) 65；还参见 K. Popper, *Conjectures and Refutations：The growth of scientific knowledge* (London：Routledge Classics, 2002)．

第三节 现代国际法的效力依据

传统上说，有两套对立的理论可以解释各国应当遵守国际法的原因：各国自然或基本权利理论和各国同意理论。有人强烈质疑这两个理论，但是也有人捍卫这两个理论。因此，有必要分别探究这两个理论。

"自然权利"理论是"自然状态"理论的必然结果。根据"自然状态"理论，每个人在组成政治共同体或国家之前假定都是已经存在了的。由于各国尚未组成一个超国家的实体，因此对这种理论的支持者来说，应当假定各国仍然以这种状态存在。自然权利理论告诉我们，国际法的首要原则是从国家的基本性质中推导出来的。这一理论还说，每一个国家都具有某些基本、固有或天然的权利，因为它们是国家。

学者们对于国家到底具有哪些这样的权利有不同的说法，但是一般都认为，存在五项这样的权利，即自保、独立、平等、尊重和交往。显然，这种基本权利理论仅仅是将自然的"人的权利"这项古老的原则适用到各国身上。该项理论在历史上曾经扮演了重要角色。洛克曾经以此来论证英国革命的正当性，而且因为洛克，这种理论被美国革命的领导人接受，成为美国独立的哲学基础。但是，今天很少有学者将这一理论视为真正的政治关系哲学，而且当被用到国家之间的关系上时，这一理论遭到了更大的质疑。它说明，不论是个人还是国家，它们将某些原始的权利带到了它们生活的社会，这些权利不是由其作为社会成员产生的，而是它们所固有的，然后从这些权利中产生了一套法律制度。但是，实际上，除非我们首先假定存在一套规定某项法律权利有效的**法律制度**，否则怎么可能存在这样一项有效的**法律权利**呢？

而且，这个理论还说，与人或国家的个性相比，人与人之间或者国家与国家之间的社会联系更不像是一种自然状态，或者说更不是整个人格的组成部分。这种说法是错误的，因为我们知道，真正的个人是"社会中的个人"。这种理论认为社会联系就像原子之间的关系，而将这种观点适用于国家之间的关系尤其具有误导性。这种理论将个人之间的关系比作原子之间的关系具有一定的合理性，因

48

为它似乎给社会应该保障个人某些权利这种共同认识提供了哲学基础，而且这样一来，它在推动人的自由方面还发挥了一定的作用，但是，在一个由国家组成的社会中，各国没有必要主张更大的自由，相反，各国所需要的是加强彼此之间的社会联系。我们需要不断提醒各国注意它们对其他国家承担的义务，而不是吵吵嚷嚷要求享受更多的权利。

49　　最后，主权理论实际上是对发展国际关系的一种否定。当这一理论认为独立和平等这样的特性是各国固有的特性时，它忽略了各国的这些特性实际上仅仅是历史发展的某个阶段这一事实。我们知道，在近现代之前，各国从来没有被认为是独立或平等的，而且我们没有理由认为，发展进程现已经停止了。相反，各国之间的相互依赖将会进一步加强，这种可能性反而是很大的，而且也是值得期待的。

50　　另一方面，实证主义理论[4]告诉我们，国际法是各国**同意**接受约束的规则的统称，而且，除非它们同意，否则就没有什么法律。这种同意的表现形式既可以是明示的，例如条约，也可以是默示同意，例如习惯法规则。但是，这种假设认为国际法只是各国同意的结果，无法完全解释我们今天在实践中看到的这个制度。即便它能完全解释国际法的内容，但是它无法解释这套法律具有拘束力的原因。

　　第一，认为国际法的性质完全是基于同意这样一套理论无法解释现实。**默示**

---

　　〔4〕　内夫（S. C. Neff）对实证主义传统的背景进行了解释。他说："'实证主义'这个词（positivism）的含义太丰富了，最好还是不要使用这个词。这个词最早是在19世纪30年代由法国社会哲学家奥古斯特·孔德（Auguste Comte）发明的，它指的是'科学的'、'客观的'或'经验的'东西，用来与那种猜测的、宗教的或假想的演绎思维相对应。孔德认为，人类经历了三个伟大的阶段：神学的、形而上学的、'实证的'（现在）。在神学阶段，占据主导地位的是宗教思想。在形而上学阶段，占据主导地位的是法定的和法理的思想，基本上就是自然法。但是现在出现的是第三个阶段，即'实证的'年代（孔德这样称呼），从过去的迷信和教条主义中解放出来，实现人类思想的真正和最终的解放。"内夫还解释说，实证主义认为任意法是原则，它们是**"唯一真实的法律渊源"**，而且**"坚持独立的民族国家是国际法的基本单位。这不可避免地赋予实证主义一种强烈的多元主义背景"**。'A Short History of International Law' in M. Evans（ed.）, *International Law*, 2nd edn（Oxford: OUP, 2006）29 – 55, at 38 – 9. 还可以进一步参见阿戈（R. Ago）的观点，他解释说，实证主义法学家认为，只有那些"形式渊源"确立的法律才是真正的实证法，而且对于他们来说，"必须将那些无法直接或间接从国家意志中找到的所有过程从实证法的形式渊源中排除出去。这一教义的目的是为了发展和实现广泛的思维，将法律实证主义压缩到仅仅只是国家的同意"。'Positivism' in R. Bernhardt（ed.）, *Encyclopedia of Public International Law*, vol. 3（Amsterdam: Elsevier, 1997）1072 – 80, at 1073. 进一步参见 M. D. A. Freeman, *Lloyd's Introduction to Jurisprudence*, 3rd edn（London: Sweet and Maxwell, 2008）esp. 'Bentham, Austin and Classical Positivism'.

的同意无法从哲学上合理解释习惯法，无论是国际的还是国内的。习惯法之所以得到遵守并不是因为人们同意遵守，而是因为人们相信它有拘束力。无论这种观念怎么解释或辩解，它的拘束力并不取决于它所调整的个人或国家的同意，而且那些遵守它的人或国家也不会有这种感觉。

而且，在国际法的实际履行中，各国需要不断遵守那些可以说它们并没有表示同意的国际法原则，除非最大程度曲解事实。如果我们强行把事实解释或符合先入为主的理论，以此寻找国际法规则的真正性质，而不是去寻找能够解释我们身边事实的那些理论，那么这是不合理的。

例如，新出现的国家无论如何都没有**同意**接受国际法，在这个问题上，它自己也认为没有选择的权利，其他国家也认为它没有选择的权利。事实是，各国并不认为它们承担的国际法义务来自同意，除非这个同意是明示的。因此，默示同意理论是理论家的虚构。将国际法效力的性质解释为同意只具有一定的合理性，因为国际社会并不存在一个奉行多数表决的国际立法机制，因此一群国家不能为其他国家制定**新**的法律规则。

第二，即便实证主义的同意理论没有歪曲事实，它也不是一种解释，因为同意本身不能产生效力。只能在已经规定同意将对表示同意的人具有效力的法律制度中，同意才能产生效力。有人说，约定必守（*pacta sunt servanda*）（条约对缔约方有拘束力）这项规则本身就是同意的结果，但是这种观点实际上是一种循环论。如果严格按照同意论，那么一旦同意被撤回，基于同意而产生的效力就不复存在。因此，结论是，一旦一国决定不再同意条约的规定，该条约就不再对它有效力。大多数支持实证主义的学者都是不会这样说的。但是，如果否定上述说法，那么实际上就承认了条约的效力来自一种未知的渊源，而无论这种渊源是什么，都不会是国家的同意。

我们认为，国际法效力依据不一定是神秘的。在任何法律制度中都存在相同的问题，而且仅仅**从法律上**进行解释是无法解决这个问题的。[5] 这个问题的答

〔5〕 还参见 Triepel, *Droit international et droit interne*（Paris: Pedone, 1920）. 他认为，有时候无法从法律上对自然法的强制性进行解释。他将一国同意适用某项规则与它此前参与创设集体同意某项规则的情况区分开来，认为最终，一国**感觉**受到该规则的约束，而且指出违反了该规则并不能反驳这一事实。'Je crois qu'on peut se contenter d'affirmer qu'il se *sent* tenu par cette règle. C'est un fait qu'on ne peut nier en renvoyant à des violations de droit.', At 81.

52　案一定在法律之外，而且提供答案的只能是法哲学。国际法的效力之所以带来一些特定的问题，是因为**主权理论**给国际法理论带来的混乱。即便我们不相信国家主权是绝对的，但我们已经相信，因为国家主权，有必要在各国遵守的这种国际法中寻找一些在其他法律中无法找到的一些特性。我们已经接受了国家作为一个人格者具有生命和自己意志、仍然生活在一种"自然状态"的错误观点，而且我们将此与个人生活的"政治"国家进行比较。

　　但是，这种对各国状态的假定是一种对法律的否定，而且再巧妙的观点也无法解释"自然状态"中的各国是如何与法律共处的。这种观念无论是在分析方面还是历史方面都是错误的。事实是，即便为了便利起见人们将其人格化，但是国家并不是人，它们仅仅是一堆**机构**，即个人为了实现某种特定目的而共同建立的组织，基本上是一套他们在共同生活中开展活动的秩序体系。除了指导它们业务的个人意志外，它们是没有意志的，而且它们并不是以政治真空的状态存在的，而是彼此之间持续发展政治关系。它们遵守法律并不完美，不过它们的确是在遵守法律。它们遵守法律的程度是一个实践中最难判断的问题之一，但是从本质上不是不可能的。国际法和个人在一国内部据以生活的法律之间有重大的区别，但是这些区别并不在于形而上学或者一个实体被称为"国家主权"的这个神秘的特性。

53　　　因此，国际法律师没有特定的义务去解释我们关注的这套法律为何对它的主体具有效力。如果所有法律的本质是**命令**（command），而且由于某种原因，无法令人满意地解释国家的法律的效力依据，以及发布命令的人的意志**高于**接受命令的人的意志，那么就有必要去具体解释国际法的效力依据。但是，关于法律的性质的那种观点早就不具有说服力。如果我们需要解释为何所有的法律都有效力，我们就无法避免一些像中世纪以及此前希腊和罗马的假定——它们都提到了自然法。

　　对所有法律的效力的最终解释是，个人，无论是单独的个人还是一国中与他人结社的个人，都是受限的，因为他们是理性的生物，相信他们生活的世界的支配原则是秩序，而不是混乱。[6]

第四节　现代国际法的渊源

54

《国际法院规约》第 38 条第 1 款要求国际法院适用：

　　（a）不论普通或特别国际协约，确立诉讼当事国明白承认之规条者。

　　（b）国际习惯，作为通例之证明而经接受为法律者。

　　（c）一般法律原则为文明各国所承认者。

　　（d）在第 59 条规定之下，[7] 司法判例及各国权威最高之公法学家学说，作为确定法律原则之补助资料者。

这是最权威的文本，我们完全可以认为，它影响着其他法院和法庭对国际法渊源的查明。[8]

一、条约作为法律渊源

55

　　"协定对于那些制定者来说是法律，它废除、补充或修改我国的一般法律。"[9] 因此，很容易发现，国际法院在寻找能适用于特定案件事实的法律时，

---

　　〔6〕 马尔蒂·科斯肯涅米（Martti Koskenniemi）同意对国际法效力依据的这种解释，认为这种解释能够揭示国际法学者如何注定在两个观点之间摇摆不定：一方面，认为规范性法典**优于**国家行为、意志和利益（"递减观点"）；另一方面，认为民族国家通过行为、意志和利益**决定了**法律的内容（"递增观点"）。我们的解释可以说是同时依赖上述两种观点。"递减观点和递增观点是一致的：秩序之所以有拘束力，因为没有它就不能有社会生活。这是客观的真理，与人的意志或观念无关。但是，它之所以有拘束力，还因为人类相信它有拘束力。它现在是一种主观的确信，这是首要的。" From Apology to Utopia. The Structure of International Legal Argument. Reissue with new Epilogue（Cambridge：CUP, 2005），at 169.

　　〔7〕 这条规定，"法院之裁判除对于当事国及本案外，无拘束力"。

　　〔8〕 不过，我们不应认为这些渊源是国际关系中国际法的全部渊源。在这一章后面，我们将会介绍各国的单方面承诺和国际组织的文件。关于国际体系的参与者如何在实践中采用更广泛的国际法规范的观点，参见 Onuma, Y., A Transcivilizational Perspective on International Law（Leiden：Nijhoff, 2010）ch. III.

　　〔9〕 J. W. Salmond, Jurisprudence：or The Theory of Law, 6th edn（London, Sweet and Maxwell, 1920）31.

首先会查明决定当事国权利的一般法律是否已经被它们之间缔结的协定排除。

因此，对于当事国来说，条约显然是一种法律渊源。它们是一种"具体的"或者说"特定的"法律。但是，我们能否进一步认为它们在任何情况下都是"一般"国际法的一种渊源呢？当然，只有某类特定的条约才可以被这样认为。两个或两个以上的国家为了某种特定的目的而缔结的一般条约很少成为一般法规则的基础；如果缔结条约是为了创设一般法中根本不存在的义务，或者排除本来应当适用的现有规则，那就更有问题。

这样的条约更不能被视为实际上创设了新的法律（而不是新的义务）。能够被视为一般法渊源的那些条约，是指那些绝大多数国家为了声明它们对某个问题的法律的理解、为了对将来的行为规定新的一般规则或者为了建立某种国际组织而缔结的条约。就像我们在后面一章将看到的，这样的条约实际上是一种国际立法，它们通常被称为"造法性条约"。这类造法性条约（可以被称为"协定万国公法"）现在已经大大超过了习惯国际法。

如此称呼是为了便利，而且也是正确的，因为一套法律秩序的所有规则不一定应当对社会的所有成员有拘束力。但是，必须记住的是，即便是一个造法性条约也受到适用于其他类型条约的限制，例如，它对非缔约国没有拘束力。因此，除非世界上每一个国家都成为这种条约的缔约国，否则它所创设的法律不会对每一个国家都具有拘束力。有些学者说，这些条约创设的法律是"一般"国际法，而不是"普遍"国际法，因此具有广泛拘束力的某些条款"有成为普遍国际法的趋势"，想以此来克服上述困难。[10] 但是，这个术语并不令人满意，而且它也没有真正解决这个问题的症结。

认为这些条约具有造法功能的真正原因是前面已经提到的实际原因，即它们实际上在扮演国家立法机关在扮演的角色，尽管不是很完美。它们具有两项功能：有针对性地让国际法适应新情况；加强国家之间的法治力量。还有人说，诸如国际刑事法院、联合国及其国际法院和专门机构，例如万国邮政联盟、世界卫生组织和国际民航组织等国际生活中的重要组织，也仅仅是某些国家之间的一种契约安排。严格讲来，即便从理论上说，这是对的，但这也是一种虚假的说法。

---

〔10〕 R. Jennings and A. Watts（eds），*Oppenheim's International Law*，9th edn，vol. i（London：Longman，1996），at 4.

正确的看法是，我们应当从这些条约的表象探究它们的实际效果。

二、习惯作为法律渊源

从法律上讲，习惯不仅仅是惯例（habit）或通例（usage）。它是一种那些认为它具有效力的人所感觉的一种通例。因此，必须存在一种感觉，即如果不遵守这种通例，那么就有可能产生某种不利后果，或者至少违反者应当承担这样的后果。用专业的语言讲，就是必须有可能会遭受"制裁"，尽管这种制裁的性质不需要明确规定。从这种意义上说，国际领域存在习惯的证据只能是那些国家的实践。

也就是说，我们必须看看各国在彼此关系上实际上是如何行为的，同时还需要理解它们为什么这么做，尤其是查明它们是否承认有义务这么做。或者，按照《国际法院规约》第 38 条第 1 款第 2 项，我们必须查明据称的习惯规则是否是"接受为法律的通例"。[11]

这样的证据显然是非常庞大的，而且非常多样。在无数场合，代表国家行动或发言的人的确会对国际法问题明示或默示地行为或发表声明。任何这种行为或声明可能成为证明某项习惯国际法规则存在与否的证据。但是，它们作为证据的价值当然完全取决于场合和具体的情形。与个人一样，国家通常在某个特定的案件中提出自己的观点，它们并不一定代表的是确定的或公正的观点，而那些确定的观点是否像案件的性质那样确定，则必须查明。

在习惯法的证据中，尤其重要的是外交通信，对外交官、领事和军事指挥官的正式指令，国家的立法行为和国内法院的决定（应当说国家不会据此故意违反被视为习惯国际法的规则），以及法律官员的意见（尤其是那些已经公布的意

---

〔11〕 "有关行为不仅需要是确定的实践，而且还必须是以一种各国相信这种实践是因法律的要求而必须做的信念的情况下所实施的。这种信念是一种主观要件，是'必要的法律确信'（opinion juris sive necessitatis）这一概念所暗含的一种要求。因此，有关国家必须认为它们的行为符合法律义务的要求。某种行为很频繁或者即便具有惯常性质是不够的。有许多国际行为，例如一直在仪式或礼仪方面开展的行为，仅仅是基于热情、便利或传统方面的考虑，而不是基于任何法律的义务。"ICJ, *North Sea Continental Shelf*, ICJ Rep. (1969) p. 44, at para. 77. 布里吉特·斯特恩（Brigitte Stern）主张，各国以不同的方式"感知"这一义务："根据它们在国际社会的权力地位，各国通常会自愿参与国际习惯的形成。它们要么认为是在**创设法律**，要么认为是在**遵守必须遵守的法律**，而这种法律就是来自那些认为它们是在创设法律的国家的意志。"B. Stern, 'Custom at the Heart of International Law', 11 (1) *Duke Journal of Comparative and International Law* (2001) 89 – 108, at 108.

见，例如美国和瑞士的例子）。[12]

为了证明存在一项国际习惯，在适用这些证据时，我们应当查明，各国是否一般承认某些实践是必须遵守的。要证明**每一个**国家都承认某一个特定的实践几乎是不切实际的，而且即便是最严格的实证主义者也会认为没有必要。就像英国法中，即便不存在当地每一个从事贸易的人都有遵守某种习惯的证据，也可以证明存在该有效的贸易习惯。

一般承认这种标准肯定是模糊的，但是，无论是国内还是国际的习惯法，它们的性质不会轻易受到是否是最终确定表述的影响。当法院适用习惯法时，它总是在重新表述和发展它的原则，就像英国的普通法一样，习惯法的不确定性也就减少了，就像制定法具有的不确定性一样。但是通过法院来澄清习惯法在国际法之中仅仅只是开始。因此，比起陈述国内法中的习惯法而言，陈述习惯国际法要困难得多。[13] 不过，这种区别不是表述的确定与不确定的问题，而是不确定的程度问题。

新的习惯法的产生总是一个缓慢的过程，而且国际社会的性质决定在国际领域产生习惯法尤其缓慢。因此，习惯国际法的发展越来越多地与造法性条约有关。但是，即便今天，当需求足够清楚和紧迫时，新的习惯也有可能得到发展，

---

〔12〕 *Digest of United States Practice in International Law*；*Revue suisse de droit international et européen.* 另见 McNair's *International Law Opinions* [1782 – 1902] 3 vols（Cambridge：CUP, 1956）；C. Parry and G. Fitzmaurice（eds），*British Digest of International Law* 8 vols [Phase 1, 1860 – 1914] 8 vols（London：Stevens, 1965）；以及各种年刊和杂志中的相应栏目，例如：*British Year Book of International Law*，*Irish Yearbook of International Law*；*Australian Year Book of International Law*，*New Zealand Yearbook of International Law*；*Canadian Yearbook of International Law*，*the Annuaire Français de Droit International*；*Austrian Review of International and European Law*；*Baltic Yearbook of International Law*；*Revue belge de droit international*；*Finnish Yearbook of International Law*；*Revue Générale de Droit International Public*（France）；*German Yearbook of International Law*；*Heidelberg Journal of International Law*；*Revue Hellénique de Droit International*；*Italian Yearbook of International Law*；*Netherlands Yearbook of International Law*；*Nordic Journal of International Law*；*Polish Yearbook of International Law*；*Spanish Yearbook of International Law*；*European Journal of International Law*（for EU practice）；*American Journal of International Law*；*The Japanese Yearbook of International Law*；*Asian Yearbook of International Law*；*Chinese Journal of International Law*；*Indian Journal of International Law*；*South African Yearbook of International Law*；*Palestine Yearbook of International Law*；*Colombian Yearbook of International Law*；*Mexican Yearbook of International Law*.

〔13〕 不过，参见红十字国际委员会在过去十年做的一项重要研究：J. – M. Henckaerts and L. Doswald – Beck, *Cutomary International Humanitarian Law—Volume 1：Rules*（Cambridge：CUP, 2005）以及 E. Wilmshurst and S. Breau（eds），*Perspectives on the ICRC Study on Customary International Humanitarian Law*（Cambridge：CUP, 2007）.

被接受为法律。这明显的体现是空气空间主权原则、外层空间和包括月球以及
"其他天体"在内的法律的迅速发展。[14]

今天，大家都认为，各国在国际组织中的行为促使"习惯法更快速地适应国 61
际社会的发展需求"。[15] 而且，各国在这些组织中开展的行为也是证明习惯法的
一种新证据："现在，国家实践在国际组织中得到集体体现和发展，国际组织采
取的集体决定和行为也是证明与这些组织有关的经接受为法律的通例的重要证
据。"[16] 不过，必须把证明习惯国际法的这种物质证据与国际组织自身所采取的
立法行为区分开来。而且，由于这些组织的存在本身就促进了国家和其他行为者
之间的互动，因此即便那些互动不能被视为立法行为（例如起草条约或形成习惯
法），也会加速国际法标准的制定。[17] 下面我们应该关注可能成为法律渊源的那 62
些组织。

在习惯国际法中，有一种形式不需要太多经接受为法律的证据，那就是强行
法（或一般国际法中的强制性规范）。这些规则具有更高的地位，它们不仅不需
要作为通例的证据，而且各国也无法选择不遵守、进行反对或限制。[18] 在后面
关于条约的一章中，我们将考察主张某项规则是强行法将引起的一些后果（违反
此种规则的条约是无效的）。现在，我们只需要注意，哪些规范属于强行法规范

---

〔14〕 后面第五章将介绍《关于各国探索和利用包括月球和其他天体的外层空间活动所应遵守原则的
条约》（1967 年）、《关于各国在月球和其他天体上活动的协定》（1979 年）。郑斌论证了空间大国对这个
领域的参与相对迅速地发展了国际法（即时国际法），而且"在确定某一项规则为一般国际法规则时，每
个国家的分量是不一样的。不同的国家分量取决于具体的事项，而且如果可以计算的话，则也需要具体问
题具体分析"。他的断定为："在国际法规则的制定方面，每个国家的分量当然是不同的。"B. Cheng, *Studies in International Space Law* (Oxford: OUP, 1997), at 687. 关于习惯法形成过程中权力和控制所起的作用，
拜勒斯（Byres）的书很有启发性，*Custom, Power and the Power of Rules: International Relations and Customary International Law* (Cambridge: CUP, 1999).

〔15〕 *Oppenheim's International Law*, 9th edn (1996), at 30 – 1.

〔16〕 Ibid 31. 也参见 B. D. Lepard, *Customary International Law: A New Theory with Practical Applications* (Cambridge: CUP, 2010) ch. 14.

〔17〕 参见 E. Alvarez, *International Organizations as Law – makers* (Oxford: OUP, 2005) 588 – 601；进一步参见 K. W. Abbott and D. Snidal, 'Why States Act through Formal International Organizations', 42 *Journal of Conflict Resolution* (1998) 3 – 32.

〔18〕 V. Lowe, *International Law* (Oxford: OUP, 2007), at 58 – 60；洛主张，强行法仅仅是那些从逻辑
或道义来看是必需存在的规则。因此，例如，各国必须遵守条约这项规则对于法律制度的效力来说从逻辑
上看就是必要的。

是有争议的，由于人们认为，此种规范还可以得到一项新的强行法规范的修改，因此更容易引起争议。在这个问题上，可以说，也许自然法这项最高规范只是被换了一个说法，它还是存在的。

尽管国际法委员会针对国家责任领域违反某些强行法所能引发的后果起草了某些详细规则，[19] 但是它并没有列出这种规范的清单。不过，委员会的评注这样写道："公认的强行法规范包括禁止侵略、灭绝种族、奴隶制、种族歧视、反人类罪、酷刑，以及自决权。"[20] 在评注中，还提到了其他的例子，例如 "奴隶贸易……和种族隔离……禁止《禁止酷刑和其他残忍、不人道或有辱人格待遇或惩罚公约》第 1 条规定的酷刑……适用于武装冲突的国际人道法规则"。[21] 这些仅仅是经过仔细考虑后的例子而已，并非全部。

三、一般法律原则

《规约》第 38 条第 1 款第 3 项要求法院适用 "一般法律原则为文明各国所承认者"。[22] 这一表述十分宽泛，它包括但不限于可以适用于国际关系的国内法院所适用的私法原则。由于私法一般说来比国际法发达得多，因此私法总是一个国际法得以吸取的法律原则储备仓库。我们知道，早期的国际法学者都是从罗马法中获得灵感的，而且这个过程仍然在持续，就是因为得到确定的法律制度承认的原则完全可以说也是任何法律制度维护正义所必须的合理原则。时效、禁止反言

---

〔19〕 关于其他后果，参见 *Oppenheim's International Law*, 9th edn (1996), at 8.

〔20〕 The ILC's Articles on Responsibility of States for Internationally Wrongful Acts (2001) (hereafter ARSI-WA), Commentary to Art. 26, para. 5. Report of the ILC, UN Doc. A/56/10, at p. 85.

〔21〕 Commentary to ARSIWA Art. 40, paras 3–5, ibid, at p. 112.

〔22〕 进一步参见 C. H. M. Waldock, *General Course on Public International Law*, 106 *RCADI* II (1962) ch. 4, 他还指出，"现在强调 '文明各国' 对于我们来说是没有必要的，而且也是不可接受的。" 他认为，这一条款的意思是说 "各个独立国家法律制度所承认的一般原则"。at 65.

（*estoppel*）、既判力（*res judicata*）就是这些原则的例子。[23]

第 38 条第 1 款第 3 项对于国际法来说并不是新的，因为"一般法律原则"是一项国际性法院在过去已经本能地正确使用的渊源而已。但是，将它规定在《规约》中则具有重要意义，因为这实际上是对实证主义理论的一种否定，因为按照实证主义的说法，国际法仅仅是由那些国家已经同意的规则组成的。这显然是对国际法具有动态性以及适用国际法的法院具有创造性的一种权威承认。[24]

65

四、司法决定和学者学说

《规约》第 38 条第 1 款第 4 项规定，**司法决定**是"确定法律原则之补助资料"。这种决定严格说来并不是判例，因此在国际法中不具有拘束力。英国法的理论认为，司法判例具有约束力，但是这种理论仅仅只是把所有司法过程中存在的一种自然趋势提高到了教条的高度。当任何法律制度发展到认为有必要报告法官的决定和推理的程度时，其他法官不可避免地会重视前人或同事的工作——尽管不一定完全听他们的。

原来，在国际法中让司法决定起作用的范围是非常有限的，因为当时的国际裁判相对有限，因此几乎不存在可以找到的判决报告。现在，由于国际法庭的剧增以及通过互联网可以很容易找到它们的判决，这种状况得到了迅速改变。司法决定正在国际法中发挥适当的作用。这样的改变完全是有益的，它正在为国际法

---

〔23〕　注意：不要把这一渊源与一般国际法原则混淆，后者包括对所有国家有约束力的原则，例如禁止使用武力原则（见第九章）或国家平等原则（见第四章第三节）。关于这一问题的讨论，参见 G. Abi – Saab, *Cours Général de Droit International Public*, 207 *RCADI* (The Hague：Nijhoff, 1996), at 197 – 203. 阿比 – 萨阿卜（Abi – Saab）强调，国际法院可能适用普遍适用的规则或"一般国际法"原则，而没有必要证明它们的起源或是否存在，而且在他看来，重要的是各国是否认为它们是义务，而不去考虑这种义务是来自条约或习惯。阿比 – 萨阿卜认为，应当将这种一般国际法原则与"国际法的一般原则"区分开来，是因为它们在国际法中的渊源、位阶不同，而不是因为它们的适用范围不同。迪皮伊（P. – M. Dupuy）特别看重这些原则，主张国际法官认为将它们视为国际法秩序中不证自明的、固有的原则。P. – M. Dupuy, *Droit international public*, 9th edn (Paris：Dalloz, 2008), at 358 – 62. Cf G. Schwarzenberger, *A Manual of International Law*, 5th edn (New York：Praeger, 1967), at 42 – 5.

〔24〕　关于法院处理这个问题的方式，参见 G. Gaja, 'General Principles of Law', < mpepil. com > (2009). 他发现："国际法院在宣布某项一般法律原则时，无论是否在国内法中找到了相应的原则，它很少充分证明这项原则在国际法中是否真的存在。国际法院关于习惯国际法规则的认定也可以说是这样的。" at para. 20；进一步参见 B. Simma and P. Alston, 'The Sources of Human Rights Law：Custom, *Jus Cogens*, and General Principles', 12 *Australian Year Book of International Law* (1992) 82 – 108.

创设大量详细的规则，检验抽象的原则是否具有解决实际问题的能力，以及使国际法不再那么理论。根据梅隆（Meron）法官的说法，司法决定依次加速习惯国际法的形成："根据我的经验，一旦国际法庭认可了某项可能存在长期争论的法律原则是习惯国际法，国际社会就会很快承认这项法律原则是习惯国际法。"[25]

66　　**学者学说**也是"确定法律原则之补助资料"。学者学说在国际法中的作用一点都不稀奇。当然，说他们具有或主张制定法律的权力，则是错误的。实际上，他们的作用与他们在任何其他法律制度中的作用一样。其中一个作用是有助于澄清法律的内容。这一作用是得到公认的，美国最高法院大法官格雷（Gray）曾经这样说道：

> 国际法是我国法律的组成部分，必须得到具有管辖权的法院的确定和适用，而国际法中的权利问题也需要提交给它们确定。从这个意义上说，当没有条约以及有效的执法、立法文件或司法决定时，就必须求助于文明国家的习惯和通例，以及作为它们的证据的法学家和注释家的研究成果，因为经过多年的心血、研究和经验，他们非常熟悉他们研究的对象。法庭求助这种研究成果并不是为了寻求学者们对法律应当是什么的看法，而是寻求法律是什么的可靠证据。[26]

67　　格雷大法官所说的"学者们对法律应当是什么的看法"实际上提到了学者意见的另一项功能，因为他们的意见可能有助于创设影响各国行为的观点，从而随着时间的推移间接推动实际法律的修改。

　　某个特定的学者的观点是否可能具有这种积极影响取决于其声望以及其提出的观点的说服力。但是，重要的是，不要混淆了这两项功能，即提供法律是什么的证据和对法律应当怎么发展施加影响。有人认为，国际法学家的地位与其他法学家的地位不同。这可能是由于三个原因造成的。其一，在过去，国际法学家作为法律说明者的影响根本比不上法官的影响。其二，大陆法系国家的律师既不盛赞法官的作用，也不贬低学者的作用；而英美法系国家的律师受到的训练则使他

---

[25] *The Making of International Criminal Justice: A View from the Bench* (Oxford: OUP, 2011), at 242.
[26] *Paquete Habana* (1899) American Prize Cases, p. 1938.

们更认同法官的作用，贬低学者的作用。其三，英语有时能将"law"（法律，即确实存在的规则）和"right"（正确，即**应当**存在的规则）区分开来。但是，拉丁文的"Jus"、法语的"droit"和德语的"Recht"同时具有上述两个含义，因此，讲这些语言的学者会无意识地将国际**法律**思想带到在我们看来是完全不同的关于"**应当**"的思想上来。另外，语言很容易使讲英语的学者夸大两者实际上的区别，同时忘记国际法的这两个思想之间的必要联系实际上比国内法多得多。因为，即便"法律"和"正确"有时的确是不同的，但"法律"只有在长期"正确"的情况下才能真正实现它的目的。[27]

五、现代制度中"理性"的地位

68

我们曾经在讨论自然法时知道，没有一套法律制度仅仅是由确定的规则组成的，因为这些确定的规则的详细程度或可预见的程度并不足够，无法为需要作出法律决定的每一个情形提供答案。掌管法律的人必须处理那些确定的规则所没有精确规定的情形，必须求助于中世纪的学者们称为自然法、我们一般称为理性的原则。在这种情况下的理性并不是指任何智者的独立理性力量，而是一个"法律"的理性。这意味着，适用于新情况的原则是通过适用每个地方的律师都认为是有效的推理方法发现的，例如判例、类推以及确定的法律规则背后的基本原则等。

新规则的这种渊源被认为是有效的，而且在不论是国际法庭还是国家的外交部门之间彼此提出的主张等国家实践中，都不断被援引，[28]因此，由于实证主义不承认这种渊源，实证主义对于它自己的假定来说实际上是不正确的。严格的"实证主义者"认为法律是被国家"假定"为法律的任何东西，其他都不是法律。而且，实证主义者只提到习惯，认为它是各国默示同意的结果，认为条约是各国明示同意的结果，以此宣称发现了国家"假定"为法律的东西。但是，实际上，国家实践本身并不是如此有限，因为它们通常还承认那些既不是来自习惯也不是来自条约的原则对它们是具有拘束力的。外交中的几乎每一个法律主张或每一个国际法庭前的诉讼都表明，寻找相关的法律规则的范围比实证主义者所假 69

---

〔27〕　最后这句话在本书第一版第43页重新出现。

〔28〕　进一步参见 V. Lowe, *International Law* (2007), at 97ff.

定的内容要大得多。[29]

与任何其他法律一样，国际法从形式上看是一套"完美的"制度，尽管从其他角度来看并不一定如此。它应当有能力解决任何提交给法院的问题，它之所以有能力这么做，是因为它承认那些要求法官"发现"可适用于手头案件的法律规则的实践。[30] 曼斯菲尔德（Mansfield）勋爵是英国最伟大的法官之一，他毫无疑问有相同的想法，他写道："万国公法是建立在正义、平等、便利和**事物的理性**的基础之上的，而且得到长期实践的确认。"[31]

六、国际组织的立法

我们在前面看到，国家在联合国这样的国际组织的行为可以成为习惯国际法存在的证据。现在，让我们来看看国家在国际组织的投票和国际组织通过的文本是否会产生独立的国际法义务。当安理会的 15 个理事国"决定"联合国会员国必须以某种方式行为时，这就为联合国的会员国创设了有拘束力的义务。[32] 严格说来，我们可以说，联合国的会员国只是因为成为了《联合国宪章》的缔约国而必须受到该条约的约束而已，而其中一项必须遵守的义务就是同意遵守安理会的决议。[33] 但是，如果以这样一种形式主义的方法来解释这种状况，则可能失去一个理解国际组织为会员国、自身以及其他实体创设国际法义务方法具有动

---

〔29〕 这段话是对布赖尔利关于这个问题的早期思想的重新表述，'The Basis of Obligation in International al Law'（1928）（above），at 17.

〔30〕 沃恩·洛（Vaughan Lowe）主张，法官通过援引"填补漏洞的间隙规范"或"超级原则"来发展这套法律制度，参见 V. Lowe, 'The Politics of Law – Making: Are the Method and Character of Norm Creation Changing?' in M. Byers（ed）, *The Role of Law in International Politics: Essays in International Relations and International Law*（Oxford: OUP, 2000）207 – 26.

〔31〕 本作者强调。关于他说这段话的背景和对这段话的提及，参见 Pollock, *Essays in the Law*（Macmillan: London 1922）, at 64（*Case of the Silesian Loan*, 1753）; cf McNair, 'The Debt of International Law in Britain to the Civil Law and the Civilians' in vol. iii *International Law Opinions*（above）Appendix II, at 415 – 17, 他认为，在写这些报告方面，曼斯菲尔德（Mansfield）可能没有乔治·李（George Lee）勋爵有影响。

〔32〕 《联合国宪章》第 25 条。

〔33〕 我们将在第三章中更详细地介绍这些决定。

态性的宝贵机会。[34]

让我们来看看国际民航组织的情形。随着航空和安全方面出现了新的问题（例如 2001 年 9 月 11 日出现的使用民航客机攻击纽约世贸中心的事件），国际民航组织理事会（由 180 个会员国选举产生的 36 个理事国组成）可以 2/3 的多数通过新的标准。除非在接下来三个月里，有一半以上的会员国“表示反对”，否则这项新的标准就会作为创设国际民航组织的条约的一个附件生效，对所有会员国有效。[35] 这样一来，就像联合国安理会一样，国际民航组织的理事会就可以说为所有会员国创设了新的义务。

另外一个例子是国际捕鲸委员会。在这个组织里，调整会员国行为的能力更加受限。为了修改下列事项的规则，需要得到那些投票的会员国中 75% 多数的支持：

> 关于鲸类资源的保护和利用：①受保护的和不受保护的鲸的种类；②解禁期和禁渔期；③解禁水域和禁渔水域（包括保护区的指定）；④各种鲸的准捕大小的限制；⑤捕鲸的时期、方法和强度（包括一个渔期内鲸的最大产量）；⑥所使用渔具、仪器和设备的类型和规格说明书；⑦测定方法；⑧捕鲸报告及其他统计方面和生物学方面的记录。[36]

各缔约国在接下来 90 天里可以提出异议，如果有一个缔约国提出异议，则其他缔约国还可以有另一段期限再提出异议。此后，该修正案将对那些所有没有提出异议的缔约国有效。尽管从这样的规定来看，减少了立法对一国意志的影响，但

---

〔34〕　进一步参见 Alvarez, *International Organizations as Law - makers*（above）以及 Lepard, *Customary International Law*（above）ch. 20. 关于对国际组织的文件不仅对会员国而且还对个人和公司产生规范方面影响的详细研究，参见 M. Goldmann, 'Inside Relative Normativity: From Sources to Standard Instruments for the Exercise of International Public Authority', in A. von Bogdandy et al（eds）, *The Exercise of Public Authority by International Institutions: Advancing International Institutional Law*（Heidelberg: Springer, 2010）661 –711. 国际法院认为，安理会有权对国家和国际组织之外的其他行为者设定国际法义务，参见 *Accordance with International al Law of the Unilateral Declaration of Independence in Respect of Kosovo*, Advisory Opinion of 22 July 2010, paras 115 –19.

〔35〕　1944 年《国际民用航空公约》第 90 条第 1 款。

〔36〕　1946 年《国际捕鲸管制公约》第 5 条第 1 款。

是委员会的决定无疑是创设了新的义务。

沃尔多克早在 1963 年就主张，应当承认像联合国这样的组织"现在是独立的国际人格者，它们的行为是《规约》第 38 条中的直接的国际法渊源，而不是从创设这些组织的基本条约中衍生出来的间接的渊源"。但是，他继续主张，"一旦缔结了条约，具有了与其会员国不同的独立机构的国际组织就成为了国际共同体一个新的决策机构。"[37]

七、国家的单方面声明

国际法委员会已经通过了一份《指导原则》，澄清了一国政府当局公开所作的声明创设国际法义务的方法。那些声明必须体现"受约束的意志"，政府当局必须有权以该方式约束该国。根据国际法委员会的《原则》，"基于他们的功能，国家元首、政府首脑和外交部长有能力作出此种声明。在特定的领域代表国家的其他人员也可以通过他们的声明在属于他们权限范围的领域授权约束该国"。[38] 因此，例如，我们可以想象一国的交通或贸易部长可以在自己的能力范围内为该国创设义务。

此种声明可以是口头的，也可以是书面的，但是它必须向"整个国际社会或一个或若干个国家或其他实体"作出。[39] 在 1974 年发生的一个有名的案件中，国际法院发现，法国发表了单方面声明，表示不再进行大气层核试验。有趣的是，国际法院并没有援引任何一个孤立的声明，而是援引了法国总统、法国政府成员以及国防部长发表的一系列声明。法院认为，"考虑到他们的意图以及发表这些声明的具体情形，这些声明是法国的一种承诺"。[40]

国际法委员会一直非常谨慎地起草限制各国废除它们作出的声明的指导原则。简而言之，国际法委员会建议，不应当任意废除已经作出的声明，而且判断是否为任意的一个标准是，已经发表的声明所指向的对方信赖该声明作为义务渊源的程度大小。[41]

---

[37] *General Course on Public International Law*, 106 RCADI II (1963), 1 – 251, at 103.

[38] 《适用于能够创设法律义务的国家的单方面声明的指导原则》（2006 年），原则四。

[39] Ibid. Principle 6.

[40] *Nuclear Tests Case* (1974), at para. 51. Cf V. Lowe, *International Law* (2007) 88 – 90. 还参见 the PCIJ Judgment in *Legal Status of Eastern Greenland*, *Denmark v Norway* (1933) Series A/B 22, at 71ff.

[41] Principle 10 (ii).

八、国际标准和对"软法"的辩论

74

近年来，学者们逐渐对上面描述的渊源不满。即便是《国际法院规约》显然限制了该法院应当适用的渊源，任何对现代国际关系适用的国际法的描述都不得不承认国际标准所产生的影响，无论是作为法律渊源还是作为一套发展中的规范。艾贝·里德尔（Eibe Riedel）是其中一位强烈认为国际标准是法律渊源的学者，他说："传统的实证主义的国际法学家试图减少法律的话语，仅仅讨论规范和法律效力这样的问题……相比之下，如果给予法律更宽的定义，则可以认为，规范的相关事实基础就是具有社会和政治性质的经验基础，因此就会关注国际社会的现实。"[42] 这种对法律的更加宽泛的理解是对各国、国际组织和个人日常考虑的规范更加现实的理解。就像里德尔指出的那样，"只有在非常少数几个孤立的案件中才会对有关各方做出最终的决定。"[43] 在大多数情况下，国际关系是通过联合国和其他场合发展的国际标准而展现的，根本不在意此种规范是否是"法律渊源"或者具有"严格意义上的法律效力"。

当国际法庭必须在两个实体之间依据可适用的法律和一套有限的法律渊源去解决争端时，"硬法"和"软法"之间的这种区别还是非常关键的。但是，正如已经指出的，国际法通常是在法庭之外得到援引的，而国际软法标准在这种一般的国际关系领域可能更加有影响。有一些国际关系学的学者试图解释这种软法产生效力的方法和影响逐渐扩大的原因。根据肯尼斯·阿博特（Kenneth Abbott）和邓肯·斯尼达尔（Duncan Snidal）的观点，由于没有关注硬法和软法这种两分法，软法更能从各国在具体情形下发展出来的三个不同维度或变量来看待一项规范，即**义务**（obligation）、**精度**（precision）和**让渡**（delegation）。[44] 根据这种假说，国家不仅会选择各种程度的义务（例如条约和宣言之间的义务），而且还会根据具体的情况谈判起草各种精度的文本，让渡各种程度的权力。因此，比起简单的硬法和软法的两分法，这种规范框架更加复杂，而且更加具有弹性。例如，各国可能

75

---

〔42〕 E. Riedel, 'Standards and Sources: Farewell to the Exclusivity of the Sources Triad in International Law?' 2 *EJIL* (1991) 58 – 84, at 64.

〔43〕 Ibid 65.

〔44〕 K. W. Abbott and D. Snidal, 'Hard and Soft Law in International Governance', 54 (3) *International Organization* (2000) 421 – 56.

选择制定非常精确的义务，但是创设相对没有权力让渡的国际监督机制，这有可能满足那些担心主权受到削弱的国家的要求，但同时可以让大量千差万别的国家遵守一套具有详细规范的特定制度。上述任何一个维度都可以随时调整。例如，各国可以将更多的权力让渡给国际监督或裁判机构，而通过依据这种让渡的权力对争端进行裁判则反过来可以让义务变得越来越有精度。

如果我们承认任何一个国际文件可能都含有硬法和软法的因素，那么这个问题将变得更加复杂。有些条约用一些精度不高的条款来规定某些义务，但是用精度很高或"很硬"的条款来规定其他义务。因此，一些评论家认为某些国际文件是含有硬法和软法成分的"混合标准"的文件，即既有黑又有白的内容的文件，有时又被称为"斑马法典"。通过软法条款对硬法条款的影响，这种混合的规范依次得到发展。

> 国际劳工组织在过去 70 年制定规范的经验，还可以加上联合国教科文组织和世界卫生组织这两个组织的相似经验，逐渐创设了新的一类法律规范，即在一个单一的混合标准中混合了有约束力和没有约束力的规范的"斑马法典"。在适用"斑马法典"时，决策者需要牢记其中不同条款具有不同的规范效力，而作出最终决定的依据通常是那些混合标准中的硬法内容。它当中的另一个成分则是对有约束力的、但高度开放和抽象的硬法规范的一种解释。[45]

显然，我们看到了两类法律相互作用来影响结果的情形，这有助于我们发现，政府间国际组织通过的不具约束力的"软法"文件比起写下它们的文件来说当然更加值得关注。它们会影响条约法的解释和适用，会促进习惯国际法的形成，还为各类体制形成了规范框架。[46] 国际场合越来越有机会起草软法，这表明，就国际关系中国际法的作用而言，软法仍然处在中心位置。学者之间肯定还会继续辩论"软法"是否应当被视为国际法。一些学者已经指出，将软法纳入

---

〔45〕 Riedel（above），at 82（footnote omitted）.

〔46〕 关于软法意义和类型的有益介绍，参见 A. Boyle and C. Chinkin, *The Making of International Law*（Oxford：OUP, 2007），at 211 – 29.

国际法研究具有危险性，但是，必须承认，任何人想要理解规范对推动国际关系的影响，必须考虑软法的影响以及这种国际标准所带来的规范影响。[47]

第五节 国际法的法律性质

经常有人说，国际法应当被归入伦理学范畴，而不是法律的分支。对这个问题的回答显然取决于我们如何对法律进行定义。无论如何，它并不影响这个学科的价值，尽管那些否定国际法具有法律性质的人经常说得好像"伦理"是一个不值钱的称谓似的。实际上，那种否认国际法具有法律性质的观点不仅不符合实践，而且也是缺乏对法律有意义思考的体现。

之所以说不符合实践，是因为，如果国际法仅仅是国际道义，那么它当然不是全部的国际道义，而且我们很难将其与那些我们在对国家行为进行判断时采用的公认的道德规范区分开来。用来判断一国行为是否"正当"的标准一般来说当然是两个：道德的标准和不同于道德的某种独立的标准。每一个国家通常会实施严重伤害他国但并不违反国际法的自私行为。但是，我们不会因此一定认为这种行为是"正当的"。说这两个标准都是道德标准显然是搞混了，而且也是迂腐的。而且，这是理论家过于拘泥细节的一种体现，实务界人士绝不会这么认为，因为无论是从事国际事务的外交部门（还是国内和国际的法庭）总是将其面临的国际法问题视为法律问题。在外交交涉和司法以及仲裁中，采用的是法律的形式和方法，而且在辩论中每天都在引用权威学者的意见和司法判例。

而且，重要的是，当国际争端中的一国认为另一国违反了国际法时，另一国从来没有说被指责的行为是一个私人判断的问题。如果该问题仅仅是一个道德问题，那么它当然会那么反应。相反，当面临上述指责时，通常遇到的反应是，被指责的国家会证明它并没有违反国际法。即便像1914年德国入侵比利时这样非

---

〔47〕 J. d'Asprement, 'Softness in International Law: A Self – Serving Quest for New Legal Materials', 19 (5) *EJIL* (2008) 1075 – 93; A. D'Amato, 'Softness in International Law: A Self – Serving Quest for New Legal Materials: A Reply to Jean d'Asprement', 20 (3) *EJIL* (2009) 897 –910.

常明显违反国际法的事件，德国的回应也是如此。

但是，如果国际法与国际道德不同，而且，至少在某些重要方面，国际道德当然与国际法相似，为什么我们还会怀疑它的法律性质呢？质疑声主要来自霍布斯和奥斯汀（Austin）这样的学者的追随者们，他们认为法律仅仅是政治领导人的意志的体现。但是，即便是对现代国家的法律来说，这种分析也是错误和不充分的。例如，这种看法无法解释在英国存在的普通法。区分国际法与国内法、否定国际法法律性质的大多数特点——例如依赖习惯法、法院的管辖权是自愿的、缺乏制定和执行的专门机制——在所有原始的法律制度中都是存在的。

只是到了近代，当我们认为国家应当不断制定新的法律并予以执行时，将法律等同于国家的意志这种理论才看上去像是有板有眼的样子。我们可以认为，今天，只要符合以下基本要件，就可以说存在法律：存在一个政治共同体、其成员承认存在能拘束它们的确定的规则。国际法总的来说是符合这些要件的。[48]

80

第六节　国际法制度的一些缺陷

我们更应该理解国际法制度的性质，而不是去争论它是否应当被视为法律或其他东西。最好的观点是，国际法实际上就是一套习惯法制度，在 20 世纪逐渐发展出了"协定国际法"或条约法，而且它的一些主要缺陷就是法律史老师告诉我们的习惯法制度的那些主要缺陷。

人们经常有一种看法，认为国际法最明显的缺陷是它经常遭到破坏。这种看法是错误的。实际上，国际法通常都是得到遵守的，这是因为，就像我们看到的，国际法所要求国家做的大多数行为规范都不是很严格。各国一般都认为，遵守国际法是很方便的。不过，这些事实很少受到关注，因为大多数人关注国际法时并不关注那些国际法上的通常事务，而是那些几乎很少会发生的而且通常是很敏感的公然违反国际法的事件。当国家之间发生一些重大的政治纠纷或者遭到违反的是那些调整战争行为的规范时，一般就会出现这些事件。因此，如果我们不

---

〔48〕 Cf Lowe, 'international law consists of that body of rules that States have decided are binding', *International Law*（above）, at 27.

知道大多数习惯法规则以及绝大多数条约从整体来看通常都在国际关系中得到遵守时，我们就会对国际法制度到底存在哪些问题有错误的认识。无论我们多么缺乏判断国际法取得的成就的标准，对于国际生活来说，这并不是一个小的事业。如果我们无法理解这一点，那么我们就有可能像许多人那样，认为如果我们能够设计一套能执行国际法的更好的制度，那么国际法就会没有任何问题了。

但是，与强有力的制裁这个问题相比，国际法还有更大的弱点。国内法之所以是强有力的而且得到遵守，并不是因为有警察，而是因为有遵守法律的优势——它能够有效组织警察力量。当在一个尊重法治的国家，人们强烈感受到法律的强制力，而且遵守法律已经成为一个习惯时，[49] 国内法就会发展出一套一般能够顺利运作的实施机制——当然，不可能不存在任何违法行为。如果各国也能够强烈感受到国际法的强制力，那么也会很容易产生能够进行有效制裁的机制。在国际社会中，仍然缺乏这样一种精神上的认同感，只要仍然缺乏这种认同感，我们看到的将永远是一套软弱而原始的法律制度。总之，国际法的缺点并不是那些引人注目的破坏行为，而是国际社会对它的认同感很低。

现在的国际法制度还有一个严重的缺陷，那就是制定和适用国际法的机制非常原始，而且国际法的适用范围非常有限。在后面一章，我们将介绍那些原始的机制。在这里，我们只需要知道，国际社会缺乏一个需要将新的需求上升为法律的立法机关，一般来说，也缺乏实施法律的执法机构。尽管已经设立了一些执法机构，但是这些机构无法处理那些应当作为国际社会关注事项的所有事项。尽管国际社会存在对争端进行仲裁的机构，而且还有一个常设的国际法院，但是这些机构能够采取的行动是有限的，因为它们的管辖权不是强制性的。

最近，国际法重新引入了（二战后设立的）纽伦堡国际军事法庭和东京国际军事法庭的模式，来审判那些例如在前南斯拉夫、卢旺达和塞拉利昂实施了国际犯罪的个人。[50] 这些法庭的管辖权也是有限的，不过自2002年以来，又出现了国际刑事法院。这种常设的法院能够审判犯有它管辖权范围内的灭绝种族罪、

---

〔49〕 参见 Lord Bingham, *The Rule of Law* (London: Allen Lane, 2010).

〔50〕 参见 W. A. Schabas, *The UN International Criminal Tribunals: The Former Yugoslavia, Rwanda and Sierra Leone* (Cambridge, CUP, 2006).

危害人类罪和战争罪的个人。从 2017 年开始，它还可能会对侵略罪具有管辖权。[51] 这些发展当然受到欢迎，而且意义重大，但是，仍然不能说，已经实现了对我们前面提到的国际法治的本能的尊重。

当然，如果国际法成为确保国际秩序稳定的一大支柱，那么它必须产生而且具备所有法律特征中的大多数特征，即合法和非法使用武力之间的区别。澄清国际法中个人实施的侵略罪的定义是朝着这个方向迈进的重要一步。当涉及国家之间的争端时，虽然国际法院已经在国家之间合法和非法使用武力的问题上作了一些澄清，但是，我们将在第九章中看到，这个问题还有几个方面仍然存在争议。

83　　国际法的适用范围是有限的，这仅仅是各国基于主权而要求享受采取独立行动的广泛自由的体现。这是因为，我们知道，国际法对各国提出的要求从整体上说实际上是不高的，因此一般来说国际法都得到了很好遵守。这套制度仍然处在发展的放任（laissez - faire）阶段。一国的行为并不仅仅因为它影响到其他国家的利益而属于国际法关注的事项。有关事项有可能属于一国的"国内管辖"事项。例如，限制移民入境的立法就不是一项仅仅影响移民入境国利益的事项，它还给经济严重依赖来自移民的收入的某些国家带来了严重的困难。不过，从法律的角度来看，后者可以说是无关的，因为一般说来，国际法允许每一个国家自己决定是否允许移民入境。[52]

但是，我们应当知道，国家在国际法之外活动的空间正在快速缩减。这方面可以举出两个例子。第一个是，不久前，一国对待自己公民的方式仍然被视为一个国内管辖的事项。但今天，对国际人权法调整一国对待自己公民的许多方式，

84　没有一个国家提出质疑。各国政府在 1993 年的世界人权大会上承认，"促进和保护所有的人权是国际社会合法的关注"。[53] 第二个是，国家之间在前面提到的放任态度的指引下已经就关税、优惠待遇和其他贸易限制措施建立国际经济关系。今天，世界贸易组织"涵盖的协定"以及各种区域和双边的贸易安排说明，国际贸易和投资不再是与国际法无关的行为领域。

---

〔51〕　见后文第九章。

〔52〕　当然，国家可以通过缔结条约改变这种状态，欧盟就是这样，它的成员国就人员的自由流动缔结了复杂的条约规则，还见《申根协定》。

〔53〕　1993 年《维也纳宣言和行动计划》，第一部分，第四段，UN Doc. A/CONF. 157/23.

由于缺乏权威的宣布法律的机制，因此具体适用国际法原则就变得十分不确定，这是很自然的。但是，整体看来，不是研究法律的人更容易夸大这种缺陷。任何法律制度都不可能对其面临的问题提供精确的解决方法，因为，只要问题所涉的事实千差万别，那么法律就无法避免不确定性。虽然在这个方面，国际法和国内法也许有重大区别，但是这种区别仅仅是大小的问题，而不是类型的问题。随着各国更加依赖向国际法庭提交的主张和证据，这种区别正在逐渐缩小。

大多数人听到的都是认为国际法几乎没有用的观点，这是因为各国外交部门通常都是在秘密地使用国际法。即便外交部门加大与公众的交流，公众也不会认为外交部门说的话特别有意义，认为他们的工作其实就是律师的工作。这是因为，国际法的实践与任何其他法律的实践一样，外交部门实际上取代了私人法律顾问的工作。各国外交部门之间会争论事实和法律，接着可能还会通过某种形式的国际法庭的审判来解决某个争端。这种工作量其实是非常大的，但是他们做的大多数工作人们都感觉不到，只是偶尔才会触及那些高度政治性的问题。但是，这并不意味他们处理的问题本身是不重要的，因为对于有关个人的利益来说，他们的工作通常是很重要的。它实际上意味着，国际法能够让各国以一种有序和可预见的方式开展它们的日常关系，并以此在国际生活中发挥有益和必需的作用。

前面提到的国际法的缺点是否能得出国际法非常失败的结论，取决于我们如何看待国际法的目的。只要我们认为国际法的目的是促进国际关系、加强它的可预见性和稳定性，那么就不能说国际法没有实现各国已经选择采用它的目的。实际上，它很好地实现着它的目的。如果我们不满意国际法的这种作用，如果我们相信国际法可以而且应当就像国内法一样被用来作为一个促进大众福祉的工具，而且如果我们相信它甚至应当是预防冲突的一个强大手段，那么我们就必须承认，它尚未失败。不过，同时也需要记住，这些并不是各国选择采用国际法的全部意义。

第七节　编纂国际法的目的

人们常说，如果国际法能够得到恰当编纂，那么就可以大大改善国际法。有人说，法典能够让它的内容更加清楚、更容易被查明，还可以消除不确定性，并填补现有的法律漏洞。但是，没有哪一部法典可以一劳永逸地实现上述目的，因为在制定法典时，完全不可能预见在适用时可能遇到的所有问题。无论如何，即便有这种可能性，人们也不想让法律如此详细和精确以至于没有必要通过司法解释去适应新的情况。但是，这只是说，没有哪一部法典可以让适用法律仅仅变成一个机械的过程。

编纂法典的真正困难大小取决于起草者必须处理的材料的性质，也就是说，取决于在编纂之前存在的法律状态。如果现有法律已经或多或少地以习惯法、司法判例或某种立法形式体现出来，那么起草者的工作主要就是进行有序编排就行。起草者就没有必要关注法律的内容或政策，因为在他们的工作开始之前，这些已经都确定了。的确，这项工作通常都会涉及法律的创造，因为起草者在排除轻微的不确定性、填补现有法的漏洞时必须行使它的自由裁量权。但是，对于以一种更加清晰而方便的形式而不是已经存在的形式来陈述法律这项主要任务来说，这种工作仅仅是附带发生的，而且它可以被恰当地委托给法学专家。在英国的法律制度中，这种类型的编纂例子包括对关于货物销售或汇票的法律的编纂。也就是说，它们非常关注这些法律的形式，只是在一定的程度上才关注它的内容。但是，编纂国际法则是一项完全不同的工作。

国际法的编纂者无法只关注形式，他们必须时刻关注内容。他们必须在几个对立的规则之间做出选择，必须在法律不确定或不存在时填补漏洞，必须在实际的适用尚未确定的情况下赋予抽象的一般原则以精确的内容。简而言之，只有在存在编纂者想要编纂的法律的决定时，才可能去编纂国际法。当出现这些情况时，编纂已经不再是法学家可以从事的一项技术工作，而是一个政治问题，是一个创设法律的工作。而且，由于不存在任何具有立法权的国际机构，因此只有在各国政府代表同意的情况下，才能确定法典的内容。

早在 1930 年国际联盟在海牙召集的编纂大会上，就已经发现各国政府的同意是很难取得的。当时，各国政府向大会提交了三个问题：国籍、领水以及在一国领土上对外国人造成损害的责任。这次大会的准备工作非常彻底，人们都报以很大的希望，但是最终失败。当要求各国政府遵守某项提议的法律规则而且不能撤回时，它们不可避免地会思考有一天它们是否会认为该项规则的内容对它们不

利（也许这样思考是对的）。或者，它们不愿接受某项规则，因为该项规则规定　88
在它们不喜欢的某个协议里面。在这两种情况下，由于它们拒绝这样的编纂大
会，因此反而让它们开始怀疑那些本来实际上可能已经被认为是确定的习惯法内
容的规则。

　　现在，各国政府的编纂已经比不上联合国国际法委员会以及像国际法研究院
（Institute of International Law）或国际法学会（International Law Association）这样的独立研
究机构中的国际法学家们的起草工作。[54] 他们工作的价值仅仅取决于他们的研
究水平。由于他们通常能够揭示哪些法律是清楚的、哪些法律仍然是不确定的以
及哪些法律需要进一步修改，因此他们的工作无论对于各国政府还是其他人来
说，都是很有价值的。《联合国国际法委员会规约》对促进国际法的**逐步发展**与
编纂国际法进行了区分。前者是指对新的问题制定国际法，显然只能制定正式的
国际公约；后者是指阐述已经存在的法律。[55] 国际法委员会促进了这两个方面　89
的发展，但是当它向联合国大会提交草案时，它不一定都是以条约草案的形式提
交的，它可能会建议，公布条款草案后，没有必要采取进一步的行动。在这种情
况下，国际法委员会的条款草案就有可能被各种法院或国家认为是对法律的编
纂，当然，这取决于有关条款是委员会对法律的逐步发展还是对现有法律的
阐述。[56]

---

　　〔54〕　在 1930 年编纂大会失败之后，有人建议，编纂工作可以不让各国政府开展，而可在国际层面由
独立的法学家团体开展，参见 Sir Cecil Hurst, 'A Plea for the Codification of International Law on New Lines',
in *International Law: The Collected Papers of Sir Cecil Hurst*（London: Stevens, 1950）129–51. 关于对国际法学
家在 20 世纪的编纂工作的研究，参见 T. Skouteris, *The Notion of Progress in International Law Discourse*（The
Hague: Asser Press, 2010）ch. 3；还参见 H. W. A. Thirlway, *International Customary Law and Codification*（Lei-
den: Sijthoff, 1972）.

　　〔55〕　还需要注意《联合国宪章》第 13 条第 1 款第 1 项的规定："大会应发动研究，并作成建议（子）
以促进政治上之国际合作，并提倡国际法之逐渐发展与编纂。"

　　〔56〕　当然，这些编纂的每个方面可能通过他们的选择存在某种程度的逐步发展因素，参见 Abi–Saab
（above），at 139–54. 我们在后面的章节中将介绍国际法委员会关于国家责任的条款（2001 年）和关于外
交保护的条款（2006 年）。国际法委员会为国际大会起草的、随后成功通过成为条约的一个突出的例子是
1969 年《维也纳条约法公约》（第七章将详细介绍）。

第八节　国内法院适用国际法

在每一个国家的法律中，都会有关于在国内法院适用国际法的自己的规定。[57] 英国所采取的理论是，国际法是英国法律的组成部分，这一理论被称为"纳入"理论。这一理论的实际后果是，对于英国的法院来说，国际法并不是外国法。一方面，当英国的法院需要处理的某个问题需要取决于外国法规则时，该项规则必须作为一个事实由证据予以证明，就像其他任何事实一样。另一方面，由于国际法是英国法律的一个组成部分，法院就会对其进行司法认知。

在英国，最早在司法实践中声明英国采取的是纳入理论的，是 1735 年上议院大法官塔尔博特（Talbot）勋爵在"巴尔布伊特"（Barbuit）案判决中的一段附带意见。[58] 在记录该案判决书的法律报告中，他说，"从最广泛的意义上讲，万国公法是英国法律的组成部分"。但是，在该法律报告中，没有任何地方表明，这位大法官认为他是在引入一项新的原则，他似乎只是在阐述一项已经得到法律牢固确立的原则。就这项理论的起源来说，我们必须注意，极有可能是因为，人们认为国际法最初仅仅是适用于主权者关系的自然法，而普通法也宣称是人的理性的体现。因此，很自然地，法官应当同时考虑这两类法律，不能认为它们是毫无关联的制度，而是必须认为它们是将同一套大的法律制度的内容对不同事项进行适用而已。无论如何，在 19 世纪，当各种自然法理论不再被认为是国际法的效力依据，而且被认为法律是建立在各国明示或默示同意基础之上的实证主义思想取代后，这一理论坚持了下来。唯一的改变是，对这一理论内容的表述稍微有所改变。

1905 年，在"西兰德矿业有限公司诉国王案"（*West Rand Mining Co. v The King*）的判决书中，上议院首席大法官阿尔弗斯通（Alverstone）[59] 这样说道：

---

〔57〕 有人选取了 27 个国家，对这 27 个国家的情况进行了系统研究，参见 D. Shelton, *International Law and Domestic Legal Systems: Incorporation, Transformation, and Persuasion*（Oxford：OUP, 2011）。

〔58〕 *Cas. t. Talbot*, 281.

〔59〕 〔1905〕2 KB 391.

任何得到文明国家共同同意的规则也肯定得到了我国的同意，而我国与其他国家同意的规则一般来说就可以被称为国际法。因此，当出现需要我国的国内法庭对涉及国际法理论的问题进行裁决时，它将得到我国国内法庭的承认和适用。

另一份相同的判词出现在枢密院法官阿特金（Atkin）勋爵在"陈实春诉国王案"（*Chung Chi Chiung v The King*）的意见中。他说："法院需要确认是否存在一套经各国接受的适用于彼此之间关系的规则体系。关于任何法律问题，它们需要确认相关规则的内容，当它们找到该项规则后，就会认为其已经纳入了国内法。"[60]

因此，万国公法（后来被称为国际法[61]）已经纳入了英国国内法的这项原则在英国法中至少具有 300 年的历史了。但是，有必要探究一下这一理论是如何 92 在英国法院的实践中得到精确体现的。纳入这种方法在许多方面受到了限制。

首先，根据英国宪法，议会的法案是最高的。国际法是普通法的一个组成部分，而在英国法院中，议会法案高于任何普通法。1906 年，在"莫滕森诉彼得斯案"（*Mortensen v Peters*）[62] 这个苏格兰案件中就提到了这一点。在该案中，上诉人是一位丹麦渔民，他在三海里之外的马里湾（Moray Firth）进行脱网捕鱼而被罚，因为英国议会通过的一个法案规定，"任何人"在这些海域进行脱网捕鱼就是一种违法行为。这位丹麦渔民委托的律师辩称，议会不可能认为"任何人"这一表述包括外国人，因为那样做将违反国际法。但是，苏格兰最高刑事法院认为，这个问题纯粹是一个对国内法进行解释的问题，驳回了这位丹麦渔民提出的涉及国际法的主张：

达尼丁（Dunedin）勋爵说："在本法院，我们并不关心立法机关是否

---

〔60〕 [1939] AC 160. 在将习惯国际法作为英国法律的一部分适用时，宾厄姆（Bingham）勋爵主张："可以说，英国的法官在适用国际法时实际上适用的是国内法，无论国际法的渊源是什么。"T. Bingham, *Widening Horizons: The Influence of Comparative Law and International Law on Domestic Law*（Cambridge：CUP, 2010），at 31. 还参见 J. L. Brierly, 'International Law in England', *Law Quarterly Review*（1935）24 – 35, at 31："国际法并不是英国法的一个组成部分，仅仅只是英国法的渊源之一。"

〔61〕 关于这种改变的意义，参见 'Blackstone and Bentham: The *Law of Nations* and *International* Law' in M. W. Janis, *America and the Law of Nations* 1776 – 1939（Oxford：OUP, 2010）ch. 1.

〔62〕 14 SLR 227.

在一个涉及外国的问题上做了越权的事情。我们也不是一个有权决定立法机关的法案是否越权并违反了公认的国际法原则的法庭。对于我们来说，议会法案就是最高的法律，我们必须遵守它的内容。……那种认为在提起上诉的国内法之外并不存在国际法标准这样的东西的看法是一种陈腐的观点。……对于本法院来说，国际法是一套关于各国国际权利和义务、已经被接纳并成为苏格兰法律一部分的法律体系。"

不过，应当推定，议会无意违反国际法，而且应当尽量将议会法案解释成不违反国际法。美国最高法院在 1804 年的一个案件的判决中，也认为应当这样推定。在该案中，一个名叫贾里德·沙特克（Jared Shattuck）的人移民到了圣托马斯岛（当时是丹麦的领土，现在属于美属维尔京群岛），并宣誓效忠丹麦，即便他是一个在美国出生的美国公民。沙特克的船只随后被扣押，而且被控违反了美国国会制定的暂停美国与法国之间商业关系的法案。他声称，由于他已经具有丹麦国籍，因此根据万国公法，他应当被视为中立国的国民。法院同意这种说法。最高法院首席大法官马歇尔（Marshall）说："如果还存在任何其他可能的解释，就不能将国会制定的法案解释成违反了万国公法，因此就不能把国会制定的法律解释成侵犯了我国所理解的万国公法所规定的中立国的权利或者影响了中立国的商业利益。"[63] 在其他国家，对国际法的接受与否取决于该国法律中所规定的具体的宪法或其他安排的规定。[64] 各国在接受国际法方面的规定各不相同，[65] 而且在国内法中采取接受国际法的具体模式的意愿也会因为战争或革命产生新的政府而有所变化。[66]

在美国，对有关国际法的认可也经常发生变化。现在，人们正在争论是否应当把国际法作为解释宪法和其他法律的正当手段，尤其对其他国家如何看待美国

〔63〕 *Murray v The Charming Betsey*, 6 US (2 Cranch) (1804) 64, at 118.

〔64〕 关于国内法院实施条约的比较分析，参见 D. Sloss (ed.), *The Role of Domestic Courts in Treaty Enforcement* (Cambridge: CUP, 2009)，研究了澳大利亚、加拿大、德国、印度、以色列、荷兰、波兰、俄罗斯、南非、英国和美国的情况。

〔65〕 关于这方面的例子，参见 M. Shaw, *International Law*, 6th edn (Cambridge: CUP, 2008) 166–79.

〔66〕 参见 A. Cassese, 'Modern Constitutions and International Law', 192 *RCADI* III (The Hague: Nijhoff, 1985) 341–476; E. Stein, 'International Law in Internal Law: Toward Internationalization of Central–Eastern European Constitutions?', 88 (3) *AJIL* (1994) 427–550.

产生了影响。在最近的一个演讲中，最高法院的大法官露丝·巴德·金斯伯格
（Ruth Bader Ginsburg）解释了其认为美国法院应当关注万国公法的原因：

> 我可以从美国的奠基人那里找到关于比较对话的价值，即与他人分
> 享和相互学习的价值。《独立宣言》的起草人和签署人表明，他们关注
> 其他人的意见。他们在世人面前给出了各个州联合成为美利坚合众国、
> 被迫脱离大不列颠的原因。宣言人声明，他们的理由是"出于对人类舆
> 论的尊重"。他们希望那些理由接受"公正的世人"的检验。
>
> 美国最高法院很早就进行了补充：法院在 1816 年就说到，美国司
> 法机关有权对"外国高度关注的……通常需要对法律原则和各国礼让进
> 行查明的案件进行司法审判"。先辈们非常关注我国的法院可能对其他
> 国家如何看待美国产生的影响，今天，比美国刚成立时相比，美国法院
> 作出的判决更需要接受"公正的世人"的检验。[67]

对纳入理论的第二个限制是，条约尽管在国际法上对英国具有拘束力，但是根据
英国的宪法，条约并不因此而成为英国法律的组成部分。缔结条约的权力是行政
机关的专有权力，与立法机关无关。[68] 因此，如果条约成为英国法律的组成部
分，就意味着行政机关可以为英国进行立法了。

"沃克诉贝尔德案"（*Walker v Baird*）的判决很好地解释了英国的这项规则。[69]
在这个案件中，一艘军舰的指挥官接到命令，要求其执行与法国签订的关于纽芬
兰外海捕捞龙虾的一份公约，因此就没收了原告的一些龙虾工厂。但是，原告
说，这样做违反了国内法中保护私权的规定。在一些例外的情况下，皇室（行政
机关）可以在没有得到立法机关确认的情况下，签订那些拘束个人、影响个人权

---

　〔67〕 ' "A decent Respect to the Opinions of〔Human〕kind": The Value of a Comparative Perspective in
Constitutional Adjudication', International Academy of Comparative Law American University, 30 July 2010.
　〔68〕 奥斯特（Aust）解释说："这种分权是 17 世纪英格兰国王和议会之间进行的宪法斗争的结果。
它导致英国的立法权几乎都属于议会，尽管国王在普通法中仍然掌握了某些'皇室特权'（不经议会同意
就可以行动的权利），包括缔结条约。" A. Aust, 'United Kingdom', in *The Role of Domestic Courts in Treaty
Enforcement*（above），at 477.
　〔69〕 〔1892〕AC 491.

利的条约。[70] 但是，总的原则是很清楚的。同样，如果某个条约的规定尚未明确或间接转化为英国的法律，那么英国的法院不会承认受害方要求对违反行为主张的权利和救济手段。[71]

根据美国的宪法，美国有不同的规则，因为在美国，条约是"联邦的最高法律……高于任何一个州的宪法或法律"。有时，这项规则又被称为"自动纳入"规则。但是，美国宪法规定，在缔结条约的问题上，行政机关（即总统）和立法机关（其中的参议院）都是参与进去的。因此，可以说，没有必要由立法机关采取立法行动。但是，条约具有自执行的效果，说明依据这一原则判案的法官必须考虑有关的条约条款是否针对的是法院，而且无需立法机关采取进一步行动就可以产生效果。[72] 弗吉尼娅·利里（Virginia Leary）曾进行了比较研究，并对该研究的结果进行了归纳，她认为，"一般说来，当条约的规定在不需要立法机关采取执行措施就服从司法或行政机关适用的情况下，该条约的规定就会被国内法院和行政机关认为是自执行的"。[73]

1996 年通过的《南非共和国宪法》对国际法纳入国内法的方式做出了明确的规定，这些规定就是对上述限制条件的体现：

231. 国际协定

（4）一经立法机关制定成法律，任何国际协定就成为共和国的法律，但经议会批准的协定中的自执行条款是共和国的法律，除非该条款与宪法或议会法案不一致。

232. 习惯国际法

习惯国际法是共和国的法律，除非与宪法或议会法案不一致。

233. 适用国际法

---

〔70〕 欧盟法律可能就是以这种方式运作的。

〔71〕 见奥斯特在前面"英国"一章中提到的英国法官在没有相关立法的情况下适用国际法的几个例子。允许在英国法上获得救济的最明确的例子是 1998 年的《人权法案》，它将 1950 年的《欧洲人权公约》纳入了英国法律中。

〔72〕 关于这一理论的起源，参见 Janis（above），at 46 – 8.

〔73〕 V. A. Leary, *International Labour Law and Conventions：The Effectiveness of the Automatic Incorporation of Treaties in National Legal Systems*（The Hague：Nijhoff, 1982），at 39.

　　在解释任何立法时，每一个法院必须优先采取那种认为立法是符合
国际法的合理解释，而不能采取不符合国际法的任何其他解释。

在英国法院认为属于行政机关权限范围内的事项问题上，英国法院会采纳行政机关的意见，而不是以通常的方式收集证据，这是对纳入方式的第三个限制。在这 98 种情况下，确保法院的决定符合国际法的责任在行政机关的身上，而不是法院的身上。例如，如果行政机关通知法院，英国承认巴拉塔尼亚（Barataria）是一个独立国家，那么法院不会再去审查巴拉塔尼亚是否符合国际法上关于国家构成的规定。[74] 还有一种理论也可能影响法院独立判断某些问题的权利，例如英国政府与其他国家政府之间的关系，即"国家行为"理论。[75]

　　限制纳入理论的第四个条件是所有国家的国内法院都无法避免的条件，即每 99 一个国内法院只能适用它所认为的国际法规则，而且无论它看待与国际法有关的问题是多么客观，它的观点都不可避免地受到国内因素的影响。苏格兰法院在前面提到的"莫滕森诉彼得斯案"案判决中的话已经说得非常坦率了，而且还可以将那段话与斯托厄尔（Stowell）勋爵在"玛利亚号案"（*The Maria*）的判决中的话进行比较，会发现非常有意思。斯托厄尔勋爵写道：[76]

　　（他说），掌握司法权的机构的确具有当地性，位于这里，……但

---

　　[74]　我们将在第九章中见到，自 1980 年以来，英国不再以它正式承认国家的方式明确承认外国政府，因此可能需要由法院来决定声称是一个外国政府的人们是否真的是一个代表该国的政府，参见 *Somalia（A Republic）v Woodhouse Drake and Carey（Suisse）SA*［1993］1 All ER 371.

　　[75]　进一步参见 I. Brownlie, *Principles of Public International Law*, 7th edn（Oxford：OUP, 2008），at 49 –50；Shaw（above），at 179 – 92；R. Jennings and A. Watts（eds），*Oppenheim's International Law*, 9th edn, vol. i（London：Longman, 1996），at 365 – 71. 在涉及对外关系问题的情况下，英国法院拒绝裁决的最近例子，参见 *Al Rawi and Ors, R（on the application of）v Secretary of State for Foreign & Commonwealth Affairs & Anor*［2006］EWCA Civ 1279："本案的问题既涉及政府开展对外关系的行为，又涉及国家安全，而且主要是前者。在那些普通法将决定实体问题的义务赋予被选举的政府的领域，如果在同一个案件中它们都存在的话，则更加如此。这是宪法问题，也是实用主义的理论。……法院的角色是查明政府是否严格遵守了所有的形式要件，而且合理考察了它遇到的问题。在这里，由于问题的性质，法律给予行政机关尤为广泛的自由裁量权。"At para. 148. 因此，法院拒绝审查行政机关作出的不与美国当局就英国国民在关塔那摩的待遇问题提出交涉的决定。

　　[76]　1 C. Rob. 340.

是，法院本身是没有当地性的……决定这个问题的职责是坐在这里的人的职责，而坐在斯德哥尔摩的人也会决定相同的这个问题……如果在这个问题上我错误地理解了法律，那么实际上是我错误地理解了关于这个问题的普遍法律的内容，以及我认为应当被理解成普遍法律的内容。

不过，由于斯托厄尔勋爵当时需要裁决的问题是一艘英国军舰拦截一艘正在护航中的瑞典船只并进行登临和搜查的问题，而且护航权问题是当时英国政府和瑞典政府之间观点截然相反的问题，因此很难相信斯托厄尔勋爵真的认为，在斯德哥尔摩的瑞典法官也很有可能会以他自己建议裁判的方式来裁判这个案件。

100 　　最后，英国最高法院最近的判例表明，如果立法机关没有规定某种国际犯罪，它现在不会轻易地将这种国际犯罪纳入国内法。在"琼斯和其他人案"（*Jones and others*）中，上诉人在 2003 年闯入位于费尔福德（Fairford）的皇家空军基地，破坏燃油库和炸弹装运车辆，因此以阴谋造成损害罪遭到刑事审判。他们的代理律师认为，当事人这么做的原因是为了阻止对伊拉克实施国际侵略罪。因此就产生了侵略罪是否是英国刑事审判中可以裁判的犯罪的问题。虽然法官们之间有一种观点，认为侵略罪具有特殊性，它是由一国通过其领导人实施的犯罪，但是判决书主要针对的是权力分立和是否需要对新的犯罪进行立法的问题：

　　　　在现代议会民主中，是否应当规定新的犯罪以及应当如何规定，就是一个应当由议会进行辩论和立法的问题。即使过去是，但是现在即便是国际公法中的犯罪也不能再由法院自动接受或承认是国内法。[77]

---

〔77〕 〔2006〕UKHL 16, Lord Mance, at para. 102.

第三章　国际社会的法律组织

第一节　国际宪制法律的开端

　　直到最近，政府都被视为纯粹是国家的一种职能，各国之间的交往是通过国 101
家官员进行的。这仍然是一般的规则。例如，每一个国家的政府中都有类似于英
国"外交和英联邦事务办公室"这样的部门。而世界各国外交部门之间是通过
"使节"的实践或向他国派遣代表的方式联系的。自16世纪以来，出现了维持常
设使节的通常实践（现在通常被称为在其他国家的使团），但是为了某些特定的
目的仍然会派出特使。驻外的外交人员是由他们自己国家的"国书"所任命的，
他们将"国书"提交给他们"赴任的"国家的国家元首。一国可以拒绝同意某
一位代表，可以要求召回该代表，甚至也可以驱逐该代表，但是这些行动都是性
质非常严重的，除非有很充分的理由，一般都不应当采取这些行为。不过，这些
行为属于国际善意（礼让）的行为，而不是国际法的领域。[1] 不过，我们即将 102
看到，国际法的确包括与使节及其馆舍豁免有关的问题。

　　但是，这类外交仅仅是一国与他国之间开展业务的一种工具，并不是许多国
家对存在利益的**一般**国际业务的一种工具。后面一类业务在现代变得越来越广
泛，越来越重要，而且各国已经承认，在政府中的许多部门，没有一个可以最好
的方式服务自己人民的利益，除非它与其他国家的对应部门之间已经作出安排，

---

〔1〕　参见 *Oppenheim's International Law*, 9th edn, vol. i (1996), at 50 - 2；进一步参见 J. A. Kämmerer,
'Comity', < mpepil. com >.

来协调彼此的行动。这种发展开始于 19 世纪中期，而且导致了国际组织的产生，虽然这些组织仍然不能被视为国际社会的"宪制"，但是也可以说是国际社会中的宪制法律的开端。[2]

103 这些组织是各国政府之间的合作，而不是取代各国政府或命令各国政府，因此，可能不能将它们称为取代各国政府的国际"政府"，尽管这个词语用起来比较方便。我们也可以思考，这些国际组织在国际法中行使了多少各国政府在国内法中行使的职权，即立法、管理、执行和司法职能。[3]

第二节　国际立法

如果说国际立法机关是指那些有权一般性地制定约束世界上的国家或它们的人民的国际法，那么目前尚未存在这样的国际立法机关。的确，国际法要求作出有意识修改的思想是很现代的。在历史上，国际共同体乐于依赖习惯法的逐渐增加来发展国际法。也许，第一次认为有必要、有意识地建构国际法是 1814 年的巴黎会议通过的支持国际河流航行自由的宣言。该宣言不是很有效，但是它很有意义，因为通过这一会议，国际共同体中出现了某种低级的立法机关。但在 1856

104 年成功通过了一项关于海战宣言的巴黎会议之前，很少为此使用会议制度。此后，国际会议这种准立法机制变得十分频繁。

这一运动呈现不同的形式。一部分原因是因为想要减少战争的恐惧。这方面的例子是始于 1964 年制定的保护战争受难者的《日内瓦公约》（后来被 1949 年

---

〔2〕 关于现在对这一概念的辩论，参见 J. Klabbers, A. Peters, and G. Ulfstein, *The Constitutionalization of International Law* (Oxford: OUP, 2009). 该书的编者认为，这一概念的目的是"呈现国际共同体的隐性宪法"，第 4 页。还参见 J. L. Dunoff and J. P. Trachtman (eds), *Ruling the World? Constitutionalism, International Law, and Global Governance* (Cambridge: CUP, 2009). 比较 N. Krisch, *Beyond Constitutionalism: The Pluralist Structure of Postnational Law* (Oxford: OUP, 2010).

〔3〕 有人强调说，在这种情况下适用公法就是一种"将对治理行为的正当性的关注转化为关于合法性的重要辩论"的方式，参见 A. von Bogdandy, P. Dann, and M. Goldmann, 'Developing the Publicness of Public International Law: Towards a Legal Framework for Global Governance Activities', in von Bogdandy et al (eds), *The Exercise of Public Authority by International Institutions: Advancing International Institutional Law* (Heidelberg: Springer, 2010) 3 – 32, at 10.

《日内瓦公约》和 1977 年、2005 年的附加议定书取代），以及 1899 年和 1907 年的《海牙公约》的大部分。它还有另外一种形式，即下面一节提到的奠定国际治理体制的形式。国际会议经常被用来通过具有真正立法性质的行动来解决具体的政治问题，尽管它一般来说仍然保留着仅仅在主权国家之间进行调解的形式。这方面的例子有：1831 年和 1867 年分别确立比利时和卢森堡独立的伦敦会议、1878 年处理土耳其和巴尔干国家事务的柏林会议。后来在 20 世纪下半叶，又召开了谈判和确定关于下列体制的公约的外交大会，例如海洋法（1958 年在日内瓦、1973—1982 年在纽约）、外交和领事关系（1961 年和 1963 年在维也纳）、条约法（1968 年和 1969 年在维也纳）以及国际刑事法院规约（1998 年在罗马）。

如果我们将通过国际会议缔结公约方式来改变法律的过程与一般的立法机构的立法过程相比，就会发现前者有明显的缺点。国际会议并不是一个常设的机构。它是为某些特定目的而设立的，当目的达到后就会解散。它达成的公约对那 105 些不接受公约的国家来说并没有拘束力，而且不幸的是，因为冷漠、面临的国内的压力，或其他某些原因，即便他们的代表已经签署，通常也不会批准。但是，比国际立法机制的缺陷性质产生的困难更严重的困难是，动员国际立法倡议背后的舆论所具有的心理困难。在任何一个国家，只有一小部分人会对国际事务持续感兴趣，而国际事务对领导人时间和精力的要求如此之多，以至于不能很轻易地诱导它们提出没有得到选民持续支持的改革倡议。任何通过协议来改变国际制度的尝试都会有某些具体的牺牲或表面上的牺牲，而如果对有关问题全面忽视，那么就很容易产生一些看上去比带来的好处要多得多的牺牲。

尽管存在这些困难，国际立法的数量仍是相当可观的。而且，随着国际组织数量的迅速增加，各国发展国际立法变得更加容易。确实，用何塞·阿尔瓦雷兹（José Alvarez）的话来说，"有些国际组织，例如联合国和国际劳工组织，已经实际上成为制定条约的机器"。[4]而且，有人还认为，持续的会议和谈判为"社会化"创造了条件。即便很难找到优先支持国际"立法"的国内原因，国际会议

---

〔4〕　*International Organizations as Law – makers*（above），at 276.

106 的动态性已经创造了一个国际立法者在某种国际社会意识的驱动下的一个
社会。[5]

> 当各国代表发表正式的声明，参加国际组织或其他会议，签署国际
> 公约和参加各种其他正式或非正式的活动（包括联络活动）时，他们
> 有一个更大的猜想，即他们所进行的社会交流具有强大的“社会性”。
> 而且，不应当忘记的是，那些以国家的名义行为的人并不是机器人，而
> 是很容易受到相同类型的、容易限制人类所有行为的社会压力影响的活
> 生生的人。[6]

107 我们还不应当忘记，正如我们在前面一章关于“软法”的一节中所看到的，这
种立法活动的成果并不仅仅是起草有拘束力的公约，而且它的成果也不一定取决
于各国依据条约法是否受到约束。各国不仅认为建立国际机制十分便利——因为
它们可以制定国际条约，而且还利用这种机制制定有影响的国际文件。研究国际
关系的学者十分重视这样的文件对国家和其他行为者的行为产生的影响，即便不
存在正式有拘束力的法律义务，“即便会员国仍然保留决定是否遵守的权力，就
像它们经常在那些立法程序并不严格的国际组织——例如国际劳工组织那样，如
果制定规则、标准和细节的程序非常确定，无疑有助于提高会员国之间的合作。

---

〔5〕 读者们将会发现，在这里，我们正在从“国际社会”（international society）这一概念迈向“国
际共同体”（international community）这一概念。施瓦曾伯格（Schwarzenberger）将法律视为处理社会中存
在的利益冲突的一种权力工具，同时也是一种协调共同体中追求共同目标的一种手段。但是，我们应当回
想施瓦曾伯格的警告，以便“意识到诸如‘社会’（society）和‘共同体’（community）这样的社会学会概
念代表的是一类理想或纯粹的社会关系。在实际生活中，这些群体中没有一个是以一种纯粹的形式存在
的；它们都具有混合的性质。诸如家庭、民族或教会这样的共同体可能或多或少地混合了各种社会因素。
相反，诸如股份公司、卡特尔或者甚至是一群小偷这样的社会，都必须接受最低的共同体标准，至少是在
此种群体的成员之间的关系上。否则，他们甚至无法发挥其自身有限的社会或反社会的功能。但是，在这
样一种紧张的环境中，共同体的目标必然无法实现。主权国家之间的关系，尤其是在没有组织性的国际社
会的层面上，会更加典型地存在于一个社会中，而不是一个共同体中”。G. Schwarzenberger, *A Manual of
International Law*, 5th edn (New York: Praeger, 1967), at 12.

〔6〕 D. Armstrong, T. Farrell, and H. Lambert, *International Law and International Relations* (Cambridge:
CUP, 2007), at 29（footnote omitted）.

不具有拘束力的建议实际上也能成为各国和其他国际行为者所依赖的协调平衡"。[7]

我们可以将这方面的发展追溯到国际联盟，它的成立极大地激发了国际立法的实践。此前，当出现了认为需要进行国际治理的某个问题时，它通常是被作为一个独立的问题处理的，即便存在与其相类似的其他事项。此时，需要通过缓慢的外交渠道召集举行特别的大会。而且，在大会结束后，就会临时设立一个秘书处，有时还会设立一个特别的机构，以便执行大会的决定。国际联盟则是一个常设的机构，它可以用来处理各国认为需要进行国际治理的任何问题。它还可以收集起草协定需要的各种相关情报，如果认为应当制定某个协定，它还可以监督这种协定的运行。从这个意义上说，国际联盟就是一个常设的会议机制。而且，不是出于理想的原因，而是仅仅因为实践方面的便利，如果没有这样一个体制，现代世界几乎就不可能开展国际关系。除非各国能一起行动，否则就无法有效发挥许多功能，包括最明显的控制疾病的功能，因为微生物是无国界的。

早在1974年，杰拉德·菲茨莫里斯（Gerald Fizmaurice）爵士就已经预见到，国家肯定会采取国际行动，坐到一起处理那些跨国威胁。在他看来：

很明显，在有些问题上，民族国家自己无法保护个人免受将来的严重伤害，包括它自己的臣民或公民，而且从长期来看，只有国际社会组织和开展的国际行动才可以，因为有些祸患是无国界的，任何一个国家都无法将它们阻挡在国界之外，例如人口过剩以及由此带来的过分拥挤、营养不良和疾病；水、河流、海洋和空气的污染；过分开采地球的矿物资源、燃料和能源可能产生的枯竭；鱼群种类的灭绝和破坏；干旱、饥馑和飓风灾害；贫困和欠发展问题；对外层空间可能的滥用；跨国界的恐怖主义行为、"劫持"航空器和其他对交通安全的威胁；贩卖武器、毒品和奴隶；强迫劳动；国内和国际的移民、工作条件和其他劳

─────────────

〔7〕　K. W. Abbott and D. Snidal, 'Why States Act through Formal International Organizations', 42 *Journal of Conflict Resolution* (1998) 3 – 32, at 15. 关于国际组织通过的没有拘束力的文件可能产生法律效力的例子，参见 P. Sands and P. Klein, *Bowett's Law of International Institutions*, 6th edn (London: Sweet and Maxwell, 2009), at 267 – 302, 在这里，我们可能会发现，"这些文件中规定的规则是有拘束力的，因为它们可能与其他的、'传统的'国际法渊源，例如单方面承诺或习惯国际法有关"，Ibid 297.

动问题等。[8]

简而言之，大家认为，在有些领域中，如果不考虑其他国家正在怎么做或有可能怎么做，任何国家就无法制定自己的政策。交通和通信方面的技术发展正在使每一个国家的经济对其他国家正在发生的事情变得更加敏感，即便是那些最强大的和最自足的经济。今天，国际联盟的"常设会议制度"已经被各种论坛实践，它们也在开展这种立法活动。简而言之，存在一个任何一国可以在不考虑其他国家正在做什么或者可能会做什么的情况下制定自己政策的契约行动领域。我们应当重视联合国的各种机关、机构和机制，以及诸如美洲国家组织、欧洲理事会、非洲联盟和阿拉伯联盟在谈判多边条约方面所带来的便利。[9]

110　　桑兹（Sands）和克莱因（Klein）提醒我们，国际机构的国际立法功能并不限于国际组织。有些条约并没有设立独立的国际组织，而是建立了缔约国之间的定期会议制度，例如《特定常规武器公约》；在环境领域，有些条约建立了缔约国大会，甚至可以作出有拘束力的决定，例如《濒危野生动植物种国际贸易公约》，缔约国大会有权列出濒危物种的类型。[10] 其他的例子包括：迁徙物种、生物多样性、保护臭氧层、气候变化和防止荒漠化。我们还可以提到多个这类公约，例如石油污染、危险废物和反腐败。同样，有人还提醒我们，"国际法长期以来努力调整基本商品的生产和贸易。早在 1864 年，就已经制定了糖类生产和贸易的国际条约。1934 年，又达成了第一份有关橡胶的协定"。[11] 在缺乏系统的制度的情况下，有人解释说，在第二次世界大战之后，缔约国大会又达成了具有自己机制的单一商品协定，这些商品包括"小麦（1949 年）、糖（1953 年）、锡

---

[8]　'The Future of Public International Law and of the International Legal System in the Circumstances of To-day', in Institut de Droit International, *Livre du Centenaire* 1873 – 1973: *Evolution et perspectives du droit international* (Basel: Karger, 1973) 196 – 329, at 260.

[9]　有超过 500 个多边条约保管在联合国，若想了解它们的地位和缔约国情况，可以访问：< http://treaties.un.org/pages/ParticipationStatus.aspx >. 若想了解保管在其他国际组织或某个国家的条约，可访问伦敦高等法律学习研究所（London Institute of Advanced Legal Studies）建立的数据库：< http://ials.sas.ac.uk/library/flag/introtreaties.htm >.

[10]　关于对这一条约制度以及其他相关的环境和商品方面的条约制度的详细叙述，参见 Sands and Klein（above）123 – 38；有关区域机制，可以阅读第五至十章。

[11]　Ibid 131.

（1954 年）、橄榄油（1956 年）、咖啡（1962 年）、可可（1973 年）、橡胶（1979
年）和热带木材（1986 年）"。[12]　在此提到这些多重的国际立法机制有助于强
调，我们并没有由一个国际组织来立法的国际社会，而是就像本章标题说的那
样，只是一个由"国际社会的法律组织"来立法的国际社会。 111

第三节　管理和执行职能

在国际体系中，与执行职能一样，没有任何一个中央机构具有管理职能，但
是，在 19 世纪后半叶，国际社会创设了许多具有特定管理职能的独立机构。它
们之所以产生，并不是因为国际关系的理想理论，而是迫于形势的需要。在各种
各样的国家管理部门中，经验表明，如果政府的组织继续纯粹以国家为基础，那
么政府就不可能合理有效地运作。这些机构就是"公共国际联盟"。第一个这种
联盟是 1865 年成立的国际电信联盟。其他的例子还包括 1874 年的万国邮政联
盟、1905 年的国际农业研究院（International Institute of Agriculture）以及 1906 年的无
线电联盟。

万国邮政联盟是这类组织中获得持续成功的一个。当不同国家之间的双边条
约以及坚持主权独立原则导致无法有效开展国际邮政业务时，就设立了这一国际
组织。传统的理论认为，每个构架都是具有主权的而且独立的单位，但是，以这
种理论组织的管理方式无法解决一些问题，作为对这些问题的回应，就产生了许 112
多国际管理合作方面的例子。万国邮政联盟就是其中之一。在商业、劳动、艺
术、道德、发明、卫生等问题上，国家不再是相互分离的。渐渐地，它们被迫承
认即便在政治或经济领域，它们也不再是完全分离的。因此，1919 年国际联盟
的设立并不是将一个全新的原则引入国际生活，而是多年积累的运动的一个逻辑

---

[12]　Ibid.

结果。现在，有大量在这些领域进行国际合作的联合国专门机构、规划署和基金。[13]

113　而且，我们应当承认，这些安排仅仅只是对国际社会的初步管理，绝不是对国际共同体行使管理职能。这些组织大多都是各国更有效追求自身利益的一种方式。我们在万国邮政联盟中发现的这类法律组织被约瑟夫·韦勒（Joseph Weiler）称为是"交易法"的体现。[14] 它"主要是一种更有效服务各国交易目标的机制"。[15] 这一机制以及诸如关税贸易总协定（GATT）这样的其他安排是"多方论坛"，但是"从内容来看仅仅是使各方能更有效达成双边协定的机构"。[16] 对于韦勒来说，这种协定并不表明可以实现国际共同体。对于这个问题，他说我们需要开始思考那些共同资产：

> 在我看来，从物质上看，可以在管理和确定共同资产中找到国际共内本的特征。这种共同资产可以是公海底下的深海海床或某些特定的领土空间这样的物质。它们在诸如集体安全方面发挥作用，甚至可以在精神层面发挥作用：与领土之上的空间相比，国际法上的人权或生态方面的规范就是精神方面的共同资产，各国即便在自己的领土内也不能再对它们主张绝对的主权。[17]

114　由于人们认为，国际组织承担的某些职能是某种国际管理角色，因此近年来，出现了相应的"全球管理法"。这些实体承担了其与会员国关系的职能以外的管理

---

〔13〕 联合国专门机构是：国际劳工组织、粮食与农业组织、联合国教科文组织、世界卫生组织、世界银行集团（国际复兴开发银行、国际开发协会、国际金融公司、多边投资担保机构、国际投资争端解决中心）、国际货币基金组织、国际民航组织、国际海事组织、国际电信联盟、万国邮政联盟、世界气象组织、世界知识产权组织、国际农业发展基金、联合国工业发展组织、世界旅游组织。还可以参见：国际原子能机构以及联合国各种署和基金：联合国贸易和发展会议、联合国禁毒署、联合国环境署、联合国儿童基金会、联合国发展署、联合国妇女发展基金、联合国人口基金、联合国人居署、联合国近东巴勒斯坦难民救济和工程处、世界粮食署。另外，还可以考虑联合国人权事务高级专员办公室和联合国难民署。

〔14〕 'The Geology of International Law—Governance, Democracy and Legitimacy', 64 *ZaöRV* (2005) 547 – 62, at 533.

〔15〕 Ibid 556.

〔16〕 Ibid 533.

〔17〕 Ibidem.

职能。诸如国际民用航空组织或世界卫生组织这样的一些机构，实际上在对民用航空发动恐怖袭击或紧急卫生问题［SARs、H5N1（禽流感）、H1N1（猪流感）等］上发挥着管理职能。在这种情况下，行政法的原则变得更加重要，包括透明原则、获得信息权、隐私权、公众参与、做出决定必须给出理由原则、对行政决定进行审查原则以及问责原则。[18] 而且，我们正在见证各种新型的全球管理模式的产生，这些模式不仅涉及前面提到的公共国际联盟和专门机构，还涉及公私伙伴关系（PPPs）、多方利害攸关者倡议，以及反抗公私归类的混合模式。在这里，我们可以提到管理互联网域名的全球机制："互联网名称与数字地址分配机构"（ICANN）[19] 以及监督体育领域服用兴奋剂的组织——"世界反兴奋剂组织"（WADA）。我们还可以在这种机制之外找到依据瑞士法律设立的私人机构，例如"全球抗击艾滋病、疟疾和肺结核基金"、"全球疫苗和免疫联盟"、"国际奥林匹克运动委员会"等。

在许多方面，这些所谓的"管理发展"还具有立法行为和一些司法和执行内容。如果有人注册了 Madonna. com 这一域名，那么麦当娜（Madonna）自己就可以通过"互联网名称与数字地址分配机构"（ICANN）的争端解决程序质疑这一网络抢注行为，而且可以通过一些按键执行最终的裁决，将这一域名与她的 IP 地址绑定，这样一来，99% 的案件就不可能入禀国内法院。[20]《世界反兴奋剂条例》（WADC）规定的内容不仅非常细致，而且还有一套针对运动员个人的执行机制，还可以向一个特别的体育仲裁法庭提起上诉。[21] 该条例甚至规定，可以禁止一国奥委会申办奥运会，以此执行该条例。[22] 现在，许多这方面的发展发生

　　〔18〕　参见 B. Kingsbury and L. Casini，'Global Administrative Law Dimensions of International Organizations Law'，6 *International Organizations Law Review*（2009）319 – 58，at 325.

　　〔19〕　关于对这个问题的研究，参见 M. Hartwig，'ICANN—Governance by Technical Necessity'，in von Bogdandy et al（above）；J. Mathiason，*Internet Governance*：*The new frontier of global institutions*（London：Routledge，2009）.

　　〔20〕　T. Schultz，'Private Legal Systems：What Cyberspace Might Teach Legal Theorists'，10 *Yale Journal of Law and Technology*（2007）151 – 93.

　　〔21〕　参见 L. Casini，'Global Hybrid Public – Private Bodies：The World Anti – Doping Agency（WADA）'，6 *International Organizations Law Review*（2009）421 – 46.

　　〔22〕　根据该条例的规定，国际奥委会有责任"仅受理政府已批准、承认、通过或加入联合国教科文组织通过的反兴奋剂国际公约和国家奥委会、国家残疾人奥委会和国家反兴奋剂组织已执行本条例的国家申办奥运会的申请"（第 20 条第 1 款第 8 项），还可以参见第 22 条第 6 款和第 23 条第 5 款。

在国家层面和 19 世纪以来以条约为基础发展的政府间组织。因此，我们找到了
116 "由私人国际标准设定组织和商业代表、非政府组织、各国政府和政府间国际组
织组成的混合公私组织制定的规定"。[23] 有人说，"随着越来越多地行使跨国监
管权力，这已经产生了责任方面的空白"，虽然行政法已扩大适用于这些跨国决
定和制度，但其尚未能对付这些情况。[24]

关于经由执行行动来实施的思想，我们必须承认，国际体制中并不存在实施
国际法律权利的中央机构，而且建立一个这样的一般制裁机制是一件遥不可及的
事情。然而，前面提到的每一个机制都具有各种不同的遵守机制，只是效果不同
而已。为了准确理解这些机构的工作，我们必须探究实施法律义务的机制以外的
东西，并且重视它们实际的日常工作。例如，联合国难民署有大约 7000 名员工
在世界上的 125 个国家工作。

但在冷战结束后，情况发生了重大改变。联合国安理会和大会能够在联合国
维持和平与安全工作方面部署较大的行动。到 2012 年，在联合国 16 个和平行动
中，有超过 12 万人在服役。同样，人权领域的行动也迅速增加。现在，联合国
117 人权高专办公室在全世界有大约 500 名工作人员，它的办事处分布在玻利维亚、
柬埔寨、哥伦比亚、危地马拉、墨西哥、尼泊尔、多哥、乌干达、科索沃和巴勒
斯坦被占领土。所有这些国际人员可以被看作是在通过与当地政府的日常接触、
随后报告相关政治机构的方式间接执行国际法规范。

然而，吸引人们眼球的执行问题是国家在使用武力方面怎么遵守法律。在
20 世纪，为了这个问题，人们做了两个著名的实验，即《国际联盟盟约》和
《联合国宪章》。这两大实验遵循的是不同的方式。国际联盟的制度依赖会员国
对侵略国采取某些规定的措施，但是并没有建立一个超国家的机构——国际联盟
的机构只能用来协调会员国的行动，无法就这些会员国应当采取的行动发布任何
指令。而 1945 年《联合国宪章》第一次创造了一个有权在威胁国际和平与安全
的情况下行使这种超国家类型权力的机构（安理会）。我们在后面将看到，在这
种情况下，安理会在法律上有权力对联合国会员国实施有拘束力的制裁，并且最

---

〔23〕 B. Kingsbury, N. Krisch, and R. Stewart, 'The Emergence of Global Administrative Law', 68 *Law and Contemporary Problems* (2005) 15–62, at 16.

〔24〕 Ibid.

终授权使用武力。在这里，只需要说，当安理会并不是依据《宪章》第七章对恢复或维持国际和平与安全采取行动时，联合国并没有规定对那些"一般"违反国际法的行为具有实施机制或执行机构。

由于缺乏这种一般的执行权，这意味着，除了法律对平时报复（反措施）有所限制和禁止威胁或使用武力[25]外，每一个国家都仍然有权采取其认为对于捍卫自己的权利来说是合适的任何措施。这意味着，一国可以选择通过不履行对违反义务的国家承担的国际义务的方式来对该国违反义务的行为作出回应。这种措施也被称为"报复"或"反措施"，而且如果满足特定的条件，那么这种措施并不是不法的。[26]因此，我们可以看到，如果制裁这个措辞的确切含义是指"确保法律得到遵守的方法"，那么说国际法没有任何制裁措施就是错误的。但是，的确，国际法具有的制裁并不成体系，也不是由一个中央机构指挥的，而且在行使过程中也具有不确定性和不一致性。今天，许多人在提及"制裁"时，实际上是在暗示通过联合国或欧洲或非盟那样的区域组织而采取的集体措施，当然这些措施是经过在政治方面精心权衡的结果。缺乏这种体系当然令人失望，尤其是对于那些相对来说没有能力通过采取反措施来有效主张自身权利的国家而言。

有人建议对现有的国际法实施方法做出根本性改变，但是其中的困难是相当巨大的。这个问题与国内法的实施几乎不具有可比性，而设立"国际警察"这样的想法比实际上面临的困难要容易得多。警察行动意味着要对相对弱小的个别违法的人动用社会的大多数力量，但是在国际领域，这样的行动更加有问题，因为在国际领域，潜在的违法者是国家，而且占优势的力量甚至就在违法的国家一方。

---

〔25〕 参见下文第九章，以及 N. Stürchler, *The Threat of Force in International Law*（Cambridge：CUP, 2007）；C. Gray, *International Law and the Use of Force*, 3rd edn（Oxford：OUP, 2008）；O. Corten, *The Law Against War：The Prohibition on the Use of Force in Contemporary International Law*（Oxford：Hart, 2010）；和 N. Lubell, *Extraterritorial Use of Force Against Non-State Actors*（Oxford：OUP, 2010）。

〔26〕 在这个方面，国际法委员会 2001 年通过的《国家对国际不法行为责任条款草案》对此有所限制，参见第 49－54 条。最重要的是，反措施必须相称、允许恢复履行已经遭到违反的义务，以及一旦责任国开始履行义务则应当结束反措施。如果反措施影响到责任国保护基本人权或那些受到战争法保护的人员和物体，则不得实施反措施。反措施也不得影响尊重大使、使馆等不受侵犯的义务（参见下文第六章第 11 节）。关于对反措施更加详细的研究，参见 J. Crawford, A. Pellet, and S. Olleson（eds）, *The Law of International Responsibility*（Oxford：OUP, 2010）chs 79－86。

第四节　司法职能

尽管很明显需要有一个法院，但是这样做的危险是，它可能被认为是实现国际社会法治的唯一机构方面的需求。因为，认为法律的整个目的是为了维持现有的权利和实施现有的义务的某种东西，这种想法是一个很大的而且很不幸的常见 120　错误。也许，我们之所以会那样认为，是因为当我们看国家时，我们会认为法院是政府中的一个伟大的部门，而且与政治和管理无关，因此很容易会把法院与法治的全部含义等同。但是，实际上，法院的工作仅仅是法治的一个方面而已。[27]

我们已经知道，即便在没有法院制度的情况下，立法、执法和管理职能也可以行使。但是，20 世纪各种国际法院的迅速增加意义重大，应当与国际层面具有拘束力的仲裁一样是多种机会之一。现在，这些可能性不仅包括一般国际法方面的争端，而且还包括诸如国际投资、海洋法、国际贸易、知识产权、人权和国际刑法这样的领域。[28] 不过，主要的问题是，这些决策的法院机构并不具有普遍的管辖权。并不是所有的国家都受到它们的管辖，而且也不是所有的法律问题都受到它们的裁判。一般说来，国家总是选择允许对它们有管辖权的那些法院，而且只对某些争端有管辖权。我们将在第八章中更加详细地介绍国家将国家之间的争端提交国际法院管辖的情况。但是，现在，除了对国家行使这种管辖权的国际法院外，我们还有对个人具有管辖权的国际刑事法庭。

前面已经提到，在 20 世纪 90 年代，联合国安理会针对在前南斯拉夫和卢旺 121　达实施的国际犯罪建立了特设法庭。[29] 对于发生在塞拉利昂、科索沃、柬埔寨和黎巴嫩的国际犯罪，也设立了一系列国际性的法庭。上述每一个法庭都有一套

---

〔27〕 这一段话是从布赖尔利于 1936 年发表的一篇题为《国际社会的法治》（The Rule of Law in International Society）的文章中摘录过来的，该文章重新刊载在下面这本书中：*The Basis of Obligation and Other Papers* 250 - 64，at 260.

〔28〕 关于这方面的详细研究，参见 *Bowett's Law of International Institutions*（above）ch. 13；还可以参见"国际性法院和法庭项目"网站上的资料：< http://www. pict - pcti. org/ >.

〔29〕 关于对某些政治背景的研究，参见 D. Scheffer, *All the Missing Souls*：*A Personal History of the War Crimes Tribunals*（Oxford：Princeton University Press, 2012）.

限制自身管辖权的规则体系。[30] 我们将只介绍国际刑事法院的规则。

2002 年 7 月 1 日，《国际刑事法院规约》生效。该法院对这一天之后实施的某些犯罪具有管辖权，包括种族灭绝、危害人类罪和战争罪。[31] 从 2017 年开始，它还可能对侵略罪具有管辖权。[32] 不过，严格说来，该法院并没有所谓的"普遍管辖权"，即便在谈判过程中有人那样建议。[33] 《规约》赋予该法院在四种情况下具有管辖权。其一，当行为发生在缔约国领土上或缔约国注册的船只或航空器上。[34] 其二，当嫌疑人是缔约国的国民。[35] 其三，（《规约》缔约国之外的）任何国家可以就某个情势发表一项声明，将其国民或在其领土上实施的犯罪置于该法院的管辖之下。[36] 其四，安理会可以决定将某个情势置于该法院的管辖之下，针对达尔富尔和利比亚的情势，安理会已经那样做了。[37]

当上述四种情形中的任何一种情形出现时，国际刑事法院就可以行使管辖权，但是在不是由安理会提交的情况下，还需要有一个"触发"的要求。可以通过两种情况触发管辖权。其一，当某个缔约国将某种情势提交检察官时；其二，当检察官决定启动调查时。

122

---

〔30〕 参见 C. P. R. Romano, A. Nollkaemper, and J. K. Kleffner（eds）, *Internationalized Criminal Courts and Tribunals: Sierra Leone, East Timor, Kosovo, and Cambodia*（Oxford: OUP, 2004）.

〔31〕 我们将在第九章中论述这些犯罪。注意：2010 年在坎帕拉举行的审议会议对那些已经规定在《法院规约》中的犯罪行使管辖权的前提条件作了一些改变，参见 Resolutions RC/Res. 5 and 6, and Arts 15*bis* and 15*ter*，见下面第 38 个脚注。

〔32〕 参见后文第九章第四节。

〔33〕 参见 W. A. Schabas, *The International Criminal Court: A Commentary on the Rome Statute*（Oxford: OUP, 2010）, at 276 - 83.

〔34〕 第 12 条第 2 款第 1 项。

〔35〕 第 12 条第 2 款第 2 项。

〔36〕 第 12 条第 3 款。第 12 条第 3 款需要与《程序与证据规则》第 44 条一起解读，其核心是，确保任何此种声明包括与某个情势有关的所有犯罪。注意：依据第 12 条第 3 款发表的声明可以追溯到 2002 年 7 月 1 日。关于巴勒斯坦发表的声明，参见 A. Pellet, 'The Palestinian Declaration and the Jurisdiction of the International Criminal Court', 8 *EJIL*（2010）981 - 99; M. N. Shaw, 'The Article 12（3）Declaration of the Palestinian Authority, the International Criminal Court and International Law', 9（2）*Journal of International Criminal Justice*（2011）301 - 24. 科特迪瓦和乌干达已经发表了声明。

〔37〕 第 13 条第 2 款。参见安理会 2005 年第 1593 号决议以及 2011 年第 1970 号决议。在这两项决议中，安理会决定，参与联合国授权的在苏丹或利比亚行动的、《国际刑事法院规约》非缔约国的国民和人员只受到派遣国的管辖，不受国际刑事法院管辖。这是为了将美国的人员排除出法院的管辖范围。不论法院是否会接受这种形式的排除管辖，安理会有权依据《规约》的规定，要求在 12 个月内不进行调查或起诉，参见第 16 条。

目前，国际刑事法院只具有很少一些被告，而且都是非洲人。唯一选择动用触发机制的国家是中非共和国、刚果民主共和国和乌干达。安理会首批提交的情势是（苏丹）达尔富尔和利比亚的情势。检察官针对肯尼亚和科特迪瓦的情势启动了管辖权，并宣布对诸如阿富汗、格鲁吉亚、几内亚、哥伦比亚、巴勒斯坦、洪都拉斯、韩国和尼日利亚等情势进行初步审查。

该法院并不仅仅是《规约》缔约国之间的一个安排。它还具有潜在的普遍影响。我们已经知道，安理会可以决定是否将一个（涉及威胁国际和平与安全的）情势提交给法院。确实，我们已经知道法院对苏丹总统和利比亚国家元首签发的逮捕令，它们就是安理会提交的结果。但是，即使在没有安理会提交的情况下，任何国家也可以将其领土上或由其国民实施的该法院管辖范围内的行为通过发表一份具有追溯力的声明的方式提交该法院。因此，在《规约》生效后（2002 年 7 月 1 日之后）实施了灭绝种族、危害人类罪或战争罪的任何人都有可能被这个国际法院审判。[38] 当然，安理会或有关国家可能不愿意为法院行使管辖权创造这些条件，因此这个新的法院就无法审判那些涉嫌犯有这些国际犯罪的每一个人（除了成本问题外，还存在收集证据、证人保护和逮捕这样十分困难的问题）。但是，人们现在可以说，国际社会现在已经有了一个可能具有普遍管辖权的刑事法院。这种刑事管辖权已经与那些为解决非刑事性质的争端而设立的更加确定的管辖权一起存在于国际法。[39]

虽然可能被起诉也许对行为具有最大的影响，但是对国际法中刑事管辖权的发展具有最具体影响的是法院与国内管辖权的互动。根据《规约》，某个案件应被断定为不可受理，如果"对案件具有管辖权的国家正在对该案件进行调查或起诉，除非该国不愿意或不能够切实进行调查或起诉"。[40] 这一关系就是所谓的"补充性"关系。结果是，所有国家（该条款不限于缔约国）在对这些国际犯罪进行国内立法方面都有利害关系。随着这一领域的国内立法的发展，各国正在发

---

〔38〕 不过，当侵略罪是由非缔约国的国民或在非缔约国领土上实施时，在相关的修正案生效后，《规约》的非缔约国不能对侵略罪发表这种声明，而且，在没有安理会提交的情况下，法院也不能对侵略罪行使管辖权，参见《〈罗马规约〉修正案》第 15 条之二第 5 款以及后面第九章第四节。

〔39〕 将在第八章中讨论。

〔40〕 第 17 条第 1 款第 1 项。

展它们的管辖权起诉这些犯罪（和其他相关犯罪[41]），而且不仅针对那些在其领土上发生的犯罪，还包括它们的国民和居民（例如英国的法律[42]）在境外实施的犯罪。在某些国家（例如瑞士[43]），即便没有此种联系，也会对种族灭绝、危害人类罪和战争罪进行国内起诉，只要被告出现在该国的管辖范围内。

关于这种起诉是否会阻碍和平或会促进转型正义，还会继续辩论。[44] 《国际 125 刑事法院规约》中有两个条款与和平与正义这对紧张关系有关。首先，安理会在 12 个月时间里可以推迟调查或起诉。[45] 其次，检察官可以决定调查是否无助于"实现公正"。[46] 在国内层面，国内司法制度要起诉外国官员在国外实施的国际犯罪也许需要政治机构的批准。虽然《国际刑事法院规约》规定的法院的管辖权正在逐渐扩大，但是它无法消除确保实施了国际犯罪的人承担责任原则与各国对顺利开展国际关系存在持续兴趣之间的紧张关系。[47] 现在比较明确的是，已经有多种机制来审判那些被控犯有国际犯罪的人员，而且关于管辖权的国际法也 126 正在扩大这些可能性。

国内法院也已经在审判那些犯有国际犯罪的人员方面发挥作用。在一些案件中，国内法院与犯罪的实施之间并没有特定的联系，只是因为嫌疑人在其领土上被发现。卢旺达人在瑞士、比利时、芬兰、德国和加拿大被审判；塞尔维亚人在德国被审判；波斯尼亚穆斯林在丹麦被审判。虽然这种地方化的国际审判仅仅审理了几个案件，但是人们显然无法否认在国际社会中存在处理国际犯罪的司法部

---

〔41〕 参见 J. Bacio‐Terracino, 'National Implementation of ICC Crimes', 5 *JICJ* (2007) 421‐40.
〔42〕 2001 年《国际刑事法院法》（International Criminal Court Act），第 51 条。
〔43〕 2010 年 6 月 18 日的一份联邦法案，参见《刑法典》（Code pénal）第 264m 条，《军事法典》。
〔44〕 参见最近一份有意思的研究，K. Sikkink, *The Justice Cascade: How Human Rights Prosecutions are Changing World Politics* (NY: Norton, 2011).
〔45〕 《国际刑事法院规约》第 16 条。
〔46〕 《国际刑事法院规约》第 53 条。
〔47〕 也许，有必要在这里回顾一下布赖尔利曾经发表的一篇反对设立国际刑事法院的文章，参见 'Do We Need an International Court?', 8 *BYBIL* (1927) 81‐8. 这篇文章写在两次世界大战期间，我们可以挑选三个他提到的令人不安的理由：其一，他认为，威慑将是微不足道的，他说，"实施了战争罪的更加高层的人员"很有可能认为最终的惩罚增强了他们的爱国情感，而更加低层的人员则会认为他们应该不会被抓，而且各国不愿意将他们的国民提交这种国际法庭。其二，法律方面的相互指责将妨碍和平协议的起草。其三，有关空战、保护平民和使用潜水艇作战方面的规则仍然十分稀少，而且并不存在惩罚违反战争法的标准。今天，我们已经有了详细得多的战争法规则，但是我们应当思考这一新设立的国际刑事法院将如何实现威慑、如何逮捕嫌疑人，以及如何协助实现有效的和平进程，而不是妨碍和平进程。

门，这已经变得越来越清楚。

实际上，我们在思考国际社会中的司法功能时，需要承认，除了刑法的框架外，国内法院经常扮演适用国际法的法院的角色。在前面一章中，我们已经看到，国际法可能通过纳入国内法的方式产生国内法的效力。但是，国内法院可能不仅仅适用国内法，还可能执行国际法。让我们来看一下英国法院审理的一个针对沙特阿拉伯政府提起的民事诉讼案件，在该案件中，据称沙特阿拉伯政府对一些英国国民实施了酷刑，不过这个案件败诉了。[48] 上议院对涉及豁免问题的国际法进行了审查，发现在本案中，沙特阿拉伯政府有权享受豁免，尽管国际法禁止酷刑。宾厄姆（Bingham）勋爵在他以非法官的身份撰写的著作中认定，"在本案中，英国法院实际上并不是在阐释和适用英国法，英国法院实际上像是一个探究和寻求阐释国际上盛行的法律的法庭"。[49]

第五节 联合国

如果我们不简单介绍一下联合国，那么我们对国际社会中的法律组织的讨论就是不完整的。[50] 我们已经看到，像世界卫生组织这样的联合国专门机构不仅可以为国际立法行为提供论坛，而且还扮演了某种管理角色，例如处理卫生方面的紧急事件。我们已经表明，有时候，即使在国际组织的成员国之间并不存在一致的同意，国际组织仍然有可能会行使执行权力。例如，联合国安理会可能对联合国会员国进行制裁或授权使用武力。我们还看到，联合国大会已经成为谈判和通过决议、宣言和和条约的场所，这些决议、宣言、条约构成了书面国际"立法"。而且，这些文件可能构成习惯国际法的证据。现在，让我们看一下联合国

---

〔48〕 *Jones v Ministry of the Interior of the Kingdom of Saudi Arabia*〔2006〕UKHL 26. 我们将在第六章第11节进一步论述这一话题。

〔49〕 *Widening Horizons*：*The Influence of Comparative Law and International Law on Domestic Law*（Cambridge：CUP, 2010），at 49.

〔50〕 关于对这一历史的简要回顾，参见 J. M. Hanhimäki, *The United Nations*：*A Very Short Introduction*（Oxford：OUP, 2008）；关于对各个机关和机构工作的介绍，参见 T. G. Weiss and S. Daws（eds），*Oxford Handbook on the United Nations*（Oxford：OUP, 2007）；关于法律问题的讨论，参见 B. Conforti and C. Focarelli（eds），*The Law and Practice of the United Nations*, 4th edn（Leiden：Nijhoff, 2010）.

的结构，看一看某些主要机关的性质和工作程序。

在关于"对联合国服务中遭受伤害的赔偿"问题的咨询意见中，国际法院考察了联合国的法律性质。[51] 1948 年 9 月 17 日，贝纳多特（Bernadotte）伯爵在耶路撒冷被谋杀。[52] 他是一位瑞典的外交官，在巴勒斯坦担任联合国的调解员，尤其是"促进和平调整巴勒斯坦的将来情势"。[53] 在贝纳多特伯爵和另一位联合国官员被谋杀之后，联合国大会请求法院发表咨询意见，回答在联合国的工作人员遭受损害并且一国需要承担责任的情况下，联合国作为一个组织，是否有能力对负有责任的国家提出求偿，要求获得赔偿。法院认为，联合国是国家创立的，它代表了国际共同体的绝大多数国家，因此创立联合国的这些国家有权依据国际法使其成为一个具有客观的国际人格的实体，而不仅仅是它们之间所承认的人格。不过，这并不意味着，联合国就是一个国家，而且它也不是一个超国家的实体，它的权利和义务与国家的权利和义务不同。这意味着，它是一个国际法上的主体，能够拥有国际法上的权利和义务，还能够通过提起国际求偿来维护它的权 129 利。在本案中，求偿是针对一个非会员国提出的，因为以色列尚未成为联合国的会员国。最近，联合国的一位人权专家对腐败问题公开发声，国际法院裁定，马来西亚必须尊重他的豁免权。[54] 不过，联合国与其会员国之间的大多数争端都不会得到国际法院的解决，而是通过外交途径解决。

联合国本身是由世界上几乎所有的国家组成的，它有五个主要机关：大会、安理会、经社理事会、国际法院和秘书处。[55]《宪章》（创立联合国的基本法律文件）对大会和安理会的职权进行了区分，规定安理会对维护和平具有"首要的责任"，而大会的职权在其他方面非常广泛和一般，而且大会不得通过一种使

---

〔51〕 国际法院的咨询意见，1949 年 4 月 11 日。

〔52〕 关于这个事件的背景的介绍，参见 K. Marton, *A Death in Jerusalem: The Assassination by Jewish Extremists of the First Arab/Israeli Peacemaker* (NY: Pantheon, 1994)。

〔53〕 参见 1948 年 5 月 14 日大会第 186（S - 2）号决议；还可以参见 1948 年安理会第 49 号决议。

〔54〕 ICJ Advisory Opinion, *Difference Relating to Immunity from Legal Process of a Special Rapporteur of the Commission on Human Rights*, 29 April 1999.

〔55〕 我们将只思考大会和安理会的法律制度，若想了解更加全面的介绍，参见 M. Shaw, *International Law*, 6th edn (Cambridge: CUP, 2008) ch. 22.

130 安理会难堪的方式来行使它的职权。[56] 但是，作出这种区分有时会非常不幸。它对那些本质上无法区分的事项进行了区分，因为那些赋予大会的事项，例如社会和经济事项，通常是引起那些威胁国际和平与安全的摩擦的根源。近年来，安理会在努力扩大它关注的事项，并对诸多事项进行了辩论，包括：艾滋病，正义与法治，国际恐怖主义，武装冲突中保护平民，妇女、和平与冲突，儿童与武装冲突，贩毒，小型武器，核不扩散和核裁军等。

　　大会设有许多辅助机构，例如国际法委员会（由 31 位"公认胜任的国际法界"[57] 委员组成）、人权理事会（由大会选举产生的 47 个国家组成，大会在选举时应"考虑候选国对促进和保护人权的贡献以及就此作出的自愿许诺和承诺"[58]）以及建设和平委员会（由 31 个国家组成，其中一部分国家从对"联合国特派团派遣军事人员和民警最多"[59] 的国家中选举产生）。

131 　　大会由联合国的所有会员国组成，其具体的职权是讨论《宪章》范围内的任何事项，并向联合国会员国、安理会分别或同时提出建议。但是，这受到一个条款的限制，即大会必须将任何涉及国际和平的、需要采取行动的问题提交安理会，而且它还不得就安理会正在处理的争端或情势提出任何建议。大会还有权批准联合国的预算和会员国之间对会费的分摊方案。它对一般事项以多数表决作出决定，但是，如果某个问题属于"重要"问题，则需要出席并参加投票的会员国的 2/3 多数通过。关于"重要"问题，是有清单的，包括选举安理会非常任理事国、有国家申请加入联合国、会员国权利的停止以及除名、预算以及其他任何大会通过勉强多数表决决定应当被认为是"重要"事项的问题。

　　大会实行多数表决制度，这背离了国际机构做出决议要求会员国全体一致的

---

　　[56] 《宪章》第 12 条第 1 款规定："当安全理事会对于任何争端或情势，正在执行本宪章所授予该会之职务时，大会非经安全理事会请求，对于该项争端或情势，不得提出任何建议。"不过，在实践中，大会的确在安理会处理之前就审议某些局势，这样做的基础是，安理会"在当时"尚未行使它的权力，而且，依据 1950 年第五届大会通过的题为"联合一致共策和平"的第 377 号决议，大会决定，当安理会由于常任理事国之间无法取得一致意见而无法担负起维持国际和平与安全的首要责任时，大会可以建议采取合适的集体措施。可以进一步参见国际法院在下面这个案件中的咨询意见：*Legal Consequences of the Construction of a Wall in the Occupied Palestinian Territory*, Advisory Opinion, ICJ Rep. (2004) p. 136, paras 24 – 32.

　　[57] 《国际法委员会章程》，第 2 条第 1 款。

　　[58] A/RES/60/251, para. 8.

　　[59] A/RES/60/180, para. 4c；S/RES/1645 (2005) para. 4c；该委员会由安理会和大会同时设立。

通常做法，但是，这种创新对于安理会的投票制度来说并不十分重要。这是因为，除了对预算有所控制外（关于预算的决定对所有会员国有拘束力），大会可以采取的行为（从执行的意义来说）只有讨论、建议、发起研究，以及审查其他机构提交的报告。它不能像安理会那样代表所有会员国**强行行动**。不过，虽然它作出的建议从法律上说并不拘束会员国，但它的行动可能相当有影响。在对它的权力范围产生争论后，国际法院认为，大会具有采取措施的建议权，这"暗示它能采取某种行动"。[60] 因此，法院认为，为了维护和平与安全，大会实际上有权通过维和行动或其他调查、观察和监督任务而分摊会费。不过，这一权利仅限于那些非强制或执行的（强制或执行行动需要由安理会决定）、而且是在有关国家同意的情况下由大会派出的行动。[61]

安理会由 5 个常任理事国（中国、法国、俄罗斯、英国和美国）和 10 个由大会选举产生、任期为两年的非常任理事国组成。它的职能规定在《宪章》第 24 条，即：

> 一、为保证联合国行动迅速有效起见，各会员国将维持国际和平及安全之主要责任，授予安全理事会，并同意安全理事会于履行此项责任下之职务时，即系代表各会员国。
>
> 二、安全理事会于履行此项职务时，应遵照联合国之宗旨及原则。

《宪章》随后提到了赋予安理会的某些"具体权力"，以便其能够履行职务。其中，大多数职责涉及解决和平争端和和平威胁方面的行动。我们将在本书第八章和第九章中重点论述其实施制裁和授权使用武力方面的权力。《宪章》第 25 条规定：

> 联合国会员国同意依宪章之规定接受并履行安全理事会之决议。

---

〔60〕 ICJ Advisory Opinion, *Certain Expenses of the United Nations*, ICJ Rep. (1962) p. 151, at 163.

〔61〕 这个案件的背景是，在（苏伊士运河危机后）埃及和刚果同意的情况下，联合国分别部署了"联合国紧急部队"（UNEF）和"联合国刚果办事处"（ONUC）的维和行动，而且大会对这两个行动进行了资助。最近，还可以提到联合国在海地和危地马拉的人权行动，分别是 1993 年的"联合国海地国际民事特派团"（MICIVIH）和 1994 年的"联合国危地马拉核查团"（MINUGUA）。

显然，这些条款赋予安理会要求会员国采取或不采取某些行为的权力。这些决定对所有会员国有拘束力。这些权力比联合国其他机构的权力要大得多，而且比此前任何国际组织所具有的权力要大得多。

要思考安理会决议具有的这种拘束力，还必须同时思考这些决议通过的方式。第二次世界大战的战胜国们，或者说至少其中一些战胜国，并不同意受到那些未经其同意而作出的决定的约束。它们拒绝接受一种可能会使它们被否决的投票制度。当最终接受《宪章》规定的投票制度时，它们坚持要求特权。安理会的决定要求有九个理事国的可决票，但是这九个可决票必须包括五个常任理事国的全体一致同意。因此，每一个常任理事国就对决定具有否决权。

134   这项投票规则存在一些例外。对于选举国际法院的法官来说，并不存在否决权，而只是要求简单多数即可（即仅需要八票就行）。[62] 有关程序事项的决定可以由**任何**理事国的九票决定。[63] 当某个理事国是安理会正在审议的争端的当事国时，该理事国不得投票，但是，这项规则适用于安理会在《宪章》第七章规定的执行行动以外的行动。关于第七章规定的执行行动，《宪章》并不要求常任理事国或任何国家不得投票。第七章规定的执行行动包括实施制裁和授权使用武力（无论由联合国部队还是联合国的会员国进行）。

安理会实施了许多制裁（例如针对罗德西亚、伊拉克、海地、伊朗、利比亚和朝鲜），授权会员国使用武力（例如针对朝鲜、1990 年至 1991 年针对伊拉克、针对海地、东帝汶以及利比亚），还在许多局势中部署了联合国维和人员（例如在波黑、刚果民主共和国、利比里亚、海地、苏丹、东帝汶和达尔富尔）。另外，正如我们在上文看到的，安理会还建立了特设刑事法庭，并决定将某些情势提交国际刑事法院。上述行为中绝大多数都发生在 1990 年之后，此前，由于冷战中的对立局面以及频繁使用否决权，安理会瘫痪了。

135   在反恐方面，安理会也采取了新的手段。1999 年，安理会通过了一项有拘

---

〔62〕《国际法院规约》第 10 条第 2 款。

〔63〕 关于对某个问题是否构成程序性问题这一先决问题的投票，参见 B. Simma, S. Brunner, and W. Kaul, 'Article 27', in B. Simma (ed.), *The Charter of the United Nations: A Commentary*, 2nd edn (Oxford: OUP, 2002) 476–523, at 489–92.

束力的决议，要求"塔利班不再拖延地将乌萨马·本·拉登送交已对他起诉的国家的有关当局"。[64] 该决议还决定："所有国家均应：（a）拒绝准许……塔利班本身或代表塔利班拥有、租借或营运的任何飞机在本国领土起飞或降落……（b）冻结……资金和其他财政资源，包括由塔利班本身、或是由塔利班拥有或控制的企业，所拥有或直接间接控制的财产所衍生或产生的资金，……"[65] 2001年9月11日发生恐怖袭击之后，该行动又通过各种决议得以延长。[66] 因此，安理会要求所有国家：

·毫不迟延冻结塔利班的资金和其他财政资源或经济资源，包括其拥有或直接或间接控制的财产所衍生的资金；

·防止进入或过境它们的领土；

·防止向列入综合名单的个人、团体、企业或实体直接或间接提供、销售或转让武器或相关材料，包括军事和准军事设备、技术知识以及关于军事活动的援助或培训。

其中，综合名单包括下列内容：

A. 与塔利班有联系的个人；

B. 与塔利班有联系的实体以及其他团体和企业；

C. 与基地组织有联系的个人；

D. 与基地组织有联系的实体以及其他团体和企业。[67]

列入名单和从名单中取消的程序比较复杂，而且往往会引发争议，已经有几百人被列入该名单中。[68]

---

〔64〕 S/RES/1267（1999）para. 2

〔65〕 Ibid para. 4.

〔66〕 尤其参见 Resolutions 1373（2001）and 1624（2005）.

〔67〕 <http：//www. un. org/sc/committees/1267/consolist. shtml>.

〔68〕 自 2010 年以来，有一位专员专门负责审查除名申请。关于这一问题的背景，参见 A. Bianchi, 'Security Council's Anti－terror Resolutions and their Implementation by Member States', 4 *Journal of International Criminal Justice*（2006）1044－73；A. Bianchi, 'Assessing the Effectiveness of the UN Security Council's Anti－terrorism Measures：The Quest for Legitimacy and Cohesion', 17 *European Journal of International Law*（2006）881－91.

我们可以说，安理会行使职权的方式是一种准立法或准执法的性质，或者说两者兼具。尽管安理会没有一般的立法或执法权，但是当出现威胁国际和平与安全的局势时，它的权力显然是十分广泛的。这些在反恐的情况下对国家采取的决议，实际上已经将《资助恐怖主义公约》中的关键内容变成了对所有国家具有拘束力的国际立法了。安理会的名单实际上就是一种执行命令，它剥夺了个人的旅行权利，而且冻结了受到制裁的实体的资产。[69] 根据《联合国宪章》，会员国不仅有义务遵守安理会的决议，[70] 而且安理会的决定要优于对会员国有拘束力的其他国际协定。[71] 不过，在这个方面，安理会的权力并不是无限的。[72]

本书以前几个版本认为，《宪章》给我们创设了一个被称为安理会的机构，它"无法采取决定，也无法采取行动"，[73] 而且，"只要冷战局势持续紧张下去，发挥主要作用的将是大会"。[74] 前面所描述的行动显示，在五十年之后，情况发生了剧烈改变。一部分原因是冷战的结束，以及创造性地采取了维和行动、国际刑事法庭、有针对性的制裁和恐怖主义名单这样的方法。对国际社会的法律组织化进程，安理会十分积极，并与之息息相关。而且，需要仔细思考其设定更多义务的能力。有些评论家开始将安理会视为国际社会的最高立法者："与任何其他国际组织不同，［安理会具有］在某些局势中重写或摒弃国际法的权力……实际上，这种推翻其他条约和一般国际法的能力就等于是在主张一种正式的立法权。"[75] 如果情况的确如此，那么它就将颠覆我们此前一直认为的安理会只是联

---

〔69〕 参见 1267 委员会（制裁基地组织和塔利班）、反恐委员会（依据第 1373 号决议设立）、1540 委员会（不扩散大规模杀伤性武器和恐怖主义）的工作。

〔70〕 参见上面提到的第 25 条。

〔71〕 《宪章》第 103 条规定："联合国会员国在本宪章下之义务与其依任何其他国际协定所负之义务有冲突时，其在本宪章下之义务应居优先。" *Questions of Interpretation and Application of the 1971 Montreal Convention arising from the Aerial Incident at Lockerbie* (*Libyan Arab Jamahiriya v United Kingdom*)，Provisional Measures，Order of 14 April 1992，para. 42.

〔72〕 关于安理会的决议要求一国协助实施种族灭绝或以某种方式违反联合国的宗旨时，该国是否有义务遵守安理会的该项决议的问题，参见劳特派特法官（E. Lauterpacht）在国际法院审理的下面这个案件的命令中发布的个别意见：*Prevention and Punishment of the Crime of Genocide* (*Bosnia and Herzegovina v Serbia and Montenegro*) (13 September 1993) paras 98–104；关于对这个问题的专门研究，参见 A. Tzanakopoulos，*Disobeying the Security Council: Countermeasures against Wrongful Sanctions* (Oxford: OUP, 2011).

〔73〕 第五版，第 112 页。

〔74〕 第六版，第 118 页。

〔75〕 A. Boyle and C. Chinkin, *The Making of International Law* (Oxford: OUP, 2007), at 233.

合国的一个执行机构的看法。就像沃尔多克解释的那样：

> 在旧金山会议上，小国害怕安理会的常任理事国可能一起商议将某种方案强加到小国身上；它们明确指出，它们不愿意将如何解决国际争端的权力委托给安理会。换言之，它们赋予安理会的是警察权，而非立法权。[76]

---

[76]　*General Course on Public International Law*, 106 *RCADI* II (1962), at 25.

第四章　国　家

第一节　国际法中国家的一般概念

139　　国家是一种**机构**，也就是说，它是一套个人为了实现某种目的而在彼此之间确立某种关系的体系，其中，最重要的一种目的是建立人与人之间可以开展活动的秩序。现代国家具有领土性质，它们的政府在边界范围内控制着大多数人和事，今天，全世界可以居住的全部区域中存在大约 200 个左右的具有领土性质的这种国家。

我们不应当把国家与生活在其领土上的整个人类社会相混淆。国家只是大量机构中的一种形式而已，其他的机构包括教会和公司，人们建立这些机构的目的是为了实现各种不同的目的，当然，国家显然是最重要的一种机构之一。不过，除极权主义的意识形态外，国家并不是一种无所不包的机构，或者说是一种产生140　或容纳所有其他机构和协会的机构。某些机构，例如罗马天主教会，以及多种协会，例如雇主和雇员联合会等，是超越某个国家的边界范围的。

也不应认为，国家（state）就是与民族（nation）等同的。由于现在的许多国家都是建立在民族的基础之上的，因此这两个术语经常混用，比如"联合国"（United Nations）［实际上它是国家（states）的一种联盟］、"最惠国"（most favoured nation），甚至是"国际法"（international law）。某个国家有可能有不少民族，某个民族也有可能分散在不同的国家，例如 1919 年之前的波兰人。有时，"民族"一词用来描述那些依据国际法尚未独立的国家（"六国橄榄球锦标赛"*）。在这里，我们还可以说说在加拿大的两个发展：一个是，在加拿大，人们用"第一民族"这一说法来描述印第安人，他们与因纽特人（Inuit）和梅提斯人（Métis）一起构成了加拿大的土著居民。还有一个发展是，2006 年 11 月 27 日加拿大下议院通过的一项动议："本院承认，魁北克人是统一的加拿大境内的一个民族。"

　　而且，"国家"（State）这个词有时候仅仅具有相对的意义，因为在一国之内有时候可能存在多国（States）。当一个更小的实体具有某种程度的自治机构，但同时存在于一个更大的国家（State）时，这样的实体是否应当被称为国家（State），一般来说取决于它的权力的多少。但是，在这个方面，并不存在一个明确的规则。美国的一个"州"（State）一直被称作"州"（State），但英国的一个县（county）则不能称为"国家"（State）。澳大利亚也有很多"州"英文是 State，当然也有一些"领地"（Territories），但是依据澳大利亚的法律，领地不能称作"国家"（State）。不过，国际法并不关心这些被称为"国家"的机构，它只关心那些政府权力中含有开展对外关系行为的"国家"。一个国家是否具有这样的权力是一个事实问题，取决于其政府的体系。但是，通常需要区分联邦国家和邦联。**联邦国家**（federation）是国家的联合，所有成员国的对外关系权力被永久地让渡给了中央政府；在这种情况下，在国际关系上唯一存在的国家就是那个所有成员国联合形成的国家。在**邦联**（confederation）的情况下，尽管存在一个中央政府，而且它也具有某些权力，但是这个中央政府并没有控制成员国的所有对外关系，因此在国际关系中，并不仅仅只存在一个国家，而是存在许多国家。

　　因此，1787 年之后的美国和 1848 年之后的瑞士都是联邦国家。但是，1778 年至 1787 年期间的美国和 1820 年至 1866 年期间的德意志邦联都是许多国家构成的邦联而已。如果能够依据清楚的命名来区分联邦和邦联，那当然是比较方便的，但实际上并非如此。例如，瑞士的法语名称是 *Confédération Suisse*，或者就像司机和网民已经熟知的那样，它的拉丁文名称是 *Confoederatio Helvetica*（CH）。欧盟并不是一个联邦国家，因为欧盟的成员国仍然保留有对它们的对外关系方面的控制权（即使在某些领域，例如外贸和渔业领域，其成员国已经同意将专有的

141

142

---

　　* "六国橄榄球锦标赛"（Six Nations Rugby Championships）是由英格兰、苏格兰、威尔士、爱尔兰、法国和意大利六个代表队组成的欧洲橄榄球冠军赛，是欧洲水平最高的橄榄球竞赛。——译者注

权力让渡给了欧盟）。[1]

第二节　独立国和附属国

国际法主要关注那些在对外关系方面"独立的"[2] 国家。从某种程度上说，国际法也关注一些在开展对外关系方面或多或少"附属于"其他国家的国家。"独立"这个词的确切含义是，一国控制自己的对外关系，不听从其他国家的要求。它与那种完全无法控制对外关系的州不同，例如"纽约州"，因此国际法对此并不关注。它也不同于那些只能部分控制对外关系的国家。在"独立宣言"中"一国不想受到其他国家的控制或不想依附其他国家了"的表述，最能清楚展现"独立"这个词的意义。

在非殖民化时期，联合国大会通过了许多具有里程碑意义的决议，这些决议可以被视为对《联合国宪章》的权威解释。直到 1970 年，各国公认：

> 殖民地领土或其他非自治领土，依宪章规定，享有与其管理国之领土分别及不同之地位；在该殖民地或非自治领土人民依照宪章尤其是宪章宗旨与原则行使自治权之前，此种宪章规定之分别及不同地位应继续

---

〔1〕　关于欧盟拥有的专属权力，参见《关于欧盟职能的条约》（Treaty on the Functioning of the European Union）第 2 条至第 4 条；关于 2009 年 12 月 1 日《里斯本条约》生效后新的欧盟对外行动服务（European External Action Service）、欧盟外交和安全政策高级代表的作用以及与欧盟成员国外交使团之间的关系，参见《欧盟联盟条约》第 21 条至第 46 条。

〔2〕　安齐洛蒂（Anzilotti）法官在常设国际法院关于"德国和奥地利之间的关税制度案"的咨询意见中发表了单独意见。在该单独意见中，他对"独立"的含义以及主权与国际法之间的关系发表了有意义的观点（Reports of the PCIJ, Series A/B, No. 41, 5 September 1931, pp. 57 – 8）。他说："因此，我们所理解的独立实际上就是指国家依据国际法所拥有的通常的状态；它也可以被称为**主权**（*suprema potestas*）或**对外主权**，即在国家之上除了国际法这个权威之外没有任何其他权威……因此，独立这个概念与国家遵守国际法或国家之间不断增强的事实上的相互依赖无关。而且，对一国自由的限制，无论是基于一般国际法还是协议安排（即条约），本身至少不影响它的独立。只要这些限制不将一国置于另一国法律权威之下，前者仍然是一个独立的国家，不论那些义务是多么广泛和沉重。"

存在。〔3〕

《宣言》还解释说，那样的人民实现自决权的方式包括："建立自主独立国家，与某一独立国家自由结合或合并，或采取由人民自主决定的任何其他政治地位。"但是，谈判起草这一《宣言》的各国非常小心提醒国家还有维护自身领土完整的权利。 144

> 以上各项不得解释为授权或鼓励采取任何行动，局部或全部破坏或损害在行为上符合上述各民族享有平等权及自决权原则并因之具有代表领土内不分种族、信仰或肤色之全体人民之政府之自主独立国家之领土完整或政治统一。

换言之，尽管处在殖民奴役下的人民可能有权选择建立一个独立的国家，但是独立国家内部的不处在殖民情况下的人民则一般不享有宣布独立并从母国分离的国际法上的权利，除非他们遭受歧视，无法参与母国的管理。〔4〕 马克·韦勒（Marc Weller）认为，今天的自决"就像是诅咒一样。它看上去给了居民独立的承诺， 145 但是，政府往往确保了不用去履行这一承诺"。〔5〕

如果有人坚持认为，一个国家（而不是人民）"有权"独立，尤其是认为这是一种"天然的权利"，那么就意味着，如果一个国家想要从独立的状态变成一种依附的状态，就像美洲的各个国家在组成联邦（即今天的美国）之前做的那

---

〔3〕 参见 1970 年联大题为《关于各国联合国宪章建立友好关系及合作之国际法原则之宣言》的第 2625 号决议；另见 1960 年联大第 1514 号和 1541 号决议。
〔4〕 关于那些想要成为独立国家的成功和失败的分离例子，参见 J. Crawford, *The Creation of States in International Law*, 2nd edn（Oxford：OUP, 2006）ch. 9；还可见 M. Kohen（ed.）, *Secession in International Law：Contemporary Perspectives*（Cambridge：CUP, 2006）. 进一步参见消除种族歧视委员会 1996 年发表的第 21 号一般性建议，认为"国际法并不承认人民具有单方面宣布脱离一国的一般权利"。
〔5〕 'Why the Rules on Self-determination Do Not Resolve Self-determination Disputes', in M. Weller and B. Metzeger（eds）, *Settling Self-Determination Disputes：Complex Power-Sharing in Theory and Practice*（Leiden：Nijhoff, 2008）17–45；进一步参见 A. Cassese, *Self-determination of Peoples：A legal reappraisal*（Cambridge：CUP, 1995）; C. Tomuschat（ed.）, *Modern Law of Self-Determination*（Dordrecht：Nijhoff, 1993）; R. McCorquodale（ed.）, *Self-Determination in International Law*（Aldershot：Ashgate, 2000）.

样，它们必定会失去道义，而不单纯是法律地位的改变（其法律地位的改变也需要依据案件的具体情况进行判断）。而且，应当注意，"独立"是对"依附"的否定。我们无法正当地从"独立"这个词中推断出一个国家可能具有的任何积极的权利。尤其是，我们无法说，一个独立的国家好像有权根本不受任何限制地决定它自己的行为。"独立"并不意味着完全不受法律的约束，它仅仅表明不用受到其他国家的控制而已。

不幸的是，我们经常会听到独立意味着国家不受法律约束的观点。在人们的脑海中，主权已经与独立这个概念密切联系在了一起，而且人们经常动用"独立"这个词，好像它意味着不用受到任何约束似的，当胡乱作为或实施了违法行为后，也总是用"独立"这个词为自己辩解。在所有的政治辩论中，为了胜出，人们往往会错误地动用那些口号。

第三节　国家平等理论

将平等理论[6]引入国际法的是自然法学者。他们认为，由于个人在作出政治安排之前是处在"自然状态"的，而且国家之间仍然处在"自然状态"，因此国家之间也肯定是互相平等的。不过，这种观点的前提实际上是有问题的，而且这种机械的结论是不符合事实的，因为无论依据何种标准，例如大小、人口、贫富或文明程度等，国家之间都是不同的，而且彼此的差距是非常悬殊的。因此，当这一理论要求我们相信，尽管国家之间存在明显的差异，但是国家之间在法律上仍然平等时，我们就会问，假如国家之间真的是平等的，那么将会产生何种实际后果？我们就会发现，产生的任何后果实际上都可以通过国家是独立的这一事实进行解释。

奥本海认为，国家平等理论的后果至少有四项：其一，当出现需要经同意而解决的问题时，每个国家都有投票权，而且除非另有协议，每个国家只有一个投票权；其二，除非另有协议，即使是最弱小的国家的投票效力，也与最强大的国

---

[6]　Cf E. D. Dickinson, *Equality of States in International Law* (Cambridge MA: Harvard University Press, 1920), and P. J. Baker, 'The Doctrine of the Legal Equality of States', 4 *BYBIL* (1923–4) 1–21.

家的投票效力相等；其三，任何国家不得对其他国家主张管辖权；其四，一般说来，只要另一国作出的国家行为在其自身管辖范围内生效，一国的法院就不得对该行为的效力作出裁判。[7] 这些都是对法律的正确表述，但是没有必要为了证明这些表述的正当性而去提出某种平等的理论。

实际上，各国已经同意可以不遵守这些一般规则，而且有些例外还是很重要的。[8] 联合国安理会的常任理事国可以投票否决某些决议。对于那些涉及商业行为的纠纷，一国国内法院可以对他国行使管辖权。[9] 虽然应当推定他国的立法行为都是有效的，但是当那些立法行为违反国际法时，则不会被承认。例如，当伊拉克非法侵入科威特时，伊拉克制定的没收科威特飞机的法律就被英国上议院判定为违反国际法。[10] 而且，英国法院也不会执行外国制定的侵犯人权的具有歧视性的立法。[11] 最后，即便应当推定各国应当彼此平等对待，但是有时会 148 采取差别待遇的办法来协助发展中国家，例如世界贸易组织。[12]

也许，国家平等可以被视为所有国家彼此具有的某些一般的国际法权利的另一种表达方式。1970 年的《国际法原则宣言》就这样解释"国家主权平等原则"：

各国一律享有主权平等。各国不问经济、社会、政治或其他性质有何不同，均有平等权利与责任，并为国际社会之平等会员国。

主权平等尤其包括下列要素：

---

〔7〕 *Oppenheim's International Law*, 9th edn, vol. i, 339－79.
〔8〕 在世界银行和国际货币基金组织这样的国际组织中，有一些国家具有比其他国家更多的投票权。
〔9〕 参见下面第六章第 11 节。
〔10〕 *Kuwait Airways v Iraqi Airways* [2002] UKHL 19，"由于如此严重违反国际法，因此我国的法院认为，如同 1941 年德国纳粹政府的没收法令一样，在我国法院的诉讼中不得执行或承认那些为了侵略者自己的公民的利益而剥夺了被劫掠者的财产所有权的法律。执行或承认这样的法律显然违反英国法律中的公共政策。另外，执行或承认这样的法律还会违反我国依据《联合国宪章》承担的义务。还有，这也与全世界谴责伊拉克的行为和军事行动相悖，而我国也参加了这样的行动，以便将伊拉克军队驱逐出科威特。国际法承认，一国法院可以拒绝执行外国违反国际法的法律和其他行为。" At para. 29.
〔11〕 Ibid, para. 18，参见 *Oppenheimer v Cattermole* [1976] AC 249.
〔12〕 世界贸易组织法律中规定有许多给予最不发达国家和发展中国家的"特殊和区别待遇"的例子。例如参见 1979 年 11 月 28 日的决定（L/4903）和 2001 年 11 月 14 日通过的多哈部长会议宣言，WT/MIN（01）/DEC 1.

（a）各国法律地位平等；

（b）每一国均享有充分主权之固有权利；

149 （c）每一国均有义务尊重其他国家之人格；

（d）国家之领土完整及政治独立不得侵犯；

（e）每一国均有权利自由选择并发展其政治、社会、经济及文化制度；

（f）每一国均有责任充分并一秉诚意履行其国际义务，并与其他国家和平相处。

第四节　国家存在的开始

当一个社会不是短期存在，而是非常有可能长期存在，而且具有国家的基本特征，即具备有组织的政府、确定的领土、不受任何国家的控制的某种程度的独立性以至于能够发展自己的国际关系时，就会出现一个新的国家。[13] 有时，新国家是在不属于任何国家的领土上成立的，例如 1836 年布尔人（Boers）从开普敦殖民地一路向北发展并在南部非洲建立的若干个共和国；1847 年，从美国获得解放的奴隶建立的利比里亚共和国。但是，一般说来，在现代社会，新国家通常是由既存国家分裂形成的。

一个新国家是否实际上已经存在，是一个事实问题。由于国际法中并不存在
150 任何一个由一个中央机构作出宣布的机制，因此每一个既存国家都有权作出其认为合适的判断。有时，从情形来看，答案是很明显的。当 1905 年瑞典和挪威的联盟协议瓦解时，两国均成为独立的国家。但是，在大多数情况下，要作出回答是很困难的，而且也是微妙的，尤其是当既存国家的某个部分被迫努力从其中分离出来时。一方面，如果对正在发生叛乱的部分宣称的独立过早予以承认，则有可能是对该既存国家内政的一种无正当理由的干涉。关于其他国家在何时可以承

---

〔13〕　比较 1933 年《蒙德维的亚国家权利和义务公约》第一条；Crawford（above）chs 2 and 3.

认某个实体独立成为新国家，并不存在明确的规则。可以说，只要真正的斗争仍
然在继续，承认就是过早的。另一方面，母国仅仅坚持镇压，但是显然没有任何
希望时，就不能成为不得予以承认的充分理由。[14] 有时，即使国家的标准尚未
完全满足，但是如果有关人民有权行使自决权而建国，那么这种瑕疵是可以忽
略的。[15]

关于承认的法律意义，存在争论。其中一种观点认为，承认具有"构成"
的效果，因此只有得到承认后，该国才可以成为国际法上的人，才可以成为国际
法的主体。但是，这种观点存在严重的问题。如果一国承认该实体是新的国家，
但是另一国并不承认，那么就会产生该实体同时是"国际法上的人"和"不是
国际法上的人"的情形，这在法律上就显得十分奇怪。也许，更大的一个问题
是，按照这种说法，没有得到承认的国家就不具有国际法上的权利和义务。不承
认当然会使权利和义务的执行变得愈加困难，不过，国家实践并不支持这种认为
在得到承认之前其在法律上不存在的观点。[16]

更加合适的一种观点是，承认新国家不具有"构成"的效果，仅仅是对一
种事实的"宣告"，它并没有使一个此前不存在的国家在法律上成为一个国家。
即使没有得到承认，一个国家仍然可以存在。如果其在事实上就存在，不论它是
否得到其他国家的正式承认，它仍然有权被其他国家作为一个国家予以对待。承
认的首要功能是确认某种不明确的事态是一个事实，并表示宣布承认的国家准备
接受该事实的通常结果的态度，这种结果是国家之间在国际关系上通常的礼让、
权利和义务。的确，目前的法律有可能使不同的国家在将法律适用于相同的事实
时产生不同的观点，但这并不是说，各种不同的解释都是正确的，只能说明目前
并不存在判断孰是孰非的程序。[17]

实际上，不承认并不总是意味着，那些尚未得到承认的国家就是有疑问的。

〔14〕 参见 Oppenheim's International Law 9th edn，vol i，at 143 – 6.

〔15〕 D. Raič，Statehood and the Law of Self – Determination（The Hague：Kluwer，2002）；著名的例子有阿
尔及利亚和几内亚比绍。

〔16〕 例如，当以色列军人 1949 年 1 月在埃及上空击落英国飞机时，英国政府立即通知以色列政府，
要求以色列赔偿，即便那个时候英国尚未承认以色列国。关于这一事件的背景，参见 W. K. Pattison，'The
Delayed British Recognition of Israel'，37（3）Middle East Journal（1983）412 – 28.

〔17〕 关于这一实践的概览，参见 M. Fabry，Recognizing States：International Society and the Establishment
of New States Since 1776（Oxford：OUP，2010）.

各国往往用承认或保留承认的方式来推动其特定的国家政策。各国为了表示反对有时会拒绝予以承认，例如几乎所有的国家都不承认"伪满洲国"（日本在 1932 年扶植的一个傀儡国家）；有时，各国就是为了**确立**某个实体的独立性而予以承认，这时，承认仅仅是一种确认而已。因此，1903 年，美国仅仅在巴拿马反抗哥伦比亚三天后就承认巴拿马，同时采取措施防止哥伦比亚对这个刚出现的巴拿马国家恢复主权。同样，我们还可以提到 1948 年美国对以色列的承认，就在以色列宣布独立几个小时之后美国立即予以承认。[18]

153　　最近，科索沃问题将世界分为了两个阵营，一个阵营承认科索沃是一个国家，而另一个阵营则不予承认。虽然科索沃已经成为一些国际组织的成员，例如世界银行和国际货币基金组织，但是它现在还不是联合国的会员国。[19] 对于那些已经承认它是国家的国家来说，它们认为科索沃具有国际法中一个国家所具有的所有权利和义务。它的外交官就可以享受全面的外交特权，它的使馆也可以正常地办公。但是，对于那些没有承认其是国家的国家来说，情况就会不同。不过，在实践中，由于那些没有予以承认的国家并没有与科索沃建立国际关系，因此对于它们来说，它是否是一个国家仍然是一个尚未解决的问题。[20] 今天，人们通常认为，承认是对一种独立国家已经存在的事实的宣告，不过，由于承认会在"该实体与予以承认的国家之间的关系"上产生权利和义务，因此从这个意义上说，承认也具有构成的效果。[21]

　　必须将承认新国家与一国的某个部分在反抗其合法政府的过程中承认其是交战方区别开来。外国想要承认叛乱一方为交战方，必须满足各种条件。行动必须

---

　　〔18〕 在承认以色列的问题上，在联合国安理会上，美国代表沃伦·奥斯汀（Warren R. Austin）先生用非常明确的语言表示承认行为具有政治性质。他说："我应当指出，美国有权承认某个事实上的国家，这是一个高度政治的行为，是美国的主权，如果地球上有任何国家质疑美国的这一主权，那是非常不合适的。而且，我在这里也不会明示或默示承认，有任何的法庭会对我国的这一行为的合法性或有效性作出判断。"（1948 年 5 月 19 日《纽约时报》报道）。

　　〔19〕 关于联合国教科文组织接纳巴勒斯坦成为会员国的影响，参见下面第七章第六节。

　　〔20〕 国际法院认为："一般国际法中并不含有禁止宣布独立的规则。""科索沃单方面宣布独立是否符合国际法案"咨询意见，2010 年 7 月 22 日，第 84 段。国际法院的上述意见并不涉及过早承认、判断国家资格的标准、分离权或科索沃是否实际上是一个国家这样的问题。进一步参见下面这个杂志中的专题研究：24 *Leiden Journal of International Law*（2011）71 – 161.

　　〔21〕 *Oppenheim's International Law* 9th edn，at 130.

已经达到实际战争的程度，也就是说，叛乱者必须组成了一个政府，而且控制了 154
该国的某些领土，并要求它的部队遵守战争法规则，总的来说，其在当时就像国
家之间发生战争时的政府一样。没有必要要求这个政府具有永久性，因为这个问
题显然只能依据战争的进展判断。

　　承认其具有交战者的后果是，予以承认的国家自身就需要接受战争引起的所
有后果。它可以主张中立国的各种权利，同时承认战争各方享有交战者的权
利。[22] 但是，承认的效果仅仅是临时性的。它使交战各方在与承认其具有交战
者资格的国家关系上具有国家的地位，但是，仅仅是为了战争的目的，而且仅仅
是战争期间具有这种地位。因此，它与承认一国的叛乱部分具有独立国家的地位
是完全不同的。不过，叛乱者所在的国家通常反对外国承认叛乱者具有交战者的
地位，因此该国很有可能会认为这种承认完全不同于承认其为新国家。今天，已
经不再可能发生交战承认的现象了。[23]

第五节　　国家的存续与终结 155

　　不应将一国的政府与该国本身相混淆，但是，只有当每一个国家都具有彼此
可以发展关系的政府，而且其行为可以被视为对其所属的国家有拘束力时，国家
之间的国际关系才能变得可能。各国都非常关心提议发展关系的某人或某些人是
否实际上就是其行为可以依据国际法对他们所声称代表的国家产生拘束力的
政府。

　　塔夫特首席大法官（Taft）在 1923 年英国与哥斯达黎加之间的仲裁裁决中进
行了明确阐述。[24] 英国认为，由于许多英国公司已经与费德里科·蒂诺科（Fed-

---

　　〔22〕 "战争"这个概念在国际法中是否仍然存在是不清楚的，因此，中立国关于交战团体的任何权
利和义务将取决于第三国是否承认交战团体或宣布中立，而不是判断是否存在战争状态。进一步参见 C.
Greenwood, 'The Concept of War in Modern International Law', 36 *ICLQ* (1987) 283–306；还可参见 S. Neff,
The Rights and Duties of Neutrals: A general history (Manchester: MUP, 2000).

　　〔23〕 注意，2011 年 3 月法国承认"利比亚临时过渡全国委员会"并不是对交战团体的承认，而是承
认该委员会是"利比亚人民的合法代表"。

　　〔24〕 Reported in *AJIL* (1924) 147.

erico Tinoco）之间签订了合同，因此已经取得了某些权利，哥斯达黎加必须予以尊重。1917年，蒂诺科推翻了哥斯达黎加政府，建立了一个新的政府，这个新政府直到1919年旧的宪法得到恢复、蒂诺科丧失权力后才结束。1922年，已经恢复的政府通过了一项法律，宣布蒂诺科政府签订的所有协议无效。首席大法官认为，如果蒂诺科政府是产生上述权利时哥斯达黎加实际上的政府，那么得以恢复的政府就不能废除蒂诺科的行为对哥斯达黎加这个国家产生的具有效力的那些义务。这位仲裁员还进一步说，这个问题是一个事实问题，可以基于证据做出判断。至于依据哥斯达黎加的法律，蒂诺科政府是否是一个违宪的政府，则在所不问。即使哥斯达黎加提出的反对意见，即许多国家，包括英国自己，从来没有承认蒂诺科政府，最多也只能说明，该政府并不是哥斯达黎加实际上的政府，而且这一点并没有得到证明。但是，由于蒂诺科"在退休之前几个月并没有遭到任何抵制或质疑，并且实际上和平地控制着"哥斯达黎加，因此仲裁员裁定，蒂诺科的行为对哥斯达黎加具有拘束力。

因此，这一裁决表明，一个或一些**实际上**构成一国政府的人作出的行为在国际上就约束该国。有时，有些人就会把这种情况称为新政府"继承"前政府的权利和义务的情形，但这一说法只是泛泛的说法，因为国际权利和义务是属于国家的，而不是政府的，因此只有在一国的新政府成为了该国的政府时，才能说该新政府"继承了"这些权利和义务。

因此，国家的身份并不受到政府形式或政府官员改变的影响，甚至也不受到临时性的无政府状态的影响，就像近年来的索马里一样。但是，政府组织形式的改变有可能使其他国家很难知道谁才具有其行为能拘束该国的地位，因此可能引发它们是否承认新政府的问题。我们不应当将承认新政府与承认新国家相混淆，但是承认新政府也能引发类似承认新国家的问题。

无论是承认新国家还是承认新政府，都有可能是事实上的承认或法律上的承认。当一国政府不愿意明确承认某个声称是新国家或新政府的实体时，就会采用事实上的承认这种方式。这可能是因为情况不明确，或者出于政治上的考量，但是作出承认的国家觉得有必要，出于实际上的需要，发展某种官方关系。事实上的承认是临时的，这就意味着，作出承认的国家是暂时与其发展关系，但是一般缺乏热情，也没有通常的外交礼让。不过，这种说法或多或少具有一定的误导性。并不是说，承认的行为是事实上的或法律上的，而是说被承认的国家或政府是一个事实上的或法律上的。

如果不承认一个外国政府，那就不仅仅是拒绝与其发展关系的问题。从 1917 年至 1921 年，英国一直拒绝承认苏维埃政府。1921 年，英国承认苏维埃政府是一个事实上的政府，1924 年才承认苏维埃政府是一个法律上的政府，即俄罗斯这个国家的政府。1927 年，英国与该政府断绝外交关系。这一举动并不意味着英国不再承认苏维埃政府是俄罗斯的政府，只是拒绝与其开展关系而已。

还有一个完全不同的问题，那就是不承认的义务。当某个实体是以违反国际法的手段成为一个国家存在时，就可能会适用不承认的义务。[25] 因此，1965 年罗德西亚宣布独立时，安理会通过的决议，敦促所有国家"不承认这个非法的种族主义少数政权"，[26] 后来还决定，所有会员国必须确保，其国家机关不以任何方式承认这个非法的政权所采取的任何行为。[27] 1983 年，塞浦路斯的土耳其族当局宣布在塞浦路斯北部建立了一个独立的国家，安理会对这一宣布十分关注，敦促"所有国家不承认塞浦路斯共和国以外的任何塞浦路斯国家"。[28] 1992 年，安理会还敦促所有国家严格尊重波黑共和国的领土完整，并确认，任何单方面宣布或安排的、侵犯该国领土完整的实体"将不会得到承认"。[29] 在"科索沃案"中，国际法院对这种情形与科索沃单方面宣布的独立进行了区分，指出：

> 在所有这些情形中，安理会对那些宣布独立的具体情形作出了判断；因此，那些独立宣言的不法性不是来自这些宣言本身的单方面性质，而是因为，那些情形与非法使用武力或其他形式的严重违反一般国际法的规则有关，尤其是具有强制性的规范（强行法）。关于科索沃的

---

〔25〕　参见 A. Cassese, *Self-Determination of Peoples*：*A Legal Reappraisal*（Cambridge：CUP, 1995），at 340.

〔26〕　1965 年安理会第 217 号决议。

〔27〕　参见第 277 号和第 288 号决议。当南非在 1976 年建立"特兰斯凯"（Transkei）、1977 年建立"博普塔茨瓦纳"（Bophuthatswana）、1979 年建立"文达"（Venda）和 1981 年建立"西斯凯"（Ciskei）时，联大和安理会均呼吁各国不要承认。

〔28〕　1983 年安理会第 541 号决议。

〔29〕　1992 年安理会第 787 号决议。

情况，安理会从来没有采取过这种立场。[30]

159 关于承认性质的宣告说，无论予以承认还是撤回承认，**就国际法而言**，并不影响得到承认或被撤回承认的国家或政府的国际法地位。然而，在承认国的国内法的执行方面，承认具有重要影响。例如，我们将看到，外国或外国政府的代表以及财产可能会得到法律诉讼方面的豁免权，而且我国的法院通常不会去质疑这种政府的行为在其本国的有效性问题。

因此，承认可能会影响一国国内法院如何对待外国政府及其官员的行为问题。在"卢瑟诉萨格尔案"（*Luther v Sagor*）案中，英国法院需要审理一批木材的所有权归属问题，这些木材曾经是原告公司在俄罗斯的财产。但是，这些木材后来被苏维埃政府没收了，还被它们出售，后来还被买方带到了英国。当时，在罗奇（Roche）法官审理该案件时，英国政府尚未承认这个新上台的苏维埃政府，因此罗奇法官就作出了有利于原告公司的判决。但是，在上诉法院审理该案件之前，英国承认苏维埃政府是俄罗斯事实上的政府，而且具有溯及力，上诉法院后来因此推翻了罗奇法官的判决，认为苏维埃政府的立法是有效的，完全可以改变

160 这批木材的所有权。[31] 近来，发生了许多新的案件，尤其与"北塞浦路斯土耳其共和国"这个没有得到承认的国家的行为有关，涉及商业权利、家庭法问题，以及关于出生、婚姻和死亡的证件的有效性问题。法院和议会试图找到一个合理的解决问题的方法，这样，一个国家不被承认，甚至是根本不存在，也不会妨碍法院承认这些实体的行为的有效性（甚至是英国政府没有承认的情况下）。[32]

还有一个问题是，声称是某个国家政府的实体是否实际上就是该国的政府。传统上，英国法院解决这个问题的办法是，请求英国外交部就英国是否承认其是该国的政府出具一项证明。不过，1980 年，英国政府宣布，它不再承认任何新政府（这与新国家不同）。[33] 因此，法院就需要自己来回答这个问题了。在"索马里共和国诉伍德豪斯案"（*Republic of Somalia v Woodhouse*）中，霍布豪斯（Hob-

---

〔30〕 2010 年咨询意见（上面），第 81 段。

〔31〕 [1921] 1 KB 456, and 3 KB 532.

〔32〕 The Foreign Corporations Act 1991; *Emin v Yeldag* (2002) 1 FLR 956（divorce）; *Hesperides Hotels v Aegean Holidays* [1978] QB 205（trespass）.

〔33〕 这一新政策是在议会答复中提出来的，例如：408 HL Deb. Cols 1121 - 2, 28 April 1980.

house）大法官就遇到了这样一个问题，即在主张某项财产属于索马里国家的问题上，阿里·马赫迪·穆罕默德（Ali Mahdi Mohammed）领导的"索马里共和国临时政府"是否应当被视为索马里的政府。[34] 当时，为了控制摩加迪沙，艾迪德（Aidid）将军领导的一个武装派别正在与马赫迪·穆罕默德（Mahdi Mohammed）这一派交战，而且，索马里的其他领土还处在"保卫索马里运动"（Somali Defence Movement）和"索马里爱国运动"（Somalia Patriotic Movement）的控制之下。根据有关的法律报告，当时，"没有一个派别控制这个国家"。[35] 这个案件是由克罗斯曼·布莱克（Crossman Black）律师替卡利布（Qalib）先生提起的（卡利布先生被 161 马赫迪·穆罕默德任命为总理）。霍布豪斯大法官认为，由于英国在 1980 年改变了政策，因此有关的审查不能仅仅限于对英国政府态度的审查，或者仅仅限于国际社会对原告的承认程度。他认为：

> 但是，在本案中，联合国和其他国际组织以及其他国家对这个临时政府的承认并不足以表明，该临时政府是索马里共和国的政府。与这一结论相反的证据是非常充分的。
>
> 因此，在判断某个政府是否就是能代表某个国家的政府时，需要考虑的因素包括：①该政府是否是该国合宪的政府；②其本身是否对该国领土具有行政控制，以及如果有的话，这种控制的程度、性质和稳定性；③英国政府是否与其有交往，如果有的话，这些交往的性质是什么；以及④在模棱两可的情况下，国际社会承认其为该国政府的程度如何。
>
> 就向本法院提交的证据来看，就任何上述提到的三个重要的考虑因素而言，该临时政府显然是不符合的。因此，本法院必须认为，克罗斯曼·布莱克现在并不具有代表索马里共和国接受和处理该国财产的权力。[36]

---

〔34〕 *Republic of Somalia v Woodhouse Drake & Carey（Suisse）*（1993）QB 54.

〔35〕 Ibid 57.

〔36〕 Ibid 68；在下面这个案件中得到了适用：*Sierra Leone Telecommunications v Barclays Bank*［1998］2 All ER 820，法官发现，军政府并不是塞拉利昂政府。

162 一国领土范围发生改变原则上不影响其国际法上的人格，但是在实践中，可能会产生处理起来比较困难的案件。当两个国家合并时，可能很难断定到底是两个国家中的哪一个国家合并了另一个国家，或者两个国家是否合并组成了一个全新的国家。例如，人们会很自然地认为，意大利是一个意大利半岛上一些独立国家联合后组成的新国家，但是实际上，意大利自己认为——而且国际社会也认为——意大利实际上是撒丁王国（Piedmont）吞并其他意大利半岛上的国家而已，只是领土变大了而已。[37] 由于德国被视为最终吸收了东德，因此它可以继续成为欧共体（和其他国际组织）的成员国，而不需要重新作为一个新国家提交申请。而美国加利福尼亚州的法院认为，南斯拉夫并不是原来的塞尔维亚王国扩大而已，而是一个第一次世界大战结束之后出现的新国家。[38] 还有一个问题涉及合并，北也门和南也门的合并导致原先的这两个国家消亡，出现了一个被称为"也门共和国"的新国家。

同样，当现有的国家分裂时，有时也很难说原先的那个国家是否已经消亡，并被两个或两个以上的新国家取代了；或者原先的那个国家继续存在，只是由于一个或更多的新国家从其中分离出去后其领土面积缩小了而已。关于苏联的解

163 体，詹姆斯·克劳福德（James Crawford）进行了权威的分析，他认为，这是"许多新国家产生后的一种退化，而作为'核心'国的俄罗斯，则仍然是苏联的身份的延续"。[39] 南斯拉夫的情况更加复杂，他认为，"出现的所有国家都应当被视为继承国，原先的被继承国则消亡了"。[40]

"继承"首先是一个私法上的概念，指的是一个国家的消亡有点像一个人的死亡。但是，国家并不是物理上死亡了，它们的居民、领土并没有消失，只是发生了政治上的改变而已。而且，继承是一个来自财产法上的概念，因此很容易受到一种看法的误导，即当居民和领土不再是一国的一部分而成为另一国的一部分

---

〔37〕 例如，参见 *Gastaldi v Lepage Hemery*，Annual Digest，1929 – 30，Case No. 43.

〔38〕 *Artukovic v Boyle*，47 AJIL（1953）319 – 21.

〔39〕 *The Creation of States in International Law*，2nd edn（Oxford：OUP，2006），at 705.

〔40〕 Ibid 714.

时，就会发生财产的转让。这方面的规则实际上是非常复杂的，而且很不确定，[41] 我们在这里只介绍条约继承的情形。[42]

1962 年，由于当时非殖民化运动高涨，出现了各种要求，国际法委员会就 164 开始审议关于条约的国家继承问题。在其审议过程中，出现了两个潜在的对立诉求。一方面，有些国家已经签订的协定涉及的领土后来成为了国际法上的新国家，因此就涉及国际法和这些国家的权利的延续性问题；另一方面，有人援引自决原则和变革的激进性质，主张"新国家"应当开始全新的生活，就像"白板"一样，不用承担殖民地宗主国设定的任何国际义务。马修·克雷文（Matthew Craven）最近详细分析了在起草并通过《关于条约方面国家继承的维也纳公约》（1978 年）的过程中，这些对立的诉求是如何对抗的。其中的选择过程比我们想象的要复杂得多。根据克雷文的研究：

> 委员会的许多委员认为，自决意味着对殖民地宗主国采取的条约行动方面具有完全的选择自由。不过，许多委员也明确指出，就不用承担 165 宗主国的义务具有的好处而言，新国家如能承认宗主国签订的协议，而不是需要全部重新签订，实际上也是能够获得好处的。以自决为名否定任何继承的可能性不一定是一个有利于它们获得解放的倡议。[43]

---

〔41〕 科斯肯涅米注意到，将东德吸收入德国、南斯拉夫、捷克斯洛伐克和苏联的分裂可以说是"国家实践的异质化"，说明有关国家继承的国际法规则"是很随意的"。但是，在强调这种观念时，科斯肯涅米提醒我们，"在关于人类社会的代表的权利同物质和精神价值之间的区分中，通常会求助于国家继承理论"。'The Present State of Research Carried out by the English – Speaking Section of the Centre for Studies and Research', in *State Succession: Codification Tested Against the Facts* (Hague Academy) (Dordrecht: Nijhoff, 1997) 89 – 168, at 93.

〔42〕 国家继承涉及的其他问题包括财产、契约、责任、档案和债务。参见《国家财产、档案和债务方面的国家继承的维也纳公约》（1983 年，尚未生效）。还参见 B. Stern (ed.), *Dissolution, Continuation, and Succession in Eastern Europe* (Dordrecht: Kluwer, 1998); B. Stern, *La succession d'Etats*, 262 *RCADI* (2000). 关于一般介绍，参见 M. Shaw, *International Law*, 6th edn (Cambridge: CUP, 2008) ch. 17. 关于继承继承被继承国的国际责任方面的权利和义务这个问题，参见 P. Dumberry, *State Succession to International Responsibility* (Leiden: Nijhoff, 2007).

〔43〕 M. Craven, *The Decolonization of International Law: State Succession and the Law of Treaties* (Oxford: OUP, 2007), at 141.

1978 年《公约》对"新独立国家"[44] 规定了一套特殊的制度,即"白板"制度,"新独立国家"不用受被继承国需要遵守的条约的约束,但是,对于不属于殖民地情形而出现的新国家,被继承国的条约义务则继续对该新国家有效。

虽然这个公约在 1996 年生效,但是它的缔约国数量很少,因此该公约的所有规定是否都可以被视为一般国际法的编纂,是存在疑问的。本书以前的版本只是声称,当既存国家的一部分分离出去成为新国家时,条约权利和义务不受影响。它还说,条约权利和义务"仍然是被继承国的,新国家不用承担"。最近的实践表明,这个问题更有可能通过新国家和条约缔约国之间的具体谈判得到解决,而不是通过国际法中某种假定存在的规则得到解决。[45] 而且,新国家继承条约义务还有另一种固定的做法,即通过向条约保管机关提交"连续声明"或"继承通知"的方式成为多边条约的缔约国。[46] 看来,这种实践不符合那种认为新独立国家不用继承被继承国和其他缔约国条约关系的思想。不过,国际法委员会第一位报告这个问题的特别报告员汉弗莱·沃尔多克(Humphrey Waldock)爵士(本卷书的上一任主编)认为,没有必要得到其他缔约国的同意,他特别提到了联合国秘书长、瑞士政府和美国的实践。沃尔多克认为,要取得其他国家的同意是"不现实的、过于保守,而且也是一种倒退"。[47]

关于这样的规则是否可以被视为一般国际法,我们应当在这里提到一种条约继续对新国家有效的情形,即涉及利用领土的那类条约。国际法院认为,匈牙利和捷克斯洛伐克于 1977 年签订的一项条约为多瑙河沿岸的各国确立了第三方的权利和义务,该条约不受国家继承的影响,因此对于斯洛伐克这个继承了相关领土的新国家来说,是继续有效的。[48]

还有人认为,"白板"规则的另一个例外是人权条约。根据人权事务委员会的观点,新国家的居民仍然享有被继承国缔结的条约义务中规定的人权:

---

〔44〕 基本上就是以前那些殖民地规则,参见第 2 条第 1 款第 6 项。

〔45〕 尽管有人指出,捷克共和国和斯洛伐克共和国均认为,该《公约》的规定是有约束力的国际法。Koskenniemi(above),at 94.

〔46〕 注意:这不适用于加入国际组织这一情况,在这一情况中,新国家必须按照通常的做法申请。

〔47〕 详见 Craven(above),at 138;I Yearbook of the ILC,at 135,para. 26.

〔48〕 Case Concerning the Gabčíkovo – Nagymaros Project(Hungary/Slovakia)ICJ Rep.(25 September 1997),at para. 123. 法院在这一方面援引了国际法委员会的结论,即"关于水权或河流航行的条约通常被视为一类领土条约"。

　　一旦人民在《公约》下获得人权保障，则此一保障即随领土转移并持续归他们所有，而不论缔约国政府是否更迭，包括解体成一个以上国家或国家继承或缔约国后来为剥夺《公约》所保障的权利而从事的任何行为。[49]

---

〔49〕　General Comment 26，'Continuity of obligations' 8 December 1997, para. 4. 比较 A. Aust, *Modern Treaty Law and Practice*, 2nd edn（Cambridge：CUP, 2007），at 371.

第五章　国家领土

第一节　领土主权

168　　国际法的基础中有一个基本的概念，即一国占有地球表面确定的部分，在这个部分中，除了国际法的限制外，国家通常对人和事行使管辖权，并且排除其他国家的管辖。当一国对特定的领土行使这种权力时，它通常被称为对该领土具有"主权"，不过这个经常被滥用的术语在这里具有相当特殊的意义。在这里，它既不是指人与人之间的关系，也不是国家独立本身，而是指对领土的权利性质。在缺乏任何更好的术语的情况下，用"主权"这个术语实际上是对领土的全部法律权利与对下面要讨论的次要的领土权利进行比较的一个便利方法。

　　领土主权与私法中的所有权概念十分类似。今天，与世袭国时代相比，这已经不十分明显了。在那个时代，一个王国和王国内的任何东西都被视为国王所有
169　的，就像一块不动产是属于它的所有人一样。由于它们之间很像，因此早期的国际法就借用了取得财产方面的罗马法规则，并将它们调整适用到了对领土的取得上，而且这些规则直到今天仍然被视为这套法律的基础。

第二节　取得领土的方式

　　传统上，有各种取得领土的方式，包括：先占、割让、征服、时效和添附。

这些方式受到罗马法的启发，实际上无法令人满意地涵盖出现新国家时取得领土所有权的情形。它们也没有反映法庭对争议领土作出宣判的复杂过程。[1]

我们还应当注意，与国内法中财产转让不同，领土主权的转让会对生活在领土上的人民产生严重影响。尽管他们有权选择新国籍，但是他们通常只是取得国的客体。[2] 因此，今天，在对领土的取得或边界争端作出决定时，自决原则也会发挥一定的作用。[3]

在这个方面，国际法院多次提及"保持占有原则"（*uti possedetis*）。按照这 170 一原则，拉丁美洲和非洲的新独立国家为了稳定起见，接受某些殖民时期的行政管理边界。[4] 在布基纳法索和马里之间的"边界争端案"中，国际法院必须基于"殖民时期遗留下来的边界的无形原则"，也就是"保持占有原则"解决争端。

在一段经常被援引的话中，法院指出：

> 一眼看去，这一原则与另一项原则是冲突的，即人民自决原则。但实际上，维护非洲的领土现状通常被视为最智慧的事业，是为了保护非洲人民在独立斗争中所取得的成果，避免对非洲大陆经过大量牺牲而取得的利益的破坏。为了生存、发展和慢慢巩固完全独立，就需要稳定，这可以促使非洲国家同意尊重殖民地边界，并在解释人民自决原则中对这一点进行考虑。[5]

---

〔1〕 参见 I. Brownlie, *Principles of Public International Law*, 7th edn（Oxford：OUP, 2008），at 127ff.

〔2〕 参见 *Oppenheim's International Law*, 9th edn, at 683 – 6.

〔3〕 关于这种情况下人民自决权原则的相关性，参见 S. P. Sharma, *Territorial Acquisition, Disputes and International Law*（The Hague：Nijhoff, 1997）212 – 53；以及 Shaw, 6th edn, at 522 – 5, and 579 – 82；cf M. Kohen, *Possession contestée et souveraineté territoriale*（Paris：PUF, 1997），at 407 – 23. 关于女权主义者对人民自决权的批判，参见 H. Charlesworth and C. Chinkin, *The Boundaries of International Law：A feminist analysis*（Manchester：Manchester University Press, 2000），at 151 – 64 and 263 – 8.

〔4〕 关于南斯拉夫的分裂这种与殖民地无关的情形下对这一原则的适用，参见 Opinions 2 and 3 of the Arbitration Commission and Shaw（above），at 525 – 30.

〔5〕 ICJ Rep.（1986）p. 554 at para. 26. See further the Separate Opinion of Judge Abi – Saab, at paras 13 – 15.

171 **先占**〔6〕是一种获得不属于任何国家的领土的方式。尽管有人认为部落居住的土地是无主地，但是这种观点现在已经遭到否定。〔7〕由于现在地球上所有可以居住的地方都被各国拥有，因此依据先占取得所有权在将来是不可能的了。〔8〕但是，有关先占的法律仍然是十分重要的，因为在过去的占领通常会引起现在的边

172 界争端。〔9〕有关的法律原则是比较确定的，但是在适用到具体的边界争端时往往会产生困难，因为有些事实可能需要追溯到几百年前。"东格陵兰法律地位案"是关于这一问题的一个重要案件，常设国际法院甚至需要追溯到公元 10 世纪。〔10〕

东格陵兰争端产生于 1931 年挪威公告其占领了东格陵兰的部分领土。丹麦随后请求法院宣布挪威的公告是无效的，因为公告所提到的区域处在丹麦的主权下，丹麦声称对整个格陵兰拥有主权。法院指出，基于先占而取得所有权必须具备两个要件："存在作为主权者行为的意图或意愿，以及某种程度的实际行使或

---

〔6〕 不应当将对不属于任何人的土地（无主地）的占领与武装冲突时期的占领制度混淆。尽管在武装冲突期间占领国可以获得一些权利，但是这些权利并不包括取得领土所有权的权利。

〔7〕 "无论法学家之间存在何种观点分歧，有关时期的国家实践表明，具有社会和政治组织的部落或人民居住的领土不能被视为无主地。它表明，在这种领土的情况下，取得主权一般不是被视为通过对无主地的单方面'占领'而实现的，不是原始的所有权，而是通过与当地统治者之间缔结协议的形式实现的。有时候，'先占'这个词的确从非技术的意义上简用来指取得主权，但是这并不意味着，通过与一国的当局达成这种协议来获得主权就被视为通常意义上的对'无主地'的'先占'。相反，与当地统治者之间缔结的这种协议，无论是否被视为实际上的对领土的'割让'，均被视为一种所有权的派生根源，而不是通过对无主地的先占而取得的原始所有权。"*Advisory Opinion on Western Sahara*, International Court of Justice (1975), at para. 80; see *Oppenheim's International Law*, 9th edn, vol. i, at 687.

〔8〕 关于阿根廷、澳大利亚、智利、法国、新西兰、挪威和英国对南极洲部分地区提出的主张，参见 D. R. Rothwell, *The Polar Regions and the Development of International Law* (Cambridge: CUP, 1996), at 51 – 63; 1959 年的《南极条约》第 4 条第 2 款规定："在本条约有效期间所发生的一切行为或活动，不得构成主张、支持或否定对南极的领土主权的要求的基础，也不得创立在南极的任何主权权利。在本条约有效期间，对在南极的领土主权不得提出新的要求或扩大现有的要求。"简而言之，这些主张被"冻结"。关于北极，参见 pp. 161 – 220, 注意：现在，加拿大、俄罗斯、丹麦、挪威和美国依据 1982 年《海洋法公约》对北极提出了外大陆架的各种主张。

〔9〕 参见 *Sovereignty over Pedra Branca/Pulau Batu Puteh*, *Middle Rocks and South Ledge* (*Malaysia/Singapore*), ICJ Rep. (2008) p. 12.

〔10〕 Series A/B, (1933) No. 53.

展示权力的行为。"[11] 按照这种说法，法院确认了一项牢固确立的法律原则，即为了创设领土所有权，先占必须是"有效的"先占，也就是说，必须紧随着具体的行动，例如建立定居点或建筑堡垒，这说明先占者不仅想要而且可以，并且 173 的确控制了其主张的领土。法院基于证据认定，无论如何，在 1721 年的某天之后，足以证明丹麦具有对整个格陵兰主张所有权的**意图**。但是，争议的区域位于格陵兰定居区之外，因此法院就有必要仔细审查丹麦试图证明其满足关于先占的第二项要件，即行使权力方面的证据。关于这一点，法院指出，由于没有任何国家提出主张（1931 年之前除了丹麦，没有任何国家曾经对格陵兰提出所有权要求），因此，这是一个十分重要的考虑因素。当没有其他国家证明存在更优势的主张时，只要存在相对轻微的行使主权的行为就够了。法院还认为，必须考虑该地的性质。由于格陵兰无人居住的部分具有极地的性质而且无法居住，因此要求证明存在持续或广泛的行使主权的行为是不合理的。

丹麦可以提供许多声称适用于整个格陵兰的立法和行政行为。而且，还有许多丹麦与其他国家缔结的条约，在这些条约中，这些国家将格陵兰排除在它们的效力之外，显然是对丹麦的主权的默认，还有许多国家明确承认丹麦的主张。法院认定，在这种情况下，有充分的证据表明，丹麦对整个领土拥有所有权。因此，挪威 1931 年主张的区域在那时并不是一块可以基于先占取得的无主地。

由于先占必须是"有效的"，因此仅仅发现无主地不足以创立所有权，因为仅仅发现不足以使发现者具有控制被发现的领土的地位，无论其是否想要或打算这么做。不过，关于这一点，法律是有退让的，允许基于"初步的所有权"这 174 一理论对有效占领这一严格的规则进行限制。由于有效的占领通常肯定是一个渐进的过程，因此应当给予发现一些效力，它因此被认为具有"初步的所有权"，也就是说，在发现国有合理的时间进行有效控制之前排除其他国家的一种临时的权利。这可以被视为一种在其持续期间其他国家必须尊重的"占领选择权"。

在"帕尔马斯岛"仲裁案中，马克斯·于贝（Max Huber）——这位杰出的瑞

---

〔11〕 不过，罗斯（Ross）教授认为，客观展示权力以外的"作为主权者行为的意志"这一主观要件是一种空想，含有"罗马人意图占有（*animus possidendi*）的痕迹，它本身来自万物有灵这一原始的神秘主义理论"。*A Textbook of International Law：General Part*（London：Longmans, 1947），at 147.

士仲裁员对发现的效力进行了讨论。[12] 美国依据与西班牙的条约，以两千万美元获得了菲律宾，[13] 并声称自己是西班牙的继承者，要求取得一个位于菲律宾和荷属东印度公司中间的岛屿，理由是西班牙在 16 世纪发现了该岛。独任仲裁员于贝认为，即使那个世纪的国际法承认仅仅发现就可以获得领土的所有权（尽管这样不太合理），这种权利到今天也不能继续存在，因为仅仅发现，而没有任何后续的行动，是无法确立所有权的。即使原先获得的所有权是"初步的"（就175 像依据现在的理论，的确如此），它也没有依据在合理期限内实际和持续地占有将其变成一项确定的所有权。因此，所主张的所有权无论如何都不可能优于持续和和平地展示权力的行为，而荷兰提供的证据足以使其认定存在那样的行为。

也许，在这里需要指出的是，很多人在评论于贝对国际法的贡献时都会提到这一个裁决，认为这是他社会学思想的体现。[14] 用丹尼尔 - 伊拉斯谟·卡恩（Daniel - Erasmus Khan）的话来说："于贝想要传递给他的读者的信息很简单，但又很重要，即'国际法，就像其他的法律一样，目标是确保不同利益的共存，这些利益值得法律保护。'[15] 而值得这种保护基本上就是那些规则的体现，它们体现了今天的社会现实，而不是遥远的过去——谁敢反对？"[16]

割让是将领土所有权从一国转让给另一国的方式。它有时来自成功的战争，有时来自和平谈判。割让有时是免费的（例如奥地利在 1866 年将威尼斯赠与法国），有时是交换（例如英国将有人居住的北海黑尔戈兰岛（Heligoland）割让给德国，以便换取对桑给巴尔的保护），也有可能是其他考虑，例如丹麦在 1917 年将丹属西印度群岛［圣托马斯岛（St Thomas）、圣约翰岛（St John）和圣克洛伊岛（St Croix）］以 2500 万美元的价钱割让给美国，或者俄罗斯在 1867 年以 720 万美元的价格将阿拉斯加割让给美国。应当记住，割让只能转让合法的所有权。在176 "帕尔马斯岛"仲裁案中，西班牙将该岛割让给美国并没有法律效力，因为仲裁员认为，在割让时该领土是荷兰的。荷兰在关键日期之前已经持续、和平展示了

---

〔12〕 *Island of Palmas case* (*Netherlands/USA*)，RIAA vol. II，829 – 71.

〔13〕 Treaty of Peace Between the United States and Spain，10 December 1898，Art. III.

〔14〕 关于对马克斯·于贝的研讨，参见 18（1）*EJIL*（2007）69 – 197.

〔15〕 *Island of Palmas case* (above)，at 870.

〔16〕 D. – E. Khan，'Max Huber as Arbitrator：The *Palmas*（*Miangas*）Case and Other Arbitrations'，18 *EJIL*（2007）145 – 70，at 169.

权力。按照于贝的话说，"显然，西班牙无权转让不属于它的权利"。[17]

　　征服（又称"灭亡"）是指依据完全和最终的压制取得敌人的领土，并宣布征服者打算吞并该领土。在实践中，很少出现基于征服而获得所有权的情形，因为战后吞并领土一般来说是通过割让条约实现的，尽管这种条约有时被认为是对已经基于征服而获得的所有权的一种确认而已。基于征服获得所有权的一个相对现代的例子是，罗马尼亚在两次世界大战期间对比萨拉比亚（Bessarabia）的征服。基于征服而获得所有权确认显然存在道德方面的瑕疵。但是，仔细想想，基于条约强制割让领土也应当受到道德谴责。显然，在过去，有许多法律上的所有权的获得都是基于强制的条约，而且，当依据条约而不是其他方式强迫对方同意时，让法律接受暴力的后果也是毫无意义的。就像我们接下来会看到的一样，今天，基于暴力的割让（无论是否以条约的形式体现[18]）都不再被视为一种取得领土的有效方式。

　　到1932年，美国国务卿史汀生（Stimson）先生提出的一个建议被后世称为"史汀生不承认主义"。这是由日本占领中国东北引发的。美国通知日本和中国，不"承认违反盟约和《巴黎公约》义务而引起的任何情势、条约或协定"。[19] 177 这样做是为了保护美国和美国公民在中国的条约权利。但是，史汀生认为，这不仅仅与美国的外交政策有关，在另一份照会中，他说："如果应当作出类似的决定，而且世界上其他国家的政府应当采取类似的立场，那么就是对这种行动的一种警告，我们相信，这将有效否定任何将来有可能通过强迫或违反条约的方式来获得所有权或权利的合法性。"[20] 国际联盟大会后来在那一年通过了一项具有相同效力的决议。[21] 不过，不承认的呼声没有得到任何国家响应。在国际联盟决

---

〔17〕　*Island of Palmas Case*（above），at 842.

〔18〕　关于强迫和条约关系的问题，参见后文第七章第三节。

〔19〕　Note of 7 January 1932. 1928年《巴黎非战公约》谴责诉诸战争，缔约国谴责战争作为国家政策的工具，参见后文第九章。

〔20〕　Summary sent to Sen. Borah，32 February 1932. 关于这一理论产生的影响的详细研究，参见 D. Turns, 'The Stimson Doctrine of Non‐Recognition：Its Historical Genesis and Influence on Contemporary International Law'，*Chinese Journal of International Law*（2003）105‐42.

〔21〕　国联大会宣布"国际联盟会员国有义务不承认以违反《国际联盟盟约》或《巴黎非战公约》的手段造成的任何情势、条约或协议"。*League of Nations Official Journal*（1932），Special Supp. No. 101，87‐8.

议通过后的三年内，意大利征服了埃塞俄比亚，而且大多数国际联盟成员国决定，承认埃塞俄比亚成为意大利的领土是有利的。本书以前的版本关于这一点认定："事实是，与国内法可以通过成功的革命改变政府一样，国际法也承认，最终成功的征服可以改变领土的所有权。"[22] 我们现在必须承认，这种说法不再正确。

早在 1963 年，罗伯特·詹宁斯（Robert Jennings）就开始挑战这种说法。他提出了领土的合法主权是否仍然可以通过军事征服而取得的问题只有一个答案的原因："对一国的'领土完整'使用武力是非法的，但同时承认通过非法的武力对另一国的领土进行侵入是合法获得该领土所有权的一种根源，当然会让法律遭到蔑视。"[23] 詹宁斯还提到了我们在上面遇到的难题，即我们怎么可以一方面禁止通过征服获得领土但另一方面又承认领土所有权可以通过条约进行强迫割让呢？他的答案很有道理：国家不仅不可以通过征服获得领土所有权，而且同样不可以通过与另一个国家签订强迫割让条约的方式获得领土。詹宁斯思考了许多基于现实主义和实际性的观点。他长篇引用杰拉德·菲茨莫里斯（Gerald Fitzmaurice）向国际法委员会提交的报告，该报告指出："假定这类条约是无效的，是不现实的，如果和平是最高的目标，那么符合逻辑的推论是，在某些情况下，和平必须暂时优于抽象的正义——'真理是伟大的，真理将战胜一切'（*magna est iustitia et praeva-lebit*），但是，'和平是伟大的，和平第一，和平将永存'（*magna est pax：perstat si praestat*）。"[24] 但是，我们没有理由相信，这一拉丁格言迫使我们将和平置于正义之上。[25] 而詹宁斯则请我们思考法律是什么，而不是思考法律应当是什么：

---

〔22〕 5th edn at 156 – 7；6th edn，at 172 – 3.

〔23〕 *The Acquisition of Territory in International Law*（Manchester：MUP，1963），at 54.

〔24〕 *Third Report on the Law of Treaties*，UN Doc. A/CN. 4/115 of 18 March 1958，at para. 62；*Yearbook of the ILC* vol. II，at 38.

〔25〕 第一句拉丁文是"真理是伟大的，真理将战胜一切"（*Magna est veritas，et praevalet*）这一颂歌的一幕（Ezra 4.4）。它的背景是：the Apocrypha，in 1 Esdra iv，41. 波斯国王大流士组织了一场比赛，想看看谁能说出最智慧的话，胜利者将被誉为最智慧的导师。最初的三位参加者说：酒是最强大的；国王是最强大的；女人是最强大的，但是，至高无上的真理带来胜利。1 Esdra iii，10 – 12. *Fortius est vinum*；*fortior est rex*；*fortiores sunt mulieres，super omnia autem vincit veritas.* 当每一位参赛者对他的回答进行辩解后，群众用"*Magna est veritas，et praevalet*"（真理是伟大的，真理将战胜一切）这一颂歌挑选出了最终的胜者（Zoroba-bel）。菲茨莫里斯的话显然受到了《圣经》中这句话的启发，可以翻译成"真理是伟大的，真理将战胜一切"；第二段拉丁文可以被翻译成"和平是伟大的，和平第一，和平将永存"。

不可否认的是，现在的法律认为国际关系中某些使用武力或威胁使用武力的行为是非法的。这是一场革命，是国际法已经发生的最重要的变革。这并不是学者或评论家想象的纸上变革。正如我们看到的那样，这是超过半个世纪的国家实践所带来的改变，现在已经被神圣地规定在《宪章》中了……有效性原则要求不能把武力视为一项权利，也不视为对创设义务需要征得真正同意这项一般法律原则的否定。[26]

我们只能同意詹宁斯的观点，即我们现在必须假定，"无论是征服还是非法使用武力带来的割让，都不能产生所有权"。[27] 180

不过，仍然还有一个问题，即在自卫的情况下合法使用武力能否产生所有权。在这里，规则的实践性和禁止使用武力这项最高原则具有相同的目标。几乎所有的国家都主张，依据自卫规则，使用武力是合法的，如果允许通过自卫来取得领土，禁止使用武力将变得没有意义。[28] 联合国大会通过的《国际法原则宣言》规定，无论任何形式的使用武力（合法还是非法），均不可以取得领土："国家领土不得成为他国以使用威胁或武力而取得之对象。使用威胁或武力取得之领土不得承认为合法。"[29]

作为国际法上取得领土所有权的一种方式，**时效**是很模糊的，以至于有些学者根本不承认这一概念。它通常是指"随着时间的推移和对某块领土以前的主权者已经默认的推定而使一项有疑问的所有权合法化"。[30] 实际上，现在的边界之所以被国际法所接受，就是因为它们事实上存在了很长时间。它们就是"事实创 181

---

〔26〕　Above at 60 – 1. 另见 1969 年《维也纳条约法公约》第 52 条："条约系违反联合国宪章所含国际法原则以威胁或使用武力而获缔结者无效。"

〔27〕　Ibid 61.

〔28〕　Ibid 55 – 6；*Oppenheim's International Law* vol. i, at 702 – 5；Kohen（above），at 394 – 6.

〔29〕　联大《关于各国依联合国宪章建立友好关系及合作之国际法原则之宣言》，1970 年 10 月 24 日第 2625 号决议，第一项原则（禁止使用武力），第 10 段；另见国际法院在下面这个案件中确认这一原则是习惯国际法原则：*Advisory Opinion on the Legal Consequences of the Construction of a Wall in the Occupied Palestinian Territory*（2004）para. 87.

〔30〕　Shaw（above），at 504.

造法律"（*e facto oritur jus*）这一格言的例证。[31] 它是所有法律体系关于时效概念的根源。因此，时效是所有领土所有权取得方式中最常见的并不是一个悖论，我们没有意识到这一点，只是因为基于时效而取得的所有权几乎很少存在问题。另外，有一种感觉是，国际法可以说不承认时效，它承认的是时效背后的原则，但是那项原则尚未具备更加发达的法律体系所具有的详细规则。关于产生完全所有权的占有的时间以及它是否是善意占有，均没有具体的规则，而且很难形成可以涵盖所有情形的规则。[32]

添附是一国因为自然作用而增加新的领土，例如河流的枯竭或海洋的退移。它几乎不重要，因此这里就不考虑那些关于它的具体规则。[33]

182

第三节　对领土的次要权利

一、租借

一国将领土租给另一国十分类似于私法上的普通租赁行为，是比较常见的。这种租借包括为了通过的目的而将特定的港口区域租借他国。但是，还有具有政治性质的租借，通常采用"租借"这个词，其实是为了让永久失去某块领土的国家更能接受的一种外交手段，避免提及吞并，并且呈现了最终恢复主权的希望。1898 年，中国将胶州租借给德国，还将其他领土租借给英国、法国和俄国，并在 1905 年将租借给俄国的领土和 1919 年租借给德国的领土转让给了日本。但是，已经有人正确指出，对中国租借行为的这一最后说法是不可接受的。[34] 中国不仅依据租借条款本身仍然保留和实际上行使着对租借地的主权，而不仅仅是

---

〔31〕 法律产生于事实。

〔32〕 参见下面这个案件中所考虑的因素：*Frontier Land case*（*Belgium v Netherlands*）ICJ Rep.（1959）p. 209："本法院需要审查的问题是，比利时是否因为没有主张自己的权利以及自 1843 年以来在不同时期对荷兰行使的主权行为的默认而失去了主权。" At 227. 还参见 *Case concerning Kasikili/Sedudu Island*（*Botswana v Namibia*）ICJ Rep.（1999），at paras 94 – 99，在这个案件中，当事国对时效的构成要件表示同意，即使法院没有处理"取得时效在国际法中的地位"或"通过时效获得领土主权的条件"。At para. 97.

〔33〕 关于更多的资料，参见 *Oppenheim's International Law*，9th edn，vol. i，at 696 – 8.

〔34〕 H. Lauterpacht，*Private Law Sources and Analogies of International Law：With Special Reference to International Arbitration*（London：Longmans，1927）183 – 90.

名义上的主权而已，而且，即使租借国认为这种租借实际上就是一种割让，但这显然不是被租借国，也就是中国的意图。我们没有权力仅仅依赖猜测一方当事国没有披露的意图来判断这种交易的法律性质。而且，事态的发展看来确认了对这些租借地的直接解释，因为在 1922 年的华盛顿会议上，列强答应中国最终恢复对这些租借地的主权。1930 年，英国将威海卫这块租借地归还中国。英国对九 183龙北租借地（新界）的租期是 99 年，因此将在 1997 年到期。1984 年，英国和中国发表了联合声明，它最终不仅包括这块租借地，而且还包括英国控制的其他香港地区。根据这一声明，中国政府宣布，"决定于 1997 年 7 月 1 日对香港**恢复行使主权**"，而英国宣布在那天"将香港**交还给**"中国。[35]

　　1903 年古巴关塔那摩海军基地被租借给美国。现在这一租借地变得很有名，是因为美国在这一租借地建立了拘留中心，还成立了军事委员会，起诉恐怖主义分子。虽然古巴谴责美国对这一领土的"非法占领"，[36] 但是租借条约关于主权的规定是很清楚的，即"虽然一方面美国承认古巴共和国对上述领土和水域继续拥有最终的主权，但是另一方面，古巴共和国同意，在美国依据本协议占领该地 184区期间，美国应继续对该区域行使完全的管辖权和控制"。[37]

二、地役

　　有人认为，国际法承认对领土拥有像罗马法中的地役或英国法中的通过权那样的权利。让我们回顾一下罗马法中的地役的性质，它是一项土地的所有权人（praedium dominans）以土地所有权人的身份，而不是以个人身份对属于另一人（praedium serviens）的土地所享有的权利。它的基本特点是，它是一项对物权（right in rem），而不是一项对人权（right in personam），也就是说，它不仅可以针对供役地的特定的所有权人行使，而且还可以针对该所有权的继承人行使；不仅可以由需

---

　　〔35〕《中英关于香港问题的联合声明》第 1 条和第 2 条（着重号为作者所加）。该声明及其附件还规定了对将来的特别行政区的承诺，包括居民和其他人的权利："香港的现行社会、经济制度不变；生活方式不变。香港特别行政区依法保障人身、言论、出版、集会、结社、旅行、迁徙、通信、罢工、选择职业和学术研究以及宗教信仰等各项权利和自由。私人财产、企业所有权、合法继承权以及外来投资均受法律保护。"第 3 条第 5 款，另见附件一第 13 条。

　　〔36〕　参见 A. De Zayas, 'Guantánamo Naval Base', < mpepil. com >.

　　〔37〕　Agreement Between the United States and Cuba for the Lease of Lands for Coaling and Naval Stations, 23 February 1903, Art. III.

役地的特定的所有权人行使，还可以由该所有权的继承人行使。当然，一国应当在他国领土上取得某种权利是很常见的，例如拥有机场或免费的港口设施的权利，但这种权利仅仅只是对人权，与任何其他由条约创设的权利一样。它们无论如何都不像地役。从私法可以推知，国际地役的标准只能是，当交易中两国中的任何一国的主权发生改变时，该权利能够继续存在。

185   声称拥有地役权的国家通常没有提出许多证据来证明存在这种权利。一个典型的案件是英国和美国在 1910 年的"北大西洋渔业仲裁案"。美国依据 1818 年条约在纽芬兰海岸享有某种捕鱼权，它说，该条约确立了一种有利于美国的地役，该地役是对英国对该岛屿的主权的限制，而这种限制的后果是，英国不具有调整捕鱼活动的独立权利。仲裁庭驳回了这种观点，认为这种权利不是一种主权权利，仅仅只是一种经济权利，而且在该条约中没有任何条款可以证明当事国有这样的意图。如果该权利是一种地役权，等于说对美国领土的这种好处将转让给一个新的主权者，而且证明这一权利的责任将落到该新的主权者（在本案中，1949 年之后就是加拿大）。该条约的起草者显然不可能想到这么小概率的偶然事件。

按照英国不动产法的说法，这种权利必须是"附着于土地的"。有一个案件能说明要证明存在这样的权利是十分困难的。按照 1815 年《巴黎条约》的规定，阿尔萨斯地区一个叫作于南格（Huningue）的小镇是不能建设防御工事的。这样规定是为了照顾瑞士巴塞尔州的利益。当该条约缔结时，于南格镇是法国的小镇，但是到了 1871 年它成为了德国的小镇，而在 1919 年又成为法国的小镇。这个案件的事实不是非常清楚，因为法国和德国从来没有在该小镇建设过防御工事，但是有人认为，这说明地役权是存在的，即使主权者发生改变。但事实上，这根本不能证明什么。于南格镇之所以没有建设防御工事，可能是因为其他的原因，很有可能的原因是，新的战争条件使得建设防御工事根本没有必要。它无法

186 证明，德国和法国均没有权利建设防御工事，也无法证明，如果瑞士被意大利吞并，意大利是否有权坚持要求不能建筑防御工事。[38]

这个问题规定在 1978 年《关于国家在条约方面的继承的维也纳公约》中。

---

[38] 参见 A. D. McNair, 'So‐called State Servitudes', 6 *BYBIL* (1925), 111 – 27.

它规定：国家继承本身不影响条约为了几个国家或所有国家的利益而订定的有关任何领土的使用或限制使用，并被视为附属于该领土的各种权利和义务。[39] 当然，人们仍然必须证明，条约的当事方认为这些权利是附着于领土的对物权，而且存在一个有趣的例外，即该规定不适用于"被继承国在国家继承所涉领土上容许设立外国军事基地的条约义务"。[40]

　　关于通过海关建立关税，我们可以提到两个最近的判决，也许可以证明国际法是承认地役的。[41] 在"通过权案"中，葡萄牙成功地说服了国际法院，即它 187 享有在印度的两块领土之间平民的通过权。法院认为，这项权利基于葡萄牙和英国两国的实践以及随后印度的实践通过海关建立了起来。[42] 在"厄立特里亚－也门"仲裁案中，仲裁庭认为，也门有义务保证，"为了那些贫穷而勤劳的人们的利益，应当保护厄立特里亚和也门渔民享有自由捕鱼的传统权利"。[43] 仲裁庭提到了某类"不属于领土主权的'国际地役'"。[44] 这里，直接的受益者就是渔民自己。仲裁庭认为，"这样的历史性权利是维护共有物（res communis）的充分法律基础，而这种共同利益为了红海两岸人民的福祉已经存在了好几个世纪了"。[45] 这类地役是为了国家管辖以外的受益人的共同福祉，[46] 在一定程度上 188

---

〔39〕　第 12 条第 2 款。

〔40〕　第 12 条第 3 款。

〔41〕　关于对这个问题的研究，参见 M. Ragazzi, *The Concept of International Obligations* Erga Omnes（Oxford：Clarendon Press, 1997）ch. 2. 拉加齐（Ragazzi）在一定程度上认为，"国际法庭一直以来都十分谨慎：虽然并不反对（国家地役）这个概念是一项基本原则，但是它们一直以其他理由对它们面前的争端作出裁决"。第 23 条。该章还讨论了：*Wimbledon case* PCIJ Series A, No. 1（1923）以及 the *Aaland Islands* Dispute（1920）。

〔42〕　"因此，本法院认为，关于一般的私人、民事官员和货物，在英国统治期间以及在英国统治之后，存在着一种允许在达曼（Daman）和飞地之间自由通过的持续和一致的实践。这一实践已经持续了超过 125 年，没有受到印度独立时所涉领土政府改变的影响。考虑到本案的所有情形，本法院认为，这一实践已经得到当事国的接受，因此产生了相应的权利和义务。"ICJ Rep.（1960），p. 40.

〔43〕　Award of the Arbitral Tribunal（Territorial Sovereignty And Scope Of The Dispute）9 October 1998, at para. 526 and see para. vi of the *dispositif*. 另见哥斯达黎加提出的尼加拉瓜依据习惯国际法有义务尊重在尼加拉瓜河中捕鱼的义务的主张，得到了法院的支持，参见 *Dispute regarding Navigational and Related Rights*（*Costa Rica v Nicaragua*），ICJ Rep.（2009），p. 213.

〔44〕　Ibid para. 126.

〔45〕　Ibidem.

〔46〕　尤其参见下面这个案件的详细方法：*Yemen—Eritrea* Award, PCA, Award of the Arbitral Tribunal in the Second Stage of the Proceedings（Maritime Delimitation）17 December 1999, at paras 87 – 111.

得到了伊斯兰法的支持,[47] 而且很有可能与海洋法和外空法中的人类共同继承财产概念的发展有关。

<h2 style="text-align:center">第四节 领 海</h2>

每个国家都有权认为海岸附近的特定海域是领海（有时又被称为"领水"），但是这一海域的范围和具体的法律地位只是最近才得到了解决。我们这里将介绍领海的范围，并在下一章中介绍有关管辖权的问题。[48]

领海的范围有两个问题：

①测算范围的基线在哪里？

②宽度是多少？

189　　　第一，长期以来，人们认为存在一条明确的一般习惯法规则，即基线是按照海岸的全部弯曲形成的一条低潮线。这一规则得到了国家实践、国际法编纂和权威学者的众多支持。不过，这一一般规则具有两个例外：海湾和岛屿。在海湾的情况下，基线跨越了海岸之间的水域，因此在海岸与基线之间的水域就不是领海的一部分，而是**内水**。1982 年《海洋法公约》现在就是以此定义海湾的,[49] 它明确规定："如果海湾天然入口两端的低潮标之间的距离超过 24 海里，24 海里的直线基线应划在海湾内，以划入该长度的线所可能划入的最大水域。"[50] 有些海湾有时被称为"历史性海湾"，面积要大得多，当然是内水。

国际法院对"英挪渔业案"的判决不仅涉及如何处理岛屿的问题，而且还

---

〔47〕 "伊斯兰中的一个基本观念是，所有人都是地球上'安拉的管家'，本来就具有在各种海岸通过自由捕鱼获取营养需求以及对过剩的鱼货进行交易的权利，这在丹克哈里斯人（Dankhalis）和也门人的集体观念中就是这样的。" At para. 92 of the Second Stage Award (1999). 另见 para. 93 of that Award and paras 130 – 1 and 525 of the 1998 Award (above).

〔48〕 我们还将介绍内水、毗连区、专属经济区、大陆架和公海中的管辖权。

〔49〕 "海湾是明显的水曲，其凹入程度和曲口宽度的比例，使其有被陆地环抱的水域，而不仅为海岸的弯曲。但水曲除其面积等于或大于横越曲口所划的直线作为直径的半圆形的面积外，不应视为海湾"，第 10 条第 2 款。

〔50〕 同上，第 10 条第 5 款。

涉及连接曲折的挪威海岸的众多岬之间的基线问题。[51] 这个案件涉及挪威皇家 190
法令的规定在国际法中的有效性问题，该法令规定了挪威的领海范围，目的是将
在挪威海岸附近捕鱼的外国渔船赶出挪威。该法令规定，挪威的基线不遵循低潮
线，而是直线，有些直接有 44 海里长，连接一些所选择的基点，有些基点就是
陆地的岬，其他的点位于岛上，还有一些则距离大陆比较遥远，被称为"skaer-
gaard"或"岩石壁垒"，就是那些广泛分布在挪威海岸的无数岛屿的边缘。这样
做的后果是，位于直线基线内侧的大片海域被划为挪威的内水。法院的多数法官
认为，该法令并不违反国际法。基线不一定要沿着低潮线，它只需要沿着"海岸
的一般走向"就行，[52] 而挪威划的基线就是如此。

　　法院阐述的这一规则显然是对法律的一种创新，而且是在这么一个短的判决
书里阐述的。的确，法院说，基线必须是"以合理的方式"划的，[53] 而且"海
域的基线总是会产生国际影响；不能仅仅依据沿海国通过国内立法而体现的意志
划定。尽管由于只有沿海国才有权划界，这种行为肯定是一种单方面行为，但是
涉及其他国家的划界的有效性则取决于国际法的规定"。[54] 不过，这种说法有点 191
想要挽救国际法的最终权威，然而并没有阻止各国向公海主张过分的面积。

　　现在，关于划基线的规则规定在了 1982 年《海洋法公约》中，该公约从某
种程度上减少了划直线基线产生的后果，[55] 而且规定了许多原则，例如，"直线
基线的划定不应在任何明显的程度上偏离海岸的一般方向，而且基线内的海域必
须充分接近陆地领土，使其受内水制度的支配"。[56] 不过，有些特定的经济利益
仍然是有关的，因此，它还规定："确定特定基线时，对于有关地区所特有的并

〔51〕　ICJ Rep.（1951），p. 116.

〔52〕　Ibid 129.

〔53〕　Ibid 141.

〔54〕　Ibid 132.

〔55〕　如果确定的直线基线的效果"使原来并未认为是内水的区域被包围在内成为内水，则在此种水
域内应有本公约所规定的无害通过权"。《海洋法公约》第 8 条第 2 款。

〔56〕　《海洋法公约》第 7 条第 3 款。参见 *Qatar v Bahrain*（*merits*）ICJ Rep.（2001），p. 41，在这个案
件中，法院强调，只有在例外的情况下才可以采用直线基线，即"海岸线极为曲折的地方"或者"如果紧
接海岸有一系列岛屿"。At para. 212. 对《海洋法公约》第 7 条中的原则的详细适用，还可见 The *Yemen*—
Eritrea Award，PCA，Award of the Arbitral Tribunal in the Second Stage of the Proceedings（Maritime Delimitation）
17 December 1999（above）.

经长期惯例清楚地证明其为实在而重要的经济利益，可予以考虑。"[57]

第二，传统上，对领水海面的范围的规定基于陆地上的枪炮所能控制的范围。因此，宾刻舒克（Bynkershoek）在1702年就阐述了这项原则。不过，在历史上，这种起源极有可能是一种虚构。在枪炮的射程还尚未达到3海里时，3海里或多或少已经被认为就是领海的宽度。今天，1982年《海洋法公约》规定，每一个国家"确定其领海的宽度，直至从按照本公约确定的基线量起不超过12海里的界限为止"。[58] 绝大多数国家宣布它们的领海宽度是12海里，有一些国家宣布的宽度要小（这通常是因为涉及邻国关系的地理原因）。[59] 领海及其上面的空气空间是一国的领土。不过，所有国家的船舶有权通过一国领海，我们在下一章介绍管辖权时将会提及。[60]

位于领海中的海峡会产生另外一个问题。如果海峡的宽度不到24海里，那么它显然是领海海峡，但是依据1982年《海洋法公约》，对于那些两端均不是领海的海域，并且用于国际航行的海峡，则适用特殊的规则。[61] 达达尼尔海峡和博斯普鲁斯海峡长期以来主要适用一个特定的条约，即1936年的《蒙特勒公约》（Montreux Convention）。[62] 有关俄罗斯和美国军舰的通过问题一直存在争论，2008

---

〔57〕《海洋法公约》第7条第5款。

〔58〕《海洋法公约》第3条。

〔59〕关于联合国汇编的表格，参见 < http：//www. un. org/Depts/los/LEGISLATIONANDTREATIES/ PDFFILES/table_ summary_ of_ claims. pdf >.

〔60〕少数国家实际上要求军舰事先获得授权或通知沿海国，参见 Wolff Heintschel von Heinegg, 'War-ships', < mpepil. com > para. 37.

〔61〕《海洋法公约》第37条。

〔62〕《海洋法公约》第35条第3款实际上保留了《蒙特勒公约》所确立的体制。《蒙特勒公约》的主要条款是：商船，在和平时期以及土耳其不是一方的战争期间，商船享有过境和航行的完全自由。当土耳其是交战一方的战时，与土耳其交战的那些国家没有过境和航行的权利，没有与土耳其交战的一方在不协助敌方的情况下享有过境和航行的自由，但是它们必须在白天进入海峡，而且必须遵守土耳其当局指定的路线。如果土耳其认为受到了即刻的战争威胁，它还可以要求商船白天进入海峡，并且遵守指定路线。军舰，在和平时期，较小的水面船只享有过境的自由，条件是过境从白天开始，而且事先获得土耳其政府的通知，但是对于过境的外国军舰的总吨位有限制，或者在任何时候对于非黑海沿岸国家在黑海的军舰的总吨位有限制。除非受到土耳其邀请的礼节性访问，否则只有黑海沿岸国家才可以使主力战舰或潜水艇通过海峡，而且只有在某些情况下才可以。在战时，当土耳其并非交战方时，中立国的军舰具有平时军舰相同的权利。交战方的军舰通过只能是为了履行《联合国宪章》中规定的义务或者依据土耳其参加的，并且依据《联合国宪章》所缔结的相互协助的条约协助受侵略的国家。在海峡内不得从事任何敌对行为或行使任何交战权利。当土耳其是交战方时，或者它认为自己受到了战争的即刻威胁，军舰是否可以通过完全取决于其自由裁量权。

年俄罗斯和格鲁吉亚冲突期间，俄罗斯就北约军舰出现在黑海专门提出了是否遵守了该条约的问题。

第五节 大陆架

"大陆架"是一个地理学上的说法，现在成了一个法学上的术语。大陆的多数海岸并不是直接掉入海床的，海岸自己是缓慢地向下入水，会延伸很长一段的距离（"陆架"）。然后，它或多或少地突然下陷（"陆坡"），最后就是"陆基"，这是一个更加平缓的含有沉积物的坡，一直下降到达深海海底（"区域"）。从基线到大陆基的外部边界在技术上被称为"大陆边"，但是"大陆架"这个词通常被用来指称陆地向海中的所有延伸（参见下图中的示意图）。大陆架之所以受到法学关注，是因为技术的进步使得在与陆地无关的公海建造钻塔和机器开采油气成为可能。

早期主张开采大陆架的一项重要的声明是美国总统杜鲁门在 1945 年 9 月发表的。[63] 这项公告提到了"附着于"美国的大陆架，主张对上面的资源拥有"管辖权和控制"。由于没有遭到任何国家的抗议，而且接下来出现了许多类似的主张公告，因此这套法律已经相对快速得到发展。[64] 现在，人们公认，沿海国对大陆架底土中的自然资源以及附着于上面的定居物种（例如牡蛎等）拥有专属的开发权利。不过，这项权利与完全的领土主权不同，而且其上覆水域和空气空间的法律地位仍然没有受到影响。[65] 然而，如何判断大陆架的界限，是一个更加复杂的问题。

《海洋法公约》第 76 条也许是海洋法中最复杂的一个条款之一了。关键的定义是简单的，而且不是由《公约》规定的：大陆架包括沿海国陆地领土全部自然延伸或从沿海国基线量起 200 海里的距离的海底区域的海床和底土，哪个更宽

---

〔63〕 关于各国提出的各种早期的主张的详细情况，参见 H. Lauterpacht, 'Sovereignty over Submarine Areas', 27 *BYBIL* (1950), 376–433.

〔64〕 Cf *The Abu Dhabi Arbitration* (1951) 18 ILR 144.

〔65〕 Art. 78 (1).

就以哪个为准。[66] 根据《公约》的规定，沿海国可以选择采取确定大陆边缘外部界限的方法，而且必须将地质数据通知联合国秘书长，还必须将它们的大陆架界限的建议提交大陆架界限委员会。《公约》还创新性地规定："委员会应就有关划定大陆架外部界限的事项向沿海国提出建议，沿海国在这些建议的基础上划定的大陆架界限应有确定性和拘束力。"[67] 已经有 50 多份主张提交给委员会，委员会已经作出了 11 份建议，但是还有许多申请正打算提交，因此，委员会正面临着大量的需要依据《公约》的复杂规定进行审议的详细信息。[68]

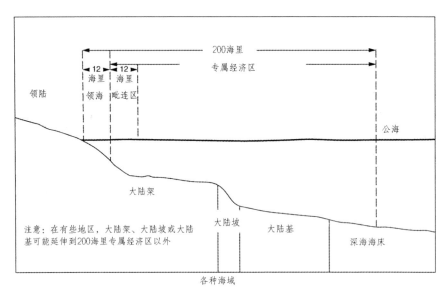

R. R. Churchill and A. V. Lowe, *The Law of the Sea*, 3rd edn (Manchester: MUP, 1999), at 30.

[66] 一般参见 *North Sea Continental Shelf Cases* ICJ Rep. (1969) p. 3; *Continental Shelf* (*Libya v Malta*) ICJ Rep. (1985) p. 13; *Continental Shelf* (*Tunisia v Libya*) ICJ Rep. (1982), p. 18. 这些案件涉及海洋划界，本书不介绍有关大陆架和海洋划界应当适用的原则。关于这方面的介绍，参见 D. R. Rothwell and T. Stephens, *The International Law of the Sea* (Oxford: Hart, 2010) ch. 16; 进一步参见 M. D. Evans, *Relevant Circumstances and Maritime Delimitation* (Oxford: OUP, 1989) 以及 R. Kolb, *Case Law on Equitable Maritime Delimitation* (Dordrecht: Nijhoff, 2003).

[67] 第 76 条第 8 款。

[68] 尤其参见第 76 条第 4、5、6、7 款。

开发这一区域以及也许更重要的是附近的深海海床中发现的矿物资源的前景引起了发展中国家的担忧。各种形式的深海采矿让人们看到了取得锌、锰、镍、铜、钴、银、金和钻石的前景。[69] 由于存在这种可能性，因此发展中国家担心，在大陆基中可能被发现的这些资源有可能被工业国家开发，从而损害没有装备开采这些矿物资源的发展中国家的利益，或者对已经在陆地上开采这种资源的发展中国家的相同商品的价格造成威胁。因此，《公约》对深海海床开采规定了一套特殊的制度，这一制度将在下文介绍。关于开发从基线量起 200 海里以外的大陆架上的非生物资源问题，沿海国有义务在某一矿址进行第一个五年生产以后向国际海底管理局缴付费用和实物。[70] 第六年缴付费用或实物的比率应为矿址产值或产量的 1%。此后该比率每年增加 1%，其后比率应保持为 7%。《公约》规定，国际海底管理局应根据公平分享的标准将其分配给本公约各缔约国，同时考虑到发展中国家的利益和需要，特别是其中最不发达的国家和内陆国的利益和需要。[71]

197

第六节　深海海床

198

在下一章中，我们将介绍公海的管辖权问题。在这里，我们只限于对公海底下的区域，即深海海床这一新的法律制度进行介绍。按照《海洋法公约》的术语，这一区域就是"国际海底区域"，或者简称"区域"或"la zone"。[72] 区域是指"国家管辖范围以外的海床、洋底及其底土"，现在它受到国际海底管理局或"管理局"管理的特别法律制度的调整。正如我们已经看到的，国家管辖范围是从基线量起 200 海里或大陆架边缘的外部界限（哪个更广，就以哪个为准）。因此，区域占到了大约地球表面积的 50%。正如前面指出的，由于看到了开采有价值的矿物的前景，导致发展中国家成功地建立了一套国际制度，按照这套制

---

〔69〕　关于方法和潜在的地址，参见 D. R. Rothwell and T. Stephens, *The International Law of the Sea* (Oxford：Hart, 2010)，at 120 – 5.

〔70〕　第 82 条。

〔71〕　第 82 条第 4 款。

〔72〕　第 1 条第 1 款。

度，资源应当以公平的方式进行开采。而且，显然，没有人可以对深海海床主张领土主权或者对其中的资源主张权利。《公约》规定："'区域'及其资源是人类的共同继承财产。"[73] 《公约》还解释说："任何国家不应对'区域'的任何部分或其资源主张或行使主权或主权权利，任何国家或自然人或法人，也不应将'区域'或其资源的任何部分据为己有。任何这种主权和主权权利的主张或行使，或这种据为己有的行为，均应不予承认。"[74]

199 在这个区域内的活动是由管理局一个被称为"企业部"的机构与经《公约》和1994年通过的另一份条约（《协议》）的授权的其他实体一起开展的。[75] 到目前为止，进行深海作业的成本巨大，这意味着这一开发和分配的创新制度不会产生重大的实际后果，而且人们对深海开采的环境影响十分担忧。[76] 也许，就目前来说，这些发展最重大的意义是，国际法从早期强调国家之间的"**共存**"向通过国家之间的"**合作**"转变，而且现在正在向潜在的以"**共同体**"为基础的方法明显转变，按照这种方法，保护和分配珍贵的资源不仅需要依据开采的能力，而且还需要考虑需求和公平。当我们思考《公约》的实际运作时，这些改变也许更多具有的是一种理论意义，而不是实际后果。[77] 但是，为了全人类的

200 利益分配深海资源这一概念[78] 已经深深扎根于《公约》以外的工业国家所建立的制度中。[79]

---

〔73〕　第 136 条。

〔74〕　第 137 条。

〔75〕　1994 年《关于执行 1982 年 12 月 10 日〈联合国海洋法公约〉第十一部分的协定》。还可以参见管理局通过的《采矿法典》以及《关于在区域内对多金属结核探矿与勘探的规章》。

〔76〕　Rothwell and Stephens（above）123 - 5；还参见 Seabed Disputes Chamber of The International Tribunal for the Law of the Sea, Advisory Opinion, Case 17, *Responsibilities and Obligations of States Sponsoring Persons and Entities with Respect to Activities in the Area*, 1 February 2011.

〔77〕　关于更详细的介绍以及以沃尔夫冈·弗里德曼（Wolfgang Friedmann）的著作为背景对从共存向合作的转变的研究，参见 G. Abi - Saab, 'Whither the International Community?', 9 *EJIL*（1998）248 - 65 以及 The Other the Contributions to the Symposium Collected in the Four Issues of the *EJIL*（1997）nos 3 and 4,（1998）nos 1 and 2.

〔78〕　参见《海洋法公约》第 140 条。

〔79〕　E. D. Brown, *Sea - Bed Energy and Minerals: The International Legal Regime*, vol. 2（Dordrecht: Nijhoff, 2001）ch. 7.

第七节　领　空

第一次世界大战使得空气空间的法律地位突然变得至关重要。同时，关于这个问题的有些理论也被证明是不切实际的。根据其中一种理论，可以把公海的制度类推适用于空气空间，因此空气空间应当是完全自由的。根据另一种理论，应当存在一种类似于领海这样的贴近地面的区域，但是在该区域之上的空气空间则应当是自由的。不过，第一次世界大战的经验表明，各国应当接受领土和领海之上的空气空间的完全主权，1919 年在巴黎缔结的《空中航行公约》则将这一规则肯定为法律规则。因此，只有基于条约，一国才可以在另一国的空气空间享有权利。

今天，关键的条约是 1944 年的《芝加哥国际民用航空公约》，该公约重申完全和专属的主权规则。[80] 因此，在领空中并不存在像商船在领海中享有无害通过权那样的民用航空器的无害通过权。而且，所有的飞越（领海和领陆）的权利都必须依据相关的条约获得。[81] 一方面，《芝加哥公约》只适用于民用航空器，而且每个缔约国均承诺，其他缔约国的不定期航班的所有航空器均"不需要事先获准，有权飞入或飞经其领土而不降停，或作非商业性降停"。[82] 另一方面，"缔约国特准或其他许可并遵照此项特准或许可的条件，任何定期国际航班不得在该国领土上空飞行或进入该国领土"。[83] 因此，定期航班需要另外通过双边或多边条约进行安排。

在过去很多年，一些国家有时候会对外国飞机使用武力。对民用航空器使用武力往往被视为过度使用武力。1983 年，苏联击落大韩航空 KAL007 航班之后，《芝加哥公约》第 3 条得到了修改，增加了第 2 款。按照新的一款的规定，各缔

---

〔80〕 第 1 条和第 2 条。
〔81〕 注意：国际海峡中存在过境通行权（《海洋法公约》第 38 条和第 39 条），在群岛水域上空还可以指定空中路线（《海洋法公约》第 53 条）。
〔82〕 第 5 条。还可以参见 1945 年《国际航空过境协定》。
〔83〕 第 6 条。

约国承诺避免使用武器，但是保留依据《联合国宪章》进行自卫的权利。[84]

202 1996 年，古巴击落两架美国飞机之后，安理会通过的决议确认，禁止使用武器（即使在第 3 条被修改之前）也是习惯国际法规则。[85] 受到攻击美国的"9·11事件"的影响，德国在 2003 年法兰克福发生的事件之后通过了一部法律，授权对具有相同威胁的民用航空器使用武器。因为存在这样的法律是否符合上述国际法的问题，[86] 德国宪法法院最终判决这部法律是无效的，因为，除其他外，这部法律也不符合德国宪法的规定，因为无辜的乘客有可能被剥夺生命权，他们将被视为客体，而不是具有尊严和自身价值的人。[87]

第八节 外空、月球和其他天体

各国关于领空在哪里成为外空存在争议。曾经有一种观点认为，空气空间是飞机可以飞的空间。但是，也有人建议，外空应从大概 100 公里的高处开始算

203 起，因为这是卫星运行的最低轨道。由于飞机有可能飞得更高，而卫星轨道有可能变得更加有利可图，因此这种区分标准有可能在接下来多年仍然不能确定。的确，英国政府"预计，随着空气空间和外空之间的无隙交通体系的发展……，将出现适用那种交通体系的法律的不确定性"。[88]

不过，十分明确的是，人类实现外空飞行以来，各国，尤其是那些有能力发射卫星和其他空间物体的国家，均同意有关外空的许多禁止性规定，而且这些禁

---

〔84〕 "缔约各国承认，每一国家必须避免对飞行中的民用航空器使用武器，如拦截，必须不危及航空器内人员的生命和航空器的安全。此一规定不应被解释为在任何方面修改了联合国宪章所规定的各国的权利和义务。"Art. 3*bis*（a）.

〔85〕 S/RES/1067（1996）para. 6，还参见 UN Doc. S/PRST/1996/9，27 February 1996；还可以参见奥斯特在他的书中进行的讨论：*Handbook*, at 325–6.

〔86〕 参见 R. Geiss, 'Civil Aircraft as Weapons of Large‑Scale Destruction: Countermeasures, Article 3bis of the Chicago Convention, and the Newly Adopted German Luftsicherheitsgesetz', 27 *Michigan Journal of International Law*（2005）227–56.

〔87〕 *Bundesverfassungsgericht*, Judgment of 15 February 2006, at para. 124.

〔88〕《关于外层空间定义及界限的问题：会员国的回复》UN Doc. A/AC.105/889/Add. 6，4 March 2010；还可以参见联合国秘书处准备的文件：A/AC.105/769，18 January 2002.

止性规定被认为迅速取得了一般国际法的地位。[89] 我们将首先介绍 1967 年《关于各国探索和利用包括月球和其他天体的外层空间活动所应遵守原则的条约》。这个条约得到了许多重要国家的批准，是对联合国大会协商一致通过的决议的体现。第 1 条规定，"探索和利用外层空间（包括月球和其他天体），应为所有国家谋福利和利益，而不论其经济或科学发展程度如何，并应为全人类的开发范围"。[90] 第 2 条规定，各国不得对这一区域或这些天体提出主权要求。第 4 条禁止在轨道放置携带任何核武器或任何其他类型大规模毁灭性武器。宇航员被视为 "人类的使节"，各国在其领土或公海发生事故时应当予以援助。[91]

　　禁止对外空主张主权这项规则是十分清楚的，不过，许多赤道国家曾经对特定的地球静止轨道提出主权要求。[92] 对于商业卫星来说，位于赤道上空的这一轨道尤其有用，因为人们只需要三颗这样的卫星，就可以实现全球覆盖，而且一颗卫星极有可能仍然保持与全国的持续联系。有人认为，这样的轨道属于这些发展中国家对自然资源的永久主权，不过理查德·加德纳（Richard Gardiner）在对这种观点进行研究后认为，这种观点不符合禁止对外空主张主权这一已经存在的规则，而且提到了国际电信联盟就轨道问题通过的一些规定。[93] 加德纳还指出，任何人想要对月球主张私人权利（就像对互联网主张主权那样），都必须回答以下两个问题：其一，是从谁的手中得到这种所有权的？其二，哪个国家能够保护这样的财产权利？对私人财产权和国家主张的主权进行区分是正当的，但是在这

204

205

〔89〕　B. Cheng, *Studies in International Space Law*（Oxford：OUP, 1997）．

〔90〕　与深海海床制度相比，并没有明确规定对月球等天体的开发制度，空间大国不愿意批准 1979 年《月球协定》，该协定泛泛地规定，月球的自然资源是人类的共同继承财产，而且缔约国之间应当在考虑发展中国家的利益和需求的情况下公平分配从这些资源中获得的好处。1979 年《月球协定》第 11 条第 1 款、第 5 款、第 7 款第 4 项。该《协定》本身并未设立类似的政府间开发机构。"企业部"只限于勘探和开发深海海床。

〔91〕　第 5 条。另见 1968 年《营救宇宙航行员、送回宇宙航行员和归还发射到外层空间的物体的协定》。

〔92〕　Declaration of the First Meeting of Equatorial Countries（Adopted on December 3, 1976）．

〔93〕　R. K. Gardiner, *International Law*（Harlow：Pearson, 2003），at 424 – 5；还参见 1992 年《国际电信联盟组织法》第 44 条第 2 款。

种情况下，将月球或任何其他天体视为公司或个人可以取得的东西并没有什么意义。[94]

1967 年条约规定的更加具体的规则是，缔约国有义务向其他缔约国和联合国秘书长通报"它们发现的可能对宇航员生命或健康构成危险的现象"。[95] 最后，我们还需要说一下，各国需要为非国家行为体的活动承担责任，无论它们是私人公司还是国际组织。[96] 这种责任包括一国领土内发射的任何物体对其他缔约国和它们的自然人或法人造成的损害。[97] 苏联在 1978 年发射的"宇宙 954"号卫星解体后给加拿大留下了辐射废物，为此向加拿大支付了 300 万加元进行赔偿。[98]

---

〔94〕 Ibid 426 – 7，主要是对 1967 年条约要求月球和其他天体只能用作和平目的这一规定的讨论。注意：很有可能拥有从月球上提取的月球岩石块。1979 年《条约》只禁止对月球"其中的"（in place）自然资源拥有财产权。第 11 条第 3 款。Gardiner, at 426.

〔95〕 1967 年《关于各国探索和利用包括月球和其他天体的外层空间活动所应遵守原则的条约》第 5 条。

〔96〕 1972 年《外空物体所造成损害之国际责任公约》第 6 条。

〔97〕 第 7 条。另见 1975 年《关于登记射入外层空间物体的公约》以及 2004 年 12 月 10 日第 59 届联大通过的第 115 号决议，提到"发射国"这一概念；进一步参见 M. Forteau, 'Space Law', in J. Crawford, A. Pellet, and S. Olleson (eds), *The Law of International Responsibility* (Oxford: OUP, 2010) 903 – 14.

〔98〕 Protocol between the Government of Canada and the Government of the Union of Soviet Socialist Republics, 2 April 1981；加拿大的主张一部分涉及清理作业所产生的费用，现在参见 1992 年 12 月 14 日第 47 届联大通过的题为《关于在外层空间使用核动力源的原则》的第 68 号决议。

第六章　管辖权

　　一般说来，每一个国家在自己领土上具有专属管辖权，[1] 但是这种管辖权并不是绝对的，因为它受到国际法规定的某些限制。我们将在这里介绍：其一，一国对内水、各种不同的海域以及军舰的管辖权的范围；其二，我们将介绍一国对人权的管辖权的范围、国家刑事管辖权的范围、外国人外交保护以及豁免制度。

　　在我们介绍关于内水和海洋法的详细规则之前，让我们先来看看非常流行的一种拟制，即领土的某些部分是"域外的"。在许多电影里，我们会看到演员们进入使馆、领事馆或军事基地，然后宣称他们现在"美国的领土"上。但是，他们实际上并不是。他们仍然在东道国领土上。即使你是在使馆里面出生的，你也是出生在东道国。最近，有一个学生他在皮诺切特统治智利期间出生在乌拉圭驻圣地亚哥的使馆里，他以为自己没有资格申请成为智利国民。但是，在听到这种解释后，他立即成功地申请到了智利护照。

---

　　〔1〕 正如我们在前一章开始时讲到的，国家通常对人和事行使管辖权，以便排除其他国家的管辖权。传统上，国家以三种方式主张管辖权：立法、执法和司法。在每一种方式中，其他国家可能主张，任何行使这种管辖权都是对它们自己权利的侵犯。我们将在下面第九节思考国际法可能对这种行使管辖权施加的限制。这样主张的国家通常（错误地）认为，其他国家正在行使"域外"管辖权。与其认为一国对特定的行为具有专属管辖权，还不如思考在竞争性的"合理"管辖权主张的情况下各种权衡因素：C. Ryngaert, *Jurisdiction in International Law* (Oxford: OUP, 2008). 不过，有一项禁止是很明确的，即任何国家不可以在未经他国允许的情况下在他国领土上行使执法管辖权（例如逮捕和羁押等警察权）。当以违反国际法的手段将被告带到法庭面前时，英国的法院可能行使自由裁量权，**拒绝**行使司法管辖权：*R v Horseferry Road Magistrates Court, Ex p Bennett* [1994] 1 AC 42; C. Warbrick, 'Judicial Jurisdiction and Abuse of Process', 49 *ICLQ* (2000) 489–96.

第一节　对内水的管辖权

河流。当一条河流的整个河道以及两岸均位于一国领土上时，该国对该河流的控制就和对该国其他领土的控制一样，除非它的权利受到了条约的限制。与国际法有关的唯一的河流是那些要么流经一国以上、要么位于两个或两个以上国家之间的河流。为了便利起见，这样的河流被称为"国际河流"。它们提出了河流
208 流经国是否对自己那段河流在法律上享有全部控制权的问题，还是仅仅受到河流对其他国家有用或者甚至有必要的限制。显然，这里一个重要的问题是航行权。它可能对上游国家十分重要，因为它不希望更加靠近河口的国家切断它的入海权利。对于非沿岸国而言，它也有可能是很重要的，因为它们想要进入河流的上游水域。但是，我们也会渐渐意识到，河流对于灌溉、向大城市供水以及进行水力发电方面的经济利用的重要性[2] 显然，只要有可能，所有这些利益都应当得到有效保护。

虽然从 17 世纪初开始，国家之间签订条约开放特定的河流逐渐成为一种通行的做法，但是直到 1814 年《巴黎条约》才宣告，所有国际河流实行航行自由。这一宣告仅具有有限的效果。尽管在接下来的四十年间，许多河流向沿岸国开放，但是仍然存在一种禁止非沿岸国的趋势。不过，克里米亚战争之后，1856
209 年《巴黎条约》建立了一项新的原则。它建立了一个叫作"欧洲多瑙河委员会"的机构，由沿岸国和非沿岸国的代表组成，以便提升多瑙河下游的航行条件。该委员会是临时性质的，但是后来的条约维持了它的存在，并扩大了它的职权。当

---

〔2〕 "全世界有超过 40% 的人口居住在流经多国的 300 条河流盆地上，这些盆地占到地球陆地面积的几乎 50%（南极洲除外）。中东地区有超过 90% 的传统水资源分布在国际边界线两侧。仅仅非洲就拥有60 条国际河流，其中有 11 条河流分布在 4 个或 4 个以上的国家。多瑙河盆地分布在 17 个国家。在全世界，有 39 个国家其 90% 的面积位于国际河流的盆地上。全球水资源需求目前每隔 21 年就翻倍，水资源的缺乏和人口的增长已经成为社会紧张的主要原因和许多更贫穷的国家稳定与经济发展的障碍。" L. Boisson de Chazournes and F. Curtin, *National Sovereignty and International Watercourses* (Geneva, Green Cross International, 2000), at 16; S. McCaffrey, *The Law of International Watercourses*, 2nd edn (Oxford: OUP, 2007) chs 1 and 2; L. Boisson de Chazournes, E. Brown Weiss, and N. Bernasconi-Osterwalder (eds), *Freshwater and International Economic Law* (Oxford: OUP, 2005).

该机构组建时，多瑙河的航行十分混乱。蒸汽轮经常触礁，劫匪和船难十分普遍，而且还需要交纳过高的费用。该委员会改变了这种局面，证明是国际合作方面最成功的实验。它还拥有广泛的管理权限，排除河流流经的领土国的主权，它还控制和管理航行，规定费率，修建工事，并对违反它制定的规定的行为进行审判。1948 年《贝尔格莱德公约》规定了一套不同的制度，它创设了一个新的多瑙河委员会，具有更加温和的监督和协调权力，不过仍然保障"多瑙河的航行应当是自由的，而且对所有国家的国民、商船和货物开放"。[3] 所有国家自由航行原则被 1868 年的《曼海姆公约》扩大适用到了莱茵河，[4] 1885 年关于非洲问题的柏林会议将其适用到了刚果河和尼日尔河。今天，实现独立的非洲国家建立了它们自己的制度。[5]

航行只是利用河水的方式之一，而且不一定总是最重要的。其他的使用包括 210 灌溉、供水、发电。国际法委员会在这一领域的工作澄清了涉及非航行使用的一些原则。1997 年的《国际水道非航行使用法公约》据说集中规定了三项原则：公平和合理利用原则；预防重大损害原则；以及对计划的措施的事先通知原则。[6] 第一项原则得到了国际法院的重申，它指出："由于捷克斯洛伐克单方面控制了共享的资源，因此剥夺了匈牙利获得多瑙河自然资源公正和合理份额的权利，产生了斯日格科茨岛（Szigetköz）沿岸地区河流生态系统的持续效果，违反了国际法所要求遵守的比例原则。"[7]

1997 年《公约》解释说，水道国必须适用这项原则，以便"着眼于与充分保护该水道相一致，考虑到有关水道国的利益，使该水道实现最佳和可持续的利

---

[3] Convention Regarding the Regime of Navigation on the Danube (1948) Art. 1. 另见 Convention on Co-operation for the Protection and Sustainable Use of the Danube River (1994) and its International Commission for the Protection of the Danube River.

[4] 现在参见 Revised Convention for Rhine Navigation (1963) 以及 The Central Commission for the Navigation of the Rhine.

[5] 例如参见 Act regarding Navigation and Economic Cooperation between the States of the Niger Basin (1963); Accord Instituting a Uniform River Regime and Creating the International Commission for the Congo – Oubangui – Sangha Basin (1999); 以及 Southern African Development Community (SADC) Revised Protocol on Shared Watercourse Systems (2000).

[6] McCaffrey, 'International Watercourses', < mpepil. com >.

[7] *Case Concerning the Gabčíkovo – Nagymaros Project (Hungary/Slovakia)*, ICJ Rep. (25 September 1997), at para. 85, see also para. 78.

211 用和受益"。[8] 应当考虑的社会和环境因素包括：水道国的社会和经济需求，人口对水道的依赖，水道水资源的养护、保护、开发和节约使用。[9]

在所有相关国家之间必须"公平和合理"使用全部河流系统的好处，不过这项原则本身对于起草一套适合于所有河流的规则并没有什么帮助，每一条河流都有自己的问题，需要有适合它们的一套规则和治理体系。[10]

运河。在没有条约规定的情况下，运河仅受到其所处国家的控制。其他国家的船只没有权利要求通过。但是，有三条通洋运河具有特殊的地位，即：苏伊士运河、巴拿马运河和基尔运河。它们有时候被说成是"中立化了的"或"国际化了的"河流，尽管这种说法并不准确。

苏伊士运河位于埃及。它是在 1869 年被授权给一家名为"环球苏伊士船舶运河公司"修建的，该公司起初的最大投资者是法国人，但是后来英国政府成为了最大的股东。当时授权的时间是 99 年，然后归还给了埃及政府。这条运河的国际地位是由 1888 年《君士坦丁堡公约》规定的，但是该公约的有效期仅限于授权该公司期间。

根据该公约，该运河在战时和平时向所有商船和军舰开放，对悬挂的旗帜不
212 作区别。它不得被封锁（第 1 条），不得在运河或进入运河的港口 3 英里范围内从事战争行为（第 4 条）；交战国的军舰必须毫不迟延地通过，不得在塞得港或苏伊士港停留超过 2 小时；而且，从这些港口驶入的交战国的船只必须间隔 24 小时。保卫苏伊士运河的任务交由土耳其和埃及（第 9 条），但是当土耳其 1914 年攻击运河时，这一规定遭到了破坏，因此依据和平条约，英国取代土耳其来保卫该运河。1936 年签订的《英埃同盟条约》允许英国军队驻扎在埃及领土上保卫苏伊士运河，但是依据 1954 年签订的协定，英国撤走了这些军队，但是仍然保留某些权利。

1956 年，关于该运河运行和保卫的制度遭到了剧烈改变，尽管不涉及它的国际地位。首先，埃及颁布了一部法律，征收了运河公司，导致英国、法国和以

---

〔8〕 第 5 条第 1 款。

〔9〕 第 6 条第 1 款。还参见 Convention on the Protection and Use of Transboundary Watercourses and International Lakes (1992).

〔10〕 Consider the work of the Water Governance Facility and the two Water – Co – operation Facilities.

色列三国对埃及进行武力干涉，该干涉受到了广泛谴责。[11] 该运河和运河的管理随后被交给了苏伊士运河管理局，而埃及则采取废弃 1954 年与英国签订的条约的方式对干涉作出回应。其次，埃及于 1957 年向联合国登记了"关于苏伊士运河的声明"，[12] 埃及庄严重申其"尊重 1888 年《君士坦丁堡公约》条款和精神以及其所规定的权利和义务"的意图。它还表示："尤其决心""赋予并保证所有国家在该公约范围内并依据该公约享有自由和不受打断的航行权"。因此，1888 年《公约》规定所调整的该运河作为国际水道的地位仍然没有遭到破坏。[13]

　　巴拿马运河穿越一片巴拿马领土区域，在 1977 年之前由美国占领和管理，根据 1977 年的一份过渡协议，由美国和巴拿马共同进行控制，直到 1999 年 12 月 31 日。此后，仅仅由巴拿马和巴拿马运河管理局进行控制。同时，巴拿马宣布，"作为国际过境水道，运河应当依据已经确立的制度永久中立"。[14] 依据第 2 条，巴拿马宣布：

　　　　为了在平时和战时运河仍然是安全的，而且让所有国家的船只完全平等和和平过境，不对任何国家、公民或臣民就过境的条件或费用或任何其他理由有所歧视，运河的中立不得成为世界上其他国家之间任何武装冲突的报复对象。[15]

　　该条约以及国际制度也调整巴拿马政府正在建造的预计于 2014 年完成的第

---

〔11〕　关于当时提出的法律主张的详细情况，参见 G. Marston, 'Armed Intervention in the 1956 Suez Canal Crisis: The Legal Advice Tendered to the British Government', 37 *ICLQ* (1988) 773–817.

〔12〕　这应当被视为具有法律拘束力的单方面声明，参见前文第二章第四节第七目。Declaration on the Suez Canal and the arrangements for its operation, Cairo, 24 April 1957, UNTS No. 3821；那一年，埃及还就与 1888 年《公约》其他缔约国之间的法律争端接受国际法院的管辖。

〔13〕　还应当注意 1979 年以色列与埃及之间签订的和平条约第 5 条第 1 款的规定："以色列船舶以及运往或来自以色列的货物应当在 1888 年《君士坦丁堡公约》的基础上享有自由通过苏伊士运河和穿过苏伊士湾和地中海的权利。该公约适用于所有国家，以色列国民、船舶和货物以及前往和来自以色列的人员、船舶和货物应当在运河的通过方面享有非歧视的待遇。"

〔14〕　Art. I Treaty Concerning the Permanent Neutrality and Operation of the Panama Canal (1977).

〔15〕　Ibid.

三套船闸系统。

依据《凡尔赛和约》，基尔运河应"在完全平等的基础上向所有与德国保持和平关系的国家的商船和军舰自由开放"。德国有义务维持它的适航状态，而且只能收取与此有关的必要费用。1936 年，德国废弃该和约的规定，随后的国家实践，无论是对废弃作出的反应还是要求外国军舰和政府船舶必须事先给予通知，都表明该运河"再次成为德国主权支配下的国家水道"。[16]

第二节　对港口的管辖权

处在外国港口的私人船舶的民事事项完全接受当地管辖权，但是对于刑事犯
215 罪问题，据说有时当地的管辖权有两种方法。一种方法是英国采取的，主张船舶完全处于当地管辖权之下，任何限制都是一个礼让问题（礼节），完全由领土国决定。当地管辖权是全面的，不过不是专属的。因此，英国对处在外国港口的英国船舶行使并行的管辖权，而且对处在英国港口的外国船舶也愿意限制自己的管辖权。

另一种方法是在法国最高行政法院（*Conseil d'état*）意见的基础上于 1806 年确立的。该案件涉及停泊在法国港口的两艘美国船只——"萨利号"（*Sally*）和"牛顿号"（*Newton*）。当时，两艘船上的船员发生斗殴。美国领事和法国地方政府均主张管辖权，但是法院认为，管辖权属于美国领事，因为该犯罪并没有扰乱港口的和平。最高行政法院的意见实际上宣布，如果船舶涉及的事项触及当地国的利益，那么对于发生的犯罪，即使是由船员针对陌生人在船上发生的，该船也需要接受法国的管辖；但是对于内部的纪律事项，包括船员之间的犯罪，当地政府不应当介入，除非请求当地政府协助或威胁到了港口的和平。这一意见改变了法国的实践，法国以前与英国的实践一致。尽管这一意见采取的方法后来得到了许多大陆国家的遵循，但是不能将其视为对关于这个事情的国际法的权威宣布。而且，它也是非常不清楚的。例如，如果我们询问哪些事项"触及当地国的利益"，我们应当倾向于回答所有涉及刑法整体运作的事项都算。而且，这一意见

---

〔16〕 Rainer Lagoni, 'Kiel Canal', ＜mpepil. com＞. Compare the 6th edn of this book, at 236.

并没有提及乘客的立场。它并没有提到应当被视为"威胁到了港口的和平"的 216
事件类型，也没有说应当由谁来对这一点作出判断，也没有说应当由谁（例如领
事、船长、嫌疑人或被害人）为了要求港口当局的介入而请求协助，它甚至也没
有说，这种介入是否应当以行使管辖权的方式体现。

的确，1859 年法国的法院认为，当一艘美国船"坦皮斯特号"（*Tempest*）上
的官员杀死了该船上的一位海员时，由于有些犯罪是如此严重以至于即使没有产
生任何进一步的后果，仅仅实施这种犯罪就足以构成对港口和平的破坏，因此就
应当接受当地管辖。这一判决比较合理。

不过，这些不同的方法的意义也许比看起来要小。法国的法律并不否定港口
国对在外国船上实施的犯罪具有完全管辖权，它仅仅宣布这种管辖权在某些案件
中不会行使。同样，英国的法律并没有规定一定要行使管辖权，但是它提前宣布
将行使管辖权的案件类型。因此，两种方法的不同仅仅与所涉商船上的船员事实
的犯罪的管辖权问题有关。并不存在商船不得庇护逃犯的普遍协议，如果有必
要，可以将逃犯带离商船——尽管作为一种礼让，通常都会通知与打算逮捕有关
的国家的领事。对港口的管辖权也受到 1982 年《海洋法公约》关于船舶释放和 217
船员释放的规定的限制，还受到某些诉讼中对可能受到惩罚的个人限制监禁、禁
止体罚和保障公认的权利的限制。[17]

尽管存在一项习惯国际法的规则，即遇难的船只有权为了挽救人的生命而进
入港口，[18] 而且进入港口的权利通常都受到条约的调整，但是国家可以在其他
情况中设定限制。[19] 罗思韦尔（Rothwell）和斯蒂芬斯（Stephens）强调了近期对某
类船只的禁止："澳大利亚禁止外国捕鲸船只进入港口，除非它们已经获得特别
许可或出现了不可抗力，而新西兰禁止任何部分或全部核动力船只进入港
口。"[20]

---

〔17〕　参见 Arts 73（2）（3），230，223 – 33 and 292；进一步参见国际海洋法法庭关于迅速释放宣判的
许多案件，以及 B. H. Oxman, 'Human Rights and the United Nations Convention on the Law of the Sea', 36 *Co-
lumbia Journal of Transnational Law*（1997）339 – 429, at 421 – 7.

〔18〕　R. R. Churchill and A. V. Lowe, *The Law of the Sea*, 3rd edn（Manchester：MUP, 1999）, at 63；
Oppenheim's International Law, 9th edn at 624；并参见 IMO Resolution MSC. 167（78），《海上获救人员待遇准
则》2004 年 5 月 20 日通过, Appendix, 'Some Comments on Relevant International Law', para. 6.

〔19〕　*Nicaragua v United States*, ICJ Rep.（1986）esp. paras 213，214, and 125.

〔20〕　*The International Law of the Sea*（Oxford：Hart, 2010）, at 55 – 6（footnotes omitted）.

第三节　对领海的管辖权

现在，一项几乎被普遍接受的规则是，唯一对领海主权的限制是其他国家的船只"无害通过"领海的权利。[21] 在平时，国家允许军舰和其他船只行使这项权利，国际法院认为，在平时，军舰有权通过两端连接公海的用于国际航行的海峡。[22]

"无害通过"这个术语精确表达了这项权利的性质以及对它的限制。首先，这是一项"通过"权，也就是说，是一项使用该水域作为该水域外面两点之间的通道的权利，一艘通过领海驶往沿海国的船只就不是在行使通过权。其次，通过必须是"无害的"。根据1982年《海洋法公约》，这意味着通过不损害"沿海国的和平、良好秩序或安全"，而且符合《公约》的规定和国际法的规则。[23]《公约》还规定，潜水艇必须浮出水面航行，并展示旗帜，外国船舶必须遵守沿海国关于无害通过的法律和规章，不得违反渔业方面的法律。[24]

显然，沿海国有权在实施有关当地法律和规章并确保无害通过必要的范围内对通过领海的外国私人船舶行使管辖权。问题是，它到底在多大程度上会对领海中的船舶行使一般的管辖权。《公约》明确规定，沿海国对领海的管辖权比对内水的管辖权受到的限制要多得多。在刑事事项方面，《公约》规定，沿海国不应在通过领海的外国船舶上行使刑事管辖权，以逮捕与在该船舶通过期间船上所犯任何罪行有关的任何人或进行与该罪行有关的任何调查，但下列情形除外：[25]

（a）罪行的后果及于沿海国；

（b）罪行属于扰乱当地安宁或领海的良好秩序的性质；

---

〔21〕　1982年《海洋法公约》第17—25条。

〔22〕　*Corfu Channel Case*, ICJ（1949）. 关于军舰的无害通过权的详细情况，参见 Shaw *International Law*, 6th edn（2008）572 - 4.

〔23〕　《海洋法公约》第19条第1款。

〔24〕　第20—21条。

〔25〕　第27条。

（c）经船长或船旗国外交代表或领事官员请求地方当局予以协助；或

（d）这些措施是取缔违法贩运麻醉药品或精神调理物品所必要的。

而且，禁止逮捕或调查驶离内水后通过领海的外国船舶。[26] 不过，"如果来自外国港口的外国船舶仅通过领海而不驶入内水"，不得对"该船舶驶进领海前所犯任何罪行"行使刑事管辖权。[27]

关于民事事项，《公约》同样禁止沿海国基于对通过领海的外国船舶上某人 220 行使民事管辖权的目的而停止其航行或改变其航向。除了涉及该船舶本身在领海的航行中而承担的责任外，沿海国还不得为任何民事诉讼的目的而对船舶从事执行或加以逮捕。不过，如果船舶是在访问内水后驶离时，它可以那样做。[28]

第四节　对毗连区的管辖权

一些国家在过去出于各种目的为自己主张不同的海域，在这种情况下，并不总是能够轻易知道一国是否主张广阔的领海海域，即完全处在主权之下的海域，还是仅仅对一片邻接海域主张某些特别的权利。这些特殊权利被主张的海域就是"毗连区"，这些权利的主张出于各种目的。英国起初抵制毗连区理论，尽管实际上英国很有可能是第一个引入这一概念的国家：英国18世纪的"游弋法"就针对的是那些"游弋"在领海以外与岸上的非法活动有关的船只，因此它们授权对远离海岸的公海上活动的走私分子进行逮捕。这些法律在1876年被废除，因为活跃在英吉利海峡的走私活动已经受到了控制，而游弋法显然在抗议西班牙 221 提出的6海里领海宽度的主张方面显得很尴尬。[29] 现在，很清楚的是，一国可以对**毗连区**行使必要的控制，预防和惩罚违反沿海国海关、财政、移民和卫生的

---

〔26〕第27条第2款。

〔27〕第27条第5款。关于《公约》第12部分和第5部分，有一些例外。

〔28〕第28条。

〔29〕参见本书第六版第201—211页，详细介绍了英国关于毗连区的立场。也参见 A. V. Lowe, 'The Development of the Concept of the Contiguous Zone', 52 *BYBIL* (1981) 109–69.

规定的行为。[30] 毗连区不能从基线量起超过 24 海里。1982 年《海洋法公约》相关条款的措辞是很清楚的，沿海国的这些权利适用于在其领土或领海内，而不是毗连区内将要发生或者已经发生的上述活动。[31]

第五节 对大陆架和专属经济区的管辖权

222   我们已经在前面一章看到，1982 年《海洋法公约》承认沿海国对大陆架"为勘探大陆架和开发其自然资源"行使专属主权权利。[32] 自然资源"包括海床和底土的矿物和其他非生物资源，以及属于定居种的生物"。[33] 沿海国有建造和管理使用人工岛屿和设施的专属权利，并对这些建筑和设施行使专属管辖权。[34] 它还有授权和调整钻探的专属权利。[35]

    在行使这些权利时，沿海国不得对《公约》规定的各国航行或其他权利造成不当干扰。[36] 而且，沿海国必须尊重其他国家在大陆架上铺设和维护电缆和管道的权利，[37] 沿海国的勘探不得对航行造成不当干扰，在大陆架上建造设施时必须妥为通知，而且已被放弃或不再使用的任何设施或结构应予以撤除，以确保航行安全。[38] 设施不得设在对国际航行必经的公认海道可能造成干扰的地方。[39]

---

〔30〕 第 33 条。

〔31〕 第 33 条，参见 Sir Gerald Fitzmaurice, 'Some Results of the Geneva Conference on the Law of the Sea', 8 *ICLQ* (1959) 73 – 121, 对比 S. Oda, 'The Concept of the Contiguous Zone', 11 *ICLQ* (1962) 131 – 53. 由于毗连区现在不再属于公海范围，而是成为了专属经济区的一部分，因此可能需要更多对沿海国的实体管辖权的解释，参见 Churchill and Lowe (above), at 139 and Art. 59.

〔32〕 第 77 条第 1 款第 2 目，注意：这与领土的全部主权不同，而且领空和上覆水域的法律地位不受影响；第 78 条第 1 款，关于外大陆架上非生物资源的特殊制度，参见前一章关于大陆架的部分。

〔33〕 第 77 条第 4 款。

〔34〕 第 80 条和第 60 条。

〔35〕 第 81 条。

〔36〕 第 78 条第 2 款。

〔37〕 第 79 条。

〔38〕 第 80 条和第 60 条第 3 款。对比 1958 年《大陆架公约》第 5 条第 5 款，要求全部撤除这种设施，以及参见 Churchill and Lowe (above), at 155.

〔39〕 第 80 条和第 60 条。

专属经济区从测算领海的基线量起最宽是 200 海里。[40]《公约》的这一"具体的法律制度"调整的是沿海国的权利和义务，是为了确保沿海国对这一区域的 223 资源拥有权利。世界上大多数国家的渔业资源是在专属经济区发现的，而创设这一制度的动力就来自发展中国家，它们热衷于确保对这些资源和其他资源拥有公平的份额。与大陆架不同，沿海国必须主张并建立专属经济区。尽管大多数国家都已经这么做了，但是英国主张"经济渔区"（Economic Fisheries Zone，简称 EFZ），而不是创立专属经济区，指的是它对大陆架已有的权利（当然也是从基线量起 200 海里）。对大陆架的管辖权同样适用于专属经济区。不过，沿海国有许多额外的权利和义务。《公约》第 56 条第 1 款规定："沿海国在专属经济区内有：（a）以勘探和开发、养护和管理海床上覆水域和海床及其底土的自然资源（不论为生物或非生物资源）为目的的主权权利，以及关于在该区内从事经济性开发和勘探，如利用海水、海流和风力生产能等其他活动的主权权利。"沿海国有责任养护和管理生物资源，在这种情况下，可以"采取为确保其依照本公约制定的法律和规章得到遵守所必要的措施，包括登临、检查、逮捕和启动司法程 224 序"。[41] 正如《公约》所规定的，沿海国不仅对（前面提到的）各种设施，而且对海洋科学研究和海洋环境保护和养护具有管辖权。[42]

最后，我们还可以提到专属经济区内或大陆架上的沉船，《海洋法公约》并没有对此作出规定。[43] 联合国教科文组织通过的一项公约要求缔约国"为人类福祉保护水下文化遗产"，[44] 并规定了报告和合作制度，还规定，"水下文化遗产不应当被商业开发"。[45]

---

〔40〕 第 57 条。国际法院说，专属经济区制度已经成为"习惯法的一部分"，*Continental Shelf*（*Libya v Malta*）ICJ Rep.（1985）para. 34.

〔41〕 第 73 条第 1 款，注意"被逮捕的船只及其船员，在提出适当的保证书或其他担保后，应迅速获得释放"。第 73 条第 2 款。

〔42〕 第 56 条第 1 款第 2 目、第 60 条、第 246 条和第 220 条。

〔43〕 但是，参见第 303 条第 2 款，涉及海里发现的考古和历史物体。

〔44〕 2001 年联合国教科文组织《水下文化遗产保护公约》第 2 条第 3 款。"水下文化遗产"是指至少 100 年来，周期性地或连续地、部分或全部位于水下的具有文化、历史或考古价值的所有人类生存的遗迹（第 1 条第 1 款第 1 项）。

〔45〕《水下文化遗产保护公约》第 2 条第 7 款。

第六节　对公海的管辖权

当国际法开始产生时，大多数海洋国家对某些海洋主张主权。例如，威尼斯主张亚得里亚海，英国主张北海、英吉利海峡和大西洋的广大海域，瑞典主张波罗的海，丹麦－挪威则主张北部的所有海域。这样的主张通常引起争议，但是可以对海洋主张主权这项原则则不会。确实，公海是自由的并且对所有国家开放这一现代理论并不适合于早前时期。对海洋提出主权要求的国家通常在海上打击海盗，以此向所有国家服务；作为回报，它就对海洋主张所有权。它可能要求通过的船只对它的旗帜敬礼；为自己保留渔业权，或要求外国人得到许可后才能捕捞；对其他国家的船只收费；有时，它甚至完全禁止它们的航行。

16 世纪，西班牙和葡萄牙对这些权利的滥用为各国对这些主张的反应做好了准备。根据 1493 年教皇亚历山大六世的命令，这两个国家要求瓜分新世界：西班牙主张整个太平洋和墨西哥湾；葡萄牙主张整个印度洋和大西洋的大部分海域。两国均排除外国人进入这些广大的海域。葡萄牙在 1609 年的主张促使格劳秀斯发表了《海洋自由论》（*Mare Liberum*）这本书。在这本书中，他主张，海洋不可能成为任何国家的财产。他的攻击遭到了广泛反对，在英国，约翰·塞尔登（John Selden）在 1635 年发表了《闭海论》（*Mare Clausum*），以此回应格劳秀斯的观点，并维护英国的主张。当时，并不存在对海洋主张主权这一观点的广泛敌意；各国想要的以及慢慢建立起来的是航行自由，这十分符合主权的存在。慢慢地，出现了更加极端的观点，到 1825 年，公海自由原则可以说已经得到了确立。不过，虽然那个时候已经建立起公海自由原则，但是不可能让公海这个所有国家的船舶都可以利用的海域不受到任何法律的规制，因此有必要考察一国可以对公海行使管辖权的情形。

公海是指不包括一国领海、专属经济区或群岛海域的所有海域。[46] 1982 年

---

[46] 《海洋法公约》第 86 条。

《海洋法公约》确认，所有国家享有公海自由，[47] 任何国家均不得将公海的任何部分置于其主权之下，[48] 公海应当只用于和平目的。[49] 虽然可以说捕鱼自由被认为并不关心鱼类资源，但是今天，过度捕鱼问题和管理生态系统更加受人关注，即使国际法在这方面还是比较薄弱。正如我们已经指出的，大多数渔业资源都是在沿海国的专属经济区内被发现的。在公海捕鱼受到某些公约的调整，但是许多人仍然担忧，我们正在对海洋环境造成不可修复的破坏。小田滋法官（不以法官的身份）不断建议，将公海渔业资源与深海海床资源一起视为"人类的共同继承财产"。[50] 现在的制度力度不够大，通常都让各国自己来掌控。[51]

　　每一个国家对公海中航行的展示其旗帜的船只行使管辖权；它可以对船上的所有人——不论他们的国籍——适用自己的法律，无论是民法还是刑法。这项原则的正当性就在于，有些法律必须适用于船只，没有其他的法律与船旗国的法律竞争。我们不应试图以将船只视为一国的浮动领土来解释这一点。这是一个荒唐的比喻，因为这将产生一个荒唐的结果，即围绕该船只的海域将成为领海。船只只能悬挂一国的旗帜航行，对它行使专属管辖权的就是该国。[52] 每一个国家都制定赋予船只国籍的条件，并且在该国与船只之间必须存在真实的联系。[53]

　　现在，不同国家的船只在海上发生碰撞受到 1982 年《海洋法公约》的一个具体条款的调整。根据该条款的规定，除了船旗国或被控有错的国民的国籍国的

---

〔47〕 第 87 条规定"除其他外"的自由：航行、飞越、铺设海底电缆和管道、建筑国际法许可的人工岛屿和其他设施、捕鱼以及科学研究。这些自由受到《公约》规定的限制。有时，还有人认为，国家还有权自由试验武器和军事演习。另见第 90 条。

〔48〕 第 89 条。

〔49〕 第 88 条。另见第 141 条和第 301 条，这些条款的适用范围是有争议的。它显然包括禁止侵略和非法使用武力（参见下文第九章）；进一步参见 Churchill and Lowe（above），ch. 17 and Rothwell and Stephens（above），ch. 12。

〔50〕 'Some Reflections on Recent Developments in the Law of the Sea', 27 *Yale Journal of International Law*（2002）217 – 21.

〔51〕 第 116—120 条、第 60—68 条、第 297 条第 3 款第 1 项；1995 年《联合国履行〈海洋法公约〉有关养护和管理跨界鱼群及高度洄游鱼群条文协定》；还参见 ITLOS *Southern Bluefin Tuna*（*Australia v Japan*）（*provisional measures*）27 August 1999，paras 70 – 80。

〔52〕 第 92 条第 1 款。

〔53〕 第 91 条第 1 款。注意：国际海洋法法庭对这种情况下的"真实联系"符合目的的解释，它不许几内亚挑战联系的真实性，并且强调该条款的目的是"为了确保更有效执行船旗国的义务"，参见 *M/V Saiga*（*No.* 2）*Saint Vincent and the Grenadines v Guinea*（admissibility and merits）1 July 1999，at para. 83。

当局外，任何其他当局不得对公海中发生的事故提起刑事或纪律程序。[54]

228   按照这一原则，每一个国家对悬挂自己国旗的船只享有管辖权，任何国家对公海没有一般的警戒权。但是，在某些情况中，存在这样的权利。我们可以找到许多各国基于条约允许其他国家对它们的船只行使某种警戒权或管辖权的情形。因此，在禁酒令时代，美国与许多其他海洋国家谈判签订了条约，包括英国，允许美国在美国领水以外一定距离的海域内搜寻海盗船只，而且如果有这么做的合理理由，美国可以将这些船只带往美国法院审判。在惩治贩运奴隶过程中，也就其中的权利达成协议。在 19 世纪，为了惩治奴隶贩运签订了各种公约，例如，1815 年的维也纳公会宣布贩运奴隶是非法的，1885 年关于非洲问题的柏林会议和 1890 年布鲁塞尔反奴隶制会议均通过了惩治非洲奴隶制的措施。各国一直不愿其他国家的军舰搜查自己的船只，但是 19 世纪奴隶制的衰落改变了人们对这个问题的看法，因此这些条约最终允许一国的武装船只搜查特定地理范围内其他国家的可疑船只。现在，《海洋法公约》允许一国政府船舶对那些怀疑从事了贩运奴隶的船只进行登临。[55] 这样的权利还适用于怀疑没有国籍的船只或虽悬挂
229 外国旗帜或拒不展示其旗帜，而事实上却与该政府船舶属同一国籍的船只。[56]
不同的条约还有关于海上贩运毒品、贩运人口和走私移民的规定。

任何国家都可以逮捕公海上的海盗，并将他们带回自己的法院审判，因为他们是人类的公敌 (hostes humani generis)。但是，这只适用于那些依据国际法构成海盗的人。在目前的情况下，简单地说，海盗行为包括私人船舶的船员或乘客为私人目的，在公海上（或者专属经济区内）对另一船舶，或对另一船舶上的人所从事的任何非法的暴力或扣留行为。[57] 需要注意的是，必须涉及两艘不同的船只，因此依据《公约》的规定，在一艘船只内部从事的扣留行为就不是海盗行

---

〔54〕 第 97 条第 1 款。

〔55〕 第 110 条第 1 款第 2 项。

〔56〕 第 110 条第 1 款第 4 项和第 5 项；还有一个条款是关于未经许可的广播，即所谓的"海盗广播站"，第 11 条第 1 款第 3 项和第 109 条。

〔57〕 参见第 101 条和第 58 条第 2 款。当然，各国可能具有关于海盗的国内法并适用于它们的领海，而且在范围方面与国际法上的定义不同，但是任何行使管辖权将被作为正常的领土管辖权的一部分得到许可。

为，而且该行为还必须是为了"私人目的"。[58]

目前，索马里海岸出现的情况表明，仅仅拥有一套惩治海盗的国际法律制度是不够的。2011 年，据报道，在该地区有 26 艘船只和 601 人被海盗劫持。[59] 每艘船只的赎金达到 470 万美元，而且在 2011 年已经支付了 13 500 万美元。[60] 在那些行为中，涉及海盗行为的是相对少数，[61] 但是，受到袭击的海域面积非常 230 广。[62] 即使海盗被抓获，也没有国家愿意在自己国家的法院审判他们或者在审判之后监禁他们。同时，由于将被判刑的海盗送还索马里十分困难，因此情况变得更加复杂，即便已经与索马里当局合作进行起诉。

对不符合上述海盗行为的定义的行为的管辖权应当遵守 1988 年《制止危及海上航行安全非法行为公约》，而且 2005 年通过的一个议定书增加了一系列涉及利用船只进一步从事恐怖主义行为的犯罪。该议定书还包括涉及登临的一系列规则，还规定"应避免使用武力，除非是确保其官员和船上人员的安全所必需者，或官员们在执行经授权的行动时受到阻碍。依照本条使用的任何武力不应超过在该情况下所必需和合理的最低武力程度"。[63] 有趣的是，新修正的议定书不仅涉及多个船旗国的利益，而且还规定了对船上人员的待遇。当缔约国对船只采取措施时，必需"确保以维护基本人类尊严的方式，按照包括国际人权法在内的所适 231 用的国际法的规定对待船上所有人员。"[64] 从更广义的角度来看，与恐怖主义情况不同的是，国际海洋法法庭认为，登船的方式和在船上不分皂白地开火违反了国际法。按照法庭的话来说："对人性的考虑必须适用于海洋法，就像在其他国

---

〔58〕 这些条件是"阿希尔·劳罗号"（*Achille Lauro*）事件中复杂的法律问题的核心；关于对它们的生动描述，参见 A. Cassese, *Terrorism, Politics, and the Law: The Achille Lauro Affair*（Cambridge: Polity, 1989）.

〔59〕 UN Doc. S/2011/360, at 27.

〔60〕 *Piracy off the coast of Somalia*, HoC Foreign Aff. Cttee, HC 1318（2012）.

〔61〕 "海军估计，大约有 50 名海盗主要头目，海盗袭击团伙约有 300 名头目，还有约 2500 名一般成员。据认为，资金是由约 10—20 名个人提供。此外，还有大量的武装个人看守被挟持的船只，并有不少赎金谈判人员。" S/2011/360, at 27.

〔62〕 280 万平方英里。

〔63〕 Art. 2 inserting Art. 8*bis*（9）in the 1988 Convention.

〔64〕 Art. 8*bis*（10）（ii）.

际法领域一样。"[65]

当沿海国有合理理由相信船只违反它的法律和规章时，《公约》允许"紧追"船只，直到其到达公海并在公海中进行逮捕。沿海国的这项权利受到以下限制：①当外国船舶或其小艇之一在追逐国的内水、群岛水域、领域或毗连区内时开始追逐；②追逐只有在外国船舶视听所及的距离内发出视觉或听觉的停驶信号后，才可开始；③追逐未曾中断；④被追逐的船舶没有进入其本国领海或第三国领海；⑤紧追权只可由军舰、军用飞机或其他有清楚标志可以识别的为政府服务并经授权紧追的船舶或飞机行使。[66]

232

第七节　对军舰或其他国家船舶的管辖权

军舰和国家船舶（只要国家船舶不从事商业活动）全部免受当地管辖。未经指挥官的同意，港口国当局不得以任何理由进入它们。[67] 就军舰而言，自从美国最高法院首席大法官马歇尔在1812年的"交易号案"的判决以来，这已经得到广泛认同。[68] 但是，这并不是说，军舰或国家船舶没有义务遵守港口国的法律。相反，它们有义务在任何具有外部效应的事项方面这么做。因此，虽然它们在船舶的纪律事项方面应当遵守自己国家的法律，但是就环境或污染问题方面必须遵守当地国的法律和规章。[69] 它们不得庇护逃犯，尽管至少对于美洲的一

---

〔65〕 *M/V Saiga*（No. 2）（*merits*）（above），at para. 155："依据《公约》第293条适用的国际法要求，使用武力必须尽最大可能避免，而且当迫不得已使用武力时，不得超出案情所需的合理必要的范围。"

〔66〕 《海洋法公约》第111条。注意："如果外国船舶是在第33条所规定的毗连区内，追逐只有在设立该区所保护的权利遭到侵犯的情形下才可进行"（第111条第1款）；关于在专属经济区或大陆架内的违反行为，参见第111条第2款；进一步参见 *M/V Saiga*, ibid paras 139-52.

〔67〕 关于详细的信息，参见第29—32条、第58条第2款、第95—96条，以及1926年的《统一有关国有船只豁免某些规则的布鲁塞尔公约》（Brussels Convention for the Unification of Certain Rules concerning the Immunity of State-owned Vessels）及其1934年的附加议定书。另见2004年《联合国国家及其财产管辖豁免公约》第16条。

〔68〕 11 U.S. 116（1812）.

〔69〕 参见《海洋法公约》第21条、第30条、第31条。

些国家来说，军舰可以提供政治庇护。[70] 违反了离岸法律的船员不受到保护，尽管港口国当局可以，而且经常将它们移交给船旗国当局，而不是自己处理它们 233 实施的犯罪。[71] 因此，国家船舶的豁免并不是指全部豁免当地国关于通过方面的法律和规章，而是豁免任何类型的法律程序。如果国家船舶违反了沿海国关于通过的法律或国际法，那么沿海国"可以要求其立即离开领海"。[72] 更加明确地说，行为国需要为违法行为引起的任何损失或损坏承担国际责任，[73] 沿海国可以通过外交行动或有关的争端解决程序确保获得救济。[74]

在"陈实春诉国王案"（*Chung Chi Chiung v The King*）的判决中，枢密院就指出，军舰并不是外国浮动的领土，实际上受到当地国法律的调整。[75] 在这个案件中，一个英国人因为在停泊在香港（当时处在英国的统治下）领水的中国国 234 家船舶上涉嫌谋杀而被香港法院定罪。他曾经想要自杀，但是被带到了香港地区的一家医院。在上诉时，他认为香港的法院没有管辖权。如果国家船舶的性质真的应当被视为"域外"，也就是说，是外国的领土，那么这种观点看上去就很有道理。不过，枢密院认为，外国船舶仅仅享有某些免受当地国法律管辖的权利，因此，除了那些被这种豁免排除的事项外，当地国法律对其适用，而且还对船上发生的所有事情适用。因此，不可能从法律上反对该船有权享受的豁免。由于中国内地已经放弃了豁免，因此香港法院有权审理该案。

军事法院之类的法院在不侵犯领土国主权的情况下，可以对国家船舶执行船旗国的法律和纪律，而且只要船员仍然在船上，就可以全部免受当地国管辖。一

---

〔70〕 例如参见 1954 年的美洲国家组织《外交庇护公约》（OAS Convention on Diplomatic Asylum）第 1 条："使馆、军舰、军营或军用航空器向出于政治原因或政治犯提供的庇护应当在本《公约》规定的基础上得到领土国的尊重。"进一步参见 P. Shah, 'Asylum, Diplomatic', < mpepil. com >.

〔71〕 应当对指挥官和船员在岸上履行职责的情况与为了"消遣或娱乐"的目的而上岸访问的情况进行区别（例如参见 *Oppenheim's International Law* 9th edn, at 1169 – 70）。在前一种情况下，有人认为，即使涉及犯罪，他们仍然处在自己国家的专属管辖之下；而在后一种情况下，他们处在港口国的管辖之下，可以因为在岸上从事的犯罪得到惩罚（进一步参见下面的介绍）。

〔72〕 第 30 条；Churchill and Lowe（above），at 99 建议，这项规则还必须适用于国家船舶，并且可以使用"任何必要的武力"将船舶逐出领海。

〔73〕 第 31 条。

〔74〕 参见后文第八章。

〔75〕 [1939] AC 160. 英国法院本来有权审判英国臣民从事的谋杀行为，即使该行为是在境外实施的，但是香港法院显然不能这么做。

方面，如果他们上岸履行公务，那么他们就免受当地国的法律。[76] 如果他们在岸上犯罪，可以对他们进行限制，或者为了防止进一步犯罪，必须把他们移交该国家船舶，以便他们可以依照船旗国的法律得到处理。另一方面，如果他们只是上岸休假，他们就不能免受当地国的管辖，可以因为违反当地国的法律被逮捕和在当地国法院受审。不过，如果没有受到逮捕而重新上船，当地国政府就不能再要求移交他们，只能要求他们依据派遣国的法律接受处理。[77] 在许多情况下，来访的海军部队需要遵守"来访部队协议"的规定，至于对有关人员能否行使专属或并行的管辖权，都取决于这些协议是如何规定的。

第八节 对国家处理本国国民的权力的限制以及尊重国际人权法

本书 1928 年的版本写道："一国与其国民之间的关系通常是一个国内管辖的事项，尽管与所有其他国内管辖事项一样，但是它们可以因为条约而成为国际法关注的领域。"[78] 1963 年，沃尔多克主编的最新版本强调了《世界人权宣言》的作用，认为"它是联合国会员国所理解的基本权利和自由内容的一般指引，而且是世界不同地区的不同人权观念的纽带"。不过，他悲叹道，"对争议问题过分的阐释和采取理论方法"已经剥夺了人们努力研究那些具有拘束力的盟约的"任何成功的可能性"，而且断定，联合国肯定"愿意起草一些没有实施机制的特别的公约，例如关于'灭绝种族'的公约和妇女政治权利的公约"。[79] 五十多年过去了，情况发生了明显改变。[80]

---

〔76〕 *Ministère Public v Triandafilou*, 39 AJIL（1945）345 – 7; Institute of International Law Resolution, 'Règlement sur le régime des navires de mer et de leurs équipages dans les ports étrangers en temps de paix'（1928）Art. 20.

〔77〕 *Orfandis v Min Public*, 12 ILR（1943 – 5）case No. 38, 141 – 3.

〔78〕 1st edn, at 136.

〔79〕 6th edn, at 294.

〔80〕 对各种发展的介绍，参见 C. Krause and M. Scheinin（eds）, *International Protection of Human Rights: A Textbook*（Turku: Abo Akademi Institute for Human Rights, 2009）; S. Shah, S. Sivakumaran, and D. Harris（eds）, *International Human Rights Law*（Oxford: OUP, 2010）.

第一，两个国际人权盟约最终得以通过，并在 1976 年生效。[81] 它们得到了广泛批准，而且规定了适用的机制，包括监督各国提交报告的独立委员会和允许个人申诉的程序。另外，现在还有十多份生效的条约涉及各种人权话题：种族歧视、妇女歧视、酷刑、儿童、移民工人、残疾人、失踪等。[82] 每一个条约通常具有一个独立的委员会监督国家履行义务的情况，而且在几乎所有的情况下，具有庭审申诉的权力。在酷刑方面，还成立了一个小组委员会，其有权对羁押场所进行探视，并且发布年度公开报告。[83] 如果将它们与将近二百份国际劳工组织的公约一起考虑，那么这些条约可以说涵盖日常生活的方方面面。因此，现在我们已经为各国建立了有拘束力的义务，而且还建立了监督它们实施的机制。 237

第二，2006 年，联合国人权委员会被联合国人权理事会取代。新的理事会努力避免联合国人权辩论中的理论对抗。理事会的权力包括广泛的"特别程序"，这是联合国多年发展出来的机制。联合国依据这种制度任命的独立专家起初关注的是国别情况，通常是面对人权危机而建立的，例如智利发生的政变、阿根廷发生的失踪、苏联占领阿富汗、伊拉克占领科威特、以色列占领巴勒斯坦领土、南斯拉夫的分裂、卢旺达发生的灭绝种族以及缅甸发生的侵犯人权现象。今天，对这些"国别机制"[84] 进行补充的是"专题机制"，涵盖许多问题。[85] "不能将这些专家的工作视为对专门属于一国国内管辖事项的干预。他们依靠的是一 238

---

〔81〕 《经济、社会和文化权利国际盟约》、《公民和政治权利国际盟约》。每一个条约都有一个任择性议定书，允许对议定书的缔约国提起申诉。

〔82〕 关于这方面的介绍，参见 W. Kälin and J. Künzli, *The Law of International Human Rights Protection* (Oxford：OUP, 2009).

〔83〕 参见 2002 年《禁止酷刑和其他残忍、不人道或有辱人格待遇或惩罚的公约任择议定书》；还可见 1987 年《欧洲预防酷刑和不人道或有辱人格待遇或惩罚公约》；关于对后面这项机制内部工作的描述，参见 A. Cassese, *Inhuman States：Imprisonment, Detention and Torture in Europe Today* (Cambridge：Polity, 1996).

〔84〕 2011 年，这包括柬埔寨、科特迪瓦、朝鲜、海地、伊朗、巴勒斯坦被占领土、索马里和苏丹。

〔85〕 专题机制包括（以创建的顺序排列）：强迫或不自愿失踪；法外、即决和任意处决；酷刑和其他残忍、不人道或有辱人格的待遇或惩罚；宗教或信仰自由；雇佣兵；贩卖儿童、儿童卖淫和儿童色情；任意羁押；国内流离失所者；种族主义与排外主义；表达自由；对妇女暴力；法官和律师独立；经济改革政策和外债；有毒、危险产品和废物；教育权；极端贫穷；移民；食物权；充足住房权；人权卫士；土著人口；健康权；非洲裔人口遇到的种族歧视；人权和反恐；少数人问题；国际团结；人权和跨国公司以及其他商业企业；贩卖人口；现代奴隶制形式；取得安全的饮用水和卫生；文化权利；和平机会和结社自由；在法律和实践中对妇女的歧视。

套规范框架，其不仅包括各国同意的有拘束力的条约，还包括 1948 年《世界人权宣言》和《联合国宪章》中规定的权利。"

第三，为了回应人们对人权委员会运作过程中的选择性和政治化方式的激烈批评，新的联合国人权理事会发展出了一套普遍定期审议机制，按照这一机制，每一个国家的人权记录都将至少每隔四年在理事会公开会议接受审议。[86] 这些审议会议是公开举行的，而且网络已经使人们对其产生了广泛兴趣。在这里，每个国家对其他国家事务的审查不能以专属管辖为由受到挑战。各国同意，这些审议包括《联合国宪章》、《世界人权宣言》、各国参加的人权文件、各国作出的自愿保证与承诺，以及可适用的国际人道法。[87]

239　　　第四，联合国已经建立了一系列调查委员会和实地机制，调查和报告人权情况。[88] 在有些情况下，调查委员会是国际刑事法庭的前身（例如前南斯拉夫和卢旺达的情况）。在另外一些情况下，调查委员会的报告导致安理会启动国际刑事法院的管辖权（就像达尔富尔调查报告一样）。最近，我们看到了加沙、刚果民主共和国、利比亚和叙利亚问题的详细报告。

　　　第五，区域层面的平行发展产生了独立的条约监督机构，[89] 在欧洲、美洲和非洲产生了人权法院，它们有权对条约的缔约国发布具有拘束力的判决。这些机构发展出来的判例法为澄清和解释国家承担的国际人权义务提供了丰富的资料，而且出现了发展这套国际法的出版物和课程。本书最近的一个版本，即 1963

240　　年的版本指出，欧洲人权法院已经作出了第一份判决。五十年过后，该法院已经作出了一万份判决，它们涉及法外杀害、酷刑、死刑、强迫劳动、羁押、公正审判、隐私权、表达自由、家庭权、结社和集会自由、和平享受财产权，以及其他许多问题。还有一项重大发展，即所有《欧洲人权公约》缔约国通过了允许将

---

〔86〕　关于对这些发展的研究，参见 K. Boyle, *New Institutions for Human Rights Protection* (Oxford: OUP, 2009) and B. G. Ramcharan, *The UN Human Rights Council* (London: Routledge, 2011).

〔87〕　A/HRC/RES/5/1 Annex, paras 1 – 2.

〔88〕　P. Alston, 'The Darfur Commission as a Model for Future Responses to Crisis Situations', 3 *JICJ* (2005) 600 – 7.

〔89〕　除了美洲国家组织、欧洲理事会和非洲联盟建立的机构外，我们还应当提到《阿拉伯宪章》建立的委员会，进一步参见 M. Rishmawi, 'The Arab Charter on Human Rights and the League of Arab States: An Update', 10 (1) *Human Rights Law Review* (2010) 169 – 78；为了完整起见，注意东南亚国家联盟政府间人权委员会可能及时被独立委员会取代。

据称侵犯《公约》权利的申诉提交国内法院的立法。也许，在这个领域，我们找到了国内法和国际法团结一致的最佳例子。[90]

第六，正如我们已经发现的，人权义务已经成为国际法的一部分。人权这个问题不再被视为联合国监督中的一个分散的问题，或者专属于不受国际法影响的国内管辖的事项。国际人权义务已经被用来挑战赦免方面的法律，这些法律阻止对严重侵犯人权的调查和起诉。而且，在美洲人权法院审理的许多案件中，这种法律不仅被判为违反人权义务，而且还缺乏法律效力。[91]　人权规范现在通常在一些依据国际法进行裁判的争端中得到援引，正在告诉我们旧的规则应当如何得到解释和适用。可以给出的例子贯穿本书，例如对安理会执行行动的审查、创设和承认新国家、取得领土、豁免法以及外交保护。正是这一贯穿国际法体系的人权义务主流化运动，才使得国际法充满活力，从一种国际共存和合作的工具发展成为了一套追求人类幸福和个人尊严的法律体系。[92] 241

第七，对个人的关注还导致个人违反国际法的刑事责任方面的重大发展。我们已经指出，个人在国际法庭可以直接对违反国际刑法的行为承担责任。现在，有许多条约规定了犯罪，而且要求缔约国对涉嫌实施这种犯罪的个人进行起诉或引渡。除了酷刑条约外，还有许多这方面的条约，例如涉及劫持人质、儿童色情和失踪等问题。皮诺切特参议员曾经在英国法院主张豁免权，但是由于智利和英国参加了《联合国禁止酷刑公约》，因此这种主张被认为是无效的。但是，为了 242 理解这些条约的运作，我们需要从更一般的层面思考国家刑事管辖权的范围，这就是下一节要介绍的话题。

---

〔90〕　关于这些义务如何在各种机构中得到适用的，参见 R. Clayton and H. Tomlinson, *The Law of Human Rights*, 2nd edn（Oxford：OUP, 2009）以及 N. Jayawickrama, *The Judicial Application of Human Rights Law：National Regional and International Jurisprudence*（Cambridge：CUP, 2002）.

〔91〕　例如参见 *Gomes Lund et al. v Brazil*, 24 November 2010；法院认为："禁止强迫失踪和对负有责任的人进行调查和惩罚，现在已经成为了国际强行法。"（at para. 137）；还参见 OHCHR *Rule-of-Law Tools for Post-Conflict States：Amnesties*（2009）.

〔92〕　进一步参见 T. Meron, *International Law in the Age of Human Rights——General Course on Public International Law*, 301 *RCADI*（Leiden：Nijhoff, 2004）；M. T. Kamminga and M. Scheinin（eds）, *The Impact of Human Rights Law on General International Law*（Oxford：OUP, 2009）；P. Capps, *Human Dignity and the Foundations of International Law*（Oxford：Hart, 2009）.

第九节　国家刑事管辖权的范围

有关刑事管辖权的国际实践是不一致的。一国有权处理在其领土（包括领海和领空）境内实施的任何犯罪——不论犯罪人的国籍（领土管辖权）——这是公认的。一国还可以对自己国民在境外实施的犯罪行使管辖权（积极属人管辖权），这也是公认的。但是，一国何时可以惩罚外国人在境外实施的犯罪，以及外国人何时不受该国刑法的管辖，则是存在争议的。

在某些情况下，犯罪可以在一国领土**境内**实施，因此可以得到该国刑事法院的审判，即使行为人可能处在领土之外。这也是公认的。一个显然的例子是，一个人朝着边界另一侧开枪打死了邻国的一个人。在这种情况下，开枪的那个人所在国家的管辖权被称为"主观"领土管辖权，而被害人所在国的管辖权被称为"客观领土管辖权"。[93] 英美的法院不断承认这种客观领土管辖权。例如，在"雷克斯诉戈弗雷案"（*Rex v Godfrey*）[94] 中，英国法院命令向瑞士引渡嫌疑人，虽然他位于英国，但是据称其通过欺诈的手段从在瑞士的合伙人那里骗取了货物。在"福特诉美国案"（*Ford v United States*）[95] 中，美国最高法院在 1927 年判决，一些英国人（他们的船只当时位于公海）因为共谋违反美国的禁酒法律而被定罪。这些案件看来可以佐证穆尔（Moore）法官在"荷花号案"判决中的断言。他说：

> 现在看来，一项公认的规则是，在本国境内的人从事的行为直接造成犯罪在他国境内实施时，鉴于罪犯**从事犯罪时**应当处在本国境内，因此如果他来到他国领土，国际法并不禁止他国对其进行起诉。[96]

---

〔93〕 洛和斯泰克（Staker）对此作出了进一步解释。他们说，罪犯在一国准备炸弹，然后在境外的飞机上引爆炸弹，那么准备炸弹的那个国家也有主观领土管辖权。参见 M. Evans（ed.），*International Law*，3rd edn（Oxford：OUP, 2010）313 – 39, at 321 – 2.

〔94〕 ［1923］1 KB 24.

〔95〕 273 US 593.

〔96〕 PCIJ Reports, Series A, 10（1927），at 73（emphasis added）.

通过审查这一理论的前提，有人扩大了某种行为在一国领土产生效果就足以确立客观领土管辖的认识。[97] 例如，有人试图仅仅因为某种行为在一国产生了经济方面的后果（例如价格上升）就主张管辖权，而不是基于物理方面的后果 244 （例如炸弹爆炸）。沃恩·洛这样解释道：

> 例如，美国当局试图用效果理论来拆散美国境外由非美国公司合法组建的卡特尔。有些卡特尔是经过有关公司的国籍国批准和鼓励而组建的，这些公司并没有在美国境内从事实际活动，但是由于它们的活动影响到了世界的价格（美国消费者需要支付），因此美国法院判决这些卡特尔对美国产生了影响，因此美国有管辖权。不过，这种"效果理论"是有争议的。[98]

欧盟同样处理外国公司的反竞争行为，尽管其在早期曾抗议美国主张管辖权，但是趋势是同意效果理论（不过把重心放在了执行方面），因此在某些情况下管辖权得到了扩张，将外国公司在境外的活动也包括在内。[99] 但是，客观领土管辖权理论并不包括那种对外国人对本国国民在境外实施的犯罪主张的管辖（消极属人管辖权）。这种管辖权是基于对保护国民权利性质的错误认识。正如我们在下 245 文将看到的，国际法承认各国有权行使外交保护，即要求对国民在境外遭受的损害进行赔偿，但是国际法并不承认一国有权将本国的刑法适用于不受其保护的本国国民。

在"荷花号案"中，常设国际法院考察了关于这个问题的国际法，在该案中，一艘法国的蒸汽邮轮"荷花号"与一艘土耳其运煤船"博兹—库特号"（Boz‑Kourt）在土耳其领海外面的爱琴海发生了碰撞，导致土耳其船只沉没，并有人员

---

〔97〕 我们在这里可以提到"保护性管辖"这种思想。按照这种思想，当外国人在国外从事的犯罪威胁到一国的安全时，该国就可以主张管辖权，参见 Shaw, *International Law* (above) at 666 – 8.

〔98〕 *International Law* (Oxford：OUP, 2007), at 173.

〔99〕 参见 R. Higgins, *Problems and Process：International Law and How We Use It* (Oxford：Clarendon Press, 1994), at 75 – 6；关于详细情况，参见 B. Sufrin, 'Competition Law in a Globalised Market Place：Beyond Jurisdiction', in P. Capps, M. Evans, and S. Konstadinis (eds), *Asserting Jurisdiction：International and European Legal Perspectives* (Oxford：Hart, 2003) 105 – 26.

死亡。"荷花号"抵达君士坦丁堡后，负有责任的船员被审判，而且被判杀人罪。土耳其法院依据《土耳其刑法典》中的一个条款判定其有管辖权，该条款规定，除了受到一些限制外，土耳其法院有权审理外国人在境外对土耳其或土耳其国民实施的犯罪。法国政府认为这一条款不符合国际法。常设国际法院的 12 位法官中的 6 位法官形成了多数意见，没有对土耳其法律是否符合国际法进行表态，但是认为，国际法并不禁止土耳其法院对本案行使管辖权，因为这一犯罪已经对土耳其船只产生了效果，尽管行为人自己当时是在法国船只上。

穆尔法官表示反对。他同意 6 位法官的多数意见的判决，但是有不同的理由。他说，土耳其法律中的那个条款"是违反国际法中明确规定的原则的"。他说，这意味着：

246

> 当一国的公民访问另一国时，他是带着他自己国家的"保护"进行的访问，而且也将他接触的人置于那部法律的管辖之下。这样一来，一个商业大城市由于聚集了外国人，其居民就有可能不时发现自己处在许多外国刑法的调整之下……没有人会质疑一国将处在国外的本国公民纳入本国刑法，如果它认为合适的话……但是，当一国主张自己的刑法还适用于其他国家，而且适用于完全发生在其他国家境内的行为，或者，如果它并没有这样主张，但是可以惩罚外国人据称实施的违反他们不应该遵守的法律，即使是在他自己的国家领土内时，情况则会根本不同。[100]

还有 5 位法官也对法院的判决发表了反对意见。

可以说，法院多数法官的意见（于贝院长投下了决定性一票）就是将土耳其船只比作土耳其领土，因此认为本案就是"客观领土管辖权"原则的体现。正如前文所述，这一原则已经得到了普通接受，但是那种将撞沉土耳其船只比作是在土耳其领土上犯罪的思想被芬利（Finlay）勋爵在其反对意见中描述为"一种新的和令人吃惊的比喻"。[101] 海事组织对这一多数意见表达了担忧。它们担心，

247

---

[100]　PCIJ Reports, Series A, 10 (1927), at 92–3.

[101]　Ibid 52.

船长有可能受到双重起诉——外国港口国当局的指控和船旗国当局的指控，而且船只也有可能在外国法院的诉讼中被扣。允许"受害船只"的国家起诉外国船只上的外国人这一规则现在已经被许多条约取消了。1982 年《海洋法公约》第 97 条第 1 款规定得非常清楚：

> 遇有船舶在公海上碰撞或任何其他航行事故涉及船长或任何其他为船舶服务的人员的刑事或纪律责任时，对此种人员的任何刑事诉讼或纪律程序，仅可向船旗国或此种人员所属国的司法或行政当局提出。

当本国国民是外国领土上实施的犯罪的被害人时，怎么看待消极属人管辖权呢？关于战争罪和其他国际犯罪，人们应该不会反对一国行使消极属人管辖权。[102] 但是，关于其他犯罪，这个问题是有争议的。一方面，洛（Lowe）认为，主张这种管辖权就是一种"法律帝国主义的形式"。[103] 另一方面，沃森（Watson）则支持消极属人管辖权，认为它"有助于确保逃犯无法逃脱惩罚"。[104] 对于那些比较严重的、得到两国承认的犯罪，主张这种管辖权相对不会产生问题。今天，对于酷刑的被害人[105]和遭受境外恐怖袭击的本国人能否行使消极属人管辖权，是一个很突出的问题。在这种情况下，极有可能需要通过有关条约来解决这个问题。反恐条约体系涵盖了大多数行为，而且可以说，凡是没有被具体条约调整的行为

248

---

〔102〕　*An Introduction to International Criminal Law and Procedure*, 2nd edn（Cambridge：CUP, 2010）；R. Cryer, at 49 – 50.

〔103〕　*International Law* above, at 176.

〔104〕　G. R. Watson, 'The Passive Personality Principle', 28（1）*Texas International Law Journal*（1993）1 – 46, at 46.

〔105〕　1984 年《禁止酷刑和其他残忍、不人道或有辱人格的待遇或惩罚公约》第 5 条第 1 款："每一缔约国应采取各种必要措施，确定在下列情况下该国对（酷刑罪）有管辖权：……（c）受害人为该国国民，**而该国认为应予管辖**。"（着重号为作者所加）。缔约国没有义务确立这种管辖权，但是将其规定在这个条约中，表明国家有权主张这种管辖权。

现在都被认为是习惯国际法下的犯罪。[106]

　　我们现在应当看一下进一步主张管辖权的情形。在有些情况下，国家主张它
们对某些犯罪具有普遍管辖权。正如我们在上文看到的那样，国家可以扣押海盗
249　船只，逮捕上面的人员，并通过自己的法院行使管辖权。最近，由于索马里附近
海盗猖獗，联合国安理会授权对索马里领海、甚至是在索马里领土上实施的这种
犯罪行使管辖权。安理会还呼吁所有国家将海盗规定为其国内法中的犯罪。[107]
关于逮捕和起诉海盗产生了一些实践中的问题，更多的是其他问题，而不是涉及
国际法的管辖权问题。2011 年，有 20 个国家起诉了索马里近海的海盗行为，其
中有一千多人因为涉嫌从事海盗行为或被定为海盗罪而被羁押。[108] 还可以说，
普遍管辖权理论已经得到了巩固。[109] 但是，在海盗的情况下，这种普遍管辖权
的前提是，犯罪发生在任何国家领土之外，而且是在海盗船悬挂了错误的旗帜，
甚至是像海盗骷髅旗的情况下发生的。

250　　但是，由于一国对另一国国民**在另一国**实施的国际犯罪行使普遍管辖权，因
此引起了新的争论，包括被揭露是搞新殖民主义。[110] 引起的问题主要涉及对灭
绝种族、危害人类罪和战争罪的审判。[111] 再加上出现了前任官员被控国际犯罪
时不得在外国法院享受豁免，这种类型的管辖权已经扰乱了国际关系，并且在某

---

　　〔106〕　参见黎巴嫩特别法庭上诉分庭在下面这个案件中的详细解释，Case STL – 11 – 01/I, 16 February
2011, at paras 83 – 130。在这个案件中，上诉分庭认为，该项习惯法规则具有三项要件："①准备犯罪行为
（例如谋杀、绑架、劫持人质、放火等），或威胁从事这种行为；②希望在居民中散布恐怖（一般会引起公
共危险）或者直接或间接胁迫国家或国际组织从事或不从事某种行为；③行为具有跨国因素。" At para.
85；还参见 A. Cassese, 'Terrorism as an International Crime', in A. Bianchi (ed.), *Enforcing International Law
Norms Against Terrorism* (Oxford: Hart Publishing, 2003) 213 – 25.

　　〔107〕　SC Res. 1950 (2010).

　　〔108〕　参见 S/2011/360 (above), at 27，数据如下：比利时（1 人）；法国（15 人）；德国（10 人）；
印度（119 人）；日本（4 人）；肯尼亚（119 人）；马达加斯加（12 人）；马来西亚（7 人）；马尔代夫
（34 人）；荷兰（29 人）；阿曼（12 人）；塞舌尔（64 人）；索马里（402 人）；韩国（5 人）；西班牙（2
人）；坦桑尼亚（12 人）；阿联酋（10 人）；美国（28 人）；也门（120 人）。

　　〔109〕　关于详细情况，参见 'Piracy Prosecutions', 104 *AJIL* (2010) 397 – 453.

　　〔110〕　L. Reydams, 'Belgium's First Application of Universal Jurisdiction: the *Butare Four* Case', 1 *JICJ*
(2003) 428 – 36；另见国际法院前的下列诉讼：*Case Concerning the Arrest Warrant of* 11 *April* 2000 (*Dem. Rep
of Congo v Belgium*) 14 February 2002; H. van der Wilt, 'Universal Jurisdiction under Attack', 9 (5) *Journal of
International Criminal Justice* (2011) 1043 – 66.

　　〔111〕　不过，有些国家对谋杀、强奸、殴打和绑架等规定了普遍管辖权，参见 Amnesty International, *U-
niversal Jurisdiction* IOR 53/015/2010.

些方面造成了某种程度的愤怒。亨利·基辛格（Henry Kissinger）曾经指出，出现了"用法官的暴政替代政府的暴政；历史上，品德高尚的人的暴政通常导致审判，甚至是迫害"。[112] 他甚至警告，这种起诉影响和平和和解方面的努力：

> 弗朗哥之后的西班牙作出的决定是避免审判最近实施了人权侵犯的全部人员，这明显是为了国家和解，毫无疑问极大地促进了今天西班牙民主的胜利。为什么不应给予智利进行国家和解的同样机会？难道任何对南非国家和解不满的外部团体都应该在自己国家的法院或第三国法院挑战它们？

对管辖权的这种分歧再次暴露了人们对国际法的目的及其在国际关系中的作用的 251 不同看法。[113] 如果我们认为国际法正在保护某种普世价值，那么可以说，那些犯罪就是震撼人类良知的犯罪，因此即使不符合与领土或国籍的传统联系，也可以得到审判。弗兰克·伯曼（Frank Berman）爵士认为，这种方法就是"旧的普通法律师"对法定犯（*mala prohibita*）和自然犯（*mala in se*）之间的区别的反响。自然犯是那些法律仅仅因为其不道德性而规定为犯罪的行为，而法定犯是指那些只有立法者宣布为是犯罪的行为。[114] 盖伊·古德温—吉尔（Guy Goodwin – Gill）更加进一步，他认为："国际犯罪'正是因为它们的性质'产生了向另一国引渡并在该国受审的义务或者将有关人员送交有管辖权的国际法庭的义务；正是这种强行法或对一切义务的结合，导致不可避免（在其他地方）审判。"[115] 但是，对于那些将国际法视为服务国家利益或者甚至是（各国界定的）共同利益的人来说， 252

---

〔112〕 'The Pitfalls of Universal Jurisdiction', *Foreign Affairs* July/August（2001）.

〔113〕 参见 J. d'Aspremont, 'Multilateral Versus Unilateral Exercises of Universal Criminal Jurisdiction', 43 *Israel Law Review*（2010）301 – 29.

〔114〕 'Jurisdiction：The State', in P. Capps, M. Evans, and S. Konstadinis（eds）, *Asserting Jurisdiction：International and European Legal Perspectives*（Oxford：Hart, 2003）3 – 15, at 7.

〔115〕 'Crime in International Law：Obligations *Erga Omnes* and the Duty to Prosecute', in G. Goodwin – Gill and S. Talman（eds）, *The Reality of International Law：Essays in Honour of Ian Brownlie*（Oxford：Clarendon Press, 1999）199 – 223, at 220.

行使普遍管辖权，再加上限制国家官员的豁免，完全就是一种破坏，是不正当的。[116]

在实践中，主张管辖权的合法性通常不会受到其他国家的质疑或抗议，因为它们暗示将同意行使管辖权（就像以色列审判艾希曼或比利时、瑞士审理卢旺达人一样），或者因为管辖权已经在多边条约中得到了规定。[117] 虽然政治学家和其他人将继续谴责国内法官和检察官非法主张域外管辖权，但如果仔细看看相关的条约就可以发现，正常行使管辖权的国家通常实际上同意其他缔约国行使管辖权。阿富汗军阀扎尔达德（Zardad）2005 年因为在阿富汗的酷刑和劫持人质而在伦敦受审。虽然审判是在与阿富汗当局合作的情况下进行的，但是我们可以思考一下，如果阿富汗政府抗议英国行使管辖权，那么情况将会变成怎样。阿富汗和英国均是相关公约的缔约国，它们规定，如果嫌疑人出现在任何缔约国的领土上，该国就应当羁押该人，然后应当引渡该人，或者"将案件交给有权机关起诉"。[118]

在恐怖主义情况下，有许多得到广泛批准的条约规定了相同的条款，但是在管辖权条款方面稍微有些不同。最近的发展是将使用民用航空器用于恐怖袭击（例如 2001 年 9 月 11 日发生的恐怖袭击）、从民用航空器卸载大规模杀伤性武器、或者使用飞机上的这种武器、或者针对这种飞机使用这种武器视为犯罪。这时，需要建立管辖权，以便创设下列义务：①对具有某种国籍和领土联系的罪犯确立管辖权的义务；②允许确立消极属人管辖权；③确立据称的罪犯出现在领土上并且该国不将其引渡给另一个缔约国的管辖权的义务。正是诸如这些的详细规

〔116〕 达斯普雷蒙特（d'Aspremont）（在前面）强调，在行使普遍管辖权过程中体现出来的"以价值为基础的论述"表明，这一过程"被视为是不正当的"，他并不质疑行使这种管辖权的合法性。Cf A. Cassese, 'Is the Bell Tolling for Universality? A Plea for a Sensible Notion of Universal Jurisdiction', 1 *JICJ* (2003) 589–95.

〔117〕 国际法院的几位法官在"逮捕令案"的个别意见中对这些问题进行了讨论。不过，法院的判决书并没有讨论普遍管辖权问题，只是对一些法官的个别意见进行了讨论。

〔118〕 《禁止酷刑公约》（前面）第 7 条第 1 款；《反对劫持人质国际公约》（1979 年）第 8 条第 1 款。还可以参见得到普遍批准的 1949 年 4 个《日内瓦公约》规定的严重破约制度，它规定："各缔约国有义务搜捕被控为曾犯或曾令人犯此种严重破坏本公约行为之人，并应将此种人，不分国籍，交送各该国法庭。该国亦得于自愿时，并依其立法之规定，将此种人送交另一有关之缔约国审判，但以该缔约国能指出案情显然者为限。"《第一公约》第 49 条、《第二公约》第 51 条、《第三公约》第 130 条、《第四公约》第 147 条。

则才界定了国内法院的管辖权。相关的规定是：

　　1. 各当事国应当采取必要措施，以就下列情况而对《关于制止与国际民用航空有关的非法行为的公约》所列的罪行，确立其管辖权：

　　（a）罪行是在该国领土内实施的；

　　（b）罪行是针对在该国登记的航空器或在该航空器内实施的；

　　（c）在其内实施罪行的航空器在该国领土内降落时，被指控的罪犯仍在该航空器内的；

　　（d）罪行是针对租来时不带机组人员的航空器或是在该航空器内实施的，而承租人的主要营业地在该国，或如承租人没有此种营业地但其永久居所是在该国的；

　　（e）罪行是由该国国民实施的。

　　2. 各当事国也可就下列情况而对任何此种罪行确立其管辖权：

　　（a）罪行是针对该国国民实施的；

　　（b）罪行是由其惯常居所在该国领土内的无国籍人实施的。

　　3. 如果被指控的罪犯在某一当事国领土内，而该当事国不依据第12条将其引渡给依照本条适用的条款对第1条所列的罪行已确立管辖权的任何当事国，该当事国也应当采取必要措施，确立其对第1条所列罪行的管辖权。[119]

254

255

对过度行使管辖权的指责并不是关于各国依据国际法有权做什么，更多的担忧是，国内法院有可能被用来对某个或特定的政府发动意识形态或政治方面的攻击。可以通过多利用国际的刑事法院来平息这些担忧，即使有些美国学者仍然质疑这种情况的合法性。[120]

---

〔119〕 2010 年《制止与国际民用航空有关的非法行为的公约》第 8 条，以及议定书第 7 条。这些公约并不调整武装冲突中武装部队的活动，分别是第 6 条和第 6 条。

〔120〕 一般参见 J. L. Goldsmith and E. A. Posner, *The Limits of International Law*（New York：OUP, 2005）；E. A. Posner, *The Perils of Global Legalism*（Chicago：University of Chicago Press, 2009）.

第十节 外国人待遇的范围

当一国允许外国人进入其领土时，它必须遵守体面对待他们的某种标准，而且如果没有遵守这一标准，这些外国人自己的国家可能会要求就遭到的损害进行
256 赔偿。这就是"外交保护"。用常设国际法院的话来说，这种要求的法律基础是：

> 通过外交行动或以自己名义提起的国际法律诉讼解决自己国民的案件，一国实际上是在主张自己的权利，这是一项以自己国民的资格确保尊重国际法规则的权利。这项权利必定限于以自己国民的名义进行的干预，因为在没有特别协议的情况下，正是国家和个人之间的国籍这一纽带使得该国具有外交保护权，而且正是作为外交保护功能的一部分，才会有提出要求和确保尊重国际法规则的权利。[121]

用这种方式来看外国人待遇的范围有点不太自然。毫无疑问，一般说来，一国希望看到自己的国民在外国得到公正对待，但是说国民在外国遭到伤害时，其国家作为一个整体自然也遭到了伤害却显得有点夸张。实际上，正如我们将看到的，这一理论并没有得到一贯遵守。例如，这一理论逻辑要求损害必须依照该国遭受的损害来评估，而这显然与个人遭受的损害是不一样的，但是实际上，法律总是允许按照个人遭受的损害进行评估，就好像诉因就是该人遭受的损害一样。

257 从个人的观点来说，提起外交保护的程序总是令人不满。个人通常没有自己的救济权，他所属的国家可能因为与案件无关的原因而不愿意提起案件。而且，即使该国愿意提起案件，也有可能出现被告国在愿意将案件提交仲裁或某种方式解决之前过分地拖延。

不过，为在外的国民个人和在国外经营的公司提起外交保护的要求是国家之间发生争端的最丰富的渊源之一，各国外交部的法律部门在这方面也具有丰富

---

[121] *Panevezys – Saldutiskis Railway Case*, PCIJ Series A/B 76, p. 16.

的经验。尽管起初关注的是虐待外国人的问题，但现在的主要问题是外国投资引起的求偿问题。不过，要求调整与保护外国人和保护外国投资公司有关的标准遭到了发展中国家的抵制，[122] 这在今天也是非常麻烦的。[123] 外国投资问题更有可能受到双边条约的调整，这些条约详细规定了对投资者承担的义务和解决争端的场所。因此，接下来我们将关注对外国人个人进行外交保护的一般原则，而不是 258 涉及外国投资方面的发展。

　　一般说来，自愿进入外国领土的人必须接受该国的制度。他们无权要求在所有方面得到与该国公民一样的平等待遇。例如，外国人通常不能竞选该国的公职或者投票参加该国的选举；他们不得从事沿海贸易（例如一国领海内的商业运输，也称"国内载运权"），或者在领海内捕鱼。这样那样的限制并不受到国际法的禁止。不过，外国人必须接受所在国法律制度这一规则是受到限制的，即那些法律制度必须符合国际法规定的标准。如果外国人人身或财产因为该国没有符合该标准而遭受损害，那么他们的国籍国则可以他们的名义就遭受的损害提起外交保护。

　　这一国际标准并不是精确的规则。它被视为"合理国家"的标准，"合理"就是今天的概念。美国 – 墨西哥求偿委员会很早就对这一标准有阐述：[124]

　　　　应当按照国际标准来判断政府行为的性质，而且要构成国际不法行
　　为，对外国人的待遇必须是一种暴行、奸诈、故意不守义务，或者政府
　　行为不符合国际标准以至于每一个合理和中立的人都会认为是不足的。 259
　　至于这种不足是因为没有很好地执行法律还是因为该国的法律使得该国
　　政府无法符合国际标准，则在所不问。

这一标准并不要求无论任何情况下政府的效率都必须统一。例如，在一国首都警

---

〔122〕　参见 M. Sornarajah, *The International Law on Foreign Investment*, 3rd edn（Cambridge：CUP, 2010）120 – 34. 他还认为，国际和国家标准的区别需要重新研究："过去，因为国民待遇在一些国家比资本主义出口国主张的最低待遇还要低，因此国民待遇被完全否定。与过去不同，现在，国民待遇可能具有优势，因为国家将许多经济部门和特权保留给自己的国民。"At 202.

〔123〕　V. Lowe, *International Law*（Oxford：OUP, 2007）197 – 205.

〔124〕　Opinions of Commissioners, *Neers* case, at p. 73.

察所提供的保护程度与一个边远城市中警察所能提供的保护程度就可以有所不同，而且在和平时期通常的安全程度与临时混乱时的安全程度也可以有所不同。但是，这一标准是一个国际标准，因此一国不能援引自己的国内法来免除自己的责任。因此，联邦国家或其他复合国家的中央政府**在宪法中**就无法保证州政府一定向外国人提供正义保障，但是，如果中央政府是与其他国家有关系的唯一政府，那么该政府的**国际**责任就不受其自身权力受到国内法限制的影响。

今天，关于个人安全的国际标准在国际人权法中更容易找到，[125] 因此有关
260 的求偿要求更有可能依据人权条约的规定来判断。[126] 人权条约的主要规定既适用于一国公民，也适用于处在其管辖下的外国人。由于重心已经转移到了这些单个的国际权利和个人可以在国际层面应用的程序，因此人们可能会问，外交保护是否仍然继续有意义。[127] 答案是肯定的。

首先，虽然理论上承认个人是国际层面具有"人格"的参与者是十分有意义的，但是获得有效的国际人权救济对于大多数受害的个人来说既不是普遍的，也是不实际的。其次，有许多在国外的个人尤其需要依赖外交保护的特殊情形。例如，想要挑战安理会反恐措施对个人自由的限制的个人，只能通过其国籍国来进行外交保护。[128] 而且，还可能出现投资者无法依赖特定的投资条约的情形，
261 因此可能会出现不公。[129] 虽然国家没有国际法上的**义务**提起外交保护，但是有

---

〔125〕 参见 *Case Concerning Ahmadou Sadio Diallo* (*Republic of Guinea v Democratic Republic of the Congo*, *Preliminary Objections*, (*Diallo Case*), ICJ Rep. (2007), at para. 39:"外交保护本来限于违反外国人待遇的最低标准，后来包括受到国际法保障的人权。"注意：依据《欧洲人权公约》第一议定书第 1 条的规定，在征收的情况下，外国人有权得到最低国际赔偿标准，而国民可能拥有较少的保护。参见 *James v UK*, European Court of Human Rights, 22 January 1986, esp. paras 58 – 66.

〔126〕 现在参见 *Case Concerning Ahmadou Sadio Diallo* (*Republic of Guinea v Democratic Republic of the Congo*, ICJ Rep. (2010) (merits).

〔127〕 参见 Benounna's report to the ILC, A/CN.4/484 esp. paras 33 – 41；对比 Dugard's report A/CN.4/506 esp. paras 15 – 32.

〔128〕 参见欧共体初审法庭在下面这个案件的判决：*Ayadi*, Case T – 253/02, esp. paras 148 – 9. 按照这个判决，欧盟国家可能需要将案件提交联合国制裁委员会，因为外交保护是唯一一个可以向有关个人提供救济的制度。还可以参见欧盟法院大法庭在下面这个案件的判决, *Kadi* Joined Cases C – 402/05P and C – 415/05P; and T – 85/09.

〔129〕 参见以下两位法官在下面这个案件的反对意见：Judges Al – Khasawneh and Yusuf in the *Diallo Case* (2010) (above).

些国家的政府可能会这么做。[130] 国际法委员会关于外交保护的条款草案认为，一国"应合理考虑行使外交保护的可能性，尤其是在发生重大损害时"。[131]

通常，对受害的外国人遭受的损害提起国际求偿的一个条件是，受害的外国人必须首先依据当地法律穷尽救济。国家没有义务保证外国人人身或财产不会受到损害，而且仅仅因为遭受了这种损害本身不能使外国人的国籍国有以自己的名义要求赔偿的权利。如果发生损害的国家给予外国人合理的救济，那么外国人就应当寻求这种救济，这是合理的。这项规则的理由也是清楚的，国家应有完全和 262
适当的机会在另一国在国际层面要求赔偿之前由自己给予赔偿，这是对的。

不过，"穷尽当地救济"这一规则必须得到合理解释。例如，在著名的"罗伯特·E. 布朗案"（*Robert E. Brown*）中，审理案件的南非首席大法官实际上已经被政府罢免了。南非政府随后保证，所有其他的法官已经"宣誓放弃依据宪法审查法律和决定的所有权利"。[132] 在回应申请者并没有穷尽其具有的所有司法救济的主张时，仲裁庭援引了美国国务卿菲什（Fish）在 1873 年的讲话，即"当不可能穷尽救济的情况下，外国的申请者就没有必要穷尽救济"。[133] 除了这样的极端案件外，还存在其他通常当地国法律无法提供救济的情况。例如，当地国法院可能明显有义务遵守自己拒绝求偿的判例，不公可能就是由立法者自己造成的，或者是由某些高官造成的，而这些高官的行为有可能不受法律的审查。[134] 而且，国际法院还解释说，救济必须针对的是捍卫权利，而不是"获得支持"。

---

〔130〕 关于英国的指南，参见 C. Warbrick 'Protection of Nationals Abroad', 37 *ICLQ*（1988）1002 – 12；还参见 *Kaunda v President of the Republic of South Africa*. Case CCT 23/04. 2004, 44 *ILM*（2005）173 以及下面这篇文章的评论：M. Coombs, 99 *AJIL*（2005）681 – 6.

〔131〕 Art. 19（a），Recommended Practice，A/61/10, 2006. 还见上诉法院的观点，认为英国外交部的"自由裁量权是非常广泛的，但是如果可以证明它的决定是不合理的或者违反正当的期待，那么就没有理由认为不应当审查这种决定"：*Abbasi v Secretary of State for Foreign and Commonwealth Affairs*［2002］EWCA Civ 1598 at para. 106. 对比 *Canada*（*Prime Minister*）*v Khadr*, 2010 SCC 3,［2010］1 SCR 44（加拿大最高法院）："依据三权分立和法院拒绝干预外交事务的原则，适当的做法是给予卡德尔（Khadr）先生一份声明，即他的《宪章》权利已经受到了侵犯，而政府应当有权决定如何对此作出最好回应。" At para. 2.

〔132〕 *Robert E. Brown*（*United States*）*v Great Britain*（1923）6 RIAA 120, at 126.

〔133〕 Ibid 129.

〔134〕 国际法委员会的《外交保护条款草案》在第 15 条中详细规定了这项规则的例外。还参见 *Case concerning Elettronica Sicula SpA*（*ELSI*）（*USA v Italy*）（*Judgment*），ICJ Rep.（1989）p. 15；*Interhandel Case*（*Switzerland v United States of America*）（*Preliminary Objections*），ICJ Rep.（1959）p. 6.

263 从这个意义上说，"请求作出驱逐决定的行政机关（即总理）复议该决议，希望他作为恩惠来撤销自己的决定，不能被视为是穷尽当地的救济"。[135]

　　还有一个条件是，求偿所针对的损害必须是求偿国的国民所遭受的损害。[136]还有一个问题涉及公司国籍的判断。关于这个问题，国际法委员会的《外交保护条款草案》规定：

> 国籍国是指公司依照其法律成立的国家。然而，当公司受另一国或另外数国的国民控制，并在成立地国没有实质性商务活动，而且公司的管理总部和财务控制权均处另一国时，那么该国应视为国籍国。[137]

264 国际法委员会还建议将一种情况作为例外，即在受到损害之日，该公司具有被指称应对造成损害负责的国家的国籍，并且在该国成立公司是该国要求的在其境内经营的前提条件。[138]

　　一国可以因为其立法、行政或司法机关的作为或不作为产生责任。[139] 针对外国人从事的违反国际法的**立法**行为的一个例子是，前面在介绍承认政府问题时已经提到的哥斯达黎加的法律，[140] 该法律取消了事实上的蒂诺科政府所签订的契约。某些国家为了征收私人财产而制定的法律产生了比较困难的问题，毫无疑问，本身针对外国人财产的这种措施是违反国际法的，但是，如果是为了公共目的，而且是在不对本国人和外国人之间公然或事实上作出区分的情况下进行适用，这个问题就变得有点麻烦。根据《奥本海国际法》一位杰出编者的观点，"也许，最明确的条件是，征收不能是任意的，而且必须是对正当通过的法律的

---

〔135〕 *Diallo Case*（*preliminary measures*）（2007）（above），at para. 47.

〔136〕 参见国际法委员会《条款草案》第4—8条。

〔137〕 《条款草案》第9条。还见1965年《国际解决投资争端华盛顿公约》第25条第2款第2项。

〔138〕 《条款草案》第11条第2款。国际法院否定了一般替代理论，按照这种理论，股东的国籍国可以提起外交保护，但是没有回答当在东道国成立公司是做生意的前提条件时，该国是否可以提起外交保护这一问题：*Diallo Case*（*preliminary objections*）（2007）above at paras 86–94；进一步参见 the Joint Dissenting Opinion of Judges Al–Khasawneh and Yusuf in *Diallo*（merits）（2010）above.

〔139〕 进一步参见第八章第二节。

〔140〕 前文，第四章第五节。

适用"。[141] 这种情况必须进行赔偿，但是用该编辑的话说，"关于赔偿的适当标 265
准，则有相当的分歧"。[142] 受到发达国家和公司支持的所谓"赫尔公式"（Hull
formula）认为，赔偿必须迅速、充分和有效。有人认为，这一标准实际上是习惯
国际法上的标准，不过这引起了争论。[143] 现在，双边投资条约中与"赫尔公式"
一起常见的是"公正和公平待遇"标准。[144] 但是，对"公正和公平待遇"或者
诸如歧视、"全部保护和安全"、"正当程序"等的解释需要期待司法诉讼中肯定
自然正义。[145] 扎卡里·道格拉斯（Zachary Douglas）强调，对"公正和公平待遇"
的一致看法需要与仲裁员在仲裁裁决中引入的**概念的看法**进行区分。他说，"发 266
展投资保护标准一致概念最丰富、但是也最没有得到充分利用的渊源是各种国内
法系所承认的一般法律原则。"[146]

这些条约所调整的投资争端通常需要强制仲裁，包括通过国际投资争端解决
中心设立的专家组，而且依据1965年的《关于解决国家和他国国民之间投资争
端公约》进行执行。[147]

国家官员的不法行为有可能归因于该国，因此其将对受损害的外国人的国籍
国承担国际责任。有关国家责任的规则起初针对的是外交保护的实践，但是现在

---

[141]　*Oppenheim's International Law*, 9th edn at 919 – 20. 洛进一步说："各国不得征收外国人财产，除非
基于不歧视、为了公共目的；并且有适当的赔偿……关于什么是'适当'赔偿存在争议，但是现在一般认
为，它必须体现征收的财产的市场价值，而且必须在征收时或征收后不久以可兑换的货币支付。"*International Law*（above），at 187. 进一步参见 M. Paparinskis, *The International Minimum Standard and Fair and Equitable Treatment*（Oxford：OUP）forthcoming.

[142]　*Oppenheim's International Law*, ibid 921.

[143]　关于详细的分析，参见 Sornarajah（above），at 210 – 13，其建议，应在相关的双边投资条约中规
定赔偿的标准，at 412 – 52.

[144]　参见 I. Tudor, *The Fair and Equitable Treatment Standard in the International Law of Foreign Investment*
（Oxford：OUP, 2008）；S. Ripinsky with K. Williams, *Damages in International Investment Law*（BIICL：London,
2008）esp. 64 – 100；下面这本书对提到"赫尔公式"和其他有关征收的规则的资料进行了讨论：M.
Shaw, *International Law*（above）830 – 43.

[145]　参见 further P. Muchlinski, 'Policy Issues', in P. Muchlinski, F. Ortino, and C. Schreuer（eds），
The Oxford Handbook of International Investment Law（Oxford：OUP, 2008）3 – 48，以及 T. J. Grierson – Weiler
and I. A. Laird, 'Standards of Treatment', in the same volume, at 259 – 304.

[146]　*The International Law of Investment Claims*（Cambridge：CUP, 2009），at 88；参见前面第二章第四节
第三目。

[147]　进一步参见第八章第四节第一目。

已经具有一般适用性。[148] 首先，虽然国家需要为其机关和作为国家机关行事的人员的作为或不作为承担责任，但是官员必须是以该种身份行事的官员或者得到国家明显授权的官员，否则他们的行为就同私人行为一样。话虽如此，如果得到更高级官员的明显授权，当然会更加容易判定，而且也可能出现国家因为高级官员或其国家机关的不作为而需要对个人从事的官方身份以外的行为负责的情形。因此，在"西德拉号案"（*The Sidra*）[149] 中，英美求偿庭裁定，美国需要为一艘美国政府船只在巴尔的摩港口对英国一艘商船造成的损害向英国赔偿，因为该美国政府船只的过失航行应当归因于美国；在"萨菲罗号案"（*Zafiro*）[150] 中，该求偿庭裁定，美国需要为停泊在马尼拉的美国供应船上的中国船员抢掠英国人财产的行为向英国赔偿，因为从案情来看，美国官员在失去对该船员的控制方面是存在错误的，而对于该船员行为本身，则是不用承担责任的。

司法机关和法院也有可能从事许多不符合上述标准的行为。尽管无法罗列所有行为，但是可以举出的例子包括：腐败、威胁、不当拖延、公开滥用司法程序、行政机关要求作出某种判决，或者作出了一个诚信的法院不可能作出的那种不公正的判决等。我还可以举出行政机关而不是法院在执法过程中从事的某些作为或不作为，例如未经审判的执法、没有正当理由拒绝审判罪犯、审判之前长期羁押嫌疑人、明显不够的惩罚，以及拒不执行法院正当作出的判决等。仅仅只是错误或不公正的法院判决不会构成"拒绝司法"，除非法院有机会适用某些国际法规则，但是却对该法作出了错误的解释，或者司法机关由于必须适用国内法，而适用了本身违反国际法的国内法。[151]

从上述讨论中显然可以看出，一国不会对外国遭受的损害承担责任，除非该行为可以归因于该国或者该国需要为其不作为负责。[152] 不作为问题需要进一步

---

〔148〕 参见 J. Crawford, *The International Law Commission's Articles on State Responsibility：Introduction, Text and Commentaries*（Cambridge：CUP, 2002）；进一步参见后面第八章第二节。

〔149〕 Nielsen's Report, p. 452.

〔150〕 Nielsen's Report, p. 578.

〔151〕 有人对下级法院的判决和国家提供公正有效的司法制度的义务之间进行了区分，参见 *Loewen v USA*（2003）42 ILM 811；*Oppenheim's International Law*, 9th edn, at 543 - 5.

〔152〕 关于将行为归因于国家的规则，参见 2001 年《国家对国际不法行为责任条款草案》第 1—11 条。

解释。虽然私人行为不会归因于国家，[153] 但是这种行为有可能引起国家责任，如果在行为发生之前国家没有尽到谨慎注意的义务，或者在行为发生之后国家宽恕某种行为，这样就会使国家需要为个人从事的损害行为向其他国家负责。因此，在这种情况下，有必要首先问一下，国家是否应当防止发生损害行为，然后再问一下，国家是否从事了法律要求它实施的救济措施。因此，如果国家通过其官员的合理谨慎行为，有关的损害本来就不会发生的，那么就不会引起责任。当然，谨慎注意义务的标准也需要具体案件具体分析。例如，如果一个人被一群骚乱分子或叛乱组织伤害，根据案情，说明当局本来应当采取特殊的预防措施或者由于遇到的局势十分困难，以至于无法合理地要求做得更多。[154]

269

正如已经提到的，对外国人造成损害的国家责任理论是指，受害国不是直接就其国民遭受的损害要求赔偿，而是**通过**其国民就自己遭受的损害要求赔偿。如果这一原则得到一致适用，那么我们就会期待，赔偿的数额需要根据该国遭受损害来判断，因此对赔偿数额的判断就不一定与受损害的个人所遭受的损害的程度有关。不过，这并不是法律，因为虽然在实践中法庭在判断赔偿数额方面具有很大的自由裁量权，但是它们基本上取决于受损害的个人所遭受的损害，或者如果他们已经死亡，则取决于死亡对他们的家属造成的损害。[155]

---

[153] 《国家对国际不法行为责任条款草案》，第5、8、9、10、11 条，以及 J. Crawford, A. Pellet, and S. Olleson (eds), *The Law of International Responsibility* (Oxford：OUP, 2010) chs 18 and 19; J. Crawford, *The International Law Commission's Articles on State Responsibility* above.

[154] 可以对下面两个案件的判决进行比较：*Youmans v Mexico* (1926) U. S. – Mexican Claims Commission Reports, RIAA, vol. IV 110 – 17, at 115：（"当应当提供保护的正当的法律机构参与了谋杀时，就很难说对外国人提供了充分的保护"），以及英美求偿庭的这个案件：*Home Missionary Society* (1920) （"如果国家自己没有违反善意，而且在惩治叛乱中也没有过失，那么国家就不需要对叛乱机构从事的违反国家法律的行为负责，这是一项牢固确立的国际法原则"）。RIAA, vol. VI, 42 – 4, at 44. 另见国际法院在 1980 年的 "有关美国在德黑兰的外交和领事人员案" 的判决，在该判决中，法院对伊朗的不作为是否违反了外交关系法中的义务进行了审查，特别参见该判决书第 56—77 页。

[155] 关于对适用这项原则的一些困难的讨论，参见 Brierly, 'The Theory of Implied State Complicity in International Claims', in 9 *BYBIL* (1928) 42 – 9.

270

第十一节 关于豁免的管辖范围

(一) 一国国家元首和其他高级官员的豁免

我们已经介绍了外国国家船舶所享有的豁免，但是外国主权豁免并不仅限于船舶。外国主权者及其财产也享有免受管辖的完全豁免。这项规则甚至适用于外国国家和供公共使用的国家财产。[156] 关于这项规则的理由有各种说法。在历史上，人们认为主权者人身应当享有尊严，并且他们是该国的代表，这种说法具有一定的地位。[157] 在"交易号案"中，马歇尔大法官发表了美国最高法院的意见，它是这样解释这项规则的合理性的：

271

 一国突然在没有事先通知的情况下，以不符合文明国家的通例和义务的方式行使领土权力，是违反诚信的，即使这种诚信没有被明确规定。

 领土管辖权是全面和绝对的，就像每一个主权者的性质一样，不会授予域外权力，也不会调整外国主权者或其主权权利。主权者无论如何是不会顺从其他主权者的，而且当他位于另一个主权者管辖范围时，有义务遵守不让他的国家的尊严受到侮辱这项绝对的义务。可以说，只有在经过明确允许或者相信其作为一个独立的主权国家享有豁免的情况下，主权者才会进入外国领土。虽然这种豁免没有得到明确规定，但是可以说是得到默示保留的，而且是适用于主权者的。

 主权者之间这种完美的平等和绝对的独立，以及促使它们相互交

---

 〔156〕 参见"比利时国会号案"（*The Parlement Belge*）的判决："从这些案件中可以得出的原则是，由于每个主权国家都是绝对独立的，而且每个主权国家都有尊重其他主权国家的独立和尊严的国际礼让，每个主权国家都不会让其法院对其他国家君主人身或大使、为公共目的而使用的公共财产、大使的财产行使任何领土管辖权，即使这些君主、大使或财产位于其领土内，除非存在关于管辖权的共同协议。"［1874 – 80〕All ER Rep 104，at 114，per Brett LJ.

 〔157〕 参见上一个脚注中提到的英格兰上诉法院采取的方法，还可参见联合国秘书处为国际法委员会准备的备忘录，'Immunity of State officials from foreign criminal jurisdiction', UN Doc. A/CN.4/596, 31 March 2008, paras 17 – 103.

往、相互帮助的这种共同利益，产生了一类案件。在这类案件中，每个主权者都放弃行使那个作为每个国家特性的完全的、专属的一部分领土管辖权。[158]

这一段话说明了豁免存在的两个进一步的理由：其一，没有哪个主权者应当将自己置于另一个主权者的管辖之下，这有时被视为国家平等的一个问题，或者是"平等者之间无管辖权"（*par in parem non habet imperium*）这一格言的体现。其二，和谐的国际关系要求各国避免对他国及其财产行使管辖权。这些话经常被引用，它们用来解释主权国家豁免的基础，不过有必要更加仔细地回顾背景。

这个案件是由约翰·麦克法登（John McFadden）提起的，他声称自己是"交易号"这艘船的船东。他说，这艘船被一群人强制扣押，那些人声称是执行拿破仑皇帝的命令。这艘船当时正在费城港口，原因是遭受了暴风雨正在修理。美国司法部长达拉斯（Dallas）先生建议法院："由于在美国和拿破仑（当时是法国皇帝兼意大利国王等）之间存在和平友好状态，而且他的皇家公共船只遵守了国际法和美国的法律，因此可以自由进入美国的港口，而且可以在不受扣押、逮捕、拘留或骚扰的情况下随时离开港口。"[159]美国最高法院援引了瓦泰勒（Vattel）的看法，他说国家享有完全的独立。瓦泰勒还说，一国君主不可能在同意他的使节接受另一国君主管辖的情况下向另一国君主派出使节。最高法院判决认为，国家船只、国家元首和大使享有绝对豁免。

关于这种豁免（甚至是更一般的国家豁免）的这一理由一直以来受到质疑。一些国家开始对在其他国家从事商业活动的情况设定了管辖权例外。1951年，赫希·劳特派特（Hersch Lauterpacht）询问，由于国家从事商业活动，再加上英国法院已经废除了皇室的绝对豁免权、承诺法治，以及承认"人的自由"是法律义务，因此外国国家的绝对豁免思想是否不会被有些人视为"虚拟的、不公正的和过时的"。[160]

---

[158]　*The Schooner Exchange v McFaddon*, 11 US（1812）116, at 137.

[159]　Ibid 118.

[160]　H. Lauterpacht, 'The Problem of Jurisdictional Immunities of Foreign States', 28 *BYBIL*（1951）220 – 72, at 221.

自那以后，至少有两个来源要求进一步缩减豁免的范围。其一，国家背弃商业契约的受害人；其二，被侵犯人权的受害人。第一类人问，为什么与国家做生意的人不能有权得到与其他私人做生意时可以得到的救济？伊莱休·劳特派特（Elihu Lauterpacht）建议："当谈到基本的法律制度，即对待它们的方式应当像对待个人一样时，国家并没有什么本质上特殊的地方。"[161] 人权受到侵犯的被害人也要求在外国法院起诉国家，并且起诉它们的领导人。由于国际法已经将这些人权及其相应的国际义务具体化了，因此有人就说，当国家及其工作人员被控违反这些基本规范时，就不应当被豁免。这一原则已经被各种国际刑事法院采纳，并且已经规定在了《国际刑事法院规约》中。[162] 但是，当涉及国家管辖权时，尽管现在有一些明确的豁免例外原则（下文将进一步讨论），但是政府和法院仍然执着于一个基本的思想，即良好的国际关系需要给予外国国家豁免权。

国际法研究院努力消除国家元首和政府首脑豁免权的不确定性，在 2001 年温哥华会议上通过的一项决议，概括了这方面的许多规则。[163] 简而言之，他们说，当这样的人在外国国家领土上时，[164] 不得对他们进行任何形式的逮捕或羁押，"不论犯罪是否严重"。不过，该决议认为，并不存在关于民事或行政事项的豁免，"除非诉讼涉及行使公务中的行为"。

相比之下，**前任**国家元首或政府首脑在外国领土上不享有逮捕或羁押的豁免权，而且也不享有任何诉讼的豁免权，除非涉及行使公务过程中的行为而且就是在行使公务。国际法研究院还作出了进一步重要的澄清："不过，当据称的行为构成国际法中的犯罪时，或者当他们从事该行为仅仅是为了满足自身的利益，或

---

〔161〕 *Aspects of the Administration of International Justice* (Cambridge：CUP, 1991), at 24, and see 55 - 6. 他问："如果完全废除一国法院内外国国家豁免会怎样？"他认为，实际问题不会像想象中那么大。

〔162〕 参见第 27 条第 1 款："根据国内法或国际法可能赋予某人官方身份的豁免或特别程序规则，不妨碍本法院对该人行使管辖权。"

〔163〕 Immunities from Jurisdiction and Execution of Heads of State and of Government in International Law, Vancouver 2001/II (IIL Vancouver Resolution).

〔164〕 一国国家元首或其家庭成员不得援引豁免主张自己不受移民法的管辖而要求进入另一个国家。2011 年，英国外交大臣依据第 20 条第 3 款下令，1971 年《移民法》第 8 条第 3 款规定的豁免不适用于卡扎菲上校和他的几个确定的家庭成员。还可参见 2011 年安理会第 1970 号决议，对卡扎菲上校、其几个确定的家庭成员和其他人进入或过境联合国会员国领土发布全球禁令。不过，对于那些在境外的高级官员，一国的管辖权可以受到限制，例如在发布逮捕令方面，参见 ICJ *Case Concerning the Arrest Warrant of* 11 *April* 2000 (*Dem. Rep of Congo v Belgium*)，在下面脚注第 168 个中加以讨论。

者当他们私吞国家财产和资源时，就可以对他或她进行起诉和审判。"[165] 关于国际犯罪的这一最后一个限制条件来自上议院在"皮诺切特案"中所采取的方法，[166] 但是将职务豁免例外从酷刑扩大到了其他犯罪。根据福克斯（Fox）女士的说法："无论是否遵守了现在的国家实践，从表面上看来，该决议在促进国际交往和拒绝赋予实施了违反国际法的严重犯罪的官员豁免权之间达成了平衡。"[167]

不过，在某些方面，它仍然说，国际法要求卸任的高级部长，包括卸任的外 276 交部长，仍然就灭绝种族或危害人类罪这样的国际犯罪享有豁免权。这种观点是由于这些行为是通过公务行为实施的，因此这些官员仍然享有职务豁免。[168] 它被视为"经典的观点"，[169] 而且可能有一些支持这种观点的理论，国家实践总体上也可能倾向于这一方向，[170] 但是，这种观点现在无法协调我们对国际法目的 277 的现代理解。可以说，习惯法的规则正在形成中，在面对国际犯罪的指控时，它

[165] Vancouver Resolution Art. 13（2）（above）.

[166] 参见 *R v Bartle* et al *Ex Parte Pinochet*［1999］UKHL 17.

[167] H. Fox, 'The Resolution of the Institute of International Law on the Immunities of Heads of State and Government', 51 *ICLQ*（2002）119 – 25, at 125.

[168] 在下面这个案件中，国际法院确认了"一国某些高级官员，例如国家元首、政府首脑和外交部长"享有的绝对身份豁免，即使他们面临国际犯罪指控, *Case Concerning the Arrest Warrant of* 11 *April* 2000（*Dem. Rep of Congo v Belgium*）14 February 2002, at para. 51. 关于前任外交部长，法院在附带意见中指出，外国的管辖权只限于前任外交部长"以私人身份"从事的行为, at para. 61. 希金斯（Higgins）、科艾曼斯（Kooijmans）和伯根索尔（Buergenthal）三位法官发表了联合个别意见，认为前任外交部长的豁免只能适用于"公务行为"，而且"严重的国际犯罪不能被视为公务行为，因为它们既不是国家职能，也不是仅仅一国能够从事的职能", at para. 85, 主要援引了下面这篇文章, A. Bianchi, 'Denying State Immunity to Violators of Human Rights', 46 *Austrian Journal of Public International Law*（1994）195 – 229. 在下面这个案件中，国际法院确认了国家元首的豁免权, *Certain Questions of Mutual Assistance in Criminal Matters*（*Djibouti v France*）, 4 June 2008；国际法院没有支持总检察长和国家安全局局长的身份豁免，职务豁免也不是本案的争议问题，因为吉布提在法国法院中并没有认为它的官员应享有此种豁免。根据国际法院的说法："通知外国法院由于豁免的原因不得对其国家机构提起司法诉讼的国家需要为这些机构从事的有关国际不法行为承担责任。"para. 196.

[169] H. Fox, *The Law of State Immunity*, 2nd edn（Oxford：OUP, 2008）, at 697. 还参见 R. Jennings, 'The Pinochet Extradition Case in the English Courts', in L. Boisson de Chazournes and V. Gowlland – Debbas（eds）, *The International Legal System in Quest of Equity and Universality—Liber Amicorum Georges Abi – Saab*（The Hague：Nijhoff, 2001）677 – 98.

[170] 参见国际法委员会特别报告员科洛德金（R. A. Kolodkin）提交的关于国家官员外国刑事管辖豁免问题的第二份报告，其中有详细的分析, UN Doc. A/CN.4/631, 10 June 2010.

否定任何职务豁免。[171] 今天，促进和谐的国际关系的目标必须与确保尊重国际规范的目的相结合，后者保护个人免遭统治者的放肆行为。现在，对公民遭受侮辱的担忧已经超过了对外国主权者尊严的担忧。

（二）国家及其工作人员的豁免

前文已经提到，当国家从事商业活动而不是以主权者身份行事时，不再适用绝对的国家豁免。在适用这种限制豁免的国家，如何判断两者的性质并不是一件容易的事情，而且这方面的判例很多。[172] 上议院曾经面临一个案件，两艘装满278 糖的货船的智利船东对古巴政府提起了诉讼，因为古巴政府下令（古巴国家公司操作的）两艘船不得在智利将糖卸下，古巴政府当时的理由是皮诺切特将军当时正在推翻智利的阿连德政府。威尔伯福斯（Wilberforce）勋爵认为，应当适用"限制理论"，它对限制豁免的基础进行了如下解释：

> 它看来有两个主要基础：（a）对于与国家从事此种交易的个人来说，允许将此种交易提交法院对于正义来说是必要的；（b）要求一国回应基于这种交易的主张并不涉及质疑该国主权或政府行为或对其进行调查。因此，可以说，既不是对该国尊严的威胁，也不是对其主权功能的干预。[173]

他（与多数法官一起）继续写道，其中有一艘船，古巴不能享有豁免，因为古巴政府下令将该船撤离智利海域，而且拒绝船只卸货给该货物的智利所有权人，这是一种任何私人实体都会对其船只做的事情，因此并不是行使主权权力的行为。[174] 不过，他还写道（这一点与多数法官不同），另一艘船的行为是享有豁免279 的，因为它是古巴政府高层依据古巴法律作出的决定，该法律规定，为了向北越

---

[171] A. Cassese, *International Criminal Law*, 2nd edn (Oxford: OUP, 2008), at 305 – 8; Resolution of the Institute of International Law 'Immunity from Jurisdiction of the State and of Persons Who Act on Behalf of the State in case of International Crimes', Naples (2009) Art. III.

[172] *The Law of State Immunity* (above) chs 16 and 17.

[173] *I Congreso del Partido* [1981], 2 All ER 1064, at 1070.

[174] Ibid 1075.

人民赠送 10 800 吨糖（在北越海防市卸货），决定冻结和查封智利的资产。[175] 这种分歧说明，判断某个行为是否在"政府或主权行为范围内"[176] 或者是否应当被视为商业行为是多么困难，而且提醒我们其中可能出现的政治风险。发展中国家据说仍然要求那些涉及紧急食物供应的政治决定享有豁免。这意味着，很难在国际层面编纂或制定商业行为例外的规定。2004 年《联合国国家及其财产管辖豁免公约》试图调和不同的方法，这似乎仍然允许国内法院在适用主权豁免的规则方面具有一定的灵活性。[177]

国家豁免的其他例外现在详细规定在 2004 年《公约》中。它们尤其涉及雇佣合同、财产权利、发生在法院地国的行为对人造成的死亡或伤害或者对财产造成的损坏所引起的金钱赔偿诉讼。[178] 2004 年《公约》与刑事诉讼无关，这是公认的。[179] 正如我们在前面看到的，已经产生了国家工作人员在外国法院的刑事诉讼中是否享有职务豁免的问题。一个比较谨慎的方法是，应当承认豁免，除非存在诸如《联合国禁止酷刑公约》这样的相关条约——里面规定国家官员可以就公务行为在境外受到起诉。[180] 国际法研究院再次建议应进一步发展这一问题。[181] 2009 年在那不勒斯举行的会议决议声明，"依据国际法，对于国际犯罪，

280

---

〔175〕　Ibid 1076.

〔176〕　Ibid 1074.

〔177〕　关于应当考虑的标准的建议，参见 C. H. Schreuer, *State Immunity*：*Some Recent Developments*（Cambridge：CUP, 1988）at 42. 在本书写作时，2004 年《公约》尚未生效。相关规定如下："1.（c）'商业交易'是指：（一）为销售货物或为提供服务而订立的任何商业合同或交易；（二）任何贷款或其他金融性质之交易的合同，包括涉及任何此类贷款或交易的任何担保义务或补偿义务；（三）商业、工业、贸易或专业性质的任何其他合同或交易，但不包括雇用人员的合同。2. 在确定一项合同或交易是否为第 1 款（c）项所述的'商业交易'时，应主要参考该合同或交易的性质，但如果合同或交易的当事方已达成一致，或者根据法院地国的实践，合同或交易的目的与确定其非商业性质有关，则其目的也应予以考虑。"

〔178〕　参见第 10—17 条。另见关于执行判决的详细规定，第 18—21 条。

〔179〕　UNGA Res. 59/38, 2 December 2004, para. 2.

〔180〕　尤其参见下面这份意见：Lord Bingham in *Jones v. Saudi Arabia*〔2006〕UKHL 26, at para. 19. 福克斯女士对现行的法律进行了如下归纳：履行国家职务的官员享受的职务豁免"阻止对这些行为开展刑事诉讼，除非他们涉嫌实施了国际犯罪，这些诉讼限于国家参加的国际公约中规定的必须在国内法中规定为犯罪并且进行起诉的犯罪"。*The Law of State Immunity*（above），at 699.

〔181〕　国际法研究院负责起草这一决议的福克斯女士强调，关于职务豁免的限制是应然法。*The Law of State Immunity*（above），at 141 and 750.

不享有除身份豁免外的管辖豁免"。[182] 在这种情况下的豁免包括刑事、行政和民事管辖豁免。国际犯罪是指"国际法中的严重犯罪，例如有关条约和国际性法院

281 和法庭的规约以及判例中界定的种族灭绝、危害人类罪、酷刑和战争罪"。[183] 这一声明比较有用，正如我们前文已经介绍的，有的人认为，它代表的是习惯国际法关于刑事起诉的发展。不过，它没有处理非常有争议的问题，即国家，而不是个人，是否应当因为违反国际法的行为，尤其是那些构成国际犯罪或严重侵犯人权的行为，在别的国家的国内法院被诉。[184]

最近，上议院对这个问题作出了否定回答。它认为，沙特阿拉伯及其工作人员就酷刑的指控在英国法院享有完全豁免。法官们认为自己受到国际法的限制，还受到自己在发展国际法中的正当作用的限制。根据霍夫曼（Hoffman）勋爵的观点：

282
就像德沃金（Dworkin）教授在 1986 年的《法律的帝国》一书中说的，根据不同的原则体现出来的价值重要性对不同原则进行排序，是一项基本的司法技能。但是，在国际法中，不能采用这一方法，因为国际法是基于各国的共同同意而建立起来的。无论多么有必要通过法律，而且无论该法律多么具有前瞻性并体现特定的价值，单方面通过一部没有得到其他国家接受的法律来"发展"国际法，并不是国内法院的事情。[185]

---

［182］ Resolution on the Immunity from Jurisdiction of the State and of Persons Who Act on Behalf of the State in case of International Crimes, Naples, 2009. 其中提到的身份豁免是指现任高级官员，例如国家元首或政府首脑或（我们在下文看到的）存在于特定的制度下的大使所享有的绝对豁免。第 3 条第 1 款。

［183］ 第 1 条第 1 款。关于灭绝种族的豁免，参见 P. Gaeta, 'Immunities and Genocide', in P. Gaeta (ed.), *The UN Genocide Convention* (Oxford: OUP, 2009) 310 – 33 esp. 319 – 27.

［184］ A. Bellal, 'The 2009 Resolution of the Institute of International Law on Immunity and International Crimes: A Partial Codification of the Law?', 9 *JICJ* (2011) 227 – 41.

［185］ *Jones v (Saudi Arabia)* [2006] (above), at para. 63. 他随后认为，法官是没有办法对这一领域设定例外的，因为国家豁免"是在不对国家进行任何区别的情况下由国际法规定的。如果司法机关有权对一个外国工作人员实施的酷刑行为进行调查而对其他国家的工作人员实施的酷刑行为不进行调查，则会引发国际社会的不满"。At para. 101.

但是，不同的国家对这一问题有不同的看法。美国国会通过了法律，取消了美国公民对资助恐怖主义的外国国家提起的诉讼中外国提出的国家豁免。[186] 同样，在华盛顿发生的一起汽车爆炸事件中，美国法院也否定了智利的国家豁免请求。[187]

最近，国际法院支持了德国的请求，即德国有权在意大利法院就第二次世界大战期间发生的在被占领土上大规模杀害平民以及将平民从意大利驱逐到德国进行奴隶劳动的主张享有豁免。法院认为，习惯国际法要求"一国对从事武装冲突的过程中，在另一国领土上由其武装部队和其他国家机构实施的酷刑的诉讼享有豁免"。[188]

关于这一问题的分歧，我们可以看到它的进一步发展和澄清。有一些国家已经小心强调，2004年《公约》不应排除进一步的发展。瑞士在批准2004年《公约》时发表了一项声明，它说："瑞士认为，第12条并不调整那些可归因于一国的、在法院地国以外实施的严重侵犯人权行为的金钱赔偿问题，该《公约》不影响国际法在这方面的发展。"[189]

关于这个问题存在各种观点，这表明，对国际法的态度正在发生改变，也表明了这种改变是如何发生的。一些国家继续认为，和谐的国际关系应当优先，而且应当保护国家避免遭到政治诉讼；另一些国家则认为，不能以牺牲我们对法

283

284

---

〔186〕 Antiterrorism and Effective Death Penalty Act（1996）. 注意第五章第七节中提到的事件，在该事件中，古巴在自己的领海外对两架飞机使用武力，导致飞机上的三位美国公民对古巴提起诉讼，法院判决古巴实施了法外杀害行为，应当赔偿 187 627 911 美元；*Alejandre v Republic of Cuba* 996 F Supp 1239（SD Fla 1997）；还参见 the Torture Victim Protection Act 1991；但关于对国家的诉讼可参见 *Cicippio – Puelo v Islamic Republic of Iran* 353 F 3d 1024（DC Cir 2004）. 美国最高法院认为，1976年的《美国外国主权豁免法》不适用于民事案件中的个人被告，他们的豁免受到普通法调整。至于这是否包括国家官员涉嫌实施酷刑或其他国际犯罪方面的职务豁免，则并不清楚。*Samantar v Yousef* et al，560 US（2010）.

〔187〕 *Letelier v Republic of Chile*（1980）63 ILR 378.

〔188〕 *Jurisdictional Immunities of the State*（*Germany v Italy*：*Greece Intervening*）Judgment of 2 February 2012，at para. 78.

〔189〕 2010年4月16日。Interpretive Declaration concerning Article 12. 该条有时又被称为"领土侵权例外"，即"除有关国家间另有协议外，一国在对主张由可归因于该国的作为或不作为引起的死亡或人身伤害或有形财产的损害或灭失要求金钱赔偿的诉讼中，如果该作为或不作为全部或部分发生在法院地国领土内，而且作为或不作为的行为人在作为或不作为发生时处于法院地国领土内，则不得向另一国原应管辖的法院援引管辖豁免"。

治、结束有罪不罚和尊重个人尊严的当代承诺来实现这些利益。[190] 这些不同的态度体现了有关国际法应当怎样发展的选择。难道它应当通过本质上重申国家利益的国家实践的慢慢积累才得到发展？或者，我们只是应当期待发展出一套实现国际法更大目的的法律秩序？在这本书的开头，我们认为，自然法提醒我们，法律并不仅仅是一套由法院机械适用的任意原则组成的。法律的存在还有其他的目的，今天，我们的目的应当在法律中体现当代的社会正义观念。

（三）外交、领事和其他豁免

285 　关于外交特权的法律的早期历史，阿代尔（Adair）的著作——《16 世纪和 17 世纪大使们的治外法权》中有详细介绍。[191] 他的历史分析通常指向治外法权的起源。那时，大使们都是使节，而非居民：

> 理论家都承认大使的豁免以及职务的神圣性，他们的基础是罗马法以及有一类众所周知的大使，即教廷大使，他的职位环绕着神圣的光环，其神圣性得到如雷贯耳的教会法的支持。[192] 此外，还受到属人法思想的深刻影响，按照属人法，每一个人无论身处何地都遵守其自身所属国家的法律，因此只能得到其自身所属国家的法律的审判，不能得到其刚好居住地的法律的审判。最后，对于英国人和法国人来说，在任何时候，在本国境内皇家令状无法到达的地方，人们非常熟悉自由，因此在国内法这个海洋中存在大使岛并不稀奇。在整个 15 世纪甚至 16 世纪的英格兰，认为"法治"是普遍思想是最荒谬的。[193]

---

〔190〕 现在可以思考一下坎卡多·特林达德（Cançado Trindade）法官和优素福（Yusuf）法官以及加亚（Gaja）专案法官在（上文提到的）"德国诉意大利案"中的反对意见。优素福法官的意见建议承认一些国家豁免的例外。他说："当责任国没有进行赔偿而且承认从事了严重违反国际人道法的行为，并且没有对被害人进行救济时，在这种例外情况下，国内法院行使管辖权在我看来不会影响国家之间的和谐关系，反而会促使国家更好地遵守国际人权法和国际人道法。"欧洲人权法院大法庭在下面这个案件的判决、个别意见和反对意见中也做出了选择：*Al - Adsani v UK*, 21 November 2001. 还参见 A. Bianchi, 'Ferrini v Federal Republic of Germany', 99 *AJIL* (2005) 242 - 8. 有关这一问题的专著，参见 R. Van Alebeek, *The Immunity of States and Their Officials in International Criminal Law and International Human Rights Law* (Oxford: OUP, 2008).

〔191〕 *Extraterritoriality of Ambassadors in the Sixteenth and Seventeenth Centuries*, London: Longmans, 1929.

〔192〕 原先的脚注引用了一些权威意见，大意是："虐待使节的人必须被开除出教籍。"

〔193〕 Adair（above）, at 6.

阿代尔详细叙述了大使的地位是如何在政治上变得十分重要的。大使通常是推翻 286
君主的主谋，因此公众对于其享有的刑事诉讼豁免的范围十分感兴趣。[194] 公众
也非常想知道，大使是否可以援引民事诉讼豁免来逃脱其骗取他人钱财的行为。
就像萨道义（Satow）的手册解释的那样，在 16 世纪和 17 世纪，"人们认为，大
使有必要通过强大的展示来捍卫其君主的威望。但是，派遣国一般来说不会为此
提供津贴，因此没有私人手段的大使通常要么必须做生意，要么欠债。"[195]

阿代尔赞成治外法权理论，也赞成由此产生的实际豁免，认为它是实现和平
的手段。他说：

> 文艺复兴和宗教改革运动结束了教廷大使的统治，同时产生了新
> 的、最痛苦的欧洲国际争端。然而，由于政治和经济的迅速变革使各国
> 之间的联系更加紧密——无论是作为敌人还是朋友，因此更加需要发展
> 国际关系。治外法权理论是无意中产生的，但依然是对困难处境的反 287
> 应。仅仅这一理论就可以使王国与共和国、清教徒国家与天主教国家、
> 波旁王朝与哈布斯堡王朝的交往成为可能。它还可能帮助清除那些可能
> 发展成血腥战争的困难，解决那个时代的许多问题。简而言之，它还可
> 能巩固持久外交关系取得的成果。毫无疑问，它也会带来弊端。由于具
> 有特殊的地位，因此大使可能会很傲慢；他的寓所由于受到保护比较安
> 全，通常会被考虑不周；但是，从整体来看，这只是其避免成为爱国者
> 们发泄愤怒对象的一小部分代价，不然的话，外国公使就可能遭受危
> 险，而且和平的国际关系也将变得不可能。[196]

今天，外交豁免可能并不是一个根本问题，公众对其的关注也不是那么多了，即
使有关外交豁免的事件仍然可能引发人民的愤怒，而且房东或酒店也可能在给享

---

[194] 关于早期一些著名事件中的法律意见，参见 A. D. McNair, *International Law Opinions*（Cambridge：CUP, 1956）vol. I, at 186 – 224.

[195] I. Roberts（ed.），*Satow's Diplomatic Practice*, 6th edn（Oxford：OUP, 2009），at para. 8. 1.

[196] Ibid 264 – 5.

受外交或其他豁免的人员提供住宿之前考虑再三〔至少汉尼巴尔·卡扎菲（Hannibal Qadhafi）在日内瓦暴露的丑闻以来是这样的〕。

288　　在英国，赋予外国外交人员的豁免受到 1964 年《外交特权法》的调整，该法纳入了 1961 年《维也纳外交关系公约》的规定。该条约几乎得到普遍批准，有关特权和豁免的规定现在已经成为国际法。[197] 简单地说，外交人员在得到任命的国家完全免受逮捕或羁押，也免受刑事诉讼。[198] 这并不是说，他们没有义务遵守接受国的刑法，而是说，如果他们违反了接受国的刑法，唯一可以对他们采取行动的方法是对他的政府提出外交抗议（也许可以要求将该外交人员召回），或者宣布该外交人员是"不受欢迎的人"（persona non grata），因此该外交人员必须在合理期限内离开该国。当然，外交人员的派遣国可以明确放弃豁免，在这种情况下，接受国的警察或法院就可以对其行使管辖权。[199] 人们马上会想到那些只有警察才可以制止的严重犯罪。当有必要时，为了自卫或者保护生命，警察采取限制措施不能被视为侵犯了一般的豁免权。[200]

289　　外交人员还一般免受民事或行政诉讼，[201] 甚至没有向法院提供证据的义务。[202] 不过，这一规则有三项例外。[203] 以下情况不适用豁免：其一，有关接受

---

〔197〕 *Satow's Diplomatic Practice*（above），at para. 8. 6.

〔198〕 这种身份豁免适用于外交人员家庭成员、行政人员和技术人员。豁免是否适用于某个特定的人，是一个需要由法院判断的问题，参见 *Satow's Diplomatic Practice*（above）para. 9. 24 以及《维也纳外交关系公约》第 39 条。

〔199〕 根据《外交特权法》（Diplomatic Privileges Act）第 2 条第 3 款的规定，外交使馆馆长的放弃应被视为这种情况下的放弃。注意：为了放弃执行任何判决的豁免，还需要进一步的放弃。《维也纳外交关系公约》第 32 条第 4 款。

〔200〕 关于外交官在公共场所带枪引起的事件，参见 *Satow's Diplomatic Practice*（above），at paras 9. 15 and 9. 5. 关于法国大使的仆人因在伦敦"羽毛酒店"（The Feathers）与人吵架而被临时合法逮捕事件的描述，参见 *International Law Opinions*（above）at 191. 还参见 *United States Diplomatic and Consular Staff in Tehran*，ICJ Judgment（1980），at para. 86：外交人员不受侵犯并不意味着"正在实施斗殴或其他犯罪而被抓的外交人员在现场不可以被接受国警察立即逮捕，以便防止其从事特定的犯罪"。

〔201〕 对于行政人员来说，这一豁免只限于他们从事职务的过程中实施的有关行为。《维也纳外交关系公约》第 37 条第 2 款。

〔202〕 对于行政人员来说，这一豁免只适用于"公务行为以外实施的行为"。《维也纳外交关系公约》第 37 条第 2 款。

〔203〕 对外交代表不得为执行之处分，但在这三类案件中，执行处分复无损于其人身或寓所之不得侵犯权者，不在此限。《维也纳外交关系公约》第 31 条第 3 款。

国领土内的私人不动产的所有权或占有的诉讼；[204] 其二，外交人员非以派遣国名义卷入的继承纠纷；其三，外交人员在接受国从事的职务范围以外的专业或商业行为。[205]

这种外交特权基本上是免受当地法律**执行**的豁免，而且只有在特权存续期间适用。外交人员实际上并不享有免受当地法律**适用**的豁免。换言之，他们的行动并不处在法律之外或具有所谓的"治外法权"。下面这个英国的案件可以很好地说明这一点。原告因为被告的汽车而受伤，被告当时是秘鲁使馆的一位一等秘书。他的馆长要求他不要主张外交豁免，而且他通知了作为第三方的保险公司，290 要求保险公司保证赔偿受伤的原告。但是，保险公司不想承担责任，认为这位外交官并不需要向受伤的原告承担责任，而法院认为："外交人员不是因为本身的特权才不用为非法行为承担责任的。"[206] 他们仅仅是不能遭到起诉，除非他们同意接受管辖。因此，针对被告的判决产生了法律责任，即保险公司已经同意向受伤的原告赔偿。保险公司的主张没有得到法院的支持，他们不可以主张外交人员没有法律责任，也不可以主张外交人员有义务依据保险合同来逃避管辖。[207]

外交人员还有一定程度的免受征税的权利，但是程度依据不同的征税制度有所不同，《公约》规定了许多例外。[208] 外交人员的收入也不得被征税，而且为个人使用的物品通常也不用被征收关税。[209]

当外交人员的职务终止时，上文提到的豁免持续存在，但是只限于外交人员作为使团的成员行使职务期间所从事的行为。[210] 即使外交人员对于这种行为仍 291

---

[204] 《公约》用的措辞是"不动产"，因此不包括涉及租赁的诉讼。E. Denza, *Diplomatic Law: Commentary on the Vienna Convention on Diplomatic Relations*, 3rd edn (Oxford: OUP, 2008), at 291.

[205] 《维也纳外交关系公约》第31条第1款第3项。

[206] *Dickinson v Del Solar* [1930] 1 KB 376, at 380.

[207] 关于接下来采取的确保保险公司无法通过合同规避责任的措施、落实第三方保险的义务，以及在不同的国家为了弥补停车罚款而采取的措施，参见 Denza (above), at 285–9.

[208] 《维也纳外交关系公约》第34条。

[209] 第36条。

[210] 根据德国宪法法院，这一豁免只适用于原先的接受国。在"叙利亚驻德意志民主共和国前任大使案"中，德国宪法法院判决，在德国统一后的法院中，前任大使不得主张豁免。这位前任大使涉嫌在1983年参与西柏林的炸弹袭击事件。据称他没有阻止一个叫作"卡洛斯"（Carlos）的恐怖主义组织将炸弹从叙利亚使馆撤走。121 ILR 595. 比较法斯本德（Fassbender）对这一事件的分析，92 *AJIL* (1998) 72–8.

然享有豁免，国家仍然依据国际法向东道国负责，就像我们在前文看到的，关于在法院地国造成的死亡或人身伤害的要求，国家不享有豁免。由于这个原因，通常对前任外交官和有关国家提出赔偿要求。需要指出的是，如果一国为其外交人员在职务范围内的行为主张职务豁免，那么其也可以同时为该行为承担责任。[211]

外交人员不仅有义务尊重接受国的法律和规定，"而且还有义务不干涉接受国的内政"。[212] 按照这一义务，外交人员不得鼓励某种选举结果，也不得支持任何反对派或叛乱组织。外交人员现在可以就自己的国民或其他人提出人权问题。这已经不再被视为一个内政问题，国际人权法的义务对接受国有拘束力，因此其基于国际法对派遣国承担义务。[213]

292　　　　**领事**并不是外交人员。他们为国家或国民在另一国提供各种服务，但是他们并不是前者完全意义上的代表。他们可能是任何国家的国民，一般说来，他们服从其服务的国家的外交代表的权力。他们关注其服务的国家的商业利益，为它收集情报，向其国民提供咨询，如果其服务的国家之国民在国外死亡则管理他们的财产，并且登记他们的出生、死亡和结婚。他们认证各种法律文件，记录证人证言，颁发签证、护照和旅行证件。他们还具有解决船长与船员之间的纠纷等涉及派遣国船舶和飞机的重要职权。[214] 一项重要的规则是，如果有派遣国的国民被羁押或送入监狱，必须毫不迟延地通知领事馆。[215] 领事官员有权探视国民。他们还有权与被羁押的国民聊天和通信，还可以为他们安排法律代表。

尽管大家都认为，为了有效履行职责，领事官员应当具有某种豁免，但是，

293　　他们不像外交官那样代表主权国家，因此豁免的程度也是不一样的。例如，《维

---

　　[211]　参见 *Djibuti v France*（above）para. 196 and *Knab v Georgia Civ* 97 – CV – 03118（TPH）DDC 29 May 1998. 而且，通知外国法院由于豁免的原因不得对其国家机构提起司法诉讼的国家需要为这些机构从事的有关国际不法行为承担责任。

　　[212]　VCDR Art. 41（1）.

　　[213]　*Satow's Diplomatic Practice*（above），at para. 9. 58.

　　[214]　进一步参见1963年《维也纳领事关系公约》第5条，以及规定了特定领事辖区制度的相关双边协议。

　　[215]　关于国际法院认为这一权利（这一权利也是有关国民的权利）遭到侵犯的案件，参见 *Avena and Other Mexican Nationals*（*Mexico v USA*）（2004），*LaGrand*（*Germany v USA*）（2001）. 当欧盟公民的国籍国在第三国没有代表时，可以要求会见其他欧盟成员国的外交和领事官员。参见 Arts 20（2）（c）and 23 of the Treaty on the Functioning of the European Union，2009年12月1日生效；另见《欧洲联盟基本权利宪章》第46条。

也纳领事关系公约》规定："领事官员不得予以逮捕候审或羁押候审，但遇犯严重罪行之情形，依主管司法机关之裁判执行者不在此列。"[216]　在其他情况下，"对于领事官员不得施以监禁或对其人身自由加以任何其他方式之拘束，但为执行有确定效力之司法判决者不在此限"[217]。而且，除了某些例外，"领事官员及领馆雇员对其为执行领事职务而实施之行为不受接受国司法或行政机关之管辖"[218]。

领事职能规定在《公约》中，而且只能限于国际法的范围内。[219]　《公约》要求领事官员不干涉内政。美国的上诉法院还判决，领事官员不得威胁洛杉矶墨西哥领事馆外抗议的人群，并认为威胁行为不受到领事职务豁免的保护：

> 墨西哥驻美国领事馆官员或雇员为了制止对墨西哥的批评而在美国领土内从事不法行为是对美国内政的干涉，因为这些行为危害了公民社会通过积极评论具有重要公众影响的问题促进自治的能力。因此，在本案中，两位总领事和一位副领事的行为"并不是国际法允许的"行为，因此不是第 5 条第 1 款所界定的领事职务之一。[220]

其他的豁免包括国际组织的豁免、国际组织的官员的豁免，以及来访的武装部队和军事基地的特殊地位等。[221]

294

---

〔216〕　第 41 条第 1 款。1968 年的《领事关系法》（Consular Relations Act）规定的严重犯罪是那些一审会被判处 5 年或 5 年以上有期徒刑的犯罪。

〔217〕　《维也纳领事关系公约》第 41 条第 2 款。

〔218〕　《维也纳领事关系公约》第 43 条第 1 款。

〔219〕　《维也纳领事关系公约》第 5 条第 1 款。

〔220〕　*Gerritsen v De La Madrid* 819 F. 2d 1511（1987），at para. 20.

〔221〕　A. Reinisch, *International Organizations before National Courts*（Cambridge：CUP, 2000）；A. Reinisch（ed.），*Challenging Acts of International Organizations Before National Courts*（Oxford：OUP, 2010）；D. Fleck（ed.），*The Handbook of the Law of Visiting Forces*（Oxford：OUP, 2001）and T. Gill and D. Fleck（eds），*The Handbook of the International Law of Military Operations*（Oxford：OUP, 2010）. 英国法院对国际组织的前任官员适用职务豁免。本书的前任编辑曾经担任过欧洲人权委员会的主席，关于他的豁免，参见 *Zoernsch v Waldock and anor*［1964］2 All ER 256.

（四）外交和领事邮袋

外交邮袋必须明显标识，"不得予以开拆或扣留"。[222] 由于怀疑现代装备可能读取袋中内容，因此关于扫描或用 X 射线进行安检的规则尚未达成。不过，已经使用了警犬以及其他探测爆炸物和毒品的方法，而且在有怀疑的情况下，当局可以拒绝外交邮袋。领事邮袋受到的保护比较弱。如果当局相信，领事邮袋中含有未经授权的东西，他们可以在派遣国授权代表在场的情况下请求开拆该邮袋。如果派遣国拒绝，可以将该邮袋退回来源地。[223] 在一些事件中，外交邮袋被用来绑架或走私人口，这使得人们相信，为了保护人们的生命安全，可以开拆外交或领事邮袋。[224]

（五）外交和领事馆舍

外交使馆馆舍和外交人员的寓所不受侵犯，接受国有义务保护它们。[225] 对于接受国而言，存在两项不同的义务。其一，未经使馆馆长的同意不得进入馆舍的义务。[226] 其二，按照《维也纳外交关系公约》的规定，"接受国负有特殊责任，采取一切适当步骤保护使馆馆舍免受侵入或损害，并防止一切扰乱使馆安宁或有损使馆尊严之情势"。[227]

我们在这一章开始的部分已经看到，外交馆舍不受侵犯，但这并不是说，它们完全就处在接受国法律之外。外交馆舍并不是接受国领土内的外国飞地。尽管外交馆舍为派遣国的国民从事某些法律行为，例如登记死亡、出生和结婚、颁发护照等，但这些行为并不具有治外法权。在外交馆舍内实施的犯罪仍然是在接受

---

〔222〕 《维也纳外交关系公约》第 27 条第 3 款。

〔223〕 《维也纳领事关系公约》第 35 条第 3 款。

〔224〕 Denza（above），at 242 - 3，提到了 1964 年意大利当局发现在一个很大的外交邮袋里"发出了呻吟声"，里面是一位被绑架的、麻醉了的以色列人。该邮袋准备发往开罗的埃及外交部。还可以参见英国政府对决定打开伦敦斯坦斯特德机场（Stansted）一个散发三氯甲烷气味的箱子的意见，发现该箱子里面竟然是一位被绑架的名叫奥马鲁·迪科（Umaru Dikko）的尼日利亚人（还有一位以色列的麻醉师）。英国认为，即使该箱子是外交邮袋，英国仍然决定打开（依据《维也纳外交关系公约》第 36 条第 2 款规定的条件作为个人邮袋打开），因为"挽救和保护生命是一项紧迫的义务"。关于对这一事件的详细描述，参见 A. Akinsanya, 'The Dikko Affair and Anglo - Nigerian Relations', 34 *ICLQ* (1985) 602 - 9.

〔225〕 领事人员的寓所不受《维也纳领事关系公约》的保护。

〔226〕 关于领事馆舍，《维也纳领事关系公约》规定："唯遇火灾或其他灾害须迅速采取保护行动时，得推定领馆馆长已表示同意。"第 31 条第 2 款。

〔227〕 《维也纳外交关系公约》第 22 条第 2 款。

国领土内实施的犯罪。

1896 年，当时中国的政治难民孙中山被人引诱进入中国在伦敦的公使馆，随后在那里被羁押，准备运往中国。英国政府拒绝接受中国公使馆提出的其是中国领土的主张，并声明，羁押行为是对外交特权的滥用，并且强烈要求释放孙中山，且其最后确实得到释放。这一事件在全世界被报道，值得注意的是，孙中山随后成为了中国的国家元首。[228]

同样，在英国的外国大使馆内实施的犯罪就是在英国领土上实施的犯罪，如果罪犯不受到外交豁免的保护，则将在英国法院被起诉。在"肯特案"（*R v Kent*）中，在伦敦美国使馆内工作的一位负责密码的秘书窃取了有关当时正在进行的第二次世界大战的绝密文件的复印件。这尤其包括丘吉尔与罗斯福之间关于美国加入战争的通信。约瑟夫·肯尼迪（Joseph Kennedy）放弃了肯特的豁免权，不过肯特认为，他有权在离开英国之前的一段合理期限内享有豁免，该行为发生在外国领土，而且使馆档案的不受侵犯意味着他不能因为从事与档案有关的工作而被起诉。[229] 他的观点没有一个被法院采纳，随后被判处七年监禁。

前文已经提到，一些拉美国家承认对于在军舰上寻求外交庇护方面具有一些义务，这是对使馆赋予庇护权的扩展。[230] 关于外交庇护的主张，尚未发展出一般的国际法规则，但实际上，在许多案件中，出于人道主义目的而允许提供外交庇护。艾琳·登扎（Eileen Denza）认为："不过，至少当难民的生命或安全遭到即刻的危险时，派遣国可以在习惯国际法的基础上主张有限而临时的赋予外交庇护的权利。"[231] 而且，禁止推回的习惯国际法规定，当"有重大理由相信他她面临

297

---

[228] J. Y. Wong, *The Origins of a Heroic Image：Sun Yatsen in London*, 1896 – 1897（Hong Kong：OUP, 1986）.

[229] 10 ILR 365, Case 110.

[230] 1954 年美洲国家组织《外交庇护公约》；还参见国际法院在下列案件中的判决：*Colombian – Peruvian asylum case*（1950）以及 *Haya de la Torre Case*（1951）中的判决，在这些案件中，国际法院认为，哥伦比亚政府没有义务将拖雷（Haya de la Torre）移交秘鲁政府。

[231] Above，at 142.

298　遭到酷刑或残忍、非人道或有辱人格的待遇时”，就不得将人交出去。[232]

　　无论如何，接受国未经允许不得进入馆舍，而且具有一系列前文提到的积极义务。在伊朗的美国外交馆舍发生的劫持人质事件中，这些积极的义务遭到了明显违反。国际法院在临时措施中命令伊朗恢复美国对使领馆的完全控制，而且确保立即释放所有美国被劫持的人质。[233] 在最后判决中，国际法院认为，首先，伊朗没有保护使馆；其次，在其支持的行动中，民兵成为了伊朗国家的代理人，因此应当为他们的行为承担国际责任。按照法院的说法，阿亚图拉·霍梅尼（Ayatollah Khomeini）曾经宣布：“使馆馆舍和人质将继续那样，直到美国向伊朗交出前任伊朗国王，以便对其进行审判，并将其财产归还伊朗。”[234] 伊朗认为，基

299　于国际法上的有些理由可以不保护外交馆舍和人员，但是法院驳回了这种说法。[235] 法院还解释说，即使有确切的情报证明据称的犯罪和间谍是美国针对伊朗实施的，也没有任何理由可以对使馆馆舍和人员进行报复。《维也纳公约》包括有允许接受国宣布外交官是“不受欢迎的人”的条款、有断绝外交关系的条款、有关闭使馆的条款。这些国际规则据说是“自我满足的体系”，即使在武装冲突时期也适用。[236] 这些规则应当作为条约法问题和“长期确立的一般国际法规则”得到尊重。[237]

　　还需要讨论一种情形，即接受国在面对使馆馆舍外的和平抗议，而派遣国认为接受国没有遵守《维也纳公约》中规定的防止这些骚扰行为和“损害其尊严”

---

　　[232]　参见 E. Lauterpacht and D. Bethlehem, 'The scope and content of the principle of *non – refoulement*: Opinion', in E. Feller, V. Türk, and F. Nicholson, *Refugee Protection in International Law: UNHCR's Global Consultations on International Protection* (Cambridge: CUP, 2003) 87 – 177, at para. 253, 另参见 para. 114. 进一步参见 para. 253 以及 *B v Secretary of State for Foreign and Commonwealth Affairs* [2004] EWCA 1344, 涉及阿富汗人在澳大利亚墨尔本英国领事馆寻求庇护；关于对难民法的全面介绍，参见 G. Goodwin – Gill, *The Refugee in International Law*, 3rd edn (Oxford: OUP, 2007).

　　[233]　*Case Concerning United States Diplomatic and Consular Staff in Iran* (*USA v Iran*) (1979).

　　[234]　Ibid para. 73.

　　[235]　另见 2001 年国际法委员会《国家对国际不法行为责任条款草案》第 50 条第 2 款第 2 项，以及布瓦松·德·沙祖尔内 (L. Boisson de Chazournes) 对外交关系领域这一义务是否可以成为报复对象的分析，'Other Non – Derogable Obligations', in Crawford et al (above) 1205 – 14, at 1206 – 8.

　　[236]　参见 *USA v Iran* para. 86 (above); *Armed Activities on the Territory of the Congo* (*Democratic Republic of the Congo v Uganda*) (2005) paras 323 – 31; VCDR Arts 45 – 6.

　　[237]　Para. 95 *USA v Iran* (above).

的义务。这里，对和谐国际关系和尊重外国主权的传统关注，必须与保护言论和 300
集会自由的宪法和人权义务相结合。[238]

理查德·加德纳（Richard Gardiner）强调说，人们可以发现"外交官身份正在改变"，[239] 尤其是当法官判断使馆外的示威是否符合接受国"负有的采取一切适当步骤保护使馆馆舍免受侵入或损害，并防止一切扰乱使馆安宁或有损使馆尊严之情事的特殊责任"时考虑的平衡因素。[240] 他考察了澳大利亚司法机关采取的方法，在那个案件中，有 124 个白色十字架被安置在了印尼使馆外草地上的小路旁（为了回应 1991 年在东帝汶帝力发生的大屠杀）。他指出，法官强调了表达自由的国内传统，以及关于言论和集会自由方面的国际人权法义务。按照弗伦奇（French）法官的话说：

> 外交使馆馆舍外进行的抗议或示威不能因为它的批判内容和仅仅靠近使馆就说侵犯了馆舍的尊严。同样，这也不等于是对有关外交人员尊严的侵犯。仅仅靠近是否可以被视为对使馆尊严或外交人员尊严的侵犯 301 是另外一个问题。但是，很难认为，在使馆附近公共地带合法树立谴责性的和有尊严的象征等于是对和平的干扰或对使馆尊严或外交人员尊严的侵犯。[241]

---

[238]　关于美国、澳大利亚和英国法院判决的一些案件，参见 Denza above，at 169－75.

[239]　*International Law*（above），at 355.

[240]　《维也纳外交关系公约》第 22 条第 2 款。

[241]　*Ministry of Foreign Affairs and Trade v Magno*（1992），101 ILR 202，at 232.

302

第七章 条 约

国家之间的契约义务有各种名称，例如条约（treaties）、公约（conventions）、协议（pacts）、文件（acts）、宣言（declarations）、议定书（protocols）等。有一些名称用在多种场合。例如，"protocol"就是一个在外交领域有多种含义的名称，它可能指的是国际会议上的会议纪要，也有可能是向高官致辞时的一种礼仪。但是，"protocol"还可以是对条约的补充文件，例如1997年的《京都议定书》，就与《联合国气候变化框架公约》有关；再比如1949年保护战争受难者的《日内瓦公约》的附加议定书。同样，"declaration"有可能是许多文件和声明的附件，它们有可能没有包含法律权利和义务，但也有可能是一份具有法律拘束力的文件，例如1868年的《圣彼得堡宣言》，就是一份缔约方谴责在它们之间彼此使用特定爆炸性子弹的条约。简而言之，条约具有各种称谓，有时，在"条约"生效之前为了规避某些制度的要求故意不使用"条约"一词，这加剧了混乱。[1]

303

---

〔1〕 参见国际法委员会对条约法问题特别报告员布赖尔利的第一份报告的讨论，I *Yearbook of the ILC* (1950)，at 64 – 90, and esp., at 70. 在这次讨论中，联合国助理秘书长科尔诺（Kerno）解释说，关于联合国总部和美国的协议被称为"协议"而不是"条约"，以便使美国国会以简单多数通过，而不需要参议院2/3以上多数通过。特林布尔（Trimble）对美国有拘束力的国际协议的命名进行了解释，他简要地回顾了总统选择特定程序的历史和影响：依据《宪法》第2条向参议院提交（"条约"）、国会授权的"国会—行政协议"、来自《宪法》第3条规定的条约权力的行政协议、基于总统对外关系权力的"总统—行政协议"。*International Law*：*United States Foreign Relations Law*（New York：Foundation Press, 2002），at 113 – 40. 所有这四套程序都会导致在国际法上产生对美国有拘束力的国际协议。不过，它们在国内法上的效力是不同的，参见同上132 – 40、152 – 77.

第一节　协议何时成为条约?

从国际法的角度来看,无论给条约赋予何种称谓,只要它构成条约,就将受到条约法的调整。下面这个定义有助于解释条约的主要构成要件:条约是"两个或多个在**国际法中具有法律人格**的当事方之间签订的、**在国际法范围内**运作的、旨在产生**法律权利和义务**的、具有适当的**正式性质的协议**。"[2] 在这里,法律人 304 格这个表述显然包括有权承担条约义务的政府间国际组织;[3] 同样,某些叛乱组织也被认为具有缔结有拘束力的法律协议的能力。[4]

英国的实践强调,"谅解备忘录"这个术语用来指代那些通常不是条约、本 305 身不具有法律上的拘束力的文件。[5] 各国和国际组织之所以采用"备忘录"这

---

〔2〕 I. Roberts (ed.), *Satow's Diplomatic Practice*, 6th edn, (Oxford: OUP, 2009) ch. 35 (F. Berman), at 535. 比较 P. Reuter 'A treaty is an expression of concurring wills attributable to two or more subjects of international law and intended to have legal effects under the rules of international law'. P. Reuter, *Introduction to the Law of Treaties*, J. Mico and P. Haggenmacher (trans.), 2nd edn (London: Kegan Paul, 1995), at 30. [路透(P. Reuter)认为:"条约是可以归因于两个或两个以上的国际法主体、旨在依据国际法规则产生法律效力的合意表示。"]

〔3〕 国际法人格的范围是一个有意思的话题,它体现的是国际法的变革与国际法的稳定二者之间的对立关系。在这里,应当抵制那种开始对国际法"主体"进行补充的诱惑。读者们可以参考对这一辩论方法的以下专著: R. Portmann, *Legal Personality in International Law* (Cambridge: CUP, 2010); J. E. Nijman, *The Concept of International Legal Personality: An Inquiry Into the History and Theory of International Law* (The Hague: T. M. C. Asser Press, 2004). 值得注意的是,布赖尔利解释说,他原先为国际法委员会准备的有关条约法的文章"与承认国际组织有能力缔结条约的任何现存草案"是不同的。尽管哈佛大学的草案认为,国际组织的协议是不正常的,而且是自成一类的;但是布赖尔利认为:"现在不太可能忽略这一类协议或者认为它们的存在是国际关系中的不正常现象。" II *Yearbook of the ILC* (1950), at 228. 这个问题最终在1986 年缔结的另一份条约中得到了处理,即《关于国家与国际组织间或国际组织相互间条约法的维也纳公约》。关于对其他有权缔结条约的实体的介绍,参见 Reuter (above), at 32 – 3.

〔4〕 *Report of the International Commission of Inquiry on Darfur to the UN Secretary – General*, 25 January 2005, at paras 76, 168 – 74. See further A. Cassese, *International Law*, 2nd edn (Oxford: OUP, 2005), at 127 – 8. 比较 O. Corten and P. Klein, 'Are Agreements between States and Non – State Entities Rooted in the International Legal Order?', in E. Cannizzaro (ed.), *The Law of Treaties beyond the Vienna Convention* (Oxford: OUP, 2010) 3 – 24. 在本章中,条约的缔约方通常是指缔约方,当然,这只是为了使表述更加清楚,而且尽可能没有累赘,不应视为条约的缔约方只能是国家。

〔5〕 该情况又是令人困惑的,因为有些谅解备忘录是作为条约起草的,而且也是作为条约生效。例如,联合国与会员国和国际组织就通过有谅解备忘录,而且认为这种谅解备忘录就是有拘束力的协议。

种称法，可能有多种原因：它们可能想要避免遇到违反其中的义务被提交法院审查或被采取反措施的情况；可能想要让整个安排保密；可能认为里面的问题十分不确定和具有开放性，因此无法在条约中具体规定；可能对另一方的国际人格存在疑问；或者可能不想接受要让条约生效必须经历的国内程序。[6]

关于某一份文件或换文（有时也被称为"换函"）是否应被视为具有国际法上有拘束力的权利和义务的协议，会产生争端。国际法院审理的两个案件可以很好地说明其是如何处理这种争端的。在"爱琴海大陆架案"中，希腊认为，希腊和土耳其两国总理签订的联合公报是具有法律拘束力的协议，国际法院可以据此确立管辖权，审理两国关于大陆架的争端。法院指出，该公报"没有任何签署或草签"，而且土耳其政府认为，要使其成为一份国际协议，它必须"至少得到土耳其的批准"。[7] 关于形式问题，法院指出：

> 它知道，国际法中没有规则禁止联合公报成为一份据以将争端提交仲裁或司法解决的国际协议……因此，1975 年 5 月 31 日在布鲁塞尔签署的公报是否构成一份协议，基本上取决于该公报所表达的行为或交易的性质；而且，它并没有仅仅通过该行为或交易体现的形式，即公报来解决这个问题。[8]

法院随后审查了"它的实际内容……尤其是缔结的情形"，然后对该公报所体现的行为性质作出了判断。[9] 该联合公报说："他们决定，那些问题应当通过谈判和平解决，关于爱琴海的大陆架，通过在海牙的国际法院解决。"[10] 法院发现，在前往出席布鲁塞尔会议期间，土耳其"准备考虑通过**特别协议**的方式联合向法

---

〔6〕 参见 A. Aust, *Modern Treaty Law and Practice*, 2nd edn（Cambridge：CUP, 2007）ch. 3, and *Satow's Diplomatic Practice*（above），at 538 – 41. 不是条约的谅解备忘录也可能具有法律后果，即使它们没有法律约束力，参见 Aust, at 52 – 7, *contra* J. Klabbers, *The Concept of Treaty in International Law*（The Hague：Kluwer, 1996），at 111 – 19.

〔7〕 *Greece v. Turkey*（1978），at para. 95.

〔8〕 Ibid para. 96.

〔9〕 Ibidem.

〔10〕 Ibid para. 97.

院提交争端。"[11]　法院因此认为，考虑到该公报的内容和背景，"他只能认为，两国政府没有意图而且实际上也没有达成一份将争端提交法院解决的直接义务"。[12]

在另一个争端中，法院需要判断卡塔尔和巴林两国外交部长在沙特阿拉伯外交部长在场的情况下签订的换函和会议纪要的性质。[13]　各方同意而且法院也认为，该换文构成有拘束力的国际协议。法院认为，在随后举行的会议的纪要"阐述了各方承诺的义务。它们构成国际协议。"[14]　法院随后继续审查这些协议是否同意法院的管辖权，并且发现它们的确已经同意。巴林外交部长曾说："我在任何时候都不认为，在签署该纪要时，我让巴林接受一份具有法律拘束力的文件。"[15]　但是，法院并没有考虑外交部长的意图。它关注的是文本和表示同意的背景。

就这个问题来说，国际法院对这两个案件的判决的意义是，在国际法上有约束力的协议（条约）不一定要求得到签署。这样的协议含有国际权利和义务，而且能够在客观上被判断存在，即使后来有抗议，认为其中一个当事方并不想让协议具有法律约束力。[16]　各国并不处在条约法之外，对于何时受到这一法律的约束，它们不能挑选。 ³⁰⁸

第二节　国际文本何时不是条约？

首先，当协议显然不具有法律拘束力时，该国际协议就不是条约。正如我们已经看到的，法院将考虑协议的背景和内容。英国外交部前任代理法律顾问安东

---

〔11〕　Ibid para. 105.

〔12〕　Ibid 107.

〔13〕　Maritime *Delimitation and Territorial Questions between Qatar and Bahrain* (*Jurisdiction and admissibility*) ICJ Rep. (1994), p. 114.

〔14〕　At para. 25.

〔15〕　At para. 26.

〔16〕　关于判断是否存在条约时当事方的意图所起最低作用的具有启发性的研究，参见前文提到的克拉贝尔（Klabbers）的书。他对判例法进行了研究，认为存在一种假定，即"缔约方有意使协议具有法律拘束力"。At 257.

尼·奥斯特（Anthony Aust）曾经遇到各种文本完成后对其地位的各种"误解"。在他关于条约法和实践的书中认为，为了避免这种误解，如果一国想要让文件不具有拘束力，最好向另一国这样表明："已经满足了所有必要的法律要求，现在该文件实施的理解是，它并不构成一项条约，任何一方不得将其作为条约出版或作为条约向联合国登记。"[17]

309　　而且，协议中规定的争端机制的类型也有助于查明协议的法律效力。如果在协议中规定，有关分歧通过国际法庭或仲裁员解决，或者依据国际法受其裁决的约束，这显然表明，该文件是一项条约。奥斯特提出的判断（不具有约束力的）谅解备忘录的模板包括以下一段消除模糊性的段落："关于解释和适用本备忘录的任何争端将通过协商解决，而且不会被提交任何国内或国际法庭或第三方解决。"[18]

　　简而言之，那些想要让正在谈判的任何文件避免具有法律效力的国家最好在文本中作出此种解释，排除那些通常用来规定条约生效的程序，而且澄清谁有权力解决对文本的争端以及这种裁决是否对当事方具有法律约束力。[19]

　　国际协议不可能成为条约的第二种情况是，该协议并不是依据国际法生效，
310　而是依据国内法生效。[20] 两国代表有可能签署租赁某些房舍的协议，或者只是为了购买某些货物，而且认为任何这种协议只是正常的合同，不会对当事方产生国际法上的权利和义务。当然，当事方是否有意让该协议受到国际法的调整并不总是十分清楚。到这需要由法官来判断时，它表明，当事方之间对于什么才是它们的意图存在争端，因此对其作出客观判断将会有问题。[21]

---

　　〔17〕　Aust（above），at 37.

　　〔18〕　Ibid 492.

　　〔19〕　奥斯特列出了一张对条约和谅解备忘录各种术语的对比表，协助起草者区分有拘束力的条约和其他协议。Ibid 496. 有时，国家非常清楚它们正在通过的文本的类型。可以思考一下 1992 年在里约联合国环境和发展大会上通过的"关于所有类型森林的管理、保存和可持续开发的无法律约束力的全球协商一致意见权威性原则声明"；比较《赫尔辛基最后文件》，里面有一段话是这样写的：该文件"不得依据《联合国宪章》第 102 条的规定进行登记"。进一步对比参见下文第六节。

　　〔20〕　参见 1969 年《维也纳条约法公约》对条约的定义：第 2 条第 1 款第 1 项，以及 Commentary of the ILC II Yearbook ILC（1966），at 188，para. 6.

　　〔21〕　M. Koskenniemi, *From Apology to Utopia. The Structure of International Legal Argument*（Cambridge：CUP, 2005），at 333–45.

第三节 条约的形式和强迫问题

关于条约的形式，国际法并没有具体的规则。在大多数情况下，需要适用那些适用于私人合同的一般原则：两方之间必须有同意，而且必须有能力，标的必须合法。当然，某套特定的国内法制度所要求的规则，例如普通法中关于对价的规则，并不适用。[22] 本书以前的版本特别强调合同法和条约法之间有一个"明显差别"。以前的版本一致认为："就像合同法一样，胁迫（duress）并不使同意无 311
效。一项命令的条约与双方自由达成的条约一样，都是法律上有效的条约。"现在，这种说法就站不住脚了。确实，就在 1963 年，也就是本书最后一版出版的同一年，汉弗莱·沃尔多克（Humphrey Waldock）爵士作为国际法委员会条约法问题特别报告员，在其关于条约法的第二份报告中就对胁迫（duress）和强迫（coercion）起草了两个条款。在第一份条款草案中，沃尔多克建议："如果针对一国代表个人就其人身或个人关心的事项采取实际的身体或精神强迫，或威胁采取这种强迫……以便诱使这种代表签署、批准、核准或加入条约，有关国家有权"宣布，该代表的行为是无效的，并且该条约自始无效。[23]

第二份条款草案规定，如果一国"因以违反《联合国宪章》的原则受到武力行为或威胁武力而被迫缔结条约"，那么该国同样可以认为该条约无效。[24] 有一种观点认为，国家有可能声称受到强迫，仅仅只是为了逃避它们本来应当承担的条约义务，即只要强迫限于使用武力，而不是经济强迫，那么就有可能对是否使用了武力或威胁作出客观判断，因此就会减少主观要件。沃尔多克反对这种看法。他还反对另外两个观点，即这样的规则将导致和平条约地位的不稳定性，以 312

---

〔22〕 在普通法中，有效的合同需要一方提出某些有价值的东西，而且需要得到另一方做一些事情回应而形成对价。这可以是为了金钱而只出售某个东西，或者为了得到费用而提供服务，或者为了获得另一方不做某些事情而承诺做某些事情，等等。即使在不存在任何有价值的东西（对价）的情况下，条约也可以为一国创造义务。普通法要求合同符合这一条件最初是因为合同通常都是口头达成的，法官就需要对合同与赠与进行区分。条约可以是口头达成的，但仍然不需要对价。根据美国的法律，口头的国际协议必须以书面的形式提交和通知国会，Aust（above），at 39 – 40.

〔23〕 II *Yearbook ILC*（1963），at 50.

〔24〕 Ibid 51.

及和平应当优于"抽象正义"。沃尔多克说，从使用武力在国际法上受到禁止开始，同时考虑到纽伦堡和东京法庭已经宣布使用武力是犯罪，我们就必须问，采取这种行为产生的条约是否可以被视为有效。这些建议和观点被国际法委员会接受，最终，1969 年《维也纳条约法公约》按照这个思路规定了两项条款，并且确认对一国进行强迫导致条约整体无效。[25]

这里产生了三个重要的问题。第一，从何时开始禁止使用武力成为了一项国际法规则，因此强迫将导致条约无效？第二，在何种范围内使用武力可以被解释为包括经济施压？第三，是否不会存在那种侵略国应当被强迫接受和平条约或同意进行赔偿的情形？在通过《维也纳条约法公约》的过程中，所有这些问题都得到了讨论。我们将在这里进行简单讨论，因为它们就处在 20 世纪国际法发生根本改变的断层线上。

国际法委员会是这样解释其对法律的理解的："在建立威胁或使用武力的现代法律之前，通过强迫签订的和平条约或其他条约"仍然是有效的。不过，委员会认为："制定一条仅仅从条约法公约缔结之日起适用的规则是不符合逻辑和不可接受的。"委员会认为：

> 无论关于联合国成立之前的法律状态存在何种观点，今天的大多数国际法学家都毫不犹豫地认为，《宪章》第 2 条第 4 款及其他条款都是对有关威胁或使用武力的现代习惯法的权威宣布。从这一条款的内容来看，它默示承认，它规定的规则无论如何适用于《宪章》生效以来缔结的所有条约。[26]

---

[25] 第 51 条、第 52 条和第 44 条第 5 款。注意：关于多边条约，没有受到强迫的当事方仍然受到有效条约的约束，第 69 条第 4 款。

[26] II *Yearbook of the ILC* (1966)，at 247. 国际法院在下面这个案件中已经确认这项规则是"现代国际法的"一部分，*Fisheries Jurisdiction* (*UK v Iceland*) *Jurisdiction* (1973)。但是法院发现，换文"已经由利害关系方在完全平等和双方决策自由的基础上自由谈判"。At para. 24.

在维也纳会议上，捷克斯洛伐克和其他国家提出了该条的修正案，并取得了成功，[27] 它调整了措辞，后来成为了第 52 条，即"条约系**违反联合国宪章所含国际法原则**以威胁或使用武力而获缔结者无效。"捷克斯洛伐克的声明解释说，它赞同国际法委员会的观点，即该规则可以溯及既往适用，而且其提出修正案的主要目的就是针对时间问题。不过，它们还认为，该《公约》无法"具体规定国际法其他分支中的现有一般规则是何时出现的。"[28]   314

关于第二个问题，国际法委员会的评注认为："有些委员会的委员认为，任何其他形式的施压，例如威胁搞垮一国经济，应当被认为属于这个条款规定的强迫概念。"[29] 然而，委员会最终倾向于认为，这个问题需要依据《宪章》中规定的"使用武力"这一概念的解释。一些国家试图在维也纳外交会议之前或期间修改这一条款草案。有 19 个国家在会议上提出了修改草案，试图将经济或政治施压纳入"武力"（force）一词。[30] 经济施压被一些国家认为是对新独立国家开展的新形式的帝国主义。[31] 根据美国代表团中参与谈判的人士的说法，"显然，如果该修正草案付诸表决，其可能得到多数赞成。但在私下讨论中，支持者们很   315
清楚，如果通过这样的修正草案，那么将可能使该会议瘫痪，因为关注条约稳定性的国家会发现，它们根本无法容忍该草案。"[32] 最终，各国达成了一个妥协，修改该条款的草案被放弃。作为回报，会议通过了一项关于"禁止使用军事、政

---

〔27〕 *Official Records of the Vienna* Conference, first session, at 271, 2 May 1968. 关于威胁使用武力对 1939 年捷克斯洛伐克总统签署的建立德国对波西米亚和摩拉维亚的保护的条约以及 1938 年《慕尼黑协定》的影响，参见 *Oppenheim's International Law*, 9th edn, at 1290 – 1, nn1 and 8. 值得指出的是，1968 年 10 月捷克斯洛伐克和苏联之间签署的允许苏联军队进驻的条约也可以说是无效的；关于导致签署这一条约的事件的详细问题，参见 N. Stürchler, *The Threat of Force in International Law* (Cambridge：CUP, 2007), at 184 – 9.

〔28〕 参见 at 179.

〔29〕 Ibid 246.

〔30〕 阿富汗、阿尔及利亚、玻利维亚、刚果（布）、厄瓜多尔、加纳、印度、伊朗、肯尼亚、科威特、马里、巴基斯坦、塞拉利昂、叙利亚、坦桑尼亚、阿拉伯联合共和国、南斯拉夫和赞比亚。

〔31〕 还参见 M. Craven, 'What Happened to Unequal Treaties? The Continuities of Informal Empire', in M. Craven and M. Fitzmaurice (eds), *Interrogating the Treaty* (Nijmegen：Wolf, 2005) 43 – 80.

〔32〕 R. D. Kearney and R. E. Dalton, 'The Treaty on Treaties', 64 AJIL (1970) 495 – 561, at 534. 辛克莱对那些关注条约安全和神圣的代表团的"许多担忧"进行了解释。"如果接受发达国家具有主导地位的观点，那么认可'经济压力可以导致条约无效'的观点，就有可能使发展中国家与发达国家签署的任何条约处于危险境地"。*The Vienna Convention on the Law of Treaties*, 2nd edn (Manchester：MUP, 1984), at 178.

治、经济手段强迫缔结条约的宣言"，并成为会议最后文件的一部分。[33]

第三，沃尔多克关注的是，使用武力而缔结的条约无效，不能否定与战败的侵略国之间签订的和平条约。用他的话说："显然，侵略者强迫在条约中巩固侵略成果与迫使侵略者签订和平条约是完全不同的。"[34] 一部分原因是在强迫的定

316 义中包括禁止**非法**使用武力的情形，[35] 但还有一种担忧，即"一方为了终止不舒服的条约而单方面将另一方定性为侵略者"。[36] 最终，要求保留条约可以对侵略者施加义务得到了《维也纳条约法公约》第 75 条规定的兜底条款的保障，它规定，《维也纳条约法公约》"不妨碍因依照联合国宪章对侵略国之侵略行为所采取措施而可能引起之该国任何条约义务"。[37]

对这些问题的回答形象地说明，国际法可以根本性地改变方向，而且有时可以通过主张某一方案的个人的要求实现这种改变。在规定这项通过强迫导致条约无效的规则之前，人们都认为，和平、稳定和国际法的有效性是优先的，即使这意味着强大的国家可以通过非法使用武力和历史上的强迫实现自己的利益。当认为正义和禁止使用武力应当优先时，法律实际上已经被提高到了更高的层级，而

317 不仅仅是各国之间的工具，也不仅仅是促进各国交往的一种便利媒介。而且，在这个例子中，国际法缺乏立法和执法部门这一说法首先遭到了作为普遍法的《联合国宪章》的质疑，随后还遭到安理会作为有权授权对违反了禁止侵略这一基本

---

〔33〕 第 1 款是这样规定的："庄严谴责任何国家为了强迫另一国从事任何涉及以违反国家主权平等原则和自由同意原则的方式缔结条约的方式——以任何方式，无论是军事、政治或经济方式——进行的威胁或使用压力。"关于该《宣言》对解释第 52 条的影响，参见 M. E. Villiger, *Commentary on the 1969 Vienna Convention on the Law of Treaties* (Leiden: Nijhoff, 2009), at 638 – 57.

〔34〕 Second Report on the Law of Treaties, II *Yearbook of the ILC* (1963), at 52.

〔35〕 因此，只要强迫来自安理会授权的执行和平行动或者是在自卫中使用武力的结果，那么即使存在强迫，和平协议也是有效的。但是，转让领土则仍然是非法的，参见前文第五章第二节。

〔36〕 Draft Articles with Commentary by the ILC, II *Yearbook of the ILC* (1966), at 268.

〔37〕 这一条款的具体效果并不清楚，也许其重要性在于"侵略国不应从其实施的侵略中获利（在这种情况下以《公约》条款的形式出现）"。Villiger (above), at 918.

规则的国家使用武力和施加义务的实体之作用的质疑。[38]

我们还看到，条约并不仅仅适用于国家的合同。在合同法中，对另一方使用武力（胁迫）将使合同无效。在条约法中，只有那些**非法**使用武力的情况才会使条约无效。因此，当安理会授权对一国使用武力，而该国是因此而缔结条约的，那么该国以后不能以强迫或缺乏同意为由主张条约无效。[39]

318

第四节　签署和批准

一般说来，缔结条约有两个阶段：一是缔约方"全权代表"的签署；二是该国元首或以其名义批准。[40] 在条约至少是重要条约实际上产生拘束力之前，应当经历这两个阶段，是有原因的。在有些国家，宪法赋予某些国家机构缔约权，而这些机构可能无法将这一权利委托给全权代表，而且该机构自己也无法与

---

〔38〕 因此，布赖尔利对这个问题的灰心已经在某种程度上表达了。在他编写的第五版书中，关于这一点，他这样写道："我们应当期待的改变不是在交易中完全否定使用强迫，而是建立一个国际机制确保使用强迫时，应当是在适当的情况中，而且遵守法律的正当程序，而不是按照现在的任意的方式。因此，因武力而签订的条约基本上不是一个条约法的问题，而是一个遍布这个体系的更大问题的一个方面而已，是要求使用武力遵守法律的问题。" At 245. 他早期也表示了不满："在这个方面，国际法学家没有权力要求改变法律，而是当我们在阐述什么是法律时，我们有权力清除那些伪善的内容；如果我们这样做，我们当然会说，一方强迫签订的条约一点也不神圣，而且遵守这样的条约不可能是善意的。这样的条约在缔约方之间建立了一种纯粹的事实关系，在讨论时，法律现在必须捍卫的东西和道德情感尤其不合适。让我们坦白承认这套制度上有污点，而且在这里，基于实用主义的理由，而不是作为一项道德，武力强于法律（ _la force prime le droit_ ）"。' Some Considerations on the Obsolescence of Treaties ', _paper read before the Grotius Society_ , 24 March 1925, in _The Basis of Obligation in International Law and Other Papers_ , 108 – 16, at 115.

〔39〕 奥斯特（前面）是这样解释的："1994 年 9 月 18 日海地临时总统和美国前总统杰米·卡特（Jimmy Carter）代表美国总统比尔·克林顿（Bill Clinton）在太子港签订的恢复阿里斯蒂德（Aristide）总统政府的协议，一眼看去好像是根据非法威胁使用武力而签订的，因为那个时候美国轰炸机就在前往海地的途中。但是，安理会已经在 1993 年 10 月 16 日通过的第 875 号决议中授权使用武力恢复海地合法政府。" At 318. 哈佛大学的《条约法公约草案》研究曾经对 1905 年美国对海地代表使用武力和 1903 年对古巴使用武力进行过比较，参见 _AJIL Special Supplement_ (1935) ' Duress ', at 1148 –61, esp. 1157 –9. 另见 I. Sinclair (above), at 180. 他指出："联合国在执行行动过程中对从事了侵略行为的国家施加的条约不应视为一种无效的制裁。"

〔40〕 "全权代表"的字面含义是获得全权证书的人。1969 年《维也纳条约法公约》第 2 条第 1 款第 3 项规定，全权证书是有权当局授权采取相应行为的文件。今天，外交部长、政府首脑和国家元首应当认为具有通过、签署或同意受到条约约束的全权证书。参见第 7 条第 2 款、第 46 条（下文第八节将讨论）。

319 其他国家谈判。例如，在美国，缔约权属于总统，但是对于某些条约必须经参议院的建议或得到其同意。[41]

除了国内法要求某个政治机构核准条约外，还可能出现的情况是，条约所处理的利益非常复杂和重要，因此该国应当有其他机会来整体上审查条约。[42] 民主国家必须咨询舆论，而当谈判正在进行时，基本上都是保密的，因此很难形成舆论。

不过，批准也不是所有条约都要求的。许多协议不是很重要，因此没有必要批准。通常，无论明示还是默示，条约自身就规定了它是否在签署时即生效还是只有在经批准后才生效。

没有参与条约谈判，因此在通过之后无法签署条约的国家有时会受到谈判国的邀请通过"加入"条约而成为缔约方。[43] 之所以使用这一术语，是因为它们
320 不可能批准条约的签署，而只是一步成为条约的缔约方。还有一些术语也使用相似的步骤，例如核可、接受、核准。[44]

条约应当规定何时生效。对于那些仅仅要求签署的条约来说，可以立即生效。对于那些复杂的多边条约，它们可能规定条约要等到特定数量的国家成为缔约方后才生效。例如，《灭种罪公约》是从第 20 个国家成为缔约方之后的第 90 天才生效。

第五节　保　留

在接受条约时，国家有时会提出"保留"，也就是说，它会提出限制或改变

---

〔41〕 关于对在美国适当的程序的解释，参见 Trimble（above）. 关于协议的缔约方要求问题首先征得参议院建议和同意的原因的猜测，参见 J. L. Goldsmith and E. A. Posner, *The Limits of International Law*（New York：OUP, 2005），at 91 - 5.

〔42〕 关于英国的宪法实践，参见 Aust（above），at 189 - 94. See now section 20 of the Constitutional Reform and Governance Act 2010；J. Barrett, 'The United Kingdom and Parliamentary Scrutiny of Treaties：Recent Reforms', 60 *ICLQ*（2011）225 - 45.

〔43〕 尽管加入可以仅仅用来表示条约在没有规定签署和批准的情况下当事方受其约束的方式，例如：1946 年《联合国特权与豁免公约》。

〔44〕 进一步参见 *Satow's Diplomatic Practice*（above），at 583 - 9.

条约适用的新内容。[45] 当条约只有两个缔约方时，这个问题就比较简单：如果另一方不接受提出的保留，该条约就将失效；如果另一方接受了保留，条约的文 321 本等于得到了修改。正因为如此，在双边条约的情况下，它通常被称为修正或重新谈判的邀约。[46] 但当存在许多缔约方时，情况就变得复杂了，因为其中有一部分缔约方可能愿意接受保留，而另一部分则不愿意；有些可能愿意看到保留国成为缔约方，而其他则不愿意。

关于对这种多边条约的保留，显然存在重要的政策因素：一种局面是，尽管有一些调整条约缔约方权利和义务的保留，但是有最大多数的国家参加条约；另一种局面是，条约具有一致的权利和义务，但是有些提出保留的国家实际上非常想参加条约。两个局面哪个更好呢？在这里，我们需要思考两项原则。其一，"维持国际多边公约的完整性的需求"。在这里，这一需求并不仅仅是为了完整性而维持完整性，而是因为多边公约发挥的作用："更好的做法是维护多边文件所有缔约方义务某种程度的一致性。国际法得到发展的其中一种方法是，通过多边公约规定的一般适用的一致规则。""各国对国际多边公约不断提出的众多保 322 留阻碍国际法的发展，因为这将阻止产生一般适用的一致规则。""其二，也是另一方面，还存在多边公约得到最大范围适用的需求。可以说，由于它们是多边的，因此它们处理的事情都是受到国际关注的，也就是不仅应当有国际调整，而且有必要修改或修正现有法律的事情。想要让它们有效，多边公约就必须在最大范围内有效，而且得到最大可能的接受。"[47]

可以说，各种不同的需求实际上就是在完整性和普遍性之间作出选择。[48]

---

〔45〕　这里，也许可以提到国际法委员会 2011 年起草的《条约保留实践指南》中包括的保留的定义（下面这个文件有重述：UN Doc. A/66/10）："'保留'是指一国或一国际组织在签署、批准、正式确认、接受、核准或加入，或一国发出继承条约的通知时所作的单方面声明，不论其措辞或名称如何，该国或该组织意图藉此排除或更改条约中某些规定对该国或该国际组织适用时的法律效力。"关于"解释性声明"，参见 paras 1. 3, and 2. 4 and the Commentaries thereto.

〔46〕　进一步参见 ILC Guide Commentary to 1. 6. 1 'Reservations' to bilateral treaties. 美国的实践是，将"保留"通知给它的双边伙伴；这些随后通常被规定在一份新的文本中，并得到同意。

〔47〕　所有均引自条约法问题特别报告员布赖尔利的报告：'Report on Reservations to Multilateral Conventions', UN Doc. A/CN. 4/41, II *ILC Yearbook* (1951) 1 – 17, at paras 11 – 12.

〔48〕　参见 Joint Dissenting Opinion by Judges Guerrero, McNair, Read, and Hsu Mo, Advisory Opinion on *Reservations to the Convention on Genocide* ICJ Rep. (1951) p. 15, at 46 – 7.

对这一困境的回答只能是，它取决于已经建立的条约制度的类型。[49] 一方面，
《海洋法公约》和《国际刑事法院规约》规定，这些公约不得保留。对于这样的
323 条约，各国就不能对义务进行挑选，也不能动摇制度的完整性。另一方面，有关
司法合作的条约有可能限制缔约方准备合作的事项，就可能结合各国不同的法律
制度进行调整。这样一来，有些保留实际上可以促使更多国家参加条约，最终实
现更大范围的合作。[50] 有些国家可能不喜欢条约中的某一制度，这样它们就可
以在保留这一制度的情况下高兴地成为条约的缔约国，而其他国家也可能愿意接
受这种情形。

当条约本身对保留不作规定，或者仅仅允许特定的保留时，如果一些国家反
对拟议的保留，则会产生问题。试图提出保留的国家是否应当被视为条约的缔约
方？在对《灭种罪公约》保留的情况下，这一问题被提交给了国际法院。那时，
人们认为，条约法的规则是，保留国要成为条约的缔约方，该保留必须得到条约
所有缔约方的同意。[51] 当时有国家提出了保留，尤其是，有 8 个国家排除国际
法院对国家之间争端的管辖权；还有一些国家反对这些保留。这一问题起初具有
实践意义。联合国秘书长作为该条约的保管机关，需要知道该条约生效所必须达
到的缔约方的数量。尽管这一点在法院发表意见的时候仍然不清楚，但有一个问
324 题仍然存在，即是否可以把保留国视为条约的缔约方。

法院考虑了《灭种罪公约》的性质，认为它是在联合国主持下缔结的，而
联合国是一个普遍性质的组织，它期待该公约得到广泛缔结。而且，法院指出：
"虽然《灭种罪公约》最后是一致通过的，但它是多数投票的结果。多数原则虽
然促进多边公约的通过，也可能使某些国家认为有必要保留。"[52] 法院认为，即
使该公约没有关于保留的规定，但是考虑到该公约的性质、目的、内容和起草以
及通过模式，保留是可以允许的。它随后审查以下问题：什么样的保留是允许

---

〔49〕 注意：《维也纳条约法公约》规定了下列条款，第 20 条第 3 款（"倘条约为国际组织之组织约
章，除条约另有规定外，保留须经该组织主管机关接受。"）关于某些多边条约，保留需要得到全体缔约国
同意。"倘自谈判国之有限数目及条约之目的与宗旨，可见在全体当事国间适用全部条约为每一当事国同
意承受条约拘束之必要条件时，保留须经全体当事国接受。"（第 20 条第 2 款）。

〔50〕 可以思考下面这个条约：European Convention on Mutual Assistance in Criminal Matters（1959）以及
对它的各种保留。

〔51〕 *Reservations to the Convention on Genocide*, ICJ Rep.（1951）p. 15, at 31.

〔52〕 Advisory Opinion, ibid 22.

的？可以对其提出什么样的反对？这种反对的效果是什么？

法院回顾制定该公约的目的，希望该公约在范围方面是普遍的，而且在这类公约中，"缔约方并没有自己的利益；它们只是具有一个共同的利益，即实现那些高尚的目的，它们是公约存在的理由。"[53] 这是对条约应当建立在国家同意的传统思想基础上的重大改变。法院认为，共同利益应当优于个人利益。结果是，保留不是依据缔约方的一致同意而有效，而是依据保留是否与该公约存在理由一致而有效。法院（以7票对5票）认为，普遍性应当优于完整性：

> 《灭种罪公约》的宗旨和目的表明，联大和通过该公约的国家的意图是，尽可能多的国家应当参加该公约。将一个或多个国家完全从该公约排除不仅限制它的适用范围，而且将贬损作为该公约基础的道德和人道原则的权威。难以相信缔约方会认为，对一个轻微保留的反对将产生这种效果。更不用说，缔约方可能打算牺牲该公约的宗旨来徒劳追求尽可能多的国家参加。因此，该公约的宗旨和目的既限制保留的自由，又限制反对保留的自由。这样，判断一国在保留时的态度的标准是保留是否与该公约的宗旨和目的相符。……
>
> 不过，有人认为，任何有权成为该公约缔约方的国家在基于自己的主权选择而提出保留时都可以这么做。法院不能同意这种观点。显然，如此极端适用国家主权思想，可能导致对该公约宗旨和目的的完全否定[54]

法院认为，就本案而言，如果保留"符合公约的宗旨和目的"，那么提出保留的国家若没有遭到所有缔约方的反对，而只是遭到了一部分缔约方的反对，则它就是该公约的缔约方；否则就不是。问题是，在许多情况下，是否符合宗旨和目的完全是由其他缔约方来判断的。

《维也纳条约法公约》主要按照这一逻辑规定，但是正如当时预测的那样，这样一种制度会导致混乱与不确定。《维也纳条约法公约》最终规定的规则是这

---

[53] Ibid 23.

[54] Ibid 24.

样的：保留国（在适当的时间[55]）提出的保留需要通知条约的所有缔约方以及所有有权成为条约缔约方的国家。收到这一通知的国家随后可以有四个选择：

·保持沉默（S 国）；

·接受保留（A 国）；

·反对保留——但是同意该条约在它自己与保留国之间生效（O 国）；

·反对保留，同时反对该条约在它自己与保留国之间生效（OO 国）；

每一个不同的选择都会产生不同的法律后果。为了帮助读者理解任何一个选择将
327 产生的后果，我们在这里举出一个实际的保留，来看看通过不同的选择，在实践中这样的安排是如何产生效果的。

在前面一章中，我们看到关于外交邮袋是否可以接受 X 射线检查或搜查存在分歧。1977 年，利比亚在加入《维也纳外交关系公约》时对该公约第 27 条第 3 款提出了以下保留："利比亚保留在有关外交使团正式代表在场的情况下请求开拆这种邮袋的权利。如果派遣国当局不同意这种请求，外交邮袋将被退回来源地。"[56]

对此保持沉默的 S 国有 12 个月时间考虑是否反对这一保留。[57] 经过那段时间后，它就被认为接受了保留，因此它的地位就与明确接受该保留的 A 国的地位一样。对于 A 国来说，该条约在该国与保留国之间生效，因此在保留的范围内改

---

〔55〕 当签署、批准、正式确认、接受、核准或加入条约，或当一国通知继承条约时。注意：虽然《维也纳条约法公约》规定，一旦至少一个国家接受保留，保留国将成为缔约方，联合国秘书长的实践是，提出保留的国家自提交加入条约的文书之日起成为该条约缔约方。参见 ILC Guide, Guideline 2.6.12 Commentary para. 6.

〔56〕 第 27 条第 3 款规定："外交邮袋不得予以开拆或扣留。"许多其他阿拉伯国家都提出了类似的保留。

〔57〕 更加确切地说，"倘一国在接获关于保留之通知后 12 个月期间届满时或至其表示同意承受条约拘束之日为止，两者中以较后之日期为准"，就应该认为该国已经接受了保留。《维也纳条约法公约》第 20 条第 5 款。当然，条约可能规定了不同的时间。

变了该条约。这可能以一种对等的方式发挥作用。[58] 因此，例如，英国在面对 328
利比亚的保留后 12 个月均保持沉默，因此英国就被认为是同意了这一保留，该
公约就在两国生效。如果利比亚当局怀疑从英国使馆到达的黎波里机场的英国外
交邮袋里面的东西，它们就有权依据条约在开拆该邮袋时要求英国官员在场。如
果英国拒绝，那么该邮袋将被退回位于的黎波里的英国大使馆，英国不能有抱
怨，因为该条约已经在这两个国家之间得到了修改。保留的对等效果是：如果英
国希思罗机场当局怀疑利比亚发往黎波里的外交邮袋，他们也可以在利比亚官员
在场的情况下要求开拆该邮袋。如果遭到拒绝，该邮袋也将被送回利比亚驻伦敦
的大使馆。利比亚也不能指责英国违反了该公约。[59]

对于仅仅反对保留的 O 国来说，该条约在两国生效，只是得到保留的条款不
适用。这样，在法律上没有一个国家有义务允许以保留中规定的方式开拆外交邮 329
袋。该规则既不禁止开拆邮袋，也没有被修改为允许两国之间在某些情况下开拆
邮袋。[60] 该条款的其他规定，即外交邮袋不可以扣留，将继续适用。确实，条
约的其他规定继续适用，因此外交人员将继续享有豁免，而且使馆将继续不受侵
犯等。

对于既反对保留也反对条约在它自己与保留国之间生效的 OO 国来说，两国
之间不存在该条约的权利和义务。没有一个国家可以指控另外一个国家违反了条
约，它们也不能使用条约中规定的任何解决条约争端的机制，因为该条约在它们
之间没有生效。[61]

---

〔58〕 注意：如果鉴于"义务的性质或条约的目的和宗旨"或"保留所涉规定之下的义务不需对等适
用"，则不适用对等。ILC Guideline 4.2.5. 因此，例如法国就在法国的紧急状态标准下对《欧洲人权公约》
提出了保留，如果法国就在土耳其发生的侵犯人权的行为对土耳其提起了诉讼，那么土耳其就不能援引该
保留。欧洲人权委员会强调，该《公约》创立了"客观的义务"，因此指控违反该《公约》并不是执行一
国自己权利的行动，而是"指控违反了欧洲的公共秩序"。*France v Turkey* 35 D&R 143, at paras 37-43.

〔59〕 在利比亚使馆外发生枪击女警官弗莱彻（WPC Fletcher）事件后，出于政治原因，英国政府选
择不质疑离开圣詹姆斯广场利比亚使馆的外交邮袋。根据登扎（Denza）的观点，"里面几乎肯定有谋杀武
器"。E. Denza, *Diplomatic Law: Commentary on the Vienna Convention on Diplomatic Relations*, 3rd edn (Oxford:
OUP, 2008), at 236.

〔60〕 这个问题将由习惯国际法决定。参见 further Denza (above) 236-7，他还讨论了一些类似的保留
和反对。

〔61〕 可以思考一下下面这个例子：Optional Protocol to the Vienna Convention on Diplomatic Relations,
concerning the Compulsory Settlement of Disputes (1961).

对于所有四类非保留国来说，条约将在它们之间全部适用。不幸的是，序列在这尚未结束。我们还没有考虑无效保留的后果。在反对保留时，国家经常认为，该保留是无效的。[62] 尽管有许多这类看法可以说明该保留的确是违反条约

330 的宗旨和目的，但是这种看法有可能仅仅是主观臆测的，而保留到底是否有效是一个与是否被接受完全无关的问题。是否有效首先取决于条约是否规定了这种保留，其次取决于该保留是否符合条约的宗旨与目的。[63]

对于人权条约，这个问题已经到了非解决不可的地步。人权条约一般说来不是由其他国家执行的，它们的宗旨基本上也不是为了对其他国家提供对等好处。一国接受人权条约的受益人是位于该国管辖范围内的个人。监督一国是否尊重人权条约义务，通常是由国际人权法院或条约监督机构进行的。当然，其他国家可以反对和否认该条约在它们与保留国之间生效，但是这对于条约想要保护的人来说并不能起到什么帮助。

人权机构在裁判个人申请时已经遇到了无效保留的问题。在一些案件中，它们决定"排除"无效的保留，即使一国认为该保留是其接受条约约束的首要前提条件。在这些案件中，该国可以有一个选择：要么脱离相关的条约制度（如果依据条约这样做是可以的），要么决定继续留在该制度内，只是享受不到保留的好处。

特立尼达和多巴哥提出的保留就是第一种情形。该国说："人权事务委员会不应有权受理和审查已经被判决死刑的囚犯就涉及对他的起诉、羁押、审判、定

331 罪、量刑或执行死刑以及任何与此有关的事项提出的来文。"人权事务委员会（以多数票）决定，它"无法接受一项旨在使某一特定人群无法得到与其他居民相同的程序保护的保留。"在它看来，"这是一种歧视，违反该盟约和议定书所体现的一些基本原则。基于这个理由，不能认为该保留符合该任择议定书的宗旨与目的。"[64] 特立尼达和多巴哥随后废弃了允许个人来文的任择议定书，并且退出了该制度。这意味着，再也不能针对据称该国违反《公民和政治权利国际盟约》任何条款的行为提出来文了。

---

〔62〕 例如，加拿大对利比亚的保留作出了回应，它认为该保留是无效的。

〔63〕 《维也纳条约法公约》第 19 条。

〔64〕 *Rawle Kennedy v Trinidad and Tobago*，Communication 845/1999，Decision of 2 November 1999.

第二种情形发生在针对瑞士和土耳其提起的案件。在针对瑞士提起的案件中，欧洲人权法院认为，瑞士发表的解释性声明旨在限制瑞士就公正审判承担的义务，判定该解释是无效的，因为它不符合保留的条件。[65] 法院对瑞士继续适用有关公正审判的条款。法院判定："毫无疑问，瑞士受到该公约的约束，而且它自己也是这么认为的，不论该声明是否有效。"[66] 土耳其关于接受法院管辖权的声明想要限制该公约的领土保护范围。法院认为这种声明是无效的，而且土耳 332 其的限制必须从接受法院管辖的声明中"切除"。[67] 土耳其和瑞士都选择成为该公约的缔约方，继续承认欧洲人权法院的管辖权。

还有许多与这两种情形有关的不同背景继续影响国际法委员会对条约保留的工作。首先，区域人权法院的判决对缔约方有约束力。相比之下，有些国家抵制那种认为无权作出有效判决的条约监督机构应当有权判断保留有效与否的观点。这些国家坚持一种最重要的观点，即条约只有在国家表示同意接受的情况下才会对其生效。对于这些国家来说，拟议的保留应当被视为一个接受条约约束的前提条件，因此如果认为该保留无效，那么保留国就不能被视为条约的缔约方。[68]

国际法委员会与这个问题斗争许多年了，它的特别报告员阿兰·佩莱（Alain Pellet）现在详细审查了这个问题。国际法委员会的《条约保留实践指南》包括了以下指导原则，其是对《维也纳条约法公约》相关条款的补充。[69]

1. 无效保留的提出者相对于条约的地位取决于提出保留的国家或 333 国际组织所表达的下述意向：它是否打算在无法从保留中受益的情况下接受条约约束，或者它是否认为它不受条约约束。

2. 除非无效保留的提出者表达了相反的意向或通过其他方式确定了此种意向，否则该提出者被视为不享受保留益处的缔约方或缔约

---

[65] 关于对本案的影响的详细分析，参见 S. Marks, 'Reservations Unhinged：The *Belilos* Case before the European Court of Human Rights', 39 *ICLQ* (1990) 300 – 27.

[66] *Belilos v Switzerland* (1988)，para. 60.

[67] *Loizidou v Turkey* (*preliminary objections*) (1995)，paras 95 – 97.

[68] 参见英国、美国和法国对人权事务委员会第 24 号一般性评论的不同意见：3 IHRR (1996)，at 261 – 9，and 4 IHRR (1997)，at 6 – 9.

[69] 参见第 19 – 23 条。

组织。

3. 尽管有第 1 和第 2 款的规定，无效保留的提出者可随时表示无意在无法从保留中受益的情况下接受条约约束。

4. 如果条约监督机构表示了保留为无效的意见，而提出保留的国家或国际组织不打算在无法从保留中受益的情况下接受条约约束，该国或该组织应当在条约监督机构作出评估后 12 个月内表达此种意向。[70]

这一解决方案包括了一种可以反驳的推定，即"保留的提出者有义务接受条约约束，即使其不主张保留的好处，除非其表示了相反的意图。"[71]

国际法委员会的《指南》还列出了在判断保留是否有效时可以考虑的因素。其一，条约可能禁止某类保留。其二，保留不得违反条约的宗旨与目的。如果
334 "它影响条约要旨必须具有的基本内容，以至于保留损害了条约的存在理由"，[72] 那么保留就是不符合条约的宗旨和目的。其三，不得对"任何情况下不得减损的权利提出保留，除非有关保留符合该条约的基本权利和义务。在评估是否符合时，应当考虑缔约方认为是不可减损的权利的重要性。"[73] 其四，"旨在排除或修改条约或作为整体的条款的某些条款的法律后果，以便保护该国国内法某些规则的完整性的保留……可以提出，条件是不得影响条约或其要旨的基本内容。"[74] 其五，为了评估是否与含有相互依赖的权利和义务的条约的宗旨和目的不符，"应当考虑那种相互依赖性、保留在条约要旨内所涉条款的重要性，以及保留对条约的影响程度。"[75]

如果我们回到那个外交邮袋的例子，那么就将这样适用上述指南。这一保留的内容并不是说，接受保留是一国成为条约缔约方的前提条件。作为第三方的裁
335 判者很有可能推定，利比亚想要接受《维也纳外交关系公约》的约束（不论该保留是否有效），然后会判断该保留是否因为违反该条约的宗旨和目的而无效。

---

[70] Guideline 4.5.3.

[71] Commentary to Guideline 4.5.3, at para. 1.

[72] Guideline 3.1.5.

[73] Guideline 3.1.5.4.

[74] Guideline 3.1.5.5.

[75] Guideline 3.1.5.6.

然后，问题就变成：保留是否影响该条约的存在理由，而且关于外交邮袋的义务与条约的一般要旨之间是一种什么关系。假如裁判者判定保留是无效的，那么该保留就被切割，规定外交邮袋不可开拆或扣留的条约规定对利比亚继续适用，不用进行调整。

在人权条约的情况下，这些问题通常更加复杂：保留国继续留在条约制度内的优点更多是一种名誉上的，而不是保留国获得的权利方面；其他国家可能没有兴趣挑战保留的有效性问题；指定的监督机构需要在加强条约体现的价值的需求与保留国退出条约的风险之间进行平衡，之所以存在退出条约的风险是因为保留国可能认为其在同意接受条约约束方面是包括保留在内的。但是，如果有必要判断这种保留的有效性或可接受性，人权机构将适用相同的理由。不过，它会考虑人权条约的宗旨和目的与调整外交关系的条约的宗旨与目的是不同的，而且某些人权，例如免受酷刑权，在任何情况下均不得受到减损。[76]

在审查保留的有效性问题时，还有一个重要问题，即联合国人权条约机构的权力问题。国际法委员会的《指南》呼吁各国"考虑"条约机构"评估是否允许保留"的权力。[77] 但是，《指南》非常小心地将这一权力限于由有权作出对缔约方有约束力决定的那些争端解决机构对保留的有效性作出有法律约束力的决定。[78]

到目前为止，读者可能对条约有效性问题感到困惑，但是在国际法委员会《指南》的有关条款中，真正构成争议焦点的是，我们在上面几页中一直在探讨的问题——谁有权对主权国家的主观意图作出客观判断？如果将这一问题仅仅留给其他国家，那么就等于否定国际法是超越各国同意而存在的观点，而允许由其他人对这作出判断则看来是一种让渡主权的行为。

---

[76] 进一步参见 I. Boerefijn, 'Impact on the Law on Treaty Reservations', 以及 M. Scheinin, 'Impact on the Law of Treaties', 均载于 M. T. Kamminga and M. Scheinin (eds), *The Impact of Human Rights Law on General International Law* (Oxford: OUP, 2009), at 63 – 97, and 23 – 36; 也参见 the Report of the UN Human Rights Treaty Body Working Group on Reservations, HRI/MC/2007/5, 9 February 2007; 关于不允许减损的强行法的其他例子，参见下文第七节。

[77] Guideline 3.2.3.

[78] Guidelines 3.2.1. – 3.2.5.

第六节　保管机关的地位和登记要求

正如我们已经看到的，在判断条约生效所需要的缔约方数量时，条约保管机
337 关的地位是很关键的。条约的保管机关可能是一个单独的国家，也可能是两个或
两个以上的国家、联合国或其他国际组织。保管机关的一些正式职责规定在《维
也纳条约法公约》中。[79] 需要强调的是，保管机关必须是中立的和不偏不倚
的。[80] 确实，当面对尚未成为联合国会员国的实体的要求时，联合国秘书长遵
守了联合国大会的实践和建议。[81] 在民族解放的情况下，该指南说得很清楚：
"秘书长没有权力承认一国政府"，而加入条约的权力则取决于联合国政治机构
或联合国专门机构采取的行动。[82]

当一个实体已经被国际社会的一部分成员承认为国家时，秘书长的实践比较
重要。联合国法律事务厅这样解释：

> 但是，当条约是向"国家"开放时，秘书长如何判断哪些实体是
> 国家呢？如果它们是联合国会员国或《国际法院规约》的当事方，就
> 不会有问题。但是，当那些看上去是国家但不能被接纳为联合国会员
338 国，或者因为安理会常任理事国的反对不能成为《国际法院规约》当
> 事国时，就会产生其是否可以参加条约的问题。在专门机构中，由于没
> 有"否决权"制度，不会产生专门机构中的会员国问题，因此许多那
> 种国家成为了专门机构的会员国，国际社会实际上承认它们是国家。[83]

关于库克群岛的实践值得注意：

---

〔79〕《维也纳条约法公约》第76—79 条。

〔80〕关于更详细的介绍，参见 Aust（above）ch. 18.

〔81〕Summary of Practice of the Secretary‑General as Depositary of Multilateral Treaties，ST/LEG/7/Rev.
1，at paras 79 – 100.

〔82〕Ibid para. 100.

〔83〕Ibid para. 79（脚注省略）。

依据《世界卫生组织宪章》第 6 条，世界卫生大会批准了库克群岛的申请。同时，依据第 79 条，库克群岛在向秘书长提交接受书时成为会员国。在这种情况下，秘书长认为，库克群岛的国家地位已经得到了世界卫生大会的承认，而世界卫生大会的成员是国际社会的全部代表。[84]

《联合国宪章》第 102 条要求："本宪章发生效力后，联合国任何会员国所缔结之一切条约及国际协定应尽速在秘书处登记，并由秘书处公布之。"之所以这样要求，是为了防止秘密条约。[85] 只有当生效时，条约和国际协定（包括在国际法上有约束力的单方面声明）才在联合国登记，大多数都以它们作准的语言以及随后是英文和法文的翻译无删节地（在网上并以纸质版本）公布。[86]

第七节 强行法问题

本书以前的版本再次强调了国内法与国际法的区别。它们写道：一方面，"在我们的国内法中，我们早已不再认为绝对的缔约自由是可能的或者有社会需求的"，因此"我们的法院将不会执行那些违反公共秩序的合同"。另一方面，"在国际法中，还不可能有这样的程序；还没有这种限制各国在条约中写入它们认为合适的条款的自由的国际公共秩序理论。"[87] 现在，这已经改变了。《维也

---

〔84〕 Para. 86（参考文献省略）。联合国教科文组织以 107 票赞成、14 票反对、52 票弃权的表决方式承认巴勒斯坦加入联合国教科文组织。对于那些联合国的非会员国，加入联合国教科文组织需要由执行局推荐，还需要得到大会出席并投票的会员国 2/3 多数同意（弃权不是投票）。

〔85〕 尽管第 102 条第 2 款规定，没有登记的条约的当事国不得在联合国机构援引这种条约，在实践中，尚未适用这一规则。《国际联盟盟约》中一个类似的条款对于没有登记条约的效果也存在某种疑问。第一次世界大战期间和之后发现的秘密条约引起了公众的愤怒，美国总统威尔逊在其"十四点"计划中要求公开和平条约。参见 A. D. McNair, *The Law of Treaties*（Oxford：Clarendon, 1961），at 179ff.

〔86〕 参见 UN *Treaty Handbook*（New York, UN Publications, 2006），paras 5. 6 and 5. 7. 4. 并参见下面这个网站：treaties. un. org.

〔87〕 例如参见 6th edn, at 332.

纳条约法公约》规定，如果条约违反了一般国际法强制性规律（又称"强行法"），那么该条约就是无效的。[88] 赫希·劳特派特（Hersch Lauterpacht）爵士是条约法问题的特别报告员，他在处理"条约标的的合法性"问题时，首先明确提出了这一思想：

> 因此，看来条约的标的是否非法，以及条约是否因这个原因而无效的标准，不是不符合习惯国际法，而是不符合国际法中可以被视为国际公共政策原则这种最重要的原则。这种原则没有必要以一种像禁止海盗或侵略战争这样明确接受的法律规则的形式体现出来。它们可以是国际道德规范的体现，而且是如此令人信服，以至于国际法庭会认为它们是《国际法院规约》第38条第1款第3项规定的国际法院应当适用的文明国家承认的一般法律原则。[89]

341 在维也纳会议上，对这个问题分歧巨大。争议的双方一方是那些认为条约义务应当维持稳定和确定的国家，另一方是十分强调道德制高点并且认为奴隶制、灭绝种族和侵略战争尤其令人无法接受的国家。[90] 辛克莱（Sinclair）是这样解释的："强行法既不是杰基尔博士（Jekyll）也不是海德（Hyde）先生，而是具有两者的潜力。如果不加区别地援引这一概念，用来实现某种短期的政治目的，它可能快速地摧毁对条约安全的信心；如果运用智慧和限制以发展国际社会的总体利益，那么可能继续对单个国家不受控制的意志进行有益管理。"[91]

就像强迫问题一样，因为标的违反公共政策而认为条约无效这种思想是相对激进的。但是，在维也纳通过的《维也纳条约法公约》的最后文本则施加了许多限制。其一，它不具有溯及既往效力。"条约**在缔结时**与一般国际法强制规律抵触者无效。"[92] 其二，在维也纳会议最后一天通过的"一揽子交易"解决了谁

---

[88] 《维也纳条约法公约》第53条。

[89] II *Yearbook ILC* (1953), at 155.

[90] Sinclair (above) ch. 7.

[91] Ibid 223.

[92] 《维也纳条约法公约》第53条（着重号为作者所加），另见下面对第64条的讨论。

有权判断这一神圣的规则是否存在并由此判断有关条约是否无效的问题。[93]《维也纳条约法公约》规定，当当事国无法解决争端时，一方可以将有关条约是否有效的问题提交国际法院解决。[94] 342

这再一次表明，概念比规则的实际适用要更加重要。没有一个条约因为违反这项规则而被认为无效。国际上也没有任何尝试起草从事侵略、奴隶贸易或灭绝种族的新条约的企图。不过，国际公共政策原则在用来使条约无效并且否定国家同意方面还是很强大的。我们仍然可以尝试采取行动证明某些原则是今天的强行法。

《维也纳条约法公约》对强行法规则的最后规定是这样的："一般国际法强制规律是指，国家之国际社会全体接受并公认为不许损抑且仅有以后具有同等性质之一般国际法规律始得更改之规律。"[95] 在维也纳大会上，起草委员会主席亚辛（Yasseen）大使在描述强行法时是这样解释两个相关点的。其一，增加"接受"这个词，是为了体现《国际法院规约》第38条第1款第3项；其二，提到国家之国际社会**全体**是为了体现一项共识，即"没有哪一个国家应当有否决权"。[96] 但是，这些规范的渊源和内容仍然相当神秘。[97] 就像我们在第二章第 343
四节第二目中看到的，国际法委员会最近说，这个概念包括关于侵略、灭绝种族、种族隔离、奴隶制、奴隶贸易、种族歧视、危害人类罪、酷刑、自决权，以及适用于武装冲突的国际人道法的基本规则。联合国人权事务委员会认为《公民和政治权利盟约》第6条和第7条（禁止任意剥夺人的生命和禁止酷刑或残忍、不人道或有辱人格待遇或惩罚）是强行法。它们还提到的例子包括"劫持人质、集体惩罚、任意剥夺自由或不尊重公正审判基本原则，包括无罪推定。"[98]

将强行法引入条约法最明显的影响是，它的实际影响已经完全超出了条约是

〔93〕　参见 T. O. Elias, 'Problems Concerning the Validity of Treaties', III *RCADI* (1971) 341 – 416, at 397 – 404.

〔94〕　第66条第1款第1项。注意：要使法院具有管辖权，争端的双方都必须是《维也纳条约法公约》缔约方。

〔95〕　第53条。

〔96〕　Official Records, 21 May 1968, p. 471, paras 4 and 7；另见 the explanation, at 472 para. 12.

〔97〕　参见 A. Bianchi, 'Human Rights and the Magic of *Jus Cogens*', 3 *EJIL* (2008) 491 – 508；关于详细的研究，参见 A. Orakhelashvili, *Peremptory Norms in International Law* (Oxford：OUP, 2008) ch. 5.

〔98〕　General Comment 29, adopted 24 July 2001, para. 11.

否有效的范畴。[99] 一个重大发展是国际法委员会在《国家责任条款草案》中采

344 取的方法。它规定，当面临一国严重违反强行法规范时，所有国家都有以下义务：其一，通过合法手段合作结束严重违反行为；其二，不承认经由严重违反行为创造的任何局势为合法；其三，不协助维持该种局势。[100] 国际法院对"在被占巴勒斯坦领土上修建隔离墙的法律后果案"发表的咨询意见就适用了这些规

345 则。[101] 最近，在"A 诉内政部长案"（*A v Secretary of State for Home Department*）中，宾厄姆（Bingham）勋爵援引了国际法委员会的《条款草案》第 41 条以及国际法院的意见。《条款草案》第 41 条要求各国进行合作，通过合法手段制止任何严重违背义务行为，这可以被视为一国有义务拒绝承认另一国实施的酷刑行为产生的后果。[102] 在这个案件中，上议院驳回了那种认为在关塔那摩湾被羁押人员中获得的证据可以在审查英国羁押的恐怖主义嫌疑人过程中被采纳的观点。上议院裁

---

[99] 在支持和反对豁免方面以及支持普遍管辖权方面，通常提出强行法。例如，参见 the dissenting opinions in *Al - Adsani v. UK*, European Court of Human Rights, 21 November 2001；另见 *R v. Bartle et al Ex Parte Pinochet* (1999) UKHL 17. 还有一种观点认为，排除国际法院对《灭种罪公约》管辖的保留应当被否定，因为禁止酷刑是强行法规范（不过这种观点没有得到法院支持）。*Armed Activities on the Territory of the Congo* (*New Application*: 2002) (*DRC v. Rwanda*), ICJ Rep. (2006). 也参见 A. Cassese, *International Law*, 2nd edn (Oxford: OUP, 2005), at 201 - 12；《瑞士宪法》规定，修改宪法的人民倡议不得违反"国际强行法"，关于这一条款可能的适用，参见 L. Langer, 'Panacea or Pathetic Fallacy? The Swiss Ban on Minarets', 43 (4) *Vanderbilt Journal of Transnational Law* (2010) 863 - 951. 最近一份正式报告解释说，这一概念包括"强行法、国际人道法基本原则，以及即使在紧急状态下也不得减损的国际法保障"。参见 *Rapport additionnel du Conseil fédéral au rapport du 5 mars 2010 sur la relation entre droit international et droit interne*, 30 March 2011. 关于其中包括的内容的更多详细信息，参见 para. 2.4.1. 这份报告的建议是，应当修改宪法，以便人民的倡议不仅尊重国际强行法，而且尊重基本的宪法权利（at para. 4.3）。

[100] 参见 2001 年国际法委员会《国家对国际不法行为责任条款草案》第 40 条和第 41 条。可比较《维也纳条约法公约》第 71 条。在国际法院关于下面这个案件的判决中驳回了德国违反强行法规范、应当修改意大利赋予德国的豁免权范围的观点：*Jurisdictional Immunities of the State* (*Germany v Italy*: *Greece Intervening*) Judgment of 2 February 2012；比较 the dissenting opinions Judge ad hoc Gaja and Judge Cançado Trindade. 另见 C. Tams, *Enforcing Obligations Erga Omnes in International Law* (Cambridge: CUP, 2005), at 310, 他认为："强行法规则一定是对一切有效的规则。"（对一切的义务将在下一章中介绍）以及 L. Yarwood, *State Accountability under International Law: Holding states accountable for a breach of jus cogens norms* (Abingdon: Routledge, 2011).

[101] ICJ Rep. (2004), at para. 159.

[102] *A v. Secretary of State for the Home Department* (2005) UKHL 71, at para. 34.

定，英国法院不得采纳经酷刑而取得的证据，即使该指控涉及外国官员从事的酷刑。[103]

最后，我们应当注意，按照《维也纳条约法公约》的规定，"遇有新一般国际法强制规律产生时，任何现有条约之与该项规律抵触者即成为无效而终止。"[104] 关于这一条款适用所引起的争端最后可以被提交到国际法院。不过，关于出现新的强行法规范的效果，有两个重要区别。其一，当新的规范产生时，条约就变得无效——并不是说，条约通过时无效。有时，这被视为条约可撤销与条约自始无效之间的区别。出现新的强行法规范可以撤销条款，但是在条约无效之前，当事方仍然必须遵守它们的义务。其二，在出现新的强行法规范的情况下，有可能切割那些违反的条款，因此该条约的剩余条款仍然有效。[105]

虽然规定强行法的实际后果仍然有待研究，但是从历史发展的角度看，这一条款还是很好的。规定这一条款是取代传统法律的新法律的象征，是发达国家同意发展中国家和社会主义国家提出来的涉及正义的要求在条约法中具有一席之地的象征。伊莱亚斯（T. O. Elias）是尼日利亚代表团团长，也是维也纳会议全席委员会的主席。他写道：强行法是"国际公共政策或国际社会公共政策的体现。因此，人们开始承认国际**社会**（society）这个概念已经向国际**共同体**（community）这个概念转变，国家之间更加整合，也更加相互依赖。"[106]

第八节　无效的其他理由

《维也纳条约法公约》规定的其他导致条约无效的理由包括错误、诈欺、贿赂和能力瑕疵。在这些情况下，条约是可以撤销的，而不是自始无效。而且，在

346

347

---

〔103〕　根据宾厄姆勋爵（Lord Bingham）的观点，"无论在哪里、由何人，以及依据什么而对另一人实施酷刑取得的证据是否在英国法院可以被合法用来对付诉讼一方，是一个宪法原则问题。对于那个问题，我将给出非常明确的否定回答。"At para. 51.

〔104〕　《维也纳条约法公约》第 64 条。对这项原则的适用，参见 Case of Aloeboetoe et al v Suriname, Judgment of the Inter – American Court of Human Rights, 10 September 1993，at para. 57.

〔105〕　第 44 条第 3 款。

〔106〕　Above fn 93，at 410. 伊莱亚斯后来成为国际法委员会主席和国际法院院长。

这些情况下，可以主张条约无效的是受害国。[107] 有时，这被称为"相对无效"，而不是"绝对无效"。[108] 我们在这里简单介绍能力瑕疵问题，因为这涉及国际法与国内法关系的理论分歧。

《维也纳条约法公约》在第 46 条规定：

> 1. 一国不得援引其同意承受条约拘束之表示为违反该国国内法关于缔约权限之一项规定之事实以撤销其同意，但违反之情事显明且涉及其具有基本重要性之国内法之一项规则者，不在此限。
> 2. 违反情事倘由对此事依通常惯例并秉善意处理之任何国家客观视之为显然可见者，即系显明违反。

今天，这可以说是不言而喻的，但这一规定是那种认为宪法是一国缔结条约义务的根本的人（宪法主义者），和那种认为国际法不论一国宪法是否规定仍然会生效的人（国际主义者）之间妥协的结果。[109] 正如我们已经看到的，不同的国家具有将国际法纳入其国内法的不同方法。这些规则是由批准条约的不同方法造成的。如果参议院或议会需要批准条约，我们就可以认为，条约以这种方式可以**民主地**转变成法律。在其他的制度中，国家元首有可能在没有议会批准的情况下约束他的国家，在这种情况下，条约的纳入就有可能迟延，直到立法机关有机会处理这个问题。

《维也纳条约法公约》最后达成的妥协是，首先假定一国遵守国内法，但是当另一国应当意识到存在明显违反根本规则时，就出现一个例外。对于尼日利亚和喀麦隆两国国家元首签署的《马鲁阿宣言》（Maroua Declaration），尼日利亚主

---

〔107〕 还需要注意关于默认这些无效理由的规定——第 45 条。在诈欺或贿赂的情况下，受害国可以主张特定的条款无效——第 44 条第 4 款。

〔108〕 进一步参见 Cassese（above），at 177 – 8.

〔109〕 布赖尔利的第一份报告有时被称为宪法主义，但是在那个时候，他的草案包括与国际组织签订的条约，尽管他起草的条款规定，国家元首有权缔结条约，但当涉及国际组织的权力的时候，情况就变得复杂多了。例如，联合国安理会和经社理事会在这个方面就有不同的能力。II *Yearbook of the ILC*（1950），at 231. 例如，当欧洲联盟或会员国依据欧盟法被认为没有权利缔结条约时，参见 Aust（above），at 314. 他解释说，欧盟成员国不能援引《维也纳条约法公约》第 46 条——"因为不能期待非成员国知道欧盟法的所有复杂规定，因此违反这些规定就不可能是明显的。"

张，它没有义务遵守该宣言，因为该国宪法规定，条约必须由尼日利亚最高军事委员会批准。国际法院驳回了尼日利亚的这一主张。法院确认："一国关于签署条约的权力的规则是至关重要的宪法规则。"但是，法院发现，"在这个方面限制一国国家元首的能力并不是第 46 条第 2 款所指的'明显'，除非至少得到妥善公布。"[110] 依据职能，国家元首没有必要出示"全权证书"，其可以代表该国表示接受条约约束的同意。[111]

349

第九节 解 释

解释的目的是尽最大可能和公正地实现条约缔约方的意图。不过，我们应当思考一下法院在解释一个文件时经历的整个过程的真正性质——无论是解释制定法或合同的国内法院，还是解释条约的国际性法院。我们之所以认为这一过程是解释，是因为我们并不关心法院是否对该文件增加了一些以前根本不存在的内容；在实践中，当产生的案件是起草者们已经设想的情况时，没有必要解释文件。之所以产生困难，就是因为起草者们并没有设想过那种情况或者文件中就没有规定那种情况。当我们说法院在解释时，法院实际上在做的是，通过运用众所周知的司法推理方法，说了一些它认为是该文件起草者们肯定想说的内容。但是，他们并没有想要那么说，他们极有可能对于已经产生的问题根本没有那种意图，当然几乎没有共同意图。法院的行为是一种创造行为，尽管我们暗暗地把它当作一件不太重要的事情。而且，尽管解释不是一种任意或反复无常的行为，但它是一个各种同样有能力的头脑可能而且经常实现的不同但同样合理的结果。[112]

350

---

〔110〕 *Land and Maritime Boundary between Cameroon and Nigeria*, ICJ Rep. (2002), p. 303, at para. 265.

〔111〕 《维也纳条约法公约》第 7 条第 1 款和第 2 条第 1 款。参见前文第四节。有人建议，割让领土或移动边界的条约是一类特殊的条约，因此证明某一项规则是否臭名昭著的责任应当得到调整，参见 M. Fitzmaurice and O. Elias, *Contemporary Issues in the Law of Treaties* (Utrecht: Eleven, 2005), ch. 11. 另见雷热克法官（Judge Rezec）的声明。他认为，不能说喀麦隆不知道尼日利亚的国内法规则："我不知道竟然还有国家允许一代表基于自己的权力就可以缔结和执行涉及边界（无论是陆地边界还是海洋边界）因此也就是一国领土的条约的法律规定。"At pp. 191-2.

〔112〕 这一段是下面这篇文章的调整和变换：Brierly 'The Judicial Settlement of International Disputes', in *The Basis of Obligation in International Law*, 93-107, at 98.

我们应当记住，虽然议会法案自己可以限制解释的严格方法，但是一般来说，条约并不适用英国法院通常适用的严格的解释方法。起草条约的人通常不起草国内法，而且国际背景、谈判的情况都与国内立法情况不同。韦斯特莱克（Westlake）曾经这样写道：

351

> 必须考虑（其他国家杰出的外交官和部长们）处理事情的性质，以及他们从事工作的特定条件。有一种起草方式适合人们对它进行字面解释，但是需要设想和讨论许许多多可能出现的偶然情况，而这极有可能造成各国代表们之间没有必要的摩擦，因为他们的关系不一定友好。看来，当大家就协议的基本内容达成意见时，所使用的语言既不能掩盖已经知道的疑问，也不会刻意寻找可能存在的疑问。这最符合和平的利益。我们相信，这样一种起草方式是最常见的条约起草方式，完全符合宽泛和自由的解释精神。[113]

我们还有两个理由来说明解释条约与解释国内法不同。第一，尽管条约每天由外交官们和法律顾问们解释，但是当条约文本由国际性法院进行解释时，其解释的艺术才被表现得最为淋漓尽致。现在应该很清楚，国际性法院依赖各国将其争端提交它们解决。如果各国政府觉得解释条约的方式并不是它们意图的方式，那么它们就有可能撤回它们的做法。在国内法中，我们基本上没有选择，只能将争端提交国内法院，由国内法院的法官对法律进行解释。而且，在必要的情况下，国内立法机关甚至会干预，以便纠正对它们意图的错误理解。[114] 相比之下，国际性法院必须时刻记住，解释不当就有可能失去各国的信任，各国可能不会将争端再提交给它们，或者会限制提交给它们的争端的范围。

352

---

[113] Westlake, *International Law*, 2nd edn（Cambridge：CUP, 1910），Part I, pp. 293–4.

[114] 参见路透（Reuter）（前面）的观点，认为"尤其是在国际法中，这一文本的优先性是任何解释的最高规则。它可能是，在立法和司法程序完全受到国家权力调整而不受到当事方自由同意的调整的其他法律制度中，应当认为法院有权使文本说出它不说或者甚至是针对它说的内容。但是，这种解释有时被认为是目的解释，与以下事实不可分割，即诉诸法院是强制性的、法院有义务做出判决而且受到立法机关的控制，如果有必要，立法机关的行动会对法院的大胆行动施加制衡。当国际法官或仲裁员背离文本时，这是因为他认为，另一个文本或实践，也就是另一套法律，应当优先。"At 96.

第二，无论由法律顾问还是国际性法院进行解释，对条约的解释存在争端的各方通常就是谈判起草条约的相同的实体。就像理查德·加德纳（Richard Gardiner）解释的那样："那些对条约产生国际争端的当事方，通常就是实际起草有关条约内容的代表，或者至少是后来加入条约的当事方。因此，他们的解释具有特别的价值。"[115]

关于这一点，本书以前的版本曾经大胆写道："国际法中并不存在解释条约的技术规则。"这种说法现在已经不再正确，就像我们会看到的，1969 年《维也纳条约法公约》规定的最终规则是非常具体的，而且现在适用于所有条约。辛克莱（Sinclair）曾经在维也纳会议开始时这样解释条约解释的理论分歧：

> 有三种不同的理论，分别是：①"文本"方法；②"意图"方法；③"目的"方法。那些支持"文本"方法的人特别强调条约的文本，认为它是当事国意图的真实表达。那些支持"意图"方法的人坚持认为，条约解释的首要目标是努力查明当事国的意图。那些支持更具灵活性的"目的"方法的人认为，决策者的任务是查明条约的宗旨和目的，然后解释条约，以便实现该宗旨和目的。至于"文本"方法和"意图"方法，主要的区别是在解释的过程中应当采纳的准备工作的范围和情况。[116]

353

《维也纳条约法公约》第 31 条最终通过的规则是结合了这些方法。该条款还解释了哪些材料是解释过程中的相关材料。为了不扭曲这一条款，这里有必要完整呈现该条款：

第 31 条 解释之通则

1. 条约应依其用语、按其上下文、并参照条约之目的及宗旨所具有之通常意义，善意解释之。

---

[115] *Treaty Interpretation*（Oxford：OUP，2010），at 11；以及参见下面提到的当事方的嗣后实践和真正解释。

[116] I. M. Sinclair，'Vienna Conference on the Law of Treaties'，19 *ICLQ*（1970）47–69，at 61.

354 2. 就解释条约而言，上下文除指连同弁言及附件在内之约文外，并应包括：

(a) 全体当事国间因缔结条约所订与条约有关之任何协定；

(b) 一个以上当事国因缔结条约所订并经其他当事国接受为条约有关文书之任何文书。

3. 应与上下文一并考虑者尚有：

(a) 当事国嗣后所订关于条约之解释或其规定适用之任何协定；

(b) 嗣后在条约适用方面确定各当事国对条约解释之协定之任何惯例。

(c) 适用于当事国间关系之任何有关国际法规则。

4. 倘经确定当事国有此原意，条约用语应使其具有特殊意义。

这一条款的大多数内容都有助于解释，[117] 这里，我们将只概括那些最基本的细节。

有人已经强调，第31条是一个单一的条款，因此提醒我们，必须整体适用该条款。在解释这一条款时，并没有迹象显示，有些内容比其他内容应当优先适用。该条款提到了"善意"一词，它被认为包含了**有效性**原则。因此，它具有两个含义：其一，必须**实现**条约的**所有**内容；其二，解释必须使条约具有合适的**效果**。[118]

355 必须依据条约的宗旨和目的、根据条约上下文的情况来确定通常意义。在这个方面，构成上下文的包括序言和附件，以及被认为与缔结条约有关的协定和文书。这些协定的形式可以是在最后会议上达成的、没有规定在条约文本上的理解，[119] 或者在《会议最后文件》或附有条约文本的联大决议中包括的段落。文书可以是普遍文书，当其他缔约方接受解释性声明时，它们还可以构成关于条约

---

〔117〕 参见 Gardiner（above），chs 5 – 7.

〔118〕 我们将在下面这个案件中考虑这些原则是如何适用的：*Georgia v Russia（preliminary objections）*2011 judgment of the ICJ.

〔119〕 例如，参见 Understandings on the amendments concerning the crime of aggression in the International Criminal Court Statute contained in Annex III of Resolution 6 adopted 11 June 2010（参见后文第九章中的讨论）。

解释的**协定**。[120] 虽然保留会修改条约的内容，但在这种情况下的文书是解释者在判断实际文本意义时所考虑的上下文的一部分。

麦克奈尔（McNair）曾经很好地解释过判断条款含义时上下文的重要性。他说：

> 有一位有妻子和儿女的男人曾经订立了一份十分简洁的遗嘱，里面只有这样几个字"都给母亲"。"母亲"这个词的含义最清楚不过了，因为一位男人只能有一位母亲。不过，他的遗孀主张财产。法院采纳了一份口头证据，证明在其家庭关系中，死者的妻子总是被称为"母亲"。这种现象在英格兰十分普遍，因此判决她有权申请管理……她得到了所有的遗产。抽象地说，"母亲"是一个"普通的词语"，但是就立遗嘱时立遗嘱人的情况来说，它就不是一个"普通的词语"。[121]

356

适用条约的嗣后实践是指可归因于一国的行为。并不是所有国家都需要参与实践，但是应当在其他缔约方中存在"明显的或者可归因的协定"。[122] 在一些案件中，法院将通过对条约内容的持续解释认为当事国有意被条约约束。国际法院在判断"商业"一词是否应当被解释为仅仅包括货物，还是应当被认为包括诸如运输乘客这样的服务时这样解释该方法。

> 一方面，《维也纳公约》第31条第3款第2项意义上的当事国的嗣后实践，可以在当事国之间的默示协议基础上改变原先的意图。另一方面，也有的情况是，当事国缔结条约的意图是或者可以说应该是为了给予所用的措辞或者里面的有些措辞能够演变的含义或内容，而不是一劳

357

---

〔120〕 这可能属于第31条第2款第1项和第2项、第3款第1项和第2项之一，参见 ILC Guidelines（above）4.7.3，at para. 3 to the Commentary. 当其他缔约方没有默示时，单方面声明仅仅是依据一般规则可以考虑的一种证据。参见 Guideline 4.7.1 and the Commentary thereto，它解释说，这种声明不是自动的，而是可以确认基于第31条和第32条列举的客观因素的解释。At paras 26 and 31.

〔121〕 McNair（above），at 367. 国际法院基于措辞的上下文而不是字面含义进行的解释，参见 *Anglo - Iranian Oil Co. case (jurisdiction)*，ICJ Rep.（1952），p. 93. 麦克奈尔的个别意见是这样解释的："该文本真的很含糊，因此，有必要寻求该文本以外的信息，并确定有关情况是否可以有所帮助。"At 117 - 18.

〔122〕 Gardiner（above）225 - 49，at 236.

永逸地确定的含义,尤其便于允许国际法的发展。在这种情况下,为了切实尊重当事国在条约缔结时的共同意图而不改变这种意图,应当在需要适用条款的每一个场合考虑有关术语已经获得的含义……

法院由此断定,界定哥斯达黎加自由航行权的内容,特别是"商业"这个词,应当理解成具有每次需要适用该条约的场合所具有的含义,而不是它们本来的含义。

因此,即使假定"商业"这个概念在19世纪中期并不具有与今天的相同含义,但就适用本条约而言,必须接受它的现代含义。[123]

358 依据第31条第3款第3项考虑"有关国际法规则"这项义务,包括有必要依据缔结条约时可适用的国际法和有关措辞的法律的变化来解释条约的该措辞。[124] 应当推定的是,起草者已经同意,有些措辞的含义在国际法中是会发生变化的。不过,在有些情况下,这一解释规则已经被视为在多种制度的情况下权衡国际义务的基础。[125] 在解释人权条约的诉诸法院的权利时,应当赋予有关国家豁免的

359 规则多大效力呢?[126] 在解释保护使馆尊严的义务时,应当赋予言论自由多大效

---

〔123〕 *Case Concerning the Dispute Regarding Navigational and Related Rights* (*Costa Rica v Nicaragua*), judgment 13 July 2009, at paras 64 and 70. 另见 *Kasikili/Sedudu Island* (*Botswana v Namibia*), judgment 13 December 1999, at paras 47 – 80, 提到了双方认为某些嗣后实践与第31条第3款第2项无关的观点被驳回的情形。在下面这个案件中,仲裁庭认为,该谅解备忘录是"当事方同意的嗣后实践",因此有助于解释有关条约。At para. 6. 7. 关于对这些有关问题的全面研究,参见 Report being prepared in the context of the ILC, Professor Nolte, 'study group on treaties over time'. 在《维也纳条约法公约》规则外,也可以发生基于实践改变条约的情况。例如,参见1950年《欧洲人权公约》规定的死刑问题。关于死刑的第二条有一个例外,允许"在对其实施的法律规定的犯罪进行定罪后执行法院的量刑"。在一个案件中,英国将两个人从自己管辖的范围内移交至伊拉克当局管辖权的范围,欧洲人权法院认为,这是违反禁止不人道或有辱人格待遇的规定的(因为具有可能被判处死刑的心理恐惧)。关于第2条,法院说:"除了两个成员国外,其他所有成员国现在均签署了第13号议定书,除了三个国家外,其他所有签署的国家均批准了该议定书。这些数据连同暂停死刑方面的一致的国家实践,都强烈表明,第2条已经被修正成'在所有情况下禁止死刑'。"

〔124〕 关于时际法的这两个问题,参见前面第五章第二节中于贝(Huber)仲裁员在裁决中对发现的效果与获得领土所有权问题的影响的讨论。也参见 the ICJ Judgments in *Certain Questions of Mutual Assistance in Criminal Matters* (*Djibouti v. France*), 4 June 2008, at paras 113 – 14; *Case Concerning Pulp Mills on The River Uruguay* (*Argentina v. Uruguay*), 20 April 2010, at paras 55 – 66.

〔125〕 关于同一事项前后不同的条约的各种问题,参见《维也纳条约法公约》第30条和第59条。

〔126〕 参见 ECtHR *Al - Adsani v UK*, 21 November 2001, at para. 55ff.

力呢?[127] 在解释友好条约时,应当赋予禁止使用武力多大的效力?[128] 在解释贸易[129]或投资协定[130]时,如何包括人权和环境义务?一方面,通过解释技巧解决不同义务的冲突是非常令人满意的,并且使我们看到国际法是一个有机的体系。[131] 在另一方面,它掩盖了一个事实,即各国可能已经实际上接受了各种冲突需要得到保护的义务,而且在大多数情况下,国际性法院或专家组只能对冲突条约中的其中一个条约有管辖权。[132] 虽然国内法院的法官可能有权对各种冲突的价值、权利和义务进行权衡,以便得出一个明智的判决,但是国际法院的法官最终可能受到它们面前的条约对其管辖权的限制。[133]

不过,也有的情况是,法官的确需要在互相冲突的价值之间作出选择。在这

360

---

[127] 参见前文第六章第十一节第五目。

[128] 参见 *Oil Platforms* (*Iran v USA*), ICJ Rep. (2003), p. 161, at para. 41ff. Compare the Separate O-pinion of Judge Higgins, paras 44 – 52.

[129] J. Pauwelyn, *Conflict of Norms in Public International Law: How WTO Law Relates to other Rules of International Law* (Cambridge: CUP, 2003); G. Marceau, 'WTO Dispute Settlement and Human Rights', 13 *EJIL* (2002) 753 – 814; T. Cottier, J. Pauwelyn, and E. Bürgi (eds), *Human Rights and International Trade* (Oxford: OUP, 2005); M. Andenas and S. Zleptning, 'Proportionality: WTO Law in Comparative Perspective', 42 *Texas International Law Journal* (2007) 371 – 427.

[130] P. Sands, 'Treaty, Custom and the Cross – fertilization of International Law', 1 *Yale Human Rights and Development Law Journal* (1998) 85 – 105; P. – M. Dupuy, 'Unification Rather than Fragmentation of International Law? The Case of International Investment Law and Human Rights Law', in P. – M. Dupuy, E. – U. Petersmann, and F. Francioni (eds), *Human Rights in International Investment Law and Arbitration* (Oxford: OUP, 2009) 45 – 62, esp. at 55ff; A. S. Sweet, 'Investor – State Arbitration: Proportionality's New Frontier', 4 *Law Ethics and Human Rights* (2010) 47 – 76; B. Simma, 'Foreign Investment Arbitration: A Place for Human Rights?' 60 *ICLQ* (2011) 573 – 96.

[131] 参见 ILC Report 'Conclusions of the work of the Study Group on the Fragmentation of International Law: Difficulties arising from the Diversification and Expansion of International Law' (2006), at paras 17 – 23; UN Doc. A/61/10, para. 251; C. McLachlan, 'The Principle of Systemic Integration and Article 31 (3) (c) of the Vienna Convention', 54 *ICLQ* (2005) 279 – 320.

[132] 克拉贝尔 (Klabbers) 认为,在这种情况下,"当发生价值冲突时,法律几乎无法提供任何办法,只能给我们提供被称为'政治决定原则'的东西:在条约发生冲突无法避免的情况下,责任方最终必须选择支持哪一项义务,并确保它向另一个当事方赔偿。" 'Beyond the Vienna Convention: Conflicting Treaty Provisions', in E. Cannizzaro (ed.), *The Law of Treaties beyond the Vienna Convention* (Oxford: OUP, 2010) 192 – 205, at 195. 他还提到了下面重要的一点:"出售转基因是否应当被视为贸易问题,而不是健康、环境、安全或人权问题,这并不是一个清楚的问题。如何构成一个适当的领域(或制度)本身就是一个政治问题,是一套制度方法的技术很难包容的东西。" J. Klabbers, *Treaty Conflict and the European Union* (Cambridge: CUP, 2009), at 39.

[133] R. Higgins, 'A Babel of Judicial Voices: Ruminations from the Bench', 55 *ICLQ* (2006) 791 – 804.

种情况下，已故的安东尼奥·卡塞塞（Antonio Cassese）法官曾建议："解释者必然依赖其个人的意识形态或政治倾向。不过，重要的是，其应当明确，对发生冲突的各种价值进行选择是建立在个人倾向或偏见的基础之上，而不是在法律上某种价值具有对另一种价值的'客观'优先性。"[134]

361   在过去，对准备工作的态度体现了不同的法律传统。美国参加维也纳会议的代表团成员迈尔斯·麦克杜格尔（Myres McDougal）教授准备的对质文件，也许代表对国际法的解释方法和适用更一般的历史分野。简而言之，麦克杜格尔认为，准备工作应当与第31条规定的内容一起考虑。他强调："实际上，任何措辞都没有协议的当事方无法改变的固定的或自然的含义。措辞的'一般和通常'的含义是很多的，而且也是含糊不清的，只能通过在特定的事实情形中的使用而变得特定和明确。"[135] 他强调："尊重缔约方关于协议的选择自由是基本的，而不是将其他国家的选择强加到他们身上。"[136]

作为英国代表团成员的辛克莱对那些更加愿意关注文本、而不是缔约方本来共同意图的人的立场进行了归纳。他说：

> 经验表明，条约缔约方之间经常对条约缔结时根本没有想过的问题产生分歧，因此它们绝对没有对那些问题的共同意图。在其他情况下，
362   缔约方可能一直对争议的实际问题具有不同的意图，每一方故意不提该问题，很有可能是希望该问题在实践中不产生，或者如果产生，希望已经达成的文本能够产生它所想要的效果。[137]

他继续说，在实践中，依赖准备工作肯定是有选择性的，而且对小国家和新国家不利。

---

[134] *Five Masters of International Law: Conversations with R - J. Dupuy, E. Jiménez de Aréchaga, R. Jennings, L. Henkin and O. Schachter* (Oxford: Hart, 2011), at 259.

[135] Official Records, 1st Session, Meeting of the Committee of the Whole, 19 April 1968, p. 167, para. 44.

[136] Ibid p. 168, para. 46.

[137] 22 April 1968, p. 177, para. 4.

首先，准备工作几乎都是模糊不清的、不平等的和不完整的：之所以模糊不清，是因为它通常是对谈判过程中发表的声明的简要记录，而关于各个代表团立场的早期声明有可能体现的是代表团在那个阶段的意图，与条约的最终文本无关；之所以是不平等的，是因为并不是所有的代表团都对某个特定的问题表态；之所以是不完整的，是因为它没有包括达成最终妥协时各国代表团团长之间的非正式会议，而这些会议通常是谈判最重要的特征。如果认为准备工作具有与条约文本本身相同的地位，那么在国际会议上的谈判就将没完没了……

最后，如果准备工作具有比起草委员会对第 31 条文本更重要的地位，那么就会对那些想要加入但没有参加起草的新国家产生更大的危险。条约文本就是那些新国家在决定是否加入时已经存在的文本。如果认为在条约解释的规则方面，准备工作更加重要，那么新国家就有义务在加入条约之前对准备工作进行彻底分析，而即使这种彻底的分析有可能对于帮助他们了解缔约方的意图但也是十分有限的。[138]

美国的提案在维也纳会议上经投票遭到否决，《维也纳条约法公约》只允许在适用第 31 条会导致荒唐的结果或者意义仍然不明或模糊时才可以援引包括准备工作在内的补充资料。[139]

总之，第 31 条规定的内容是经过仔细考虑的，而且是非常全面的。不过，正如前文讲到的，对于不同的法官来说，仍然有许多得出不同结论的空间。国际法院最近在格鲁吉亚诉俄罗斯案的判决中毫不掩饰地讲到了这一点。作为一个先决问题，法院必须判断《联合国禁止种族歧视公约》第 22 条是否规定了法院的必要管辖权。第 22 条规定：

---

〔138〕　Ibid p. 178, paras 8 and 10.
〔139〕　参见第 32 条。在实践中，当事方和法官通常会提到准备工作，以便强化他们的主张。例如，在下面介绍的"格鲁吉亚诉俄罗斯"中，国际法院的判决和反对意见都审查了准备文件，都认为该工作对他们的解释有利。对于什么是补充方法和准备工作的全面研究，参见 Gardiner（above），at 99 – 108 and 301 – 50.

364 　　　两个或两个以上缔约国间关于本公约的解释或适用的任何争端不能以谈判或以本公约所明定的程序解决者，除争端各方商定其他解决方式外，应于争端任何一方请求时提请国际法院裁决。

法院在解释时是这样说明分歧的：

　　　两国对于这个争端解决条款存在不同的解释。首先，他们对"没有通过谈判或明确规定的程序的任何争端"有不同的理解。俄罗斯认为，这一表述是法院行使管辖权的前提条件，因为他要求必须通过第22条明确规定的手段解决争端，而且在将争端提交国际法院之前，这些手段必须已经失败。格鲁吉亚认为，这一表述没有为当事国规定必须通过谈判或禁止种族歧视委员会建立的程序解决争端的义务。按照格鲁吉亚的说法，必须做的是，在事实上，该争端尚未得到解决就行。[140]

365 法院还解释另一个分歧：

　　　假定谈判是确立法院管辖权的前提条件，两国对于什么才是谈判，以及在满足《禁止种族歧视公约》第22条规定的前提条件之前必须实现的谈判的程度还存在争议。另外，他们还对《禁止种族歧视公约》规定的谈判的形式以及他们应当提到的实质义务存在争议。[141]

法院以十票对六票作出判决，支持了俄罗斯的观点，即必须遵守"不能以谈判……解决"（*is not settled by negotiation*）这一表述。这就是对（前文提到的）有效性（*effet utile*）规则的适用。法院认为，格鲁吉亚认为只要争端没有通过谈判解决就足够的观点将导致"该条款的关键内容变得毫无意义"的结果。[142]

---

[140] At para. 118.

[141] At para. 120.

[142] At para. 133. 关于对有效原则的解释，有时又被称为"*ut res magis valeat quam pereat*"（与其使其无效，不如使其有效），参见 the Third Report by Waldock on the law of treaties, II *Yearbook of the ILC* (1964)，at 52 – 61.

那些持反对意见的法官认为，法院只是依赖有效规则的这一内容。其一，他 366
们说，法院应当思考，"不能以谈判……解决"（is not settled by negotiation）这一表述
的字面含义与其他条约中规定的"无法通过谈判解决"（which cannot be settled by ne-
gotiation）这一表述的含义明显不同。[143] 其二，他们强调，"虽然在提起司法程序
之前就争端进行外交谈判可能有所帮助，尤其有助于澄清争端的内容并确定争端
的主题，但一般说来，它们并不是法院能够行使管辖权的强制性前提条件。"[144]
那些持反对意见的法官因此断定，应当采纳格鲁吉亚对"不能以谈判……解决"
这一表述的解释。

法院的法官对这种情况下"谈判"一词的定义也有分歧。法院的判决认为，
除了抗议外，必须进行谈判，而且谈判尤其针对有关条约的争端。持反对意见的
法官们则认为："对于谈判的问题，应当采取坚实的现实主义，而不是形式主义
方法"，而且断定"通过谈判解决提交给法院的争端并不存在合理可能，而且即
使的确存在第 22 条规定的条件，他们也已经得到了满足。"[145]

总之，关于解释，我们认为，虽然说不存在条约解释的技术规则这种说法已
经不再正确，但是在适用那些解释规则时，不同的法官仍然可能对同一个条约条
款作出不同的解释。

第十节 第三方的权利和义务 367

总的原则是："条约非经第三国同意，不为该国创设义务或权利。"[146] 不过，
如条约当事国有意赋予不是有关条约缔约方的一国或多个国家权利，那么国际法
中并没有规则阻止实现这一意图，而且可以说，第三国已经同意从这一被赋予的

---

〔143〕 Joint dissenting opinion of President Owada, Judges Simma, Abraham, and Donoghue, and Judge *ad hoc*
Gaja at paras 21－3. 另见 the dissenting opinion by Judge Cançado Trindade.

〔144〕 Joint dissenting opinion, at para. 24.

〔145〕 Joint dissenting opinion, at paras 55 and 84.

〔146〕 《维也纳条约法公约》第 34 条。关于对这一领域的详细研究，参见 C. Chinkin, *Third Parties in
International Law* (Oxford: Clarendon Press, 1983) 25－119.

权利中获利。[147] 根据《维也纳条约法公约》，如国家对第三国确立义务，该国就需要以书面形式接受该义务。[148]

368　　条约何时为**个人**和**其他非国家行为者**创设权利或义务是一个复杂的问题。[149] 作为国际法委员会条约法问题的特别报告员，沃尔多克建议在《维也纳公约》中增加一个条款，提及"条约规定有关个人、法人或个人团体履行或享受的义务或权利"的情形。该条草案规定这样的权利和义务在国内和国际层面生效的方式有："①通过缔约方的国内法；②通过条约或任何其他生效的条约或文件可能特别规定的国际机构和程序。"[150]

　　委员会在1964年的辩论呈现了分裂局面。有一些委员不相信那个时候的条约会规定这种个人权利，并将给予个人诉诸国际性法院的权利这种思想视为对国内层面的法律诉讼毫无必要的拓展，认为"借口向公民个人提供国际保护而指责国家管辖权将是非常危险的"。但是，还有一些委员则认为，个人可能具有对抗自己国家的主体权利这种思想在起草联合国人权盟约的进程中"逐渐获得支持"。沃尔多克最终同意撤回这一条款，但是记录了他的观点，即个人已经有权诉诸国际机构，而且他对于因为"《联合国宪章》和现代国际法并不十分重视人权和自由"而删除这一表述感到十分遗憾。[151]

369　　现在的学者援引确实为非条约缔约方的实体规定了权利和义务的现代条约，这再次引发了1964年委员会讨论时的辩论。许多学者同意，有些条约，例如

〔147〕 参见 PCIJ *Free Zones of Upper Savoy and the District of Gex*, Series A/B, No. 46, at p. 147. "必须确定，有利于第三国的条约的缔约国们是否想要为该第三国创设其接受的实际权利。"《维也纳条约法公约》第36条和第37条第2款。

〔148〕《维也纳条约法公约》第35条和第37条第1款。

〔149〕 关于个人作为国际条约权利主体的早期研究，参见 H. Lauterpacht, 'General Rules of the Law of Peace', at 279 – 94, in E. Lauterpacht (ed.), *International Law: Collected Papers*, Vol. 1 (Cambridge: CUP, 1970). [English version of the Cours Général 62 *RCADI* (1937)]; 另见 C. Chinkin, *Third Parties in International Law* (above) chs 1, 4, 5, and 16. C. Tomuschat, 'The Responsibility of Other Entities: Private Individuals', in J. Crawford, A. Pellet, and S. Olleson (eds), *The Law of International Responsibility* (Oxford: OUP, 2010) 317 – 29. M. Milanovi ́c, 'Is the Rome Statute Binding on Individuals? (And Why We Should Care)', 9 *JICJ* (2011) 21 – 52.

〔150〕 Third Report on the Law of Treaties, II *Yearbook ILC* (1964), at 45 – 8.

〔151〕 9 June 1964, I *Yearbook ILC* (1964) at 114 – 19, esp. at paras 30 – 1, 40, 43, 46 – 7, 53, 54, and 61.

1948 年的《灭种罪公约》或规定了战争罪的 1949 年的《日内瓦公约》（被称为
"严重破约行为"）为个人创设了国际义务。[152] 同样，武装团体据说也有义务遵
守 1949 年《日内瓦公约》共同第 3 条所规定的武装冲突法。[153] 西奥多·梅隆
（Theodor Meron）还提到了人权条约中的条款，认为缔约方想让他们为个人创设义
务；[154] 高洪柱（Harold Hongju Koh）认为，石油溢出方面的条约和危险废物方面的
公约为公司创设了义务。[155] 欧洲法院已经解释欧盟法律，认为他们为个人创设
了权利和义务，这些权利和义务来自条约，并且对成员国有直接效力。[156]

国际法院自己认为，《维也纳领事关系公约》为那些有权得到领事协助的个 370
人创设了个人权利。[157] 当个人在被羁押国的国内法中主张权利时，被羁押人员
的国籍国可以在（无权管辖个人的）国际法院援引这些权利。一些国际性法院，
例如欧洲人权法院，不仅对国家之间的案件有管辖权，而且还对个人和非国家实

〔152〕 关于诸如《灭种罪公约》这样的国际刑法是否"直接为个人创设了义务"的早期研究，参见
Waldock 'General Course on Public International Law', 106 *RCADI* II (1962) 1–251, at 229. 关于国际刑事法
院对这种个人实施的国际犯罪行使管辖权的条件，参见前文第三章第四节. Cf M. Milanovi ¿, 'Is the Rome
Statute Binding on Individuals? (And Why We Should Care)', 9 (1) *JICJ* (2011) 25–52.

〔153〕 还参见 A. Cassese, 'The Status of Rebels under the 1977 Geneva Protocol on Non–International Armed
Conflicts', 30 *ICLQ* (1981) 416–39. Chinkin (above), at 132–3; S. Sivakumaran, 'Binding Armed Opposi-
tion Groups', 55 *ICLQ* (2006) 369–94.

〔154〕 T. Meron, *Human Rights in Internal Strife: Their International Protection* (Cambridge: Grotius, 1987),
at 33–40.

〔155〕 H. H. Koh, 'Separating Myth from Reality about Corporate Responsibility Litigation', 7 (2) *Journal of
International Economic Law* (2004) 263–74.

〔156〕 例如见 *Van Gend & Loos v Netherlands Fiscal Administration* (1963), ECR 1, at 12: "因此，与会员
国的立法不同，欧洲共同体法律不仅对个人施加了义务，而且还赋予他们权利，它们已经成为他们的合法
遗产。这些法律不仅规定在《条约》明确规定权利的地方，而且还基于《条约》以一种明确规定的方式
对个人、成员国以及欧共体各国机构施加义务。"

〔157〕 *Avena and Other Mexican Nationals* (*Mexico v USA*) (2004), at para. 40, *LaGrand* (*Germany v USA*)
(2001), at para. 77. 参见前文第六章第十一节第三目以及《维也纳领事关系公约》第 36 条第 1 款. 参见
further B. Sepúlveda–Amor, 'Diplomatic and Consular Protection: The Rights of the State and the Rights of the In-
dividual in the *LaGrand* and *Avena* Cases', in U. Fastenrath et al (eds), *From Bilateralism to Community Interest:
Essays in Honour of Judge Bruno Simma* (Oxford: OUP, 2011) 1097–117.

体提出的申请有管辖权。在这些情况下，条约再一次为第三方创设了国际权利。[158]

371　　个人或公司在国内法中维护自己的国际权利或承担国际义务的程度取决于国内法接受国际法的方式。[159] 但是，没有理由将存在国际权利或义务与获得国内救济或国际管辖权等同。即便国内或国际性法院对这种案件没有管辖权，这种权利和义务仍然是存在的，而且可以通过谈判或创造新的救济或管辖机制来维护它们。

　　总之，按照约拉姆·丁斯坦（Yoram Dinstein）的话说："今天，条约可以直接为个人施加义务以及赋予权利，这是司空见惯的现象。"[160] 有问题的是，如何维护这些权利以及执行这些义务。应当推定国家有责任确保这些权利和义务在国内法上的实现。今天，在有些国家，即使没有特定的实施方面的法律，这可能也已经发生了。而且，国际性的人权法院经常适用这些权利和义务，要求国家向个人、非政府组织和公司赔偿，而各种国际刑事法庭则审理那些据称实施了国际犯罪的案件，并监禁那些被定罪的人。[161] 因此，有关条约规定第三方的权利和义

372

───────────────

〔158〕 确实，早在（前文提到的）1964 年国际法委员会的辩论中，沃尔多克就抱怨："他几乎不能想象欧洲人权法院是一个国内法庭，它通过国际机制适用《公约》；他相信主席阿戈（Ago）对该点发表的观点，认为这是违反现有的实践的。"At para. 60. 加埃塔（Gaeta）最近也发表了一个类似的观点，他认为，受到 1949 年四个《日内瓦公约》保护的人员是那些条约的权利人。P. Gaeta, 'Are Victims of Serious Violations of International Humanitarian Law Entitled to Compensation?', in O. Ben – Naftali (ed.), *International Humanitarian Law and International Human Rights Law* (Oxford: OUP, 2011) 305 – 27, at 319；进一步参见 the Basic Principles and Guidelines on the Right to a Remedy and Reparation for Victims of Gross Violations of International Human Rights Law and Serious Violations of International Humanitarian Law, GA Res. 60/147 of 16 December 2005.

〔159〕 参见前文第二章第八节。参见 D. Shelton *International Law and Domestic Legal Systems: Incorporation, Transformation, and Persuasion* (Oxford: OUP, 2011)；另见 H. Lauterpacht, 'General Rules of the Law of Peace', at 279 – 94, in E. Lauterpacht (ed.), *International Law: Collected Papers*, Vol. 1 (Cambridge: CUP, 1970) [English version of the Cours Général 62 *RCADI* (1937)].

〔160〕 Y. Dinstein, *The Interaction Between Customary International Law and Treaties*, 322 *RCADI* (2006) 243 – 427, at 339.

〔161〕 除了欧洲人权法院，西非经济共同体法院、非洲人权和民族权法院也有权审理个人提出的案件。在给个人施加国际刑事义务的领域，国际条约通常自己可能没有全面规定犯罪的所有要件，国际法庭在实践中将十分依赖习惯国际法。不过，这并不是说，条约自身不可以为个人设定义务。在"加利奇"（Galić）案中，对前南刑庭的审判分庭依赖条约而不是习惯法的做法提出了上诉。上诉分庭指出："不过，虽然禁止某种行为并且规定个人刑事责任的有效公约可能是本国际法庭管辖权的基础，但是在实践中，本国际法庭总是确认有关条约规定是否是习惯法的宣示。"IT – 98 – 29 – A, 30 November 2006, at para. 85.

务不再仅仅是理论问题，而是具有非常具体的效力。

第十一节 违反、暂停和终止条约

（一）重大违反

条约可能仅仅因为相互同意、相关义务履行完毕或者有效期截至而终止。[162] 但是，还有更加困难的情形。从格劳秀斯时代开始，[163] 许多学者认为，一方违反条约的任何规定都将使另一方并不承担条约的所有义务。但是，如果将这样的理论适用于任何更加重要的条约，就将出现令人吃惊的结果，因此在国际实践中从来没有应用过，而且同样得到了法学理论的否定。[164]《维也纳条约法公约》规定的条款针对的是那种一方据说是**重大违反**条约的情况。对于双边条约来说，这条规则显然比较简单：一方出现重大违反，另一方"有权援引违约为理由终止该条约，或全部或局部停止其施行。"[165] 那么，什么是"重大违反"？《维也纳条约法公约》认为，它是指："（甲）废弃条约，而此种废弃非本公约所准许者；或（乙）违反条约规定，而此项规定为达成条约目的或宗旨所必要者。"[166] 学者们批评这一规定"本质上是模糊的"。[167] 在实践中，各国可能就在条约中将某些

373

---

[162] 关于背景情况，参见 McNair, 'La Terminaison et la dissolution des traités', in *Hague Recueil*, 1928, xxii, 463.

[163] *De jure belli* (1625), book ii, 15, 12.

[164] 有人建议，如果另一方自己没有履行相同的或相关的义务，一方可以不履行该义务（*exceptio inadimpleti contractus*）。关于对这一原则的研究，参见 J. Crawford and S. Olleson, 'The Exception of Non-performance: Links between the Law of Treaties and the Law of State Responsibility', 21 *Australian Year Book of International Law* (2001) 55-74.

[165] 第 60 条第 1 款。

[166]《维也纳条约法公约》第 60 条第 3 款。

[167] Simma and Tams (above), at 1361.

374 条款规定为"必要"的，以便避免出现关于暂停或终止条约是否有正当理由的争论。[168]

关于多边条约的规定说明，即使受到具体影响的国家可以针对重大违反的国家暂停该条约，受害国仍然对其他缔约方承担义务。[169] 我们还可以看到，受害国不能终止条约，它只是有权**援引**这种违反，并且遵守《公约》规定的程序。[170]

375 克拉贝尔（Klabbers）提醒我们，这些程序"很少被利用"，无论如何，"暂停或终止是受害国最后想到的事情，不可以产生反作用。"[171]

那么，对于我们来说，问题是一国在面对另一国（重大或不重大）违反条约时可以怎么做？这一问题属于国家责任法的范畴，并且适用于对条约的一切违反。[172] 尽管可能出于外交原因避免提到"破坏"或"违反"条约，但违反可以

---

〔168〕 例如参见 2010 年欧盟与非洲、加勒比和太平洋国家之间签订的《科托努协定》（Cotonou Agreement）第 9 条第 2 款规定："尊重作为非洲、加勒比和太平洋国家与欧盟伙伴关系基础的人权、民主原则和法治应当支持当事国的国内和国际政策，并且构成本协议的基本内容"。第 96 条规定了在暂停的情况下应当遵守的程序。当然，暂停的合理性取决于政治因素和提高的机会，而不是恶化局势，条约法只是给予当事方有这种选择。对这一政策的讨论，参见 E. Paasivirta, 'Human Rights, Diplomacy and Sanctions: Aspects to "Human Rights Clauses" in the External Agreements of the European Union', in J. Petman and J. Klabbers (eds), *Nordic Cosmopolitanism: Essays in International Law for Martti Koskenniemi* (Leiden: Nijhoff, 2003) 155 – 80; 也参见 E. Riedel and M. Will, 'Human Rights Clauses in External Agreements of the EC', in P. Alston (ed.), *The EU and Human Rights* (Oxford: OUP, 1999) 723 – 54.

〔169〕 《维也纳条约法公约》第 60 条第 2 款：
"二、多边条约当事国之一有重大违反情事时：
（甲）其他当事国有权以一致协议：
（一）在各该国与违约国之关系上，或
（二）在全体当事国之间，
将条约全部或局部停止施行或终止该条约；
（乙）特别受违约影响之当事国有权援引违约为理由在其本国与违约国之关系上将条约全部或局部停止施行；
（丙）如由于条约性质关系，遇一当事国对其规定有重大违反情事，致每一当事国继续履行条约义务所处之地位因而根本改变，则违约国以外之任何当事国皆有权援引违约为理由将条约对其本国全部或局部停止施行。"

〔170〕 参见第 65—68 条。

〔171〕 J. Klabbers, 'Side – stepping Article 60: Material Breach of Treaty and Responses Thereto', in M. Tupamäki (ed.), *Finnish Branch of International Law Association 1946 – 1996: Essays on International Law* (Helsinki: Finnish ILA Branch, 1998), 20 – 42, at 22.

〔172〕 关于对这个问题的详细研究，参见 Simma, 'Reflections on Article 60 of the Vienna Convention on the Law of Treaties and Its Background in General International Law', 20 *Österreichische Zeitschrift für öffentliches Recht* (1970) 5 – 83.

说是一国从事的"不符合该条约规定的义务"的作为或不作为。[173] 其他国家可以要求对违反义务的行为进行纠正。受害国也许会采取反措施。[174]

（二）对违反条约的行为采取反措施

要使**反措施**合法，必须符合下列条件：它们必须相称、允许恢复履行遭到违反的义务，并且一旦违反国遵守了其义务则必须停止。[175] 如果反措施涉及基本人权的保护或战争法中免受报复的人员和物体，则不得采取反措施。[176] 而且，我们已经看到，不得针对大使、使馆等不受侵犯的义务采取反措施。当从事了违反行为的国家可以基于自卫、不可抗力、危难或危急情况进行辩解时，也不能采取反措施。[177]

有人指出，反措施"必须是暂时的"。[178] 而且，就像西玛（Simma）和塔姆斯（Tams）解释的那样："反措施是正当违反有拘束力义务的规范的行为；它对于该规范本身的继续存在没有影响。"[179] 任何国家采取反措施的风险是，据称的原先的那个违反行为有可能根本就不是违反行为，因此反措施本身成为违反了继续

---

[173]　S. Rosenne, *Breach of Treaty* (Cambridge: Grotius, 1985), at 123.

[174]　这里，我们只是介绍了适用于对违反条约作出反应的国家的原则。我们还将进一步介绍国际法委员会在国家责任条款草案中列出的有关反措施的详细规则，参见第八章第三节。

[175]　参见 Arts 49 – 54 of the ILC's Articles on Responsibility of States for Internationally Wrongful Acts (2001) (hereafter ARSIWA)；以及 J. Crawford, A. Pellet, and S. Olleson (eds), *The Law of International Responsibility* (Oxford: OUP, 2010), chs 79 – 86.

[176]　比较《维也纳条约法公约》第 60 条第 5 款，它规定暂停或终止条约规定的不适用于具有人道性质的条约。现在，第 60 条第 5 款规定的这一例外被认为包括人权条约以及与人道法有关的条约，参见 Simma and Tams (above), at 1366 – 8；Aust (above), at 295. 还可以参见第八章第三节中关于武装冲突时期禁止报复的规定。

[177]　参见《国家对国际不法行为责任条款草案》第 21 条、第 23 条、第 24 条、第 25 条、第 26 条和第 27 条；人们应当注意，自卫不能是排除违反人道法或人权法不法性的理由，而危急情况是一个冲突时的首要义务的因素而不是对违反义务的防卫；关于适用条约时的危难和危急情况，进一步参见 *Rainbow Warrior* (*NZ v. France*) 82 ILR 499, at para. 75ff.；*Case Concerning the Gabčíkovo – Nagymaros Project* (*Hungary/Slovakia*), ICJ Rep. (25 September 1997), at paras 47 – 8.

[178]　J. Verhoeven, 'The Law of Responsibility and the Law of Treaties', in J. Crawford et al (above) 105 – 13, at 111；参见 ARSIWA Art. 49.

[179]　B. Simma and C. J. Tams, 'Article 60', in O. Corten and P. Klein (eds), *The Vienna Conventions on the Law of Treaties: A Commentary* (Oxford: OUP, 2011) 1351 – 78, at 1354. 伊恩·卡梅伦（Iain Cameron）认为，可以将暂停条约视为一种反措施，"主流观点是，《维也纳条约法公约》规定的实体条件和程序要求并不适用于这种临时暂停或不履行的情况。相反，它的合法性是一种反措施，需要依据国家责任法来进行判断。" 'Treaties, Suspension' < mpepil. com >, at para. 12；也参见 Verhoeven (previous fn) esp., at 112 – 13.

有效的条约义务的行为。也许，说明这一点的最好案例是著名的"航空协定案"裁决。

根据美国与法国签订的一项条约，法国的某些航空公司有权在美国西海岸和法国之间（经过伦敦）从事航空服务。泛美航空公司通知法国政府，它计划对这条航线上的航班改变在伦敦的"容量"，用"波音 727 飞机"取代"波音 747 飞机"，从事巴黎到伦敦这一段更短距离的运输。法国政府拒绝批准这一计划，认为法国与美国签订的条约只允许改变美国或者法国境内的容量。美国政府无法使法国政府改变想法，因此泛美航空公司开始改变在伦敦的飞机从事运输。法国政府认为，这些飞行是非法的，当第二架飞机抵达巴黎奥利（Orly）机场时，法国警察包围了该架飞机。泛美航空公司这架飞机的机长被要求带着所有的乘客和货物回到伦敦，因此中断了泛美航空公司以后的飞行。

美国民用航空局作出了反应，下令在泛美航空公司因为飞机在伦敦改变容量而无法从事服务期间，阻止法国航空公司从洛杉矶经由蒙特利尔的航班。两国随后将争端提交仲裁。仲裁庭确认，某些反措施可以是对违反条约义务的合法反应。仲裁庭是这样评估反措施情况下的相称原则的含义的。他说：

> 他们的目的是恢复当事国之间的平等，并鼓励他们继续就想要达成的可接受的方案进行谈判……采取反措施包含引起进一步反应的很大风险，从而造成事态的升级，而这会导致冲突的恶化，这是不言而喻的。因此，反措施应当是对智慧的考验，而不是对另一方的软弱下的赌注。他们应当以一种十分谨慎的精神适用，而且应当具有解决争端的真正努力。[180]

在这个案件中，依据该条约，泛美航空公司改变飞机容量被判决是合法的。因此，法国的行动违反了该条约（不构成合法的反措施），美国打算采取的反措施则被视为对法国违反行为的相称反应（因此是合法的，不是对该条约的进一步违反）。不过，没有理由认为，反措施需要针对相同的条款，甚至是同一个条约。

---

〔180〕 *Air Service Agreement of 27 March 1946 between the United States of America and France*, 9 December 1978, Vol. 18 RIAA 417 - 93, at paras 90 - 1.

（三）没有受到损害的缔约方的立场

根据国际法委员会的《条款草案》，当条约"旨在保护某个团体的集体利益"时，[181] 没有受到损害的缔约方有权援引从事了违反行为的当事方的责任。这种义务有时被称为"对一切当事方的义务"（obligations *erga omnes partes*）。国际法委员会建议，这种条约可以针对诸如环境、地区安全和人权等事项。[182] 这种没有受到损害的缔约方是否有权从事实际的反措施，是有争议的。[183]

没有受到损害的国家可以为了保护共同体的利益而非双边利益而采取反应的思想显然是一个重要的发展，因为它改变了我们对国际法的认识。[184] 但在实践中，很少有国家被没有受到损害的国家以这个方式追究而承担责任的。在许多情况下，没有受到损害的国家并没有兴趣要求另一个国家去履行他的条约义务。主要的例子是环境污染和对自己国民的人权侵犯的行为。在这种情况下，有关条约是否遭到了违反，通常是由专业的条约机构监督的，其他国家很少发挥作用。非政府组织会仔细审查这些条约是否得到了遵守，但是他们在采取任何行动时可能无法引起其他国家政府的注意。联合国的机构和公民社会每天与各国接触，努力确保他们遵守条约义务，但不一定会指责他们"违反"条约。开展的"建设性对话"避免指责他们破坏、违反或不遵守条约。人们更有可能看到的说法是有关国际监督机构表达的"关注"和"遗憾"。[185] 从某种程度上看，这是因为许多这种多边条约规定了非常广泛的义务，需要通过指标进行监督，而且关注的重点是建议，而不是简单地遵守或违反义务的结论。

（四）战争和武装冲突对条约的影响

爆发战争是另一个可能导致条约终止的原因，但现代的观点认为它不一定如此。卡多佐（Cardozo）大法官认为，国际法处理这个问题比较实际，因此"符合

380

---

[181] 《国家对国际不法行为责任条款草案》第 48 条第 1 款第 1 项。

[182] UN Doc. A/56/10, at 126 - 7 para. 7.

[183] 参见《国家对国际不法行为责任条款草案》第 54 条（参见后文第八章第四节的讨论）。

[184] C. J. Tams, 'Individual States as Guardians of Community Interests', in Fastenrath et al, *From Bilateralism to Community Interest*（above）379 - 405.

[185] 例如参见联合国人权事务委员会对英国的结论性意见：UN Doc. CCPR/C/GBR/CO/6, 30 July 2008. 经济、社会和文化权利国际委员会使用了相同的内容，我们还可以找到这一委员会的例子：很关注、深深关注、严重关注或极为不满。

交战状态的规定将得到遵守——除非明确规定终止，而不符合的则遭到否定。"[186] 塞西尔·赫斯特（Cecil Hurst）爵士建议对这个问题采取不同的方法：条约的命运取决于当事国的意图。[187] 在有些情况下，他们的意图是十分明显的，例如，当战争爆发时，当事国对调整战争行为条约的意图显然继续有效。但更多的情况是，当事国的意图并没有提到他们在某一天会彼此发生战争这种可能性，因此不能说他们具有在那种不可预见的情况下应当怎么对付条约的意图。不过，这样的困难并不是解释条约时特有的问题，法律通常毫不犹豫地确定那些当事方的意图，即使他们从来没有想过需要由法律来对付的情况。在这种情况下，所谓的意图就是一种"推定的"意图。法律认为合理的就是，当事方本来具有的意图，就像该情形本来就在他们的脑海中一样。

因此，我们必须既根据条约的内容又根据所有相关的缔约情况审查我们关注的具体条约。一方面，在过去，已经适用了某些推定。处理政治问题或商业关系的双边条约可以被推定为在当事国存在关系的情况下签订的，因此我们认为，这些条约的内容可能不符合战争或武装冲突状态。或者，如果我们愿意换种说法，那就是，当事方肯定会认为，战争一定会废除这些条约。另一方面，诸如邮政条约这样的多边条约，虽然当战争继续时，交战方之间的邮政只能暂停，但是基于相同的推理，一般都会在战争结束之后恢复效力。尽管《维也纳条约法公约》中并没有规定敌对行动对条约的效力，[188] 但是显然，断绝外交关系本身不会影响条约关系，"但外交或领事关系之存在为适用条约所必不可少者不在此限。"[189]

国际法委员会最近审议了"武装冲突对条约影响"的议题，[190] 它的工作首先认为，"涉及条约一个或一个以上缔约方的武装冲突的爆发本身不会终止或暂停"条约。[191] 总的原则是，要判断条约终止、退出或暂停，需要考察条约的性

---

〔186〕 *Techt v Hughes*（1920）229 NY 222.

〔187〕 'The Effect of War on Treaties', 2 *BYBIL*（1921 – 2）37 – 47.

〔188〕 《维也纳条约法公约》第 73 条。

〔189〕 《维也纳条约法公约》第 63 条，还见第 74 条。

〔190〕 战争的法律概念太有问题，在这个问题上，现在已经被"武装冲突"这个概念取代，参见 further C. Greenwood, 'The Concept of War in Modern International Law', 36 *ICLQ*（1987）283 – 306.

〔191〕 L. Caflisch, First report on the effects of armed conflicts on treaties, UN Doc. A/CN. 4/627, 22 March 2010, at para. 33.

质以及特定的武装冲突对条约的影响。[192] 该条款草案既涉及国际性冲突，也涉及一国与武装团体作战的情形。因此，武装冲突的定义要比国际性刑事法庭所界定的定义更狭窄，因为它没有包括那种武装团体之间长期的战斗。国际法委员会列出了一系列其内容暗示武装冲突期间其效力将全部或部分继续的条约清单。[193]

（五）其他终止理由

条约法中最困难也是实际上最重要的一个问题是，没有明确规定退出或终止的条约的终止问题。这种条约有两个可以讨论的问题：其一，缔约方在任何时期是否可以在未经其他缔约方同意的情况下通知终止条约；其二，条约是否可以因任何法律规则而终止。

对于第一个问题的回答再一次需要探究当事方的意图。《维也纳条约法公约》规定，当条约没有对这些问题作出规定且没有所有其他缔约方同意时，就不可以退出条约，除非：（甲）经确定当事国原意为容许有废止或退出之可能；或（乙）由条约之性质可认为含有废止或退出之权利。[194] 联合国秘书长作为《公民和政治权利国际盟约》的保管机关在朝鲜退出这一条约的事件中就适用了这些规则。秘书长认为，朝鲜不可以退出该条约，他仍然是该条约的缔约方。[195]

第二个问题让我们想到了一个理论，它曾经被称为"情势变迁"（*clausula re-*

---

〔192〕 参见 2011 年《武装冲突对条约的影响条款草案》第 6 条："为了确定在发生武装冲突时条约是否可能被终止、退出或中止，应参照所有有关因素，包括：（a）条约的性质，特别是其主题事项、目的和宗旨、内容和条约缔约方数目；以及（b）武装冲突的特征，诸如其地域范围、规模和激烈程度、持续时间，如果涉及非国际武装冲突，还应考虑外部介入的程度。"

〔193〕 参见同上，第 2 条第 2 款（关于该条款草案的目的）："'武装冲突'是指国家间诉诸武力或政府当局与有组织武装团体之间长时间诉诸武力的情形。"所指条约的指示性清单如下："（a）关于武装冲突法的条约，包括关于国际人道主义法的条约；（b）声明、确立或规定永久制度或地位或有关永久权利的条约，包括确定或修改陆地和海洋边界的条约；（c）多边造法条约；（d）关于国际刑事司法的条约；（e）友好、通商和航海条约以及涉及私权利的协定；（f）关于对人权进行国际保护的条约；（g）关于对环境进行国际保护的条约；（h）关于国际水道以及有关装置和设施的条约；（i）关于含水层以及有关装置和设施的条约；（j）作为国际组织组成文书的条约；（k）关于以和平手段，包括通过和解、调停、仲裁和司法手段解决国际争端的条约；（l）关于外交和领事关系的条约。"

〔194〕 《维也纳条约法公约》第 56 条和第 54 条。

〔195〕 人权事务委员会第 26 号一般性评论解释说："该盟约不是一类基于条约暗含有废弃权的条约。由于它与《经济、社会和文化权利国际盟约》同时起草和通过，该盟约编纂了《世界人权宣言》规定的普遍人权的条约，这三个文件一同被视为'国际人权宪章'。因此，该盟约并不具有可以废弃的条约的临时性质，即使其内容中并没有这样的规定。"

bus sic stantibus）。据说，在每一个条约中，暗含着一个条款，即该条约只有"当情况一直保持"时才继续有效；明确规定的内容也许是绝对的，但是条约都是有条件的，当发生"情势的根本变迁"时，就不满足条约有效的条件了，条约也就停止生效。尽管对这一理论没有仔细地界定，但是它可以用来，而且通常只是用来为了不遵守一国觉得不方便履行的条约义务。[196]

385　　并不是每一个重要的情势变迁都会终止条约的效力。按照这一原则，不能仅仅因为新的、不可预见的情况使条约义务成为缔约方没有预见的负担，或者基于某些公平的考虑认为该国不用承担条约义务，该国才不承担条约义务。有关情势变迁的规则不同于罗马法里的重大损失原则（laesio enormis）。[197] 使条约终止的是条约赖以存在的基础的丧失。[198] 在起草《维也纳条约法公约》时，国际法委员会最终否定了推定的意图这一熟悉的拟制或暗含条款。[199] 国际法委员会想要强调一种客观而不是主观的标准，并决定避免使用"情势变迁"（rebus sic stantibus）这一表述。[200] 而且，对该规则应当有一种推定，即除非满足某些特定的条件，否则**不可以**援引情势变迁。第 62 条规定：

386　　1. 条约缔结时存在之情况发生基本改变而非当事国所预料者，不得援引为终止或退出条约之理由，除非：

（a）此等情况之存在构成当事国同意承受条约拘束之必要根据；及

（b）该项改变之影响将根本变动依条约尚待履行之义务的范围。

　　2. 情况之基本改变不得援引为终止或退出条约之理由：

（a）倘该条约确定一边界；或

（b）倘情况之基本改变系援引此项理由之当事国违反条约义务或违反对条约任何其他当事国所负任何其他国际义务之结果。

---

〔196〕 关于全面的介绍，参见 A. Vamvoukos, *Termination of Treaties in International Law: The Doctrines of Rebus Sic Stantibus and Desuetude*（Oxford: Clarendon, 1985）.

〔197〕 字面含义是"重大损失"：允许卖方赎回不到市场价格一半的土地。

〔198〕 注意，还有一项规则允许一方援引履约不能，即当出现"因实施条约所必不可少之标的物永久消失或毁坏以致不可能履行条约时"。《维也纳条约法公约》第 61 条。

〔199〕 可比较本书以前的版本，at 336–8；N. Kontou, *The Termination and Revision of Treaties in the Light of New Customary International Law*（Oxford: Clarendon, 1994），at 35.

〔200〕 II *Yearbook ILC*（1966），at 258.

第 62 条第 2 款将边界条约排除的目的是为了确保国际关系的稳定，并且保证各国，虽然有新的条约法，但是第三方争端解决机制正在得到加强。在起草过程中，当边界条约是殖民时期强加给殖民地人民时，对于这一规定对自决原则的影响，有些人表示担忧。国际法委员会的评注解释说：自决原则并未受到影响。

> 委员会中有些委员认为，完全将这些（边界）条约排除可能有点过分了，可能不符合《联合国宪章》承认的自决原则。不过，委员会认为，应当认为划界条约是这一原则的一种例外，因为如果不是这样，其可能成为发生危险摩擦的原因，而不是实现和平改变的手段。委员会还认为，《联合国宪章》规定的"自决"是一项独立的原则，如果在条约法中将它规定在现在这个条款中，将导致混乱。将划界条约从现在这个条款中排除出去，不会否定自决原则的效力，只要发挥效力的条件得到满足，它可以继续生效。[201]

387

国际法院后来解释说，一经确立，边界是独立于条约存在的。"一旦协议生效，边界就存在了，因为任何其他的方法都会违反边界稳定这项基本原则，本法院已经多次强调这项原则的重要性……因此，由条约确立的边界就是永久的，这种永久性即使连条约自己也不一定具有。在不影响边界永久性的情况下，条约有可能终止效力。"[202]

让我们回到情势根本变迁这项一般规则。匈牙利政府向国际法院主张，由于发生了情势根本变迁，它不再遵守与捷克斯洛伐克政府签订的在多瑙河上修建一座水电站的条约。国际法院是这样回应这一主张的：

388

> 匈牙利提出了许多 1977 年条约缔结时的"重要内容"，认为这些内容在通知终止条约时已经发生了根本改变。这些内容包括原先作为该条约"引擎"的"社会主义一体化进程"已经消失、"单一和不可分割的

---

[201] II *Yearbook ILC* (1966)，at 259，para. 11.
[202] *Territorial Dispute（Libyan Arab Jamahiriya/Chad）*，ICJ Rep.（1994），p. 6，at paras 72 - 3.

运作系统"已经被单方面的计划取代、计划进行的联合投资的基础已经被两国突然出现的市场经济否定、捷克斯洛伐克的态度已经使该条约从"框架条约"变成了"不变的规范",以及符合环保的条约已经变成了"一场环境灾害"。[203]

法院说,这些主张都不符合第 62 条规定的条件,而且认为,情势根本变迁只能适用于例外的情形:

> 在本法院看来,当时突出的政治情况与构成当事方同意基础的该条约的宗旨和目的紧密相关,而且在变化的过程中,仍然需要履行剧烈改变的义务。对于 1977 年条约地缔结时的经济制度来说,也是如此。而且,即使与 1977 年相比,该项目在 1992 年可能获得的收益也许降低了,但是从法院的记录来看,它并没有一定会减少到当事方的条约义务因此会发生剧烈改变的程度。法院认为,环境知识和环境法的新发展不能说是完全不可预见的。[204]

这就确认,试图援引情势根本变迁的国家需要承担很重的证明责任。[205]

情势根本变迁规则对于解决过时的条约或具有压迫性质的条约问题并没有多少作用,因为情势根本变迁并不总是可以用来作为解决问题的方法。压迫性条约或过时的条约实际上只是国际关系中更大问题的一方面,但并不是最重要的方面,因为对国际秩序的威胁更多来自压迫性的情况,尤其是边界情况,而不是条约义务。无论这些情况是否是由条约造成的,以及是否因为情况的某些改变而存在,从实际的角度来说,是无关的考虑。不满、无法实现的国家野心,以及国家

---

[203] *Case Concerning the Gabčíkovo – Nagymaros Project* (above), at para. 95.

[204] Ibid para. 104.

[205] 也参见 *Fisheries Jurisdiction (UK v Iceland) jurisdiction*, ICJ Rep. (1973), at paras 32 – 40. 国际法委员会的评注认为,这项规则规定了一个安全阀,而不是一个规避条款:"可能还有其他的情形,即在没有任何协议的情况下,一方依据条约无法从过时的和复杂的条款中获得任何法律救济。正是这种情形才导致情势变迁原则可以作为诱使另一方妥协的杠杆。而且,尽管对此通常有各种强烈的保留,但是国际法中接受它的证据是很明显的,因此看来有必要在条约法中承认这一安全阀。" II *Yearbook ILC* (1966), at 258, at para. 6.

之间的不平等，都是相关的抱怨，但它们的原因通常不是压迫性的条约。许多是由地理、气候、自然资源的分布或者几百年之前发生的历史事件造成的。当可以通过法律的改变来弥补或减轻这些问题时，就应当而且也有必要对法律进行改变，而且那就是为什么通过法律进行和平改变值得我们认真思考。[206] 也许，这种观点是错误的，即认为通过对现有法律理论的某种机智操控，我们总是可以找到不断发生改变的世界中出现的问题的方法。然而实际上并非如此。对于大多数这样的问题，包括压迫性的条约来说，唯一的救济是，各国应当愿意采取措施使 391 法律符合新的需求，而且，如果各国无法足够理性地做到这一点，我们就不应该期待现有的法律可以减轻这些问题导致的后果。法律需要支持"条约必须得到遵守"的原则，而不能使法律成为修改条约的手段。而且，如果因为政治动机导致条约有时候被视为"一张废纸"，我们就不应该发明一项假冒的法律原则来证明行动的正当性。应当在别处，例如，在政治中寻求救济，而不是在法律行动中寻求救济。

---

[206]　布赖尔利对和平改变的观点非常关注，按照这种观点，为了预防战争可以调整条约的义务，详见本书第一个版本，at pp. 331 – 45 以及更加全面的文章：J. L. Brierly, *The Outlook for International Law* (Oxford：Clarendon, 1944), at 124 – 42；还可以参见 Craven (above), at 65 – 71. 在两次世界大战期间，"和平改变"这一表述有多重含义。有人甚至依据《国际联盟盟约》第 19 条，建议设立一个有权重新起草条约的世界立法机关，例如参见 H. Lauterpacht, 'The Legal Aspect' in C. A. W. Manning (ed.), *Peaceful Change：An International Problem* (London：MacMillan, 1937) 135 – 65. 这一表述在这里得到保留，因为它明确表达了布赖尔利对他认为的国际法提供稳定和正义两个矛盾的关注。关于在现代国际关系中使用这一表述，参见 H. Miall, *Emergent Conflict and Peaceful Change* (Basingstoke：Palgrave, 2007).

392

第八章　国际争端和维持国际和平与安全

第一节　争端解决

国际争端的和平解决可以通过以下两种方式加以实现。一者，我们可以劝说争端当事方同意将争端交由某个第三方解决；再者，我们可以劝说争端当事方坐到一起，让他们自己就解决争端的方法达成一致意见。在国际领域，前者呈现的形式通常是仲裁或司法解决；后者呈现的形式通常是谈判、斡旋、调解（mediation）或调停（conciliation）。

我们在前一章中已经看到，和平解决争端的方法是在有可能行使反措施的背景下产生的。在过去，在本书以前的版本中，反措施是在报复和反报的标题下被提及的，而且这些话题是被放在使用武力一章进行介绍的。然而今天，战争和使用武力已经不再被允许作为对违反国际法的行为进行回应的手段了。[1]

393 　　我们也已经看到，为了使另一方回到遵守国际义务的轨道上来，一方可以对其违反条约义务的行为采取以平时报复为形式的反措施。[2] 而且，要使这样的反措施合法，必须使其力度要与受到的损害相称，且其行使不得违反诸如保护基本人权或保障人道法保护的某类人员不受侵犯等义务。国家对国际不法行为的责

---

〔1〕　例外是，一国因受到武装攻击而进行自卫，或者安理会授权使用武力，参见后文第九章。

〔2〕　关于这一领域法律和实践的详细研究，参见 B. Simma 'Reflections on Article 60 of the Vienna Convention on the Law of Treaties and Its Background in General International Law', 20 *Österreichische Zeitschrift für öffentliches Recht* (1970) 5–83.

任制度以及其他国家对这些不法行为采取反应的权利不仅针对违反条约的行为，还针对所有违反习惯国际法的行为。它是一个与争端解决问题密切相关的问题，因此我们将在这里介绍这些问题。让我们首先介绍将行为归因于一国的规则，然后再在介绍更一般的争端解决方法之前介绍报复、反报和反措施。

第二节 将行为归因于一国

我们已经在前文中看到，一国需要为其机关所从事的任何违反"外国人待遇"的行为承担国际责任，无论该机关是执法、立法还是司法机关。[3] 在此，我们对**归因**问题进行更为详尽的分析。显然，行使政府权力的任何机构的行为都可归因于国家，"即使逾越权限或违背指示"。[4] 因此，当两位墨西哥军官为从一位法国公民身上敲诈钱财而威胁将其带往军营，却开车将其带往一个村庄枪杀时，墨西哥就应该对此承担责任，因为"这两位谋杀者是以军官的身份行事的，而且他们利用了基于该身份所掌握的权力和强制手段"。[5] 在武装冲突期间，武装冲突一方的武装部队人员的所有行为也都归因于该国。[6]

然而，对于不属于国家机关的人员或实体的行为，该行为的实施只有在为履行一国法律授权的"行使政府权力要素"的情况下，才可以被视为该国的行为。[7] 布里吉特·斯特恩（Brigitte Stern）认为："从国际法的角度来看，就责任法而言，履行任何传统国家职能的任何机构都应当被视为国家的机构，即使这种职能已经被私化。"[8] 这一思想在国际法委员会的评注中得到了体现，其对政府行为和商业行为进行了区分："因此，例如，如果铁路公司被赋予某些警察的权力，

394

395

---

〔3〕 参见前文第六章第十节关于国家对待外国人的部分。

〔4〕 2001 年的《国家对国际不法行为责任条款草案》第 7 条。

〔5〕 *Caire Case* (*France v United Mexican States*) Case No. 91 5 ILR 146, at 149；关于裁决全文，参见 5 RIAA (1929) 516 - 34.

〔6〕 参见 *Armed Activities on the Territory of the Congo* (*Democratic Republic of the Congo v Uganda*), ICJ Rep. (2005), paras 213 - 14.

〔7〕 《国家对国际不法行为责任条款草案》第 5 条。

〔8〕 B. Stern, 'The Elements of an Internationally Wrongful Act', in J. Crawford, A. Pellet, and S. Olleson (eds), *The Law of International Responsibility* (Oxford：OUP, 2010) 193 - 220, at 204.

那么该公司行使这种权力的行为就会被视为国际法中国家的行为，该公司的其他行为（例如出售车票或购买全部车辆的行为）则不是国家的行为。"[9] 斯特恩是这样向我们作出具有现代性的解释的："一国并不能仅因其将关押和控制移民的权力赋予机场，或者将某些警察的职能授予私人实体，而免于对这些实体所从事的违反该国国际义务的行为承担所有的国际责任。"[10]

如果一个人或一群人"实际上是在按照国家的指示或在其指挥或控制下行事"，那么其行为就可以归因于一国。[11] 国际法庭审理的争端通常涉及某个特定的行为是否可以这种方式归因于一国。国际法院曾经比较详细地审查过这个问题。它认为，尼加拉瓜反政府武装在 20 世纪 80 年代从事的行为不能归因于美国。[12] 它认为："即便美国参与资助、组织、训练、供应和武装尼加拉瓜反政府武装，挑选其军事和准军事目标以及在其全部行动的策划过程中起到了主导性或决定性的作用，但这本身仍然是不够的。"[13] 关于这一点，法院断定："要使这一行为引起美国的法律责任，原则上应当证明，美国对据称实施的军事或准军事行动等违反行为进行了有效控制。"[14]

最近，针对波黑提出的主张，即"天蝎"（Scorpions）在斯雷布雷尼察（Srebrenica）从事的行为应当归因于南斯拉夫联盟共和国，法院强化了它的方法，认为必须证明存在"有效控制"，或者对于据称发生的违反行为中的**每一场行动**，南斯拉夫联盟共和国必须发布有指示，而不是针对实施了违反行为的人员或人员群体所从事的一般的总体行为。[15]

可以使非国家行为者的行为归因于一国的其他情形包括：非国家行为者实际上行使政府权力要素的情形（例如发生自然灾害的情形或正常的政府发生崩溃的

[9] ILC Commentary, UN Doc. A/56/10, at p. 43, para. 5.
[10] 'The Elements of an Internationally Wrongful Act' (above), at 204.
[11] 《国家对国际不法行为责任条款草案》第 8 条。
[12] *Military and Paramilitary Activities in and against Nicaragua (Nicaragua v. USA)*, ICJ Rep. (1986), at para. 109ff.
[13] Ibid para. 115.
[14] Ibidem.
[15] *Case Concerning the Application of the Convention on the Prevention and Punishment of the Crime of Genocide (Bosnia and Herzegovina v. Serbia and Montenegro)* judgment of 26 February 2007, at para. 400 (emphasis added).

情形）；叛乱组织成为新政府的情形（或建立新国家的情形）——在这一点上，叛乱组织的行为可归因于他们新建立的国家；以及最后，该国自己同意有关行为的情形。[16]

第三节　反报、报复和反措施

反报是对违法或不友好的行为采取的一种自助措施，而且该自助措施本身是合法的。它与我们在上一章中介绍的报复（反措施）不同。[17]**要不是**它们满足了应对一国从事的国际不法行为开展反措施的条件，它们本来是违法的。下面几个就是我们非常熟悉的反报的例子：断绝外交关系；对来自他国的国民施加签证限制；取消援助；以及降格外交关系。这些行动本身是合法的，只是对别国从事的违法行为的一种反应。这种自助行为没有规定在国家对国际不法行为的责任条款中，但是有时，有人认为，采取这种回报措施（retaliation）也应当是相称的，而且一旦对方国家的行为停止，就应当终止。[18]

报复是一个具有悠久历史的措辞。从字面上理解，在历史上，它是指通过"重新取得"的方式扣押财产或人员的行为，而且以前，一国经常向可能在另一国遭遇了拒绝司法的臣民发出"报复函"，授权他们自己通过强制行动（回报）针对另一国的不法行为寻求救济，例如扣押从事了违法行为的另一国臣民的财产。这种做法被称为"特别"报复或"私人报复"，但它早已是一种过时的做法。[19]我们还可以注意一种被称为发出"拿捕函"的做法，即授权战争期间的"私掠船"拿捕敌人的公共和私人船舶。在这种情况下，并不存在私掠船此前遭受任何不法行为的问题。拿捕函授权私掠船使用武力，以此将其自身与海盗进行

---

〔16〕《国家对国际不法行为责任条款草案》第 9 条、第 10 条、第 11 条。关于对归因问题的理论和实践的全面研究，参见 Crawford et al（above），at 187 – 315.

〔17〕 第十一节第二目。

〔18〕 参见 A. Cassese, *International Law*, 2nd edn（Oxford：OUP, 2005），at 310.

〔19〕 关于对战争期间私人和公共报复（reprisal），以及回报（retaliation）的历史和法律的详细研究，参见 E. S. Colbert, *Retaliation in International Law*（New York：King's Crown Press, 1948）.

区分。[20]

今天采取的报复本身是由国家采取的。目前，通常提到的报复是一种作为**反措施**的报复，它们不是武装冲突期间从事的特定的反措施。[21]

我们在对违反条约行为的反应中已经看到，**反措施**是各国可以采取的一种为了让另一国回到遵守国际义务的轨道上来的正当的、没有强制性的自助形式。只要国际法律义务没有规定强迫违法国遵守所有国际法义务的有组织的机制，[22]自助就仍然是各国可以采取的一种方法，尽管我们会发现，其适用的情形非常有限。

399　　在 1928 年的"瑙利拉案"（*Naulilaa*）的仲裁裁决中，仲裁员对合法诉诸报复的条件进行了讨论。仲裁庭承认并适用的某些原则此前依赖的都是权威学者的学说。[23] 1915 年，当葡萄牙在第一次世界大战中仍然保持中立时，在安哥拉和当时的德属西南非洲之间边境的一个葡萄牙哨所"瑙利拉"发生了一个事件。有三名德国人被杀害。证据表明，这一事件的发生纯粹是一场误解。[24] 不过，德国采取了报复措施，向葡萄牙领土派遣了远征军，攻击其边境哨所，并且驱逐瑙

---

〔20〕 这一实践从 13 世纪到 19 世纪得到了一些海军大国和其他国家的适用。在法语中，对应的词是 "lettre de course"，从中产生出从事这种报复行为的 corsair（海盗船）一词。这一实践被 1856 年的《巴黎宣言》废除。《巴黎宣言》第 1 条规定："永远取缔私掠船制。"《美国宪法》在第 1 条第 8 款中仍然规定，国会拥有下列权力："宣战，颁发缉拿敌船许可证和报复性拘捕证，制定关于陆上和水上的拘捕条例。"关于对这一问题的有意义的研究，参见 D. J. Starkey, E. S. van Eyck van Heslinga, and J. A. de Moor（eds），*Pirates and Privateers：New Perspectives on the War on Trade in the Eighteenth and Nineteenth Centuries*（Exeter：University of Exeter Press, 1997）.

〔21〕 关于这种情况下使用的词典以及它们的词源研究，参见 D. Alland, 'The Definition of Countermeasures'，in J. Crawford et al（above）1127 – 36.

〔22〕 "制裁"一词正逐渐被由国际组织的相关机构所决定的集体行动所采用。制裁是否可以免除一国针对被制裁国承担的义务，取决于该组织的宪法性条约的规定以及该国与该组织及其会员国的关系，关于这方面的全面研究，参见 V. Gowlland – Debbas（ed.），*United Nations Sanctions and International Law*（The Hague：Kluwer, 2001）.

〔23〕 *Portugal v Germany*（*The Naulilaa case*），Vol. 2 RIAA（1928）1011 – 33；summary 4 ILR 526.

〔24〕 朱莉亚·法伊尔（Julia Pfeil）很好地记录了这一事件："1914 年 10 月 19 日，德国总督在 20 名士兵和 1 名翻译的簇拥下靠近葡萄牙瑙利拉要塞附近的边界。不过，谈判比较困难，因为德国人不想说也听不懂葡萄牙语，而葡萄牙人也不想说且听不懂德语。由于德国翻译明显忽略葡萄牙语造成的一些误解，葡萄牙人相信德国总督想要秘密入侵安哥拉；而德国方面则认为葡萄牙中尉和上尉已经使德国总督和他的军官陷入包围。当德国人决定离开瑙利拉要塞并且骑上马后，葡萄牙人开始发射了一些子弹，杀死了德国总督和他的两位军官，翻译和一名士兵也被拘留。"*Naulilaa Arbitration*（*Portugal v Germany*），< mpepil. com >.

利拉的葡萄牙边防军。当地还发生了起义，随后被葡萄牙镇压了下去。

仲裁员对报复的合法性规定了三项条件：①另一国必须从事了违法行为；②在报复之前必须先要求对违法行为提供救济，因为如果不研究通过其他手段获得救济的可能性，就不能说存在诉诸武力的必要性；以及③所采取的措施不得过分，即不得与所遭受的挑衅程度不符；他们受到如下限制："人道精神和善意原则"。[25] 在这个案件中，葡萄牙并没有从事违法行为，德国也没有要求葡萄牙提供救济，而且德国的行动与他所遭受的挑衅之间存在非常明显的不相称。因此，仲裁庭作出了有利于葡萄牙的裁决。

今天，即使涉及使用武力的报复是受到禁止的，而且通常使用的措辞是反措施，但是这些原则仍然重要。一些条约有助于限制报复，我们可以在这里简单提及所谓的"德拉戈主义"（Drago doctrine）。1902 年，为了替英国和德国的债权人讨债，英国和德国对委内瑞拉进行了平时封锁，当时的阿根廷外交部长路易斯·玛利亚·德拉戈（Luis María Drago）认为，不能因为一国不还债就对其使用武力。即使从当时的国内法观点来看，也有正当的理由反对英国军舰替其国民催债，其国民在海外投资时应当承受风险。虽然在当时，很少有权威国际法专家关注德拉戈的观点，但是在 1907 年，他的观点催生了"尊重武力索债的限制"的《海牙第二公约》通过。按照该条约的规定，缔约国承诺不为该目的使用武力，除非债务国实际上拒绝将争端提交仲裁或虽然同意仲裁但拒绝执行裁决。

至少从 1928 年以来，即《巴黎非战公约》（又被称为《谴责战争的一般条约》）通过以来，涉及使用武力的报复显然不再合法。依据《巴黎非战公约》第 2 条的规定，"缔约国"承诺"他们之间可能产生的所有争端或冲突，无论性质为何，无论起源为何，都只能通过和平手段解决。"1945 年《联合国宪章》重申了这一原则。[26]

关于和平性质的反措施的现代条件建立在"瑙利拉案"裁决书列出的原则

---

〔25〕　*Naulilaa*（above），at 1026（要求人道和善意规则）。

〔26〕　参见第 2 条第 3、4 款"三、各会员国应以和平方法解决其国际争端，避免危及国际和平、安全及正义。四、各会员国在其国际关系上不得使用威胁或武力，或以与联合国宗旨不符之任何其他方法，侵害任何会员国或国家之领土完整或政治独立。"另见 1982 年 11 月 15 日联大决议所附的《和平解决国际争端马尼拉宣言》，A/RES/37/10.

之上，而且已经得到了国际法委员会的详细阐述。[27] 可以将它们归纳如下。其一，反措施必须针对违反了向受害国承担的义务的国家。[28] 其二，它们只能限于暂不履行对受害国承担的义务，而且应尽可能容许恢复履行有关义务。[29] 其三，当责任国遵守了他的义务时（包括进行赔偿的义务），必须终止。[30] 其四，它们应当与所遭受的损害相称，而且它们的目的应当是促使责任国遵守国际法中的义务。[31] 其五，不得涉及使用武力或影响强行法，基本的人权义务，[32] 禁止报复的人道法义务，[33] 或者尊重外交和领事人员、馆舍、档案和文件不受侵犯的义务。其六，采取反措施的国家可能需要遵守某些争端解决程序和其他前置程序要求。

某些条约规定，缔约国有义务将他们的争端提交争端解决机构，而不是开展

---

〔27〕 关于全面的研究，参见 Crawford et al（above），at 1127 – 214.

〔28〕 参见《国家对国际不法行为责任条款草案》第 49 条第 1 款。

〔29〕《国家对国际不法行为责任条款草案》第 49 条第 2 款和第 3 款。

〔30〕《国家对国际不法行为责任条款草案》第 53 条、第 28—41 条、第 52 条第 3 款。

〔31〕《国家对国际不法行为责任条款草案》第 51 款。*Case Concerning the Gabčíkovo – Nagymaros Project*（*Hungary/Slovakia*），ICJ Rep.（25 September 1997），at paras 85 – 7；托马斯·弗兰克（Thomas Franck）认为："在评估反应措施是否可以接受时，相称原则允许那些遭受非法行为的一方在考虑阻止重犯必要的反应措施的程度上采取反应措施"。'On Proportionality of Countermeasures in International Law'，102 *AJIL*（2008）715 – 67，at 765 – 6.同样，奥马尔·优素福·埃拉加卜（Omer Yusif Elagab）说："在判断是否符合相称原则时，可以用来作为主要标准考虑的是诉诸反措施的动机，也就是自保、对等和实现快速解决的需求。因此，在面临特殊危险的情况，例如当权利受到侵犯的国家的国民被劫持为人质时，该国就有权基于自保采取极端严重的反措施，以便确保他们得到释放。"*The Legality of Non – Forcible Counter – measures in International Law*（Oxford：Clarendon Press，1988），at 216. 也参加 Cassese（above），at 305 – 7.

〔32〕《国家对国际不法行为责任条款草案》第 50 款第 1 款第 2 项。参见 further S. Borelli and S. Olleson，'Obligations Relating to Human Rights and Humanitarian Law'，in J. Crawford et al（above）1177 – 96；R. Provost，*International Human Rights and Humanitarian Law*（Cambridge：CUP，2002），at 182 – 227.

〔33〕《国家对国际不法行为责任条款草案》第 50 款第 1 款第 3 项提到了禁止在武装冲突中报复的人道法义务；这些义务在相关条约中有规定：禁止对受到 1949 年《日内瓦公约》保护的人员（伤者、遇船难者、战俘和某些被拘留的人）进行报复。因此，例如不得因对方虐待战俘自己也虐待战俘。1977 年的《第一附加议定书》扩大了那些受到免受报复的人员的范围，包括伤者、病者、遇船难者、医院船和医疗车辆（第 20 条）；平民、平民居民和民用物体；文化物体和礼拜场所；对平民居民生存不可缺少的物体；自然环境；以及含有危险力量的装置（第 51—56 条）。关于禁止报复的习惯法地位，参见 J. M. Henckaerts and L. Doswald – Beck，*Customary International Humanitarian Law—Volume 1：Rules*（Cambridge：CUP，2005），at 513 – 29. 还可以参见 1980 年《联合国特定常规武器公约关于限制使用地雷的第二议定书》中规定的禁止报复。关于对禁止报复平民居民而引起的争论，参见 F. Kalshoven 'Reprisals and the Protection of Civilians：Two Recent Decisions of the Yugoslavia Tribunal'，in L. C. Vohrah et al（eds），*Man's Inhumanity to Man：Essays on International Law in Honour of Antonio Cassese*（The Hague：Kluwer，2003）481 – 509.

单方面的反措施。[34] 例如，欧盟、世界贸易组织和北大西洋自由贸易组织成员国之间就存在这方面的规定。[35] 根据国际法委员会《国家对国际不法行为责任条款草案》的规定，前置的程序条件是，在采取反措施之前，受害国应当：敦促责任国履行其义务，将其采取反措施的决定通知责任国，并要求进行谈判。[36]

这一框架并不一定包括开展反措施的所有限制条件。它仍然是以国家为中心 404
的框架，洛朗斯·布瓦松·德·沙祖尔内（Laurence Boisson de Chazournes）认为，我们是否应当思考经济和政治强迫的后果以及对更一般的环境和社会利益造成的后果。她认为："如果经济和政治方面的反措施旨在强迫一国服从他的主权权利或独立，那么这种措施就有可能是非法的。"[37] 她认为，在评估经济方面的反措施对居民的长期后果时，应当考虑公平、不滥用权利和善意。[38] 关于环境，她说：

> 针对环境问题存在的科学方面的不确定性，有必要依据不同的参数重新思考反措施的有效性或合法性标准。人们可以说，反措施对环境产生的风险和效果方面的不确定性可能是评估是否可以开展反措施的因素。在这种情况下，预防措施原则可以成为一个框架规范，所有国家有义务避免采取可能对环境和人类健康产生重大影响的反措施。[39]

到目前为止，我们只是介绍了**受害国**采取的反措施。关于其他**非受害国**，以及这 405

---

〔34〕　这有时被称为"自足的制度"。另外，采取反措施的国家必须遵守有关的争端解决程序的义务，参见《国家对国际不法行为责任条款草案》第50款第2款第1项；另见《国家对国际不法行为责任条款草案》第52款第3款第4项。

〔35〕　进一步参见 D. W. Bowett, 'Economic Coercion and Reprisals by States', 13 *Virginia Journal of International Law*（1972）1 – 12.

〔36〕　《国家对国际不法行为责任条款草案》第52款第1款和第43条。当为了保护受害国的权利需要采取积极的反措施时，就不用履行通知责任国和要求谈判的义务。国际法委员会给出的例子是，为了防止一国从受害国的银行撤走资产，可以在没有通知的情况下就临时冻结资产。ILC Commentary A/56/10, at 136 para. 6.

〔37〕　'Other Non – derogable Obligations', in J. Crawford et al（above）1205 – 14, at 1211.

〔38〕　之所以列出古巴的例子是为了说明，重新采取临时措施是如何扩大不平等的伙伴之间的差距的。Eadem 'Economic Countermeasures in an Interdependent World', *ASIL Proceedings*（1995）337 – 40.

〔39〕　'Other Non – Derogable Obligations'（above）, at 1212（footnotes omitted）；进一步参见 L. Boisson de Chazournes, 'New Technologies, the Precautionary Principle and Public Participation', in T. Murphy（ed.）, *New Technologies and Human Rights*（Oxford：OUP, 2009）161 – 94.

种国家是否可以对违反了针对作为整体的国际社会承担的义务（对一切的义务）的国家采取反措施，仍然存在争议。显然，通过国际组织对某一个会员国采取集体措施受到该组织的宪法文件的调整。在这个情况下，《联合国宪章》、《美洲国家组织宪章》、《非洲联盟组织法》或《阿拉伯国家联盟宪章》规定了相关的法律框架。[40] 但是，国家（单独或集体）依据上面概括的一般国际法采取反措施的权利，仍然不是很清楚。尤其是，在对那些直接影响个人而不是国家的严重侵犯人权的反应上，更容易引起这个问题。

国际法委员会认为，非受害国为了集体利益而采取反措施"并不是一项明确得到承认的权利"，因此这个问题有待"国际法的进一步发展"来解决。[41] 国际法委员会的《条款草案》第 54 条只是提到了非受害国对违反这些共同义务的国家采取"合法措施"的权利。一些学者对委员会在这一点上犹豫不决的态度提出了批判。[42] 不过，那些认为非受害国可以采取反措施的学者通常都认为这是最后的一个选择，只能在通过联合国和其他国际组织进行制裁或采取集体行动都失败后才可以。[43] 国际法研究院也对这个问题通过了决议，认为当"存在**广泛确认的严重**违反对一切的义务"的情况下，那些承担着对一切义务的国家有权采取反措施。[44]

关于非受害国是否有权通过反措施确保尊重国际法，存在对立的观点。可以说，这种对立就是那些认为国际法是国家之间双边（契约）关系的学者和那些

---

〔40〕 进一步参见 Gowlland *United Nations Sanctions*（above）.

〔41〕 ILC Commentary（above），at 139，para. 6.

〔42〕 C. Tams，*Enforcing Obligations* Erga Omnes *in International Law*（Cambridge：CUP，2005）。经过对国家实践的研究后，他认为，第 54 条"受到了不正当的限制，而且非常不幸。"at 311；'Obligations *erga omnes*' J. A. Frowein ＜mpepil. com＞；Cassese（above），at 262－77，306－7.

〔43〕 L. A. Sicilianos，'Countermeasures in Response to Grave Violations of Obligations Owed to the International Community'，in Crawford et al（above）1137－48；Cassese（above），at 310－13. N. White and A. Abass，'Countermeasures and Sanctions'，in M. Evans（ed.），*International Law*，3rd edn（Oxford：OUP，2010）531－58.

〔44〕 'Obligations and rights *erga omnes* in international law'，Resolution of the Fifth Commission（2005），Art. 5（Rapporteur Gaja），（emphasis added）. 尽管该决议并没有详细规定哪些具体的义务在这种情况下应当被考虑，它的序言则包括有这样两段话："**鉴于**依据国际法就维护国际社会的基本价值来说，有些义务对所有国际法主体具有拘束力；**鉴于**存在广泛的意见，即禁止侵略行为、禁止种族灭绝、关于保护基本人权的义务关于自决的义务以及关于共同领域环境的义务，是体现那些基本价值的义务。"

认为国际法是旨在保护共同利益的学者之间的对立。但是，如果这样认为，那么
将忽视一个十分重要的问题。这个问题从某种程度上只与想要拯救受到违反国际
法侵害的无助小国的大国有关。反对这种发展的人担心，大国会利用反措施危害
小国（及其人民）的利益，他们的反措施的合法性很少受到外部控制。迈克·
阿克赫斯特（Michael Akehurst）曾经详细研究过这一悖论，并在一定程度上认为：

> 在国际法律争端问题上，**双方**通常相互指责；如果第三国可以干
> 预，那么该第三方就可能会受到偏见的影响，而且可能会存在该第三方
> 倾向于支持他们自己的盟友而不是客观上正确的一方的严重风险。结果
> 很有可能是，国际法遭到削弱，而不是得到加强，这当然会进一步干扰
> 国际关系。[45]

因此，有人认为，国际法委员会关于非受害国在面对对一切的义务遭到违反的情
况下的权利的结论之意义在于，国际法委员会阐述的原则，即非受害国对这种违
反行为具有法律利益，可以在国际法庭面前援引这种对国际法的违反。[46] 我们
现在就开始介绍这类争端解决方法。

---

[45] M. Akehurst, 'Reprisals by Third States', 44 *BYBIL* (1970) 1 – 18, at 15 – 16；尽管他最终认为，
关于使用武力、战争罪和危害人类罪的规则是如此重要，以至于它们无法使每一个国家采取反措施。

[46] J. Crawford, 'Responsibility for Breaches of Communitarian Norms: An Appraisal of Article 48 of the
ILC Articles of Responsibility of States for Internationally Wrongful Acts', in U. Fastenrath, R. Geiger, D. E.
Khan, A. Paulus, S. Von Schorlemer, and C. Vedder (eds), *From Bilateralism to Community Interest: Essays in
Honour of Judge Bruno Simma* (Oxford: OUP, 2011) 224 – 40. 参见国际法研究院 2005 年决议（前面），第
3 – 4 条。还可以参见那种认为不是受害国的国家应当可以要求赔偿，包括在对一切的义务遭到违反的情况
下替个人恢复原状，P. Gaeta, 'Are Victims of Serious Violations of International Humanitarian Law Entitled to
Compensation?', in O. Ben – Naftali (ed), *International Humanitarian Law and International Human Rights Law*
(Oxford: OUP, 2011) 305 – 27, at 317 – 18.

第四节　仲裁与司法解决

一、仲裁

仲裁与争端的法律解决方法密切相关。确实，前者只是后者的一类，因为仲裁员是裁判，尽管他们在两个方面不同于常设法院中的法官：首先，他们是当事方挑选的；[47] 其次，当任命他们裁决的特定案件完结后，他们的法律职能就结束了。这种区别是很重要的，因为常设的法院可以塑造司法传统，因此可以在判例的基础上发展法律。因此，设立由一系列法官组成的常设法院不仅是解决争端的一种方法，而且从某种意义上说也是防止出现争端的一种方法。[48]

但是就当事方而言，仲裁庭也可能与法院一样得到一个令他们满意的决定，甚至在某些特殊的情况下，当事方更加愿意将争端诉诸仲裁庭。[49] 因为，其一，仲裁庭中的某些仲裁员可能具有一些专业技能，他们可能具有比法院的法官更加渊博的法律知识。其二，仲裁庭也有可能通过更加私密的方法来解决争端，因为与国际法院不同，其仲裁程序一般是不公开的。其三，某些特殊的问题可能需要有一整套新的安排来解决，就像因为美国驻德黑兰使馆人质危机和美国冻结伊朗资产事件而设立的"伊朗—美国求偿庭"那样。[50]

仲裁员和法官均有义务依据法律作出裁判，都不具有无视法律而仅仅依据自身对公平和正义的看法而作出判断的自由裁量权。当然，当事方可以选择赋予仲裁员此种权力，或者他们可以协议选择应当适用的特殊规则，以便排除一般法律

---

[47] 1972 年以来，国际法院给予当事方由分庭而不是全体法官组成的法院解决争端的机会。实际上，这意味着，现在各国可以从法院的法官中挑选法官，参见 J. G. Merrills, *International Dispute Settlement*, 5th edn (Cambridge：CUP, 2011)，at 137 - 41.

[48] 关于对国际层面上运作的各种不同的法院和法庭的工作，参见 R. Mackenzie, C. Romano, and Y. Shany, with P. Sands (eds), *Manual on International Courts and Tribunals*, 2nd edn (Oxford：OUP, 2010). 在本章中，我们只介绍国际法院的管辖权。

[49] 1982 年《联合国海洋法公约》规定缔约国可以在司法解决（海洋法法庭或国际法院）或仲裁之间进行选择，当不作选择时，就认为该国接受了仲裁（第 287 条）。

[50] 关于详细情况，参见 D. Müller, 'The Iran - US Claims Tribunal', in J. Crawford et al (above) 843 - 8.

的适用，他们还可以赋予法官这样的特殊权力，就像《国际法院规约》第38条第2款以及《海洋法公约》第293条第2款所明确规定的那样。

仲裁员职能中这种纯粹的法律性质并不总是被承认。这是因为，在过去，仲裁员有时认为自己有判断什么是正义的决定而不是严格的法律决定的自由裁量权，而且他们也在实践中行使了这种权利，并且并不总是给出这样决定的理由。确实，在中世纪，仲裁是一个被经常使用的解决国际争端的方法，但是随着现代国家的兴起，它不再被使用，直到19世纪才复兴，主要是因为1871年英国和美国将他们关于"阿拉巴马号案"的争端诉诸了仲裁。[51]

在这一争端中，美国提出申诉认为，在美国内战期间，英国允许建造并出售给美国南方邦联政府船舶的行为违反了关于中立的国际法。美国南方邦联政府在1861年4月宣布，将向私掠船颁发"拿捕和报复函"，使他们可以拿捕美国北方联邦商船上的货物。作为回应，林肯总统宣布对南方邦联的港口进行封锁。1861年5月，英国政府承认南方邦联是交战方，并宣布英国中立。宾厄姆勋爵（Lord Bingham）对上述封锁事件有一个十分恰当的描述：

> 北方的封锁是对邦联的一个真正威胁，因为邦联没有海军，没有商船，更不用说有私人的造船能力了。首先，封锁涉及的不是出口棉花的问题，因为1860年的庄稼大部分已经出口了，而且邦联认为，拒绝出口棉花将迫使英国和法国承认邦联。但是，还有一个军事武装和供应的紧急需求，要求船舶打破北方的封锁（该封锁被认为并不十分有效）。而且如果可能，还有一个摧毁北方商业的战略需求。为此，邦联向欧洲，尤其是英国和法国派出了代表，希望购买或取得船舶，以便拿捕北方的商船。[52]

"阿拉巴马号"是在伯肯黑德（Birkenhead）建造的。它当时在莱尔德（Laird）造船厂的代号是"290"，因为它是他们建造的第290艘船舶，后来在启航时被重新

---

〔51〕　关于对背景的详细介绍，参见 T. Bingham, 'The *Alabama* Claims Arbitration', 54 *ICLQ* (2005) 1-25. 下面主要按照这篇文章的叙述进行介绍。

〔52〕　Ibid 3-4 (footnotes omitted).

243

命名为"恩丽卡号"（*Enrica*）。后来，它在亚速尔群岛由从伦敦船坞航出的一艘船舶"阿格拉皮娜号"（*Aggrapina*）对其重新装备上了煤、枪、军火、制服和物资。邦联海军的拉斐尔·塞姆斯（Raphael Semmes）舰长和邦联的军官和船员在亚速尔群岛登上了该船，并在上面悬挂了邦联的旗帜，"阿拉巴马号""就开始了它极具破坏性的航行，只要发现美国的商船，它就进行捕获，无论是在纽芬兰和新英格兰海岸外面的大西洋、西印度群岛、巴西、南非、新加坡、开普敦，还是在欧洲。在它存在的整个时期，它焚毁或击沉了 64 艘美国船舶。"[53] 它只击沉了一艘军舰，最终于 1864 年在瑟堡（Cherbourg）附近在与美国海军"克萨奇号"（USS *Kaersage*）的战斗中被击沉。[54]

美国外交官尝试阻止"阿拉巴马号"（当时被称为"290"号）离开英国，但是失败了，原因之一是，英国国内法中不存在禁止为战争目的而装备船舶的规定，而且没有明确规定表明船舶是否可以被改装用于境外作战。[55] 美国对"阿拉巴马号案"提出的要求仍然会导致摩擦，1871 年在进行《华盛顿条约》的谈判时最终允许仲裁，以便"迅速解决此类要求"。[56] 仲裁员们在日内瓦市政厅的一个房间——现在被命名为"阿拉巴马厅"（*Salle Alabama*）会面，依据已经同意的三项规则对英国的责任作出了裁决，尽管英国政府并不认为这三项原则在提出请求时是国际法上的原则。仲裁员们需要遵守这三项原则以及"仲裁员认为适用于本案的不与这些原则抵触的国际法原则"。[57] 这些就是后来仲裁"**可适用的法律**"。第一项原则的一个含义是，中立国政府有义务"保持谨慎注意，防止处在其管辖下的可以合理怀疑旨在用于航行或旨在与其存在和平关系的国家开战的任何船只被改装、武装或装备"。该规则还包括各国有义务防止此类船舶离开他们管辖的范围，并且禁止交战方利用他们的港口进行军事补给。

关于"阿拉巴马号案"的裁决认定，英国没有能够履行其应尽的义务，因为它没有采取及时有效的预防措施，而且在"阿拉巴马号"逃走后它所采取的措施不足以使英国不用承担由此引发的责任。仲裁庭明确指出："英国女王政府

---

［53］ Ibid 6 - 7.

［54］ 马奈（Manet）对这场战役的著名描绘就收藏在费城艺术博物馆里。

［55］ Foreign Enlistment Act 1819, s. 7; cf the 1870 Act s. 8.

［56］ Art. I.

［57］ Ibid Art. VI.

不能以它所拥有的法律手段不足为自己没有尽到谨慎注意义务辩解。"[58]　仲裁庭要求英国赔偿 1550 万美元支付给美国。《纽约时报》报道说，伦敦的《泰晤士报》表示"我们愿意同意支付这笔钱，以便提高国际法的价值"。[59]

关于这场仲裁的意义，人们通常认为，它促使人们产生了和平解决争端的热情，并且签订了许多规定仲裁的条约。尽管各国继续进行仲裁，但是近来最重要的发展是在国际投资争端中采用的国家和公司之间的仲裁。在这种情况下，目前有不少条约促进了对裁决的执行。[60]　现在，我们将对仲裁与司法解决的基本区别进行简单介绍。其一，各方选择仲裁员或者仲裁员是如何被任命的；其二，各 414 方选择可适用的法律；其三，执行可能取决于通常的国内法和司法解决的形式。

（一）选择仲裁员

在"阿拉巴马号案"中，条约规定，美国总统、英国政府、意大利国王、瑞士主席和巴西皇帝选择五位仲裁员。[61]　还采用了许多不同的组成仲裁庭或任命"独任仲裁员"的方法。有时，外国国家元首会被任命，而且裁决是以他们的名义作出的——尽管不是希望他们以个人行为作出裁决；有时，仲裁员都是由争端当事国的代表组成的，可能有也可能没有其他仲裁员。

1899 年通过的《和平解决国际争端海牙公约》创立了常设仲裁法院，该条约在 1907 年被修改。但是，"常设"、"法院"这样的措辞是一种误用。的确存在**"常任的仲裁员"**，但是该法院自身需要一案一组成。其裁决是终局的，除非有其他约定。自 1962 年以来，该法院开始允许对国家和非国家实体进行仲裁，而且自从那以来，它已经制定了关于这种仲裁和涉及国际组织、私人当事方的仲裁 415

〔58〕　J. B. Moore（ed.），Vol. 1, *History and Digest of the International Arbitrations to which the United States has been a Party*（Washington；Govt Printing Office，1898），at 657.

〔59〕　15 September 1872.

〔60〕　参见下面：Art. 54 of the Washington Convention on the International Settlement of Investment Disputes（1965）；也参见 The New York Convention on the Recognition and Enforcement of Foreign Arbitral Awards（1958）；以及地区层面的下列公约：The Geneva Convention on the Execution of Foreign Arbitral Awards（1927）；The Amman Arab Convention on Commercial Arbitration（1987）；The Inter – American Convention on International Commercial Arbitration（1975）；and The European Convention on International Commercial Arbitration（1961）.

〔61〕　Treaty of Washington 1871 Art. I.

规则。[62] 尽管在 20 世纪后半叶它相对不活跃，但是现在，该法院正在吸引越来越多的争端，而且案件已经排满了。2009 年，它依据国家与非国家行为实体之间的仲裁规则，对苏丹和"苏丹人民解放运动（军）"提交的阿卜耶伊（Abyei）地区的边界争端作出了裁决。[63]

当有多于一位的仲裁员时，通常需要由每一个当事方选择自己一方的一位或两位仲裁员，并且对"首席仲裁员"或"中立仲裁员"如何挑选达成协议。当他们无法达成协议时，仲裁协议可能规定，由第三方来选择必要的仲裁员。[64] 根据国际商事仲裁的不同制度，可能由当事方同意的仲裁规则指定的机构当局来完成这项任务，也有可能由常设仲裁法院秘书长指定的"任命机构"来完成这项任务。[65] 如果将争端提交给解决投资争端国际中心，那么就将由世界银行行长来打破这一僵局。[66]

416 　　（二）选择可适用的法律

仲裁员适用的法律是由当事方选择的。我们已经在"阿拉巴马号案"中看到，当事国可以选择那些不一定具有拘束力的国际法规则。在有些案件中，例如提交给联合国秘书长的绿色和平组织的"彩虹勇士号案"，所选择的法律的内容是相当模糊的。有人认为，在那个案件中，当事方"更关注的是找到一个可接受的解决争端的方法，而不是如何为当事方的行动进行辩解"。[67] 联合国秘书长解释说，他想要给出一个对于双方来说都"公正和原则"的裁决，[68] 因此，除其他外，裁决：法国应当向新西兰就其违反国际法的攻击行为进行正式和无条件的道歉；应当向新西兰赔偿 700 万美元；（已经被新西兰法院判决犯有杀人罪的）

---

〔62〕 Optional Rules for Arbitrating Disputes Between Two Parties of Which Only One is a State; Optional Rules for Arbitration Involving International Organizations and States; and Optional Rules for Arbitration between International Organizations and Private Parties.

〔63〕 *Abyei Arbitration*, 22 July 2009, < http：//www. pca – cpa. org >.

〔64〕 例如参见 European Convention for The Peaceful Settlement of Disputes (1957) Art. 21; American Treaty on Pacific Settlement 'Pact of Bogotá' (1948) Art. XL; Revised General Act for the Pacific Settlement of International Disputes (1949).

〔65〕 ICC Rules for Arbitration (1998) Rule 8; UNCITRAL Arbitration Rules (2010) Art. 6.

〔66〕 Convention on the Settlement of Investment Disputes Between States and Nationals of Other States (1965) Arts 5, 37 – 40.

〔67〕 Merrills (above), at 91.

〔68〕 *New Zealand v. France* 74 ILR 256, at 271.

法国情报人员应当被移交给法国军事当局，并"移交给法国在欧洲以外的外岛上建立的军事设施关押三年"。[69] 就这一裁决产生的任何协议所可能引起的争端，秘书长还进一步规定了有拘束力的仲裁。当法国在未经新西兰允许的情况下撤走了法国情报人员时，就建立了仲裁庭，并对争端作出了裁决。[70]

1965 年的《解决国家与别国国民之间的投资争端的华盛顿公约》规定："仲裁庭应依照双方可能同意的法律规则对争端作出裁决。如无此种协议，仲裁庭应适用作为争端一方的缔约国的法律（包括其冲突法规则）以及可能适用的国际法规则。"[71]

（三）执行仲裁裁决

《华盛顿公约》还规定了仲裁裁决的执行问题。其规定，缔约国有义务"承认依照本公约作出的裁决具有约束力，并在其领土内履行该裁决所附加的财政义务，正如该裁决是该国法院的最后判决一样。"[72]

当然，由于国家豁免权的存在，执行针对外国国家的仲裁裁决会更为困难，但这也并不完全切中实际。因为一般而言，国家一旦决定将他们之间的争端提交仲裁，他们就可能已经作好了执行该仲裁裁决的准备。争端当事方将争端提交仲裁的意愿是他们执行仲裁裁决的基础。[73]

仲裁裁决是终局的，除非当事方另有约定。但是，只有当仲裁员严格按照当

417

418

---

〔69〕　Ibid 272. 在另一个法国与绿色和平组织之间的仲裁案件中，设在日内瓦的仲裁庭裁定，法国因"彩虹勇士号"船被毁应向绿色和平组织赔偿 500 万美元，以及 120 万美元的加重损害赔偿，此外，还需赔偿成本、利息和仲裁费用。适用的法律是英国法律，因为"彩虹勇士号"是一艘悬挂英国国旗的船舶。Philip Shabecoff, *New York Times*, 3 October 1987.

〔70〕　*Rainbow Warrior* (*New Zealand v France*) 82 ILR 499；在前文第七章第十一节中也提到了这一仲裁裁决，将其作为面对违反条约义务的指控时国家援引危难和危急情况的例子（一名工情报人员生病了，还有一名怀孕了）；仲裁庭认为，关于开除两名情报人员，存在违反义务的情形，建议与法国建立一个友好基金，以便支付一笔 200 万美元的初步赔偿金。该基金继续支付小额费用，每年达 20 万欧元。

〔71〕　Art. 42（1），关于这一制度和商业仲裁的更详细介绍参见 J. Collier and V. Lowe, *The Settlement of Disputes in International Law*: *Institutions and Procedures* (Oxford: OUP, 1999), chs 3, 4, and 8.

〔72〕　Art. 54（1），关于对这一制度的更详细介绍以及认为投资者与国家之间的仲裁制度应当被视为国家责任制度下面的一个"次级制度"的观点，参见 Z. Douglas, 'Investment Treaty Arbitration and ICSID', in J. Crawford et al (above) 815 – 42.

〔73〕　进一步参见 Waldock, *General Course on Public International Law*, 106 *RCADI* II (1962) 1 – 251, at 88 – 90；另见 *Case concerning the Arbitral Award made by the King of Spain on 23 December 1906*, ICJ Rep. (1960), p. 192.

事方在仲裁协议，也即当事方自愿将其争端提交仲裁解决的协议中的约定行使其权力并作出仲裁裁决时，该仲裁裁决才具有终局的效力；如果仲裁员不遵守仲裁协议，例如对没有向其提交的问题作出裁决，或者没有依据当事方同意的原则作出裁决，那么该裁决就是无效的，是没有拘束力的——事实上，它根本就不是裁决。在裁决作出后，当事方可能会因上述事由，即通常所称的"越权"，主张仲裁裁决无效。在国际商事仲裁中，可能有国家的法律允许国内法院对这些问题进行审查。这些法律又被称为"仲裁法"（*lex arbitri*）。[74] 有时，对于明显违反仲裁协议作出的仲裁裁决，当事方均会主张该裁决无效。[75] 在此情形下，他们会同意将裁决是否无效提交进一步仲裁，[76] 或者甚至会提交国际法院进行司法解决。[77] 下文就介绍一下国际法院在这方面的工作。

二、司法解决与国际法院

常设国际法院是由 1921 年的一个条约设立的，这个条约一般被称为法院的"规约"。依据《联合国宪章》的规定，它现在已经被国际法院取代，但这个新的法院的规约是《宪章》的一个组成部分，与旧的法院的宪章基本相同，只有个别不太重要的改变。这两个法院被称为"世界法院"，根据乔治·阿比－萨阿卜（Georges Abi - Saab）的观点，这个说法表明，国际法院"在组成、展望和职业方面应该是普遍性的，真正代表国际社会全体，而且是为国际社会全体服务的，不是由具有特殊利益的法律或社会文化的某个部分主导的。"[78] 维拉·高兰－达巴斯（Vera Gowlland - Debbas）认为，国际法院的特点是，"它不仅为各国提供了可供选择的争端解决方法，而且它是一个对所有国家开放的、作为联合国的法院

---

〔74〕 参见 UNCITRAL Model Law on International Commercial Arbitration（2006）；也参见 the Arbitration Act 1996 and the Arbitration（Scotland）Act（2010）. 注意：解决投资争端国际中心公约第 50—52 条包括了解释、修改和撤销裁决的国际程序。

〔75〕 例如，1831 年荷兰国王对英国和美国之间"缅因边界"争端作出的裁决。

〔76〕 例如，*Orinoco Steamship Co. Case*（*United States v Venezuela*）xi RIAA（1910）227 – 41.

〔77〕 *Case concerning the Arbitral Award made by the King of Spain on* 23 *December* 1906，Judgment ICJ Rep.（1960），p. 192；*Arbitral Award of* 31 *July* 1989，*Judgment*，ICJ Rep.（1991），p. 53.

〔78〕 'The International Court as a world court'，in V. Lowe and M. Fitzmaurice（eds），*Fifty Years of the International Court of Justice*：*Essays in honour of Sir Robert Jennings*（Cambridge：CUP，1996）3 – 16，at 3. 注意：《规约》要求在每一次选择法官时，法官候选人的地区分布应保证"法官全体确能代表世界各大文化及各主要法系"。《规约》第 9 条。

的、具有一般管辖权的国际司法机构，它应当被视为一个为国际社会服务的世界法院。"[79]

这个世界法院的法官是按照下面的程序任命的：常设仲裁法院成员国国家团体提名不超过四人。[80] 从这些名单中，安理会和大会各自独立选择 15 位法官。在这两个机构中获得多数票的候选人将会当选（否决权不适用），若具有同一国籍的两位候选人都被选上，则年长的那位当选为法官。

如果争端的当事国有自己国籍的国民担任法院的法官，该法官仍然有权审理该争端；但是，如果争端的当事国没有自己国籍的国民担任法院的法官，它可以就该案件提名一位法官。这就是专案"国家"法官，之所以这样做是因为法院审理的案件有可能涉及复杂的国内法问题，这样一来，专案法官不仅可以向其他法官解释该法律，而且从某种意义上是法官们在私下评议时"代表"相关的当事方。[81]

法院向成为《规约》缔约方的所有国家开放（这自然包括联合国所有会员国），还对符合安理会规定的条件的其他国家开放。[82] 它的管辖权包括"当事国提交的一切案件"。[83] 因此，当当事国同意将特定的争端通过一份被称为"特别协议"（compromis）的文件向其提交时，它就具有管辖权；但是，法院还具有一种准强制的管辖权。它可以两种方式体现。其一，许多条约（大约超过 300 份）规定了一个争端条款，允许缔约国将这些条约引起的争端提交法院。[84] 其二，《规约》第 36 条第 2 款规定了"任择条款"，按照这一条款，各国可以声明，其与任

421

---

〔79〕 'Article 7 UN Charter', in A. Zimmermann, C. Tomuschat, and K. Oellers – Frahm (eds), *The Statute of the International Court of Justice: A Commentary* (Oxford: OUP, 2006) 79 – 105, at 101.

〔80〕 关于对这个法院和十多个其他国际性法院和法庭中法官的背景、选举和方法的详细研究，参见 D. Terris, C. P. R. Romano, and L. Swigart, *The International Judge: An Introduction to the Men and Women Who Decide the World's Cases* (Oxford: OUP, 2008).

〔81〕 进一步参见 P. Kooijmans, 'Article 31', in A. Zimmermann et al (above), 495 – 506；另见《美洲人权公约》第 55 条，规定有相同的规则；比较 Regulations of the Inter – American Commission on Human Rights, 第 19 条，排除是有关国家国民的委员参加讨论、调查、评议或决定。联合国人权条约机构的实践是，要求在个人来文的案件中，国民不参与公开讨论或作出决定。世界贸易组织的情况将会在下文介绍。

〔82〕 参见《联合国宪章》第 93 条，《规约》第 35 条第 2 款。

〔83〕《规约》第 36 条第 1 款。

〔84〕 国际法院依据第 36 条第 1 款对这些争端的管辖权涉及"现行条约及协约中所特定之一切事件"。这种争端解决条款是国际法院审理的"格鲁吉亚诉俄罗斯案"的基础，参见第七章第九节的讨论。

何其他接受相同义务的国家之间的所有法律争端提交法院。但是，无论是通过争
422 端条款规定管辖权的条约，还是"任择条款"，都不影响法院管辖权的自愿基
础。它们仅仅预见它们有可能卷入争端，因此使其接受法院管辖权具有可能。

只有大约 1/3 的国家接受"任择条款"，许多还对接受的内容发表有声明。
英国是在 1929 年首次发表接受声明的，现在只适用于 1974 年 1 月 1 日以后发生
的争端，而且尤其排除"与英联邦成员的其他国家政府之间的任何争端"。瑞士
的声明没有包含保留，是从 1948 年开始生效的。澳大利亚 2002 年的声明尤其排
除"关于或涉及海域划界，包括领海、专属经济区和大陆架，或在划界之前开发
任何争议海域或邻接任何此种海域、或涉及、或关于这种活动的任何争端"。巴
基斯坦 1960 年的声明尤其排除"涉及依据国际法完全属于巴基斯坦国内管辖范
围内的问题的争端"。

最后一类保留在许多国家的声明中都可以找到，而且值得深思。完全属于国
内事项、不受国际争端机制管辖这个概念可以追溯到国际联盟时代。[85] 在那时，
423 提到国内管辖被认为是正当的，是"新的迷信，不过，除了它的极端神圣性外，
人们对它的内容知之甚少"。[86] 国家可以继续阻止其他国家和国际组织对他们内
政的干预，[87] 但是，如果需要依据国际法来解决争端，那么什么是专属国内管
辖的事项就是那些不属于国际法范围的事项。1925 年说的话今天仍然正确："国
际法对于一国从事的引起国际争端的行为的态度只有两个质疑：它可以说，有关
行动的合法与否可以依据一些规则进行判断；或者可以说，没有任何规则可以适
用，因此，这等于说，该问题就是完全属于有关国家国内管辖的事项。"[88] 无论
如何，《规约》第 36 条第 6 款继续规定："关于法院有无管辖权之争端，由法院

---

[85] "如争执各方任何一方对于争议自行声明并为行政院所承认，按诸国际法纯属该方国内管辖之
事件，则行政院应据情报告，而不作解决该争议之建议。" 1919 年《国际联盟盟约》第 15 条第 8 款；另见
已经失效的 1924 年《和平解决国际争端日内瓦议定书》第 5 条的部分规定，即"如果在仲裁的过程中，
……争端一方声称该争端或争端的一部分来自依据国际法纯粹属于该方国内管辖之事项，仲裁员则应当就
这一点通过行政院向常设国际法院咨询。"

[86] Brierly, 'Matters of Domestic Jurisdiction', 6 *BYBIL* (1925) 8 – 19, at 8.

[87] 进一步参见 M. Jamnejad and M. Wood, 'The Principle of Non – intervention', 22 *Leiden Journal of International Law* (2009) 345 – 81.

[88] Brierly, 'Domestic Jurisdiction' (above), at 10 – 11.

裁决之。"[89]

　　由于接受任择条款是建立在互惠基础之上的，每一个国家只在相互的声明中承担的义务相互一致的范围内接受另一个国家主张的强制管辖权，因此这些保留的限制效果就增加了。这意味着，要使法院对任何特定的争端具有强制管辖权，两国——包括原告和被告，都必须发表了将该争端包括在内的声明。[90] 它还意味着，甚至当被告国自己的声明将争端包括在范围之内，被告国总是有权援引对方国家声明中的保留，以便排除法院对该案的管辖权。[91] 换言之，保留对提出保留的国家具有回旋的效果，无法实现自己将另一国告上法院的目的。为了解释这一点：如果英国想针对瑞士就 1970 年发生的一项争端提起诉讼，瑞士可以指出英国的保留（我们已经看到，英国的保留将 1974 年以前的争端排除在外），可以成功地主张法院没有管辖权。保留的范围越大，保留国就越难利用国际法院来解决自己的争端。[92]

424

　　我们已经提到三种可以获得管辖权的方式：①当事国之间达成的特别协议；②条约中的争端条款；③基于任择条款发表的重叠的声明。为了全面起见，我们现在还应当探讨第四种情形：④应诉管辖（forum prorogatum）。在最后一种情况下，一国单方面诉诸法院解决，另一个被告国明示或通过其行动接受管辖权。因此，当刚果共和国在 2002 年起诉法国时，法国只是通知法院他同意法院的管辖权，这就够了。[93]

425

　　法院适用的法律已经在前文第二章中提及，其规定如下：①国际公约，②国

---

　　[89]　当保留声称，根据有关政府的"理解"属于国内管辖的事项排除管辖时，情况就更加复杂。参见 *Case of Certain Norwegian Loans*, ICJ Rep.（1957），p. 9．尤其是其中的个别意见和个人意见。关于对《灭种罪公约》中的争端条款的保留的效果，参见 *Armed Activities on the Territory of the Congo*（*New Application*：2002）（*DRC v Rwanda*），ICJ Rep.（2006），p. 6。比较 Joint Separate Opinion of Judges Higgins, Kooijmans, Elaraby, Owada, and Simma，他们建议依据《灭种罪公约》中的争端解决条款对法院的管辖权进行保留的有效性进行重新思考（at para. 29）。

　　[90]　*Anglo - Iranian Oil Co. case*（*jurisdiction*），ICJ Rep.（1952），p. 93.

　　[91]　参见 *Norwegian Loans*（above）.

　　[92]　参见 C. Tomuschat, 'Article 36', in A. Zimmermann, C. Tomuschat, and K. Oellers - Frahm（eds），*The Statute of the International Court of Justice：A Commentary*（Oxford：OUP, 2006）589 - 657, esp. 632 - 40.

　　[93]　Letter of 3 April 2003 from the Minister of Foreign Affairs accepting jurisdiction according to Art. 38（5）of the Rules of Court. 另见 *Corfu Channel case*, ICJ Rep.（1949），p. 4；C. H. M. Waldock, '*Forum Prorogatum or Acceptance of a Unilateral Summons to Appear before the International Court*', 2 *ILQ*（1948）377 - 91.

际习惯，作为通例之证明而经接受为法律者；③一般法律原则为文明各国所承认者；④司法判例及各国权威最高之公法学家学说，作为确定法律原则之补助资料者；⑤经当事国同意，本着"公允及善良"原则裁判案件（不论可适用的法律是什么，以找到正义和公平的解决方法为目的）。[94]

除了法院对国家提交的争端具有诉讼管辖权外，法院依据《联合国宪章》第 96 条还可以应联合国大会或安理会的请求"对于任何法律问题发表咨询意见"。[95] 其他联合国机构和专门机构，若得到联合国大会的授权，也可以"对于其工作范围内之任何法律问题"请求发表咨询意见。[96] 法院一直将这种咨询管辖权视为自己的一项司法职能，并且在许多方面将在其行使诉讼管辖权的案件中所采用的程序适用到行使咨询管辖权的案件中。[97]

确实，在有些案件中，咨询意见实际上可以通过对法律的决定性适用来解决争端。[98] 因此，在联合国和会员国就会员国的官员豁免产生的争端中，法院的意见对于联合国和该国来说就是决定性的。联合国和马来西亚之间的争端就是通过国际法院发表法律咨询意见的方式得以解决的。该咨询意见认为，马来西亚必须尊重联合国关于法官和律师独立问题的特别报告员——一位名为帕拉姆·古马拉斯瓦米（Param Cumaraswamy）的马来西亚律师——的豁免权。[99] 该特别报告员由于接受了《国际商业诉讼》杂志的采访而被指控为诽谤，并被要求就诽谤赔

---

〔94〕 关于对法院适用这些渊源的详细研究，参见 A. Pellet, 'Article 38', in A. Zimmermann et al (above) 677 – 792.

〔95〕 近年来的咨询意见十分有意思，参见 *Legality of the Threat or Use of Nuclear Weapons*, ICJ Rep. (1996), p. 226; *Legal Consequences of the Construction of a Wall in Occupied Palestinian Territory*, ICJ Rep. (2004) p. 136; and *Accordance with International Law of the Unilateral Declaration of Independence in Respect of Kosovo*, 22 July 2010.

〔96〕 经社理事会和国际原子能机构也被授权可以请求发表咨询意见，就像下面的这些机构一样：ILO, FAO, UNESCO, WHO, IBRD, IFC, IDA, IMF, ICAO, ITU, IFAD, WMO, IMO, WIPO, and UNIDO. 国际法院认为，核武器的合法性问题不属于世界卫生组织的活动范围，参见 *Legality of the Use by a State of Nuclear Weapons in Armed Conflict*, Advisory Opinion, ICJ Rep. (1996), p. 66.

〔97〕 *Applicability of Article VI, Section 22, of the Convention on the Privileges and Immunities of the United Nations*, Advisory Opinion, ICJ Rep. (1989), p. 177.

〔98〕 尽管咨询意见本身不具拘束力，但是当事方之间的条约可能规定，咨询意见对于当事方有拘束力，例如参见 Convention on Privileges and Immunities of the United Nations (1946) Art. VIII Section 30.

〔99〕 *Difference Relating to Immunity from Legal Process of a Special Rapporteur of the Commission on Human Rights*, Advisory Opinion, ICJ Rep. (1999), p. 62.

偿总共 1.12 美元，马来西亚法院同意对这一诉讼行使管辖权。联合国秘书长认为，该联合国人权委员会任命的联合国专家是以特别报告员的官方身份接受采访的。国际法院认为，该报告员就其在被正式发布的采访中所说的话享有免受法律诉讼的豁免权，马来西亚法院有义务将豁免问题作为一个先决问题进行迅速处理，因此不得要求该特别报告员支付费用。[100] 据此，这个问题得以解决。

《法院规约》中其他有意思的问题包括：案件必须公开审理，除非法院作出相反决定，或者当事国要求不公开审理；必须阐明作出判决的理由，而且法官可以给出不同意见；官方语言是法语和英语，但是法院可以授权使用其他语言；法院可以命令采取临时措施；[101] 第三国可以申请参与诉讼；[102] 不得上诉，但是国家可以请求对判决作出解释，或要求修改判决；[103] 法院之裁判除对于当事国及本案外，无拘束力。[104] 最后一项规定只是意味着，英美法中先例具有的拘束力对于法院的决定不适用；它并不意味着，不得将裁判作为先例援引，或者法院不得强烈倾向遵循这些裁判，因为所有法院对于自己以前裁判的态度都是一样的。[105]

428

---

〔100〕 关于对意见的详细研究，参见 H. Fox, 'The Advisory Opinion on the Difference Relating to Immunity From Legal Process of a Special Rapporteur of the Commission of Human Rights: Who Has the Last Word?', 12 *Leiden Journal of International Law* (1999) 889 –918.

〔101〕 Art. 41 of the Statute, 并参见 *LaGrand* (*Germany v USA*) (2001)，认定这种命令有拘束力。命令可能非常简单，例如"美国应当采取所有有权采取的措施确保 Walter LaGrand 在这些诉讼最终作出裁判之前不被执行死刑。"(*LaGrand*, Order of 3 March 1999)；或者可能比较复杂，例如："每一方应当避免向争议领土，包括运河区域派遣任何人员或在这种区域维持这种人员的存在，无论是民事、警察或安全人员……尽管上面第一点，哥斯达黎加可以向争议领域，包括运河区域，派遣负责环境保护的民事人员，但是必须在防止对争议领域中的湿地产生不可修复的损害的必要范围内。哥斯达黎加应当与《湿地公约》秘书处就这些行动进行协商，给予尼加拉瓜事先通知，并且尽最大努力在这个方面找到与尼加拉瓜的共同解决办法。" *Certain Activities Carried Out by Nicaragua in the Border Area* (*Costa Rica v. Nicaragua*) Order 8 March 2011.

〔102〕 参见 Arts 62 and 63 of the Statute；例如参见 *Territorial and Maritime Dispute* (*Nicaragua v Colombia*) *Application by Costa Rica for Permission to Intervene*, Judgment 4 May 2011；注意：当第三国的法律利益成为争议的主题时，法院将拒绝对整个案件行使管辖权，因为得到第三国的同意是必不可少的。参见 C. Chinkin, *Third Parties in International Law* (Oxford: Clarendon Press, 1983) 198 –212；*East Timor* (*Portugal v Australia*), ICJ Rep. (1995), p. 90; Collier and Lowe (above) 158 –68.

〔103〕 Arts 60 and 61 of the Statute.

〔104〕 Art. 59 of the Statute.

〔105〕 我们只介绍了国际法院的工作，关于国际海洋法法庭、欧洲法院以及区域人权机构的工作的介绍，参见 Mackenzie et al (above).

429 **第五节 对仲裁和司法解决的限制**

国际法学者普遍认为,并非国家之间的所有争端都是"可裁判的",也即并非国家之间的所有争端都能够通过仲裁或司法程序中适用法律规则的方式来加以解决。上述观点从某种意义上说是正确的,因为除非争端当事国负有通过仲裁或司法程序解决争端的义务且具有忠实履行此项义务的意愿,否则没有哪项争端是"可裁判的"。但是,对于争端的"可裁判性"与"不可裁判性"而言,其通常包含着另外一种含义,即它表明存在这样一种信念,即国际争端有两类:一类是可裁判的或法律的,是本质上可以基于法律作出决定的;还有一类是不可裁判的或政治性质的争端,是无法基于法律作出决定的。

国际法学者一般都认为,这种区别是存在的,但是他们对于其内容并不总是有相同的看法。其中一个被广泛同意的观点是,可裁判的争端是指那些可以通过现存的可适用的法律规则进行解决的争端。这表明,对于其他争端,即不可裁判的争端,并不存在可对其进行解决的可适用的法律规则,因此被请求对其作出裁判的法院会认为自己无法作出判决。我们已经看到,这种困难可能只是出于臆想。[106] 它是对国际法的性质持极端实证主义看法的一种逻辑结果,按照这种看法,由于除了国家同意以外的规则之外,其他的规则都不是法律规则,因此法律规则的数量必定是有限的。它忽视了这样一个事实,即一旦不再仅仅作为学术研

430 究,国际法与任何其他法律一样,都具有灵活性,而且通过接受的司法推理过程对事实情况开始适用。

那么,无论是从形式上还是本质上,国际法从来都不是不能在法律的基础上对任何争端当事方的相关权利作出决定的,如果是这样,我们必须在其他地方寻找可裁判的和不可裁判的争端之间的区别,而不是在国际法与其他法律的某些假定的具体性质方面进行区分。今天,我们可以说,它取决于当事国的态度:无论争端的内容是什么,如果当事方想要获得的是它们的法律权利,那么该争端就是

---

〔106〕 Above, Ch. II § 4 (e).

可裁判的。[107]

当然，国家之间发生的许多严重的争端要求实现某种利益，而不是基于在现有的法律权利基础上的要求，我们应当记住这一点。但是，这一事实并不意味着，我们可以仅仅从对争端内容的了解就得出其是可裁判的或不可裁判的结论；它仅仅提醒我们，有时，国家认为基于法律作出的决定是解决他们之间争端的一个令人满意的方法；有时，出于各种原因，无论是好的还是坏的，至少有一个当事国并不这样认为。[108]

大多数法学家认为，国家更愿意在法律的基础上解决他们的争端。国家具有 431
的拒绝该种争端解决方法的自由是完全站不住脚的，它有可能产生最严重的不公；而且对于世界和平来说也是一个持久的危险，因为它鼓励国家养成将自己视为超越法律的存在的习惯。但是，问题的解决并不像我们看到的那么容易，我们不能恣意地假设现有的法律是可以解决所有争端的基础。[109] 当国家争吵的不是他们的法律权利，而是其他内容时，对他们的法律权利的宣布并不是真正意义上的"解决"争端。[110] 争端有时可以通过嗣后的协议解决，但是它可能导致对争端解决不利的后果——进行妥协对于那个权利被满足的当事国来说是没有必要的。

一国对现状的不满所产生的问题并不总是法律问题，无法通过采取法律程序的方法将其转变成一个法律问题。该国的不满可能产生一个本质上属于**政治**性质 432
的问题，这毫无疑问更适合通过适当的**政治**手段，例如谈判、妥协、调解或调停

---

〔107〕　Cf H. Lauterpacht, *The Function of Law in the International Community* (Oxford: Clarendon Press, 1933): "争端是否可裁判的唯一决定性的标准是当事方将争端提交法律解决的意愿"。At 164.

〔108〕　进一步参见 Collier and Lowe (above), at 10 – 16.

〔109〕　这就是 1928 年《和平解决国际争端的日内瓦总议定书》的目的；进一步参见 Brierly 'The General Act of Geneva, 1928', 11 *BYBIL* (1930) 119 – 33 and 'British Reservations to the General Act', 12 *BYBIL* (1931) 132 – 5. 还可以参见本书第一版对流产的 1924 年《日内瓦议定书》的介绍，"按照正式的《总报告》的话说，该议定书旨在创设'一个无论是法律的还是政治的国际争端都必须提交仲裁的制度'。" At 187.

〔110〕　艾伦·博伊尔（Alan Boyle）强调，环境争端最好通过不具有遵守性质的委员会以多边论坛的方式进行解决，该论坛比较适合保护共同利益。而且，传统的争端解决机制可能不允许技术的或第三方的参与。参见 P. Sands, *Principles of International Environmental Law*, 2nd edn (Cambridge: CUP, 2003).

等友好方法进行解决。[111] 下面我们就介绍一些解决争端的政治方法。

第六节　斡旋、调解、调查委员会、调停

在这些争端解决方法中，第三方的介入对于争端当事方之间争端的解决并不起到决定性的作用，它不是替争端方**决定**如何解决争论，而是劝说他们**自己决定如何解决争端**。**斡旋与调解**的区别并不十分明显。严格说来，当第三方尝试劝说当事方自己就他们之间的争端进行谈判时，第三方就可以说是在"斡旋"；而当第三方直接**参与**到谈判当中时，它就是在"调解"。但是，显然，前一个程序并入了另一个程序中。而且，两者都是政治过程，而不是司法解决过程，其只建立在当事方选择的国际法基础之上，而这些政治程序是可以选择的，就是因为不存在依据当事方的法律权利和义务解决争端的协议。[112] 《和平解决国际争端海牙公约》建议不是争端当事方的国家提供斡旋和调解（即使在敌对行为期间），并且规定不能将这种提议视为不友好的行为。现在，许多条约都规定了斡旋和调解，"虽然一般认为调解者提出的和平解决争端的建议对当事国不具有拘束力"，但是最终的结果"体现在调解者签署或见证的诸如协议、议定书、宣言、公报、换文或君子协议这样的文件中"。[113]

该公约还规定了一套新的促进争端和平解决的制度：**调查委员会**，其功能只是调查争端的事实，并且提供一份陈述事实的报告。这份报告不具有裁决书的性质，因此当事方有权决定是否赋予其效力，以及如果赋予，则该赋予何种效力。

---

〔111〕 关于详细介绍，参见 Office of Legal Affairs—Codification Division, *Handbook on the Peaceful Settlement of Disputes* (New York: UN, 1992) (*UN Handbook*).

〔112〕 可思考教皇约翰·保罗二世 (Jean Paul II) 和教廷国务卿卡萨洛尼枢机外交大臣 (Cardinal Agostino Casaroli) 在 20 世纪 80 年代对阿根廷和智利之间关于比格尔海峡的争端的调解，是在阿根廷拒绝接受基于法律的仲裁裁决的前提下展开的。

〔113〕 *UN Handbook* (above), para. 138, 关于涉及斡旋和调解的条约，参见 paras 123 – 37.

该委员会需要在具体的事件中依据当事方之间的协议建立。[114]　1904 年，在英国和俄罗斯之间发生的关于多革滩事件的争端中，该机制取得了很好的效果。[115]　434 俄罗斯海军向英国的赫尔（Hull）渔船船队开火，导致一艘船只沉没，两人死亡。在俄罗斯与日本发生战争的背景下，紧张趋势在升级，俄罗斯解释说，这些渔船肯定是日本的鱼雷艇，但是这种解释并没有缓解局势。依据《海牙公约》规定的机制设立了国际调查委员会，这种方式在当时被认为有助于"平息国家之间对立的脆弱情感"，并且可以确保"冲突的尖锐性得以消失"。[116]

　　支持这种委员会的观点认为，如果这种方式可以推迟战争，并且可以澄清和公布事实，那么战争极有可能得到完全避免。这激发了所谓的"布赖恩条约"（Bryan）体系。第一份这样的条约是英国和美国在 1914 年缔结的。根据这些条约，当事国同意将无法解决的、"具有任何性质的所有争端"提交给一个常设的"和平委员会"进行调查并出具报告，应确保争端当事方在一年之内收到报告，且其在收到报告之前不得发动战争。该委员会由每一个当事方选择的一位国民和一位非国民组成，第五位委员不能是任何一个当事方的国民，而是由争端当事方协议选择的他国国民。这些条约涵盖任何性质的争端。

　　这种制度直到 1990 年才被采用。智利 1976 年在美国华盛顿制造了汽车炸弹爆炸，杀死了智利前外交部长奥兰多·莱特列尔（Orlando Letelier）和一位美国国民莫菲特（Moffitt）女士，美国要求智利赔偿，因此引发两国间的争端。虽然美国 435 的法院已经判决智利需要赔偿大约 500 万美元的损失，但是由于受到国家主权豁免规则的限制，无法执行该判决。于是美国就援引 1914 年签订的《解决美国和智利之间可能发生的争端的协议》"来判断智利政府依据可适用的国际法原则应当支付的赔偿数额，以此确立责任"。依据该条约的规定建立的调查委员会的五

---

〔114〕　这样的委员会与联合国和其他国际组织在涉嫌战争罪和侵犯人权的背景下设立的调查委员会不同（参见前文第六章第八节），因为后一种委员会通常不包括相关国家的国民。还可以参见 1977 年《日内瓦公约第一附加议定书》第 90 条第 3 款，它规定，调查委员会中的任何一位委员不得是有关国家的国民（除非有关国家同意）。

〔115〕　关于详细介绍，参见 N. Bar - Yaacov, *The Handling of International Disputes by Means of Inquiry* (London：OUP, 1974).

〔116〕　Ibid 87. 该报告没有涉及俄罗斯的声誉，要求俄罗斯向英国赔偿 65 000 美元。

位委员使用了法律方法，规定抚慰金应当是 261.1892 万美元。[117]

"布赖恩条约体系"中建议的方法现在被称为**调停**（又称"和解"）。调停是个人或委员会在一份不对当事方有约束力的报告中建议某种争端解决方法。因此，调停不同于仲裁；争端解决的内容仅仅具有建议性质，而不对争端当事国有强制力。调停员的职责在于"努力提出可能被当事方接受的争端解决方案"。[118]

在两次世界大战期间，一些国家之间签订的许多条约设立了调停机制。通常设立的调停委员会由五人组成，其中两人是双方当事国的国民，三人不是任何当事国的国民。但是，建立调停委员会的这些条约很少能够实现赋予它们的期望，很少有委员会能有机会举行会议。[119] 现在，调停更有可能被用于国际商事纠纷，但是某些主要的多边条约已经规定，调停是解决争端的一个基本手段。[120] 显然，争端当事方是不受这种结果约束的，但是根据这些条约，它们可能有义务在诉诸司法解决或反措施之前进行仲裁。到目前为止，这种调停机制以及其他调停机制仍然很少被使用。[121] 诸如《欧洲人权公约》这样的人权条约规定的友好解决程序表明，当事方可以利用这些人权法院在尊重人权的基础上解决争端。在这种情况下，申请方可能是一个国家，但是在大多数案件中，申请方是个人或者非国家的法律实体。有好几百个案件是通过这种方法解决的，它们可以被视为一种调停

---

〔117〕 31 ILM 1, at para. 4 of the *compromis* and para. 43 of the Decision; see further Merrills (above), at 51 - 3.

〔118〕 参见国际法研究院提出的调停的定义，Regulations on the Procedure of International Conciliation (1961) Art. 1.

〔119〕 经合组织 1992 年通过的《斯德哥尔摩调停和仲裁公约》设立了一个调停法院和仲裁法院（在日内瓦）。但调停法院还没有被使用过，< http://www.osce.org/cca >. The Geneva General Act (revised 1949), The European Convention for the Peaceful Settlement of Disputes 1957; The Pact of Bogotá (1948); and The Protocol on the Commission of Mediation, Conciliation and Arbitration (1964) (African Union) 均规定了调停程序。1981 年的《建立东加勒比国家组织的条约》规定的调停程序的决定和建议对当事方有拘束力。

〔120〕 例如参见 1969 年《维也纳条约法公约》关于条约无效、终止、退出或暂停的主张，第 65—66 条及其附件；1978 年《关于条约方面国家继承的维也纳公约》；1982 年《联合国海洋法公约》；1985 年《保护臭氧层的维也纳公约》。关于全面的研究，参见 Merrills (above) ch. 4; *UN Handbook* (above) paras 14 - 67.

〔121〕 有一些人权条约允许国际之间的争端提交调停解决，但这些机制从来没有被用过。参见 1965 年《消除一切形式种族歧视公约》第 11—13 条；《公民和政治权利国际盟约》第 41—42 条。

的形式。[122]

第七节　世界贸易组织的争端解决

　　世界贸易组织涵盖各个区域，其成员方数量超过 153 个。[123] 世界贸易组织规定了成员方之间就《世界贸易组织协议》所附的具体协议（被称为"所包括的协议"）的争端的解决框架。[124] 该组织的争端解决机制包含了前面讨论的所有形式的解决方法的内容。开始是非司法的争端解决方法，例如磋商以及任择性斡旋、调解和调停。[125] 也可以通过一类仲裁小组的方式进行仲裁和司法解决，而且可以对法律问题向上诉机构上诉。该机制还包括对执行建议的多边监督机制，而且如果没有及时执行建议，该机制还规定了向胜诉的一方进行赔偿的程度与方式。所有这些都受到作为世界贸易组织成员代表的"争端解决机构"监督。现在让我们更加仔细地看一下这一过程。

　　"争端解决谅解"［The Dispute Settlement Understanding，简称（DSU）］详细规定了每一个阶段依据严格的期限应当如何运作。世界贸易组织的成员有义务与请求依据世界贸易组织"所包括的协议"进行磋商的另一方进行磋商。磋商是一个在依据《谅解备忘录》诉诸争端解决的其他形式之前的强制性的前置步骤。如果磋商失败，申诉方有权要求由"争端解决机构"设立一个专家组。同样，"争端的任何当事方在任何时候均可要求斡旋、调解和调停，并可在任何时候开始，也可在任何时候终止。一旦斡旋、调解或调停程序终止，起诉方即可提出设立一个

438

---

　　[122]　参见 1950 年《欧洲人权公约》第 39 条；关于最近的研究，参见 H. Keller, M. Forowicz, and L. Engi, *Friendly Settlement before the European Court of Human Rights* (Oxford: OUP, 2010)；类似的制度还规定在 1969 年的《美洲人权公约》和 1981 年的《非洲人权和民族权宪章》中。

　　[123]　注意：有一些成员，例如欧盟和中国香港并不是国家，但是作为关税同盟或关税领土加入。

　　[124]　我们还应当注意，起诉不一定需要声称违反了世界贸易组织涵盖的条约规定的国际法；"非违反的起诉"可以声称，成员方依据涵盖的任何协定可以合理获得的利益正遭受"丧失或减损"，或实现这种协定的目的正遭到成员方或某一情势的妨碍，即使并不存在与该协定内容产生抵触。参见《关于解决争端的规则和程序的谅解》第 26 条以及 1994 年《关税和贸易总协定》第 23 条。

　　[125]　《争端解决谅解》第 4—5 条。

专家组的请求"。[126]

439 由三位专家（或者在特殊情况下由五位专家）组成的专家组是由争端解决机构设立的。他们必须是"十分称职的政府和（或）非政府的个人"，而且不应当是争端当事方的第三方公民，除非争端当事方允许。当关税同盟或共同市场是争端当事方时，这一规则适用于这种关税同盟或共同市场的所有成员国。因此，例如，欧盟公民就不能在欧盟与世界贸易组织其他成员方之间的争端中成为专家组成员（除非另有协议）。即使当专家组成员是政府官员时，他们也必须以个人身份服务，不得代表他们的国家。如果当事方无法就专家组的成员达成一致，则由世界贸易组织总干事来任命合适的专家组成员。

在专家组和上诉机构的程序中，当事方就像在任何仲裁程序中一样进行口头和书面陈述。对该事项有重大利益的世界贸易组织其他成员有权参与审理并提交陈述。专家组的报告是以三个步骤作出的。首先，当事方被要求对一份只描述事实和各方主张的草案发表评论。其次，各方不仅收到这份（适当修改后的）草案，而且还收到一份专家组作出的具有保密性质的临时调查报告和结论，当事方还可以对其进行评论。最后，向当事方发布最终报告，并且在翻译成世界贸易组织的官方语言后，向世界贸易组织的当事方和公众发布最终报告。[127]

440 最终，报告由世界贸易组织成员审查。所有成员均有机会就该报告发表评论。但根据争端解决机构中的"反向一致"原则，它将自动被通过，除非争端的其中一个当事方决定对法律问题（而不是事实问题）向上诉机构提起上诉。[128]"反向一致"这一称法容易让人产生误解，它是指除非世界贸易组织的所有成员都反对，**否则**专家组的报告应获通过。在实践中，这不太可能，因为"胜诉"的一方通常不会想要否定该报告；但至少在理论上是有可能的，即该报告的影响无法令人接受以至于所有的世界贸易组织成员都会在争端解决机构中投票支持不通过该报告。

如果上诉机构修改了专家组的建议和裁决，那么就必须尽快得到执行，而且

---

[126] 《争端解决谅解》第 5 条第 3 款；第 5 条第 6 款规定，世界贸易组织总干事可凭借其职务上的资格提供此类争端解决方法。

[127] 相比之下，上诉机构发布的报告，则不存在临时的评估阶段。

[128] 还被称为"否定一致"。

有关当事方必须通知争端解决机构其在执行方面可能采取的做法。争端解决机构监督执行情况，可以考虑对发展中国家的经济的影响。如果当事方在合理期限内不执行，那么当事方就需要针对各方所能接受的赔偿进行协商并达成一致意见。如果无法就赔偿达成一致意见，那么起诉方就可以请求争端解决机构授权其对不执行的当事方中止关税减让（也就是采取某些反措施）。

一方可能得到的授权中止减让的程度必须与另一方因不执行争端解决机构的建议和裁决而使其受到的不利相等。这种反措施有时又被称为"报复"（retaliation），首先应当针对相同产业部门的减让或其他各项义务。[129] 因此，针对美国对其棉花的补贴违反了世界贸易组织规则规定的义务的情形，巴西就进行了报复，对从美国进口的棉长裤和短裤征收了100%的关税。[130] 如果仅中止减让或暂停相同部门的义务并不切实可行或有效，则它可以被授权中止同一协议项下其他部门的减让或其他各项世界贸易组织的义务。[131] 当被授权对欧共体因为歧视香蕉进口而进行报复时，美国选择对来自被认为支持欧洲香蕉进口制度的大多数欧洲国家的一系列奢侈品征收100%的关税。因此，建议对诸如英国和法国生产的沐浴用品、来自意大利的羊乳奶酪和来自苏格兰的羊绒征收100%的关税。[132]

关于世界贸易组织的贸易报复的目的是为了纠正不执行一方的违反行为所引起的不平衡还是为了劝说其遵守，存在不同的观点。当事方试图设计那些为使不执行的当事方遵守其在世界贸易组织中的义务而能够对其施加最大的国内政治压力的报复措施。这种贸易报复措施对第三方的潜在效果可能是很大的；美国提议的对奢侈品的关税威胁到了苏格兰小型羊绒企业的生存，导致了旨在逆转这一领

441

442

---

〔129〕《争端解决谅解》第22条第3款。

〔130〕2010年，巴西和美国达成了双边协议，规定美国每年向巴西棉花研究所支付一笔款项（援助巴西农民的技术款项），换取巴西在2012年之前不实施计划的报复。

〔131〕《争端解决谅解》第22条第3款。在针对欧共体的长期的"香蕉案"争端中，厄瓜多尔首次被授权采取交叉协议报复措施。

〔132〕1999年，美国国会实施了"旋转木马"条款，要求美国贸易代表每180天更新一次其报复清单；《公法》第407部分第106条至第200条。这项规定的目的是对非执行方施加额外的压力，以对非执行方的国内工业施加不利影响的报复方式，迫使其遵守世贸组织的规则。美国这一条款在其国内和世贸组织成员之间都是有争议的。结果证明，美国最终没有更改其报复的产品名单。

域的报复的一系列双边谈判。[133] 对一国的反措施几乎总是会以某种具体的方式影响该国人口，因此必须将它们视为一种比较粗暴的执法形式。不过，值得注意的是，虽然厄瓜多尔、巴西、安提瓜和巴布达被授权采取某种报复，但是它们并没有实施。

　　不过，对于相对较弱的贸易伙伴来说，在劝说更大的贸易伙伴遵守规则方面，贸易报复可能并不特别有效。当更小的贸易伙伴的进口额只占不执行一方贸易份额很小的几个百分点时，对更大的当事方中止减让几乎不会产生效果，反而 443 会对更小的伙伴造成严重的成本损失。[134] 就像一群发展中国家的成员解释的那样："货物部门撤回减让的经济成本对起诉的发展中国家成员的负面影响要比对发达国家成员的负面影响大得多，而且只会进一步扩大已经严重受到废除和减少优惠影响的不平衡的贸易关系。"[135]

　　现在，贸易争端得益于这一多面的争端解决机制。与我们介绍过的许多机制不同，世界贸易组织的制度规定了通过可执行的具有拘束力的裁决的强制解决制度。受到这些强制程序约束的可能性可以作为劝说成员方遵守它们的国际义务的筹码。但是，就像我们已经看到的，仍然存在实现正义的问题。这些问题的原因是：救济的预期性、程序的复杂性，以及小型发展中国家对大国采取有效的报复措施的有限性。

---

　　[133] 在下面这本书中，详细描述了围绕这些选择的一些政治问题以及对苏格兰产生的影响：C. Meyer, *DC Confidential* (London：Weidenfeld and Nicolson, 2005)，ch. 15 'The Great Banana War'.

　　[134] 这是安提瓜和巴布达在威胁对美国采取报复时，仲裁员同意的安提瓜的观点，认为如果在最重要的服务部门（旅游、交通和保险）暂停对美国的减让，那么这种减让将对美国服务业提供者几乎没有任何影响，而会迫使安提瓜消费者因不确定的成本去寻找替代的服务。Decision by the Arbitrator, *United States—Measures Affecting the Cross – Border Supply of Gambling and Betting Services—Recourse to Arbitration by the United States under Article 22. 6 of the DSU*, WT/DS285/ARB, 21 December 2007, DSR 2007：X, 4163, para. 4. 59.

　　[135] 古巴、洪都拉斯、印度、印尼、马来西亚、巴基斯坦、斯里兰卡、坦桑尼亚和津巴布韦就《争端解决谅解》提出的建议："对发展中国家的特别和区别的待遇"，TN/DS/W/19，9 October 2002, at 1.

第八节　《联合国宪章》规定的争端解决程序

联合国秘书长在许多事件中行使了上文讲到的斡旋和调解职能，例如 20 世纪 60 年代的刚果、20 世纪 80 年代的阿富汗、20 世纪 80 年代的两伊战争、20 世纪 90 年代危地马拉和萨尔瓦多的和平协议以及今天的塞浦路斯。[136] 联大可以依据《宪章》建议对那些影响和平关系的局势进行和平调整的措施，还可以讨论任何会员国向其提交的有关维持国际和平与安全的任何问题。[137] 而且，除了这些斡旋角色外，《联合国事实调查宣言》也加强了联合国的这一作用。它规定："安全理事会、大会和秘书长可按《宪章》所规定其中维持国际和平与安全方面的各自责任，派遣事实调查团。"[138]

安理会在《宪章》中具有特殊的责任。《联合国宪章》第 24 条和第 25 条（前文第三章第五节中有介绍）赋予安理会维持国际和平与安全的首要责任，而且所有会员国有义务接受和执行安理会的决议。《宪章》中后面的条款还规定，安理会还有"履行此项职务"的"特定权力"。

《宪章》没有对安理会行使职权的具体方式进行规定，安理会已经建立了和解任务团、调查委员会、刑事法庭，而且在伊拉克的问题上，还设立了一个赔偿求偿委员会。[139] 但是，《宪章》对安理会涉及促进和平解决争端的职权（第六章）与涉及执行行动的职权（第七章）之间进行了区分。关于前者，安理会可以敦促任何争端的当事方通过自己选择的某种和平方法解决那些其"继续存在足

444

445

---

〔136〕 关于联合国秘书长提供的斡旋职能，参见 T. Whitfield, 'Good offices and "groups of friends"', in S. Chesterman (ed.), *Secretary or General? The UN Secretary – General in World Politics* (Cambridge：CUP, 2007), 86 – 101；T. M. Franck and G. Nolte, 'The Good Offices Function of the UN Secretary – General', in A. Roberts and B. Kingsbury (eds), *United Nations, Divided World*, 2nd edn (New York：OUP, 1993) 143 – 82；也参见 *UN Handbook on the Peaceful Settlement of Disputes* (above), at paras 367 – 81.

〔137〕 关于涉及争端解决的详细情况，参见 *UN Handbook* ibid, at paras 352 – 62.

〔138〕 《联合国关于维持国际和平与安全领域事实调查的宣言》，A/RES/46/59, 9 December 1991, para. 7.

〔139〕 关于概览，参见 D. Petrović, 'The UN Compensation Commission', in J. Crawford et al (above) 849 – 59.

以危及国际和平与安全之维持"的争端。[140] 它可以"调查任何争端或可能引起国际磨擦或惹起争端之任何情势",以便确定其继续存在是否可能危及和平与安全。[141] 而且,在这种争端与情势的任何阶段,它可以"建议适当程序或调整方法"。[142] 依据另外一个不常用的条款,《宪章》还规定,"安全理事会按照本条作
446 出建议时,同时理应注意凡具有法律性质之争端,在原则上,理应由当事国依国际法院规约之规定提交国际法院。"[143] 如果安理会作出判断认为争端的持续存在实际上有可能威胁和平与安全,它可以采取进一步措施,"建议其所认为适当之解决条件",[144] 但它无法决定具体的内容。

不过,当安理会的决议涉及维持和平的行动时,它们可能不仅仅是建议;它们可能是联合国会员国有义务执行的指示。[145] 安理会必须判断"任何和平之威胁、和平之破坏或侵略行为之是否存在",并且"应作出建议**或抉择**"……采取
447 "维持或恢复国际和平及安全"的措施。[146] 在作出此种建议或决定之前,为了防止情势恶化,它可以敦促当事方在不影响它们的权利和主张的情况下遵守任何必要的临时措施,而且"对于不遵行此项临时办法之情形,应予适当注意"。[147] 当它决定需要采取行动时,安理会可以采取不涉及使用武力的措施,例如制裁,[148] 而且,如果这种措施不充分,它可以采取维持或恢复和平所必要的"空海陆军行

---

〔140〕 第 33 条。

〔141〕 第 34 条。

〔142〕 第 36 条第 1 款。

〔143〕 在英国和阿尔尼亚之间的争端中,安理会适用了第 36 条第 3 款,在 1947 年第 22 号决议中,它建议两国政府立即将争端提交国际法院。法院随后认为,这两个国家自己接受了国际法院的管辖权。关于安理会可以对强制管辖权施加条件的观点,参见 *Corfu Channel case*, *Judgment on Preliminary Objection*, ICJ Rep. (1948) p. 15, at 31, Separate Opinion by Judges Basdevant, Alvarez, Winiarski, Zorič ič, De Visscher, Badawi Pasha, and Krylov; 进一步参见 T. Stein and S. Richter, 'Article 36', in B. Simma (ed.), *The Charter of the United Nations: A Commentary* (1995) 534 – 46.

〔144〕 第 37 条第 2 款。

〔145〕 有人建议,在有限的一些情况下,可以依据《宪章》第六章作出有约束力的决议,参见 R. Higgins, 'The Advisory Opinion on Namibia: Which UN Resolutions are Binding under Article 25 of the Charter?', 21 *ICLQ* (1972), 270 – 86.

〔146〕 第 39 条 (着重号为作者所加)。

〔147〕 第 40 条。

〔148〕 关于其他一些措施,参见第三章第五节。

动"。[149]

联合国的所有会员国依照《宪章》有义务为此"于安全理事会发令时，依特别协定"向联合国供给军队和其他形式的协助及便利，此项特别协定应规定军队之数目及种类，其准备程度及一般驻扎地点，以及所供便利及协助之性质。[150]而且，为使联合国能采取"紧急军事办法"起见，会员国"应将其本国空军部队为国际共同执行行动随时供给调遣"。[151] 尽管在撰写本书时，联合国已在全世界的和平行动中部署了大约10万名维和人员，但主要的问题是，所谓的"待命"部队尚未受到联合国的随时支配。安理会创设维和行动的决定在其可以部署之前被要求应获得出兵国每一支部队的同意。[152] 但从1994年发生在卢旺达的惨案，还有最近发生在苏丹达尔富尔的惨案可知，当特别需要时，其实无法立即获得这种同意。 448

联合国执行行动这一煞费苦心设计的模式在冷战结束之前没有得到充分利用。1991年，安理会授权盟军（不过不受联合国指挥和控制）对伊拉克使用武力，将伊拉克侵略者赶出科威特，这极大地改变了人们对安理会的看法。这些部队并不是在联合国的旗帜下战斗的，而是由安理会授权为恢复和平和国际法治而使用武力。安理会依据第七章采取行动，随后授权会员国、盟军和地区组织[153]在许多场合使用武力（不受联合国指挥和控制），包括索马里、波黑、海地、卢旺达、塞拉利昂、科特迪瓦、利比里亚、东帝汶、科索沃、阿富汗、刚果民主共和国、伊拉克、中非共和国以及利比亚。

安理会授权各种行动的能力显然与冷战的结束密切相关，冷战中的对立情绪曾经使安理会瘫痪。行动仍然取决于常任理事国是否同意，但是行动的门槛现在可能已经得到了调整，因为现在的焦点已经很少是对和平的破坏和侵略行为，更多的是对国际和平与安全的一般威胁。在安理会具有里程碑意义的1992年的峰 449

---

〔149〕 第42条。

〔150〕 第43条。

〔151〕 第45条。

〔152〕 *The United Nations Standby Arrangements System Military Handbook*（2003）强化了这一点。它是这样解释这个概念的："最重要的一个条件是，部署资源的最终决定权是否实际上掌握在国家手中。"At 4.

〔153〕 关于对安理会授权区域维和行动的分析，参见 C. Gray, *International Law and the Use of Force*, 3rd edn（Oxford：OUP, 2008）ch. 9.

会上，安理会认为：

单单国与国之间没有战争和军事冲突，并不足以确保国际和平与安全。除了军事以外，经济、社会、人道主义和生态等领域的不稳定因素已经构成对和平与安全的威胁。联合国全体会员国通过适当的机构进行工作，需要对解决这些问题给予最高优先重视。[154]

---

[154] UN Doc. S/23500, 1992 年 1 月 30 日。

第九章　诉诸武力

第一节　干涉和禁止使用武力

"干涉"这个词一般指的是一国对另一国事务的所有干预行为。但更加具体地说，它是指对别国国内或外交事务的专横干预，而且已经影响到了该国的独立。尽管人们可能会认为，一国仅仅向另一国就后者有权决定的一些事务提出建议也是一种干涉，但这并不是我们这里说的干涉。要使干预行为成为非法，必须要有强迫。[1]

过去，关于这一问题的国家实践更多是由政治动机而不是法律原则所决定 451 的。而且，最极端的干涉形式总是战争，且在过去国际法并没有对合法和非法的开战作出区分。只要这是法律对待战争的态度，就几乎不会存在调整一国可能为要求另一国实施某些行动而采取的不太极端的强迫措施的原则，因为，想要制定有关干涉的法律，同时承认一国可以基于任何理由甚至在没有任何理由的情况下发动战争而不违反国际法，是有点不现实的。

1901 年，英国和德国的行为就表明国际法如何可以轻易被规避。这两个国家的政府与委内瑞拉产生了争端，因为委内瑞拉没有对该国内战期间给这两个国

---

〔1〕 参见 *Military and Paramilitary Activities in and against Nicaragua* (*Nicaragua v USA*)，ICJ Rep. (1986)，at para. 205；另见 1965 年第 2131 号联大决议（《关于各国内政不容干涉和保护各国独立和主权宣言》）以及 1970 年第 2625 号联大决议（《关于各国依照联合国宪章建立友好关系和合作之国际法原则之宣言》）。进一步参见 P. Kunig，'Intervention, Prohibition of'，< mpepil. com >.

家的国民造成的损害进行赔偿，而且在向该国提供修建铁路的贷款之后没有归还合同债务。当美国反对这两个国家在"平时封锁"的伪装之下对委内瑞拉采取的某些措施时，英国和德国就不断声称与委内瑞拉之间存在战争状态，[2] 击沉委内瑞拉船舶并轰炸委内瑞拉的卡贝略港（Puerto Cabello）。

452 今天，所有这些使用武力的行为均受到习惯国际法和《联合国宪章》的禁止。第 2 条第 4 款是《宪章》体制的基石，它规定："各会员国在其国际关系上不得使用威胁或武力，或以与联合国宗旨不符之任何其他方法，侵害任何会员国或国家之领土完整或政治独立。"[3] 由于国家再也不能通过通知他国存在战争状态的方式规避有关干涉的规定，因此任何不干预（或不干涉）规则的内容就变得更加重要。例如，国际法院认为，向另一国叛乱分子提供培训和军事支持就违反了不干预规则。[4]

过去，拯救境外国民的行动被视为不干涉规则和禁止使用武力规则的例外。本书由沃尔多克编写的版本解释说："为了拯救那些由于法律或秩序崩溃而处在即刻死亡或严重伤害威胁之下的国民的生命而登陆分遣队是否是正当的行为，是一个微妙的问题。过去，这种形式的干涉案件并不少见，当不存在施加政治压力的借口的情况下，通常因为急需挽救当地政府没有能力或没有意愿保护的无辜国

453 民的生命而被视为正当。显然，必须尽一切努力让当地政府有效行动，如果不是这样，则需要获得采取独立行动的许可。同样，还必须尽一切努力让联合国行动。但是，如果联合国无法及时行动，而且采取立即行动的需求十分明显，那么如果一个政府不仅有担当而且有能力那么做，就很难否定其采取的保护自己国民的行动的正当性。当然，这是建立在该行动严格限于确保安全撤离受威胁的国民的程度基础之上。"[5]

国际法委员会外交保护问题特别报告员约翰·杜加尔德（John Dugard）建议增

---

[2] 参见 Moore, *International Law Digest*, Vol. vii, at 140 – 1.

[3] 我们在第八章第八节看到，这项规则的一个例外是，安理会授权国家使用武力，第二个例外是自卫，下面将对两项例外进行介绍。

[4] 参见 *Armed Activities on the Territory of the Congo (Democratic Republic of the Congo v. Uganda)*, ICJ Rep. (2005), at paras 161 – 5; *Nicaragua v USA* (1986) (above), at para. 246.

[5] 6th edn, at 427 – 8；沃尔多克继续思考了各国对比利时向刚果派兵的反应，但是认为，"关于他们对这一般法律问题的态度没有清楚的结论"。之后的拯救任务和各国的反应并没有真正澄清这个情况。

加一个使这种情况下干涉合法化的条件的条款草案。以 1976 年以色列救援突击乌干达恩德培机场的情况为基础，该条款草案是这样规定的：

> 禁止将进行武力威胁或使用武力作为外交保护的手段，但营救国民的下列情况除外：
>
> （a）保护国未能通过和平手段确保其国民的安全；
>
> （b）损害国不愿意或不能保证保护国国民的安全；
>
> （c）保护国国民的人身遭受直接危险；
>
> （d）使用武力与局势的情况相称；
>
> （e）一旦国民被营救即停止使用武力，且保护国撤出其部队。[6]

454

杜加尔德认为，必须严格限制为了保护境外的国民而使用武力的权利，必须记住国家在过去是如何滥用这些概念的。杜加尔德在评注中这样建议："从政策的角度来看，承认存在这样一项权利同时对其进行限制，比否认存在这样一项权利更加明智，因为否认这样一项权利将允许国家援引支持广义干涉权利的传统观点，将导致进一步的滥用。"[7] 该条款草案没有得到支持，因此被删除了。现在，这个问题很有可能被认为是有关自卫方面的法律的一部分（下文将介绍）。

关于干涉还有一个问题是由于现在更加关注对人的保护，认为这是国际法的目的之一。国家的独立要求我们仔细思考对不干涉这项一般规则的任何例外。但在实践中，很难将干涉限于那些可以援引法律正当性的情形，除非国际法还限制国家对自己国民采取的过分行为。现在，虽然我们可能需要给干涉贴上非法的标签，但是它甚至值得道义层面的支持，就像 19 世纪对以前的土耳其帝国事务中发生的一些集体人道主义干涉一样。[8] 导致有人认为人道主义可以成为干涉的

455

---

〔6〕　A/CN.4/506, 7 March 2000, at 16.

〔7〕　Ibid para. 59.

〔8〕　D. Rodongo, *Against Massacre：Humanitarian Interventions in the Ottoman Empire*（Princeton：Princeton University Press, 2011）；关于这种情况下的人道主义干涉的合法性，参见 P. H. Winfield, 'The Grounds of Intervention in International Law', Vol. v. *BYBIL*（1924）149 – 62；I. Brownlie, *International Law and the Use of Force by States*（Oxford：OUP, 1963）；进一步参见 J. L. Holzgrefe, 'The humanitarian intervention debate', in J. L. Holzgrefe and R. O. Keohane（eds）, *Humanitarian Intervention：Ethical, Legal, and Political Dilemmas*（Cambridge：CUP, 2003）15 – 52.

合法理由极有可能就是法律与道义之间的这种可能的冲突。在围绕 1999 年北约干涉科索沃的辩论中，这种紧张关系就十分明显，当时安理会拒绝授权使用武力，但是北约还是使用了武力。[9] 在《武装冲突法手册》中，英国认为：

456

> 当根据所有的情况，为了支持安理会规定的目的，在没有安理会明确授权的情况下，如果武力是避免即刻的和压倒一切的人道主义灾难的唯一手段，那么就可以采取有限的武力，这样的情况已经发生（例如 1991 年在伊拉克北部、1999 年在科索沃）。这样情况的性质是例外的，取决于对当时事实情况的客观评估，而且依据安理会关于有关局势的相关决议的内容。[10]

但是，对于许多人来说，任何这样的正当理由都是政治的、人道主义的或者道义的，而非法律的。关于 1945 年以来的发展是否使国家有权在没有安理会明确授权的情况下采取武力进行人道主义干涉，不同学者有不同看法。奥利维尔·科腾（Olivier Corten）深刻地揭示了这些分歧是如何体现对国际法的不同方法论上的看法的。他支持"限制方法"，将关注的重心放在习惯法和条约规则上，严格适用

457 国际法院的方法来理解这些规则的演变。因此，"首先，一国必须援引一项新的

---

〔9〕 尤其参见以下两位学者的意见交换：B. Simma, 'NATO, the UN and the Use of Force: Legal Aspects', 10 *EJIL* (1999) 1 – 22 and A. Cassese, '*Ex iniuria ius oritur: Are We Moving towards International Legitimation of Forcible Humanitarian Countermeasures in the World Community*', ibid 23 – 30, and ' A Follow – Up: Forcible Humanitarian Countermeasures and *Opinio Necessitatis*', ibid 791 – 9.

〔10〕 *UK Manual on the Law of Armed Conflict* (Oxford: OUP, 2004), at para. 1. 6, pp. 2 – 3；关于相同的效果，也参见 Baroness Symons of Vernham Dean, Parliamentary Under – Secretary of State, FCO, written answer, Hansard, 16 November 1998, WA col 140；2000 年 1 月 28 日，英国外交大臣罗宾·库克（Robin Cook）在查塔姆研究所发表演讲，他解释说，英国已经向联合国秘书长提交了"一系列建议，帮助国际社会判断是否有权行动：其一，任何干涉必须是预防失败后进行，武力总是最后的手段；其二，停止暴力的直接责任在于发生暴行的国家；但是，其三，当面对严重的人道灾难而且一国已经表明不愿意或不能够停止或预防时，国际社会应该行动；其四，在这种情况下，任何使用武力都必须是集体的、相称的、可能实现目的的，而且依据国际法开展"。2007 年，外交大臣马洛赫·布朗（Malloch Brown）提供了"想要评估此种干涉的一整套标准：其一，必须是以规则为基础的；其二，我们愿意维持它们几十年；其三，它们足以与其他国家分担责任，以便允许我们维持它们；其四，也是我认为布莱尔想的，它们是可操作的，而且也是可实现的，我们不会造成更多的伤害和过多的伤亡的结局。"Vol. 696 *Hansard* HL, 15 November 2007, cols 626 – 30, at 627.

权利，换言之，主张规则发生了改变；其次，这一主张必须得到其他国家的接受。"[11] 如果满足这些条件，那么既发生了习惯法规则的演变，而且也是与证明解释《联合国宪章》的协议有关的一个必要的嗣后实践。当然，在现实中，国家采用许多观点，并没有明确说出他们依赖某一项特定的正在出现的国际法。其他国家也没有使用法律的语言明确表示同意。科腾强调了这种可能性，即一国可能"以某种道义或政治哲学的名义在保留其严格的法律意义上的立场的同时批准这种行动"。[12] 但他随后解释说，根据严格的方法，这种行为无法使人们断定已经出现了习惯法的改变，实践需要接受为"法律"。[13]

科腾说，有些人采取"广义"方法，这些人首先认为："实证法只能等同于客观法，也就是那些认为在特定社会背景和特定历史时期必需的规则。"[14] 这样一来，人道主义干涉"依据国际社会核心中的人本价值的进展就是可接受的。它对于在集体安全机制失灵的情况下，允许某些单方面的行为具有客观必要性。"[15] 这种兜底的方法就是前面提到的拯救境外国民中的观点。沃尔多克认为，对使用武力规则的这种解释与联合国在任何情况下的能力具有不可分割的联系。本书 1963 年版本的最后一页最后一段话是这样写的："'冷战'对联合国执行和平行动的可能性施加了一些限制，但是正如我们看到的，该组织已经发展出了实现停火、甚至是对非常危险的地区提供有限的国际警察形式的某些技巧。联合国的执行力量越有效，我们相信会员国对使用武力的态度就越严格，而且他们更加坚定，除非有紧急的自卫，否则合法地使用武力只能是联合国自己的专有权力。"[16]

因此，这种方法论上的差别对于理解有关人道主义干涉正当性的观点来说十分关键。这种差别不仅反映了对于**法律是如何形成的**这一问题的不同看法，而且

458

---

〔11〕 *The Law Against War：The Prohibition on the Use of Force in Contemporary International Law*（Oxford：Hart，2010），at 29.

〔12〕 Ibid 38 – 9.

〔13〕 第 39 条提到了《国际法院规约》第 38 条第 1 款第 2 项，参见前文第二章第四节第二目。科腾仔细考察了各国对于人道主义干涉的看法，认为在几乎所有的情况下，国家依赖的是自卫或安理会的授权，而非任何新的人道主义例外，参见 *The Law Against War*（above），at 495 – 549.

〔14〕 Ibid 10.

〔15〕 Ibid 11.

〔16〕 At 432 of the 6th edn. Cf ICJ judgment in *Nicaragua*（above），at para. 188.

459 还是对强调法律在特定背景中存在的**目的**的不同看法。就像卢旺达种族灭绝事件中所体现的，联合国安理会出现了瘫痪，而且即使安理会批准联合国使用武力，联合国秘书长也无法找到愿意在当时出兵的国家。在这种情况下，关于即刻的大规模失去生命的事件，对卢旺达进行人道主义干涉的国家也不可能因为违反《联合国宪章》而遭到广泛谴责。几乎所有人都认为，与单方面干涉相比，更好的方法是得到联合国的同意，[17] 然而，安理会中的政治僵局仍然是一个现实问题。如果一国从事刚刚提到的人道主义救援任务，无论人们是否认为这是违反《联合国宪章》的行为，有些人——例如汤姆·弗兰克（Tom Franck）——就认为，缺乏其他国家的反应，就是一种"国际法上的开脱"[18]，因此对于违反者很少会发生后果，即使法律仍然不变，而且可能存在正式的非法情况。尽管与国家进行类推总是比较危险，但是我们可以援引一种思想，即急于前去灭火的消防队闯红灯的行为可能是违反法律的，但是如果情况需要如此，就不用被制裁。当然，确立人道主义干涉权利的问题是担心，它会因为新的殖民主义或其他外部原因被滥用，

460 但是对于我们来说，完全否定为了预防即刻的生命损失将使用武力作为最后手段这一新兴权利的风险太高了。[19]

不过，在这种情况下，人道主义干涉这个概念不是唯一的关注点。1996 年，苏丹学者弗朗西斯·登（Francis Deng）和与他合写的作者开始重新构思作为责任

---

〔17〕 比较 Brierly *The Outlook for International Law*. 他在 1944 年写道：违反将来的人权条约在一国"非常不人道地"对待其本国国民的情况下可以进行干涉。不过，他认为："在这种情况下行使干涉权很有可能需要在战后设立的任何国际组织的授权，防止被滥用。" At 117，另见 108.

〔18〕 T. M. Franck, *Recourse to Force：State Action Against Threats and Armed Attacks*（Cambridge：CUP, 2002），at 139；弗兰克还指出，在本章下一节中描述的救生艇案件作出的量刑判决考虑了减刑的请求，最终被减少到六个月，参见 'What, eat the cabin boy? Uses of force that are illegal but justifiable'，ibid, ch. 10.

〔19〕 关于对这个话题的一些研究，参见 P. Alston and E. Macdonald（eds），*Human Rights, Intervention and the Use of Force*（Oxford：OUP, 2008）；G. P. Fletcher and J. D. Ohlin, *Defending Humanity：When Force Is Justified and Why*（New York：OUP, 2008）ch. 7；T. G. Weiss, *Humanitarian Intervention*（Cambridge：Polity, 2007）；F. R. Tesón, *Humanitarian Intervention：An Inquiry into Law and Morality*, 3rd edn（Ardsley, NY：Transnational, 2005）；Holzgrefe and Keohane（above）；S. Chesterman, *Just War or Just Peace? Humanitarian Intervention and International Law*（Oxford：OUP, 2001）；N. J. Wheeler, *Saving Strangers：Humanitarian Intervention in International Society*（Oxford：OUP, 2000）；O. Ramsbotham and T. Woodhouse, *Humanitarian Intervention in Contemporary Conflict*（Cambridge：Polity, 1996）；关于对人道主义的批评，参见 D. Kennedy, *The Dark Sides of Virtue：Reassessing International Humanitarianism*（Princeton NJ：Princeton University Press, 2004）；D. Rieff, *A Bed for the Night：Humanitarianism in Crisis*（London：Vintage, 2002）.

的主权。[20] 关于人道主义干涉权的辩论已经转移到对主权的假定的质疑，并且重新关注现在被称为"保护的责任"这个概念的内容。在思考**保护的责任**（后来规定在联合国文件中）这一概念出现的意义之前，我们应当简要地思考出现这些发展的背景。

1994 年的卢旺达种族灭绝事件震惊了世界。[21] 重要的是，人们对于联合国和国际组织为什么没有进行干涉以便阻止大屠杀和保护那些手无寸铁的人，进行了灵魂层面的思考。[22] 这一重大失败的理由是多种多样的，但重要的是，需要理解其政治背景。相关的因素当然包括：1993 年作为联合国在索马里和平行动一部分的美军受到了侮辱、美国就批准联合国和平行动的态度随后变得十分严格（总统发布了第 25 号指令），而且人们觉得联合国装备不够无法应对在前南斯拉夫遇到的人道局势。[23] 不过，还有人开始关注法律框架，谴责《联合国宪章》中关于不干涉的规定。 461

1999 年，北约未经授权而对科索沃进行干涉，再次激起了人们认为《联合国宪章》是整个问题的一部分，而不是维持国际和平与安全的框架的感觉。从那时到 2005 年联合国成立第 60 周年，联合国秘书长提出了主权这个概念是否妨碍了保护处在危险境地的个人这个问题。[24]

2000 年，加拿大政府成立了"干涉与国家主权国际委员会"，参加了这一辩 462论，并试图提出确保对生命处在危险境地的平民提供更好的保护的一系列原则。

---

[20] F. M. Deng, S. Kimaro, T. Lyons, D. Rothchild, and I. W. Zartman, *Sovereignty as Responsibility*：*Conflict Management in Africa*（Washington DC：Brookings Inst. Press，1996）.

[21] P. Gourevitch, *We wish to inform you that tomorrow we will be killed with our families*（London：Picador，2000）.

[22] S. Power, '*A Problem from Hell*' *America and the Age of Genocide*（New York：Harper Collins，2003）.

[23] 进一步参见 M. Barnett, *Eyewitness to a Genocide*：*the United Nations and Rwanda*（Ithaca：Cornell U-niversity Press，2002）；D. Scheffer *All the Missing Souls*：*A Personal History of the War Crimes Tribunals*（Oxford：Princeton University Press，2012）45 – 68.

[24] 例如，参见 K. Annan, 'Two concepts of sovereignty', *The Economist*，18 September 1999；'The le-gitimacy to intervene：international action to uphold human rights requires a new understanding of state and individual sovereignty'，*Financial Times*，10 January 2000；*In Larger Freedom* A/59/2005，21 March 2005，"一些更惨痛的教训使我们真切地认识到，任何法律原则，甚至主权，都不应成为掩盖灭绝种族罪、危害人类罪及大规模苦难的幌子。" At para. 129. 关于这些言论对联合国秘书处和联合国会员国造成的分裂，参见 R. Zacklin, *The United Nations and the Use of Force in a Unipolar World*：*Power v Principle*（Cambridge：CUP，2010）.

该委员会的委员希望重新定位这场辩论。他们避开了人道主义干涉这一措辞，从某种程度上讲是为了想要避免对人道主义工作已经具有的军事化的认识，还有一部分是因为当时国家之间对发展任何禁止使用武力规则的这种例外持反对意见。该委员会因此呼吁承认"保护的责任"。它强调了两项原则：其一，主权意味着一国针对其人民承担的责任；其二，当居民正在因为国内武装冲突、镇压或国家失败而遭受严重的伤害，而且有关国家不愿意或没有能力阻止时，不干涉原则就必须屈服于国际的保护责任。[25] 该委员会重申有关使用武力的规则，并不完全否定人道主义干涉，承认在涉及大规模杀害或种族清洗的情况下可以使用武力，即使安理会没有授权。但是，该委员会在这种情况下只规定了两个选择：由联大依据"联合一致共策和平"程序在紧急特别会议中进行审议；或者由具有管辖权的区域组织采取行动，条件是事后寻求安理会的追认。[26]

463　　随着联合国成立 60 周年的临近，在人道主义灾难的情况下进行干预的权利（或义务）这一动向本来可以得到进一步加强。但是，一些世界大事的发生使这一发展发生了重大转折。2001 年 9 月 11 日发生的恐怖主义袭击、随后的入侵阿富汗，以及 2003 年轰炸和占领伊拉克，改变了整个情况。这些事件的发生，以及伴随而来的气氛改变，导致大多数国家继续对已经被认可的正当理由（安理会授权和自卫）之外是否应当有新的例外提出了质疑。由联合国所有会员国通过的 2005 年《峰会成果》的关键段落要求被仔细阅读，因为它们谨慎地保留了使用武力的《宪章》框架，而且回顾了安理会作为有权授权使用武力保护居民免受

〔25〕 *The Responsibility to Protect*：*Report of the International Commission on Intervention and State Sovereignty*（Ottawa：International Development Research Centre，2001）Basic Principles（1）A and B, at xi.

〔26〕 Ibid. Principles for Military Intervention（3）E., at xiii. 关于"联合一致共策和平"，参见第三章第五节第 56 个脚注。

严重伤害的机构的作用。[27]

因此，保护的责任框架的意义并不在于对使用武力方面的法律的发展，而是重新校准了关于不是武力性质的不干涉规则，并且产生了国际社会必须保护那些处在危险境地的人民的期待。在利比亚案中，保护的责任这一概念为安理会保护平民授权使用武力做好了准备。因此，现在清楚的是，不能再说联合国与在内战或危害人类罪的情况下的干涉无关。这种情况不被认为是专属国内管辖的事项，并且会首先产生有关国家、随后是所有其他国家、当然最重要的是联合国自己的预防此种犯罪和保护平民免受严重伤害的责任。[28]

464

第二节　自　卫

465

一、自保和"卡罗琳号"事件

就像个人一样，国家可以保护自己免受攻击，无论是实际发生的还是有威胁可能的。不过，在19世纪，有一种倾向，将这一原则扩大到"自保"，赋予自卫

〔27〕 "每一个国家均有责任保护其人民免遭灭绝种族、战争罪、族裔清洗和危害人类罪之害。这一责任意味通过适当、必要的手段，预防这类罪行的发生，包括预防煽动这类犯罪。我们接受这一责任，并将据此采取行动。国际社会应酌情鼓励并帮助各国履行这一责任，支持联合国建立预警能力。国际社会通过联合国也有责任根据《宪章》第六章和第八章，使用适当的外交、人道主义和其他和平手段，帮助保护人民免遭种族灭绝、战争罪、族裔清洗和危害人类罪之害。在这方面，如果和平手段不足以解决问题，而且有关国家当局显然无法保护其人民免遭种族灭绝、战争罪、族裔清洗和危害人类罪之害，我们随时准备根据《宪章》，包括第七章，通过安全理事会逐案处理，并酌情与相关区域组织合作，及时、果断地采取集体行动。我们强调，大会需要继续审议保护人民免遭种族灭绝、战争罪、族裔清洗和危害人类罪之害的责任及所涉问题，要考虑到《宪章》和国际法的相关原则。我们还打算视需要酌情作出承诺，帮助各国建设保护人民免遭种族灭绝、战争罪、族裔清洗和危害人类罪之害的能力，并在危机和冲突爆发前协助处于紧张状态的国家。"At paras 138 – 9, A/RES/60/1, 24 October 2005. 另见 paras 5、6, and 69 – 80. 得到安理会下面这个决议的重申: S/RES/1674（2006）, 28 April 2006; 另见 G. Evans, *The Responsibility to Protect: Ending Mass Atrocity Crimes Once and for All*（Washington DC: Brookings Inst. , 2008）.

〔28〕 关于联合国及其会员国之间的微妙转变，进一步参见 A. Orford, *International Authority and the Responsibility to Protect*（Cambridge: CUP, 2011）; Boisson de Chazournes has suggested that R2P helps us to think about the 'collectivisation' of the responsibility to react to grave human rights violations and in turn that this is an expression of 'solidarity'. L. Boisson de Chazournes, 'Responsibility to Protect: Reflecting Solidarity?', in R. Wolfrum and C. Kojima（eds）, *Solidarity: A Structural Principle of International Law*（Heidelberg: Springer, 2010）93 – 122, at 114.

原则具有无法令人接受的范围。[29] 即使连霍尔（Hall）（他的观点一般都比较温和）都说："作为最后的手段，国家几乎所有的义务都屈服于自保权。"[30] 这一理论将破坏它所适用的所有法律的效力，因为它使遵守法律的所有义务都仅仅是有条件的，而且几乎不再有它无法辩解的国际不法行为。例如，1914 年，德国侵犯比利时的中立地位，找到的一个借口就是自保，尽管德国自己并没有受到比利时或任何其他国家的明显威胁或攻击。而且，也无法从国内法中进行类推（这种方法影响了霍尔[31]）来支持对自卫如此广泛的理解。

　　例如，在英国法上，不能援引自保来对他人的犯罪暴力行为进行辩解。因此，在"国王诉达德利和斯蒂芬案"（*R v Dudley and Stephens*）[32] 中，两个男子和一个男孩被抛弃在了海上的一艘无甲板船上，多日之后，两个男子的食物吃完了，水也喝完了，他们随后杀死了那个男孩，并把他吃了。尽管陪审团发现，如果不把其中一个人杀掉让其他两个人吃，所有三个人极有可能都死掉，但这两人还是被判处谋杀罪。有一个美国的案件也具有相同的影响。[33] 一艘叫作"威廉·布朗"号（*William Brown*）的船撞上了一座冰山，有一些船员和乘客来到了小艇上。其中有一艘小艇漏水了，而且载员过多，为了减轻它的压力，被告就帮助抛掉了一些过多的乘客。他被判处谋杀罪。在这两个案件中，如果法律中存在自保权的概念，那么这一权利就可以用来为他们的行为辩解。但是显然，在这两个案件中，他们的行为并不是真正意义上的自保，因为他们针对的是那些甚至不担忧

---

〔29〕 最近，有人建议，由于自卫权是一项固有的权利，因此任何国家可以使用武力"捍卫我们认为是我们的国家利益"。J. R. Bolton, 'Is there Really "Law" in International Affairs?', 10 *Transnational Law and Contemporary Problems* (2000) 1 – 48, at 38；关于捍卫独立国家主权的类似主张，参见 J. A. Rabkin, *Law Without Nations? Why Constitutional Government Requires Sovereign States* (Princeton：Princeton University Press, 2005).

〔30〕 *International Law* (Oxford：Clarendon Press, 1880), at 226. 关于更多的例子，参见 P. Haggenmacher, 'Self – Defence as a General Principle of Law and Its Relation to War', in A. Eyffinger, A. Stephens, and S. Muller (eds), *Self – Defence as a Fundamental Principle* (Hague：Hague Academic Press, 2009) 3 – 49, esp. at 10 – 13.

〔31〕 "即使是个人生活在秩序良好的社会，自保权作为最后的手段也是绝对的。更不用说国家了，其必须保卫自己。"但是霍尔自己继续提出我们现在称为"自卫"的权利的行使条件："如果一国的安全受到另一国发生的事件或准备的侵略之严重和即刻威胁，而该另一国政府没有能力或认为自己没有能力预防，或者该国明确确定如果不采取措施予以挫败，这种事件或侵略将发生。"At 46.

〔32〕 *R v Dudley and Stephens* (1884) 14 QBD 273.

〔33〕 *U. S. v Holmes* (1842) 26 F Cas 360；(1842) I Wallace Junior, 1.

危险的人。事实是，自保不是一项法律权利，而是一种本能。毫无疑问，这种本能与国家或个人承担的法律义务发生了冲突，而且经常发生的是本能超越了义务。有时，应当这样做甚至在道义上是正确的。但是，我们不应当说，由于国家或个人有可能在特定的情况下以特定的方式行为，因此他们就有那样做的权利。强烈的诱惑有可能影响我们对违法行为是否应受到道德谴责作出判断，但是没有哪一个自尊的制度会承认，它可以使违法行为合法，国际法的信誉更需要通过违法行为发生时坦白承认其违法性获得，而不是企图掩盖它的违法性。[34]

467

正确说来，自卫是一项法律上的权利，就像其他法律上的权利一样，某一个具体的事实是否需要行使自卫权，是一个法律问题。它不是一个在任何特定的案件中一国有权对自己行为进行判断的问题。从某种意义上说，国际法中的国家总是可以成为自己行为的裁判者，因为在不存在条约义务的情况下，不得强迫国家将其行为提交任何国际法庭裁判。但是，这么说并不精确。拒绝将案件提交法庭的国家并没有成为"法官"，它只是阻止了法律的正当程序，这是因为，由于国际司法组织方面的缺陷，它仍然能够那么做。这是一个国际法一般适用方面的缺陷，它适用于对自卫有争议的案件，而不是任何特别的意义。不过，还存在一种使任何国家有权自己决定是否有必要行使自卫权这种普通的看法成立的情形。可以使防卫行为正当的是紧急情况的性质，如果防卫行动要有效，该紧急情况就必须是即刻的。个人从事的防卫行为也是如此。无论对于国家还是个人来说，等待权力机关从外部采取行动将意味着灾难，因此它们可能需要在**第一时间**判断该情况需要采取哪些防卫行动措施。在任何文明的法律制度中，个人从事的这种初步的决定都不是最终的，它需要在随后依据法律根据所有相关情况受到审查。没有理由相信，除了提交司法审查问题存在程序上的困难外，在国家的情况下会有所不同，幸亏这一结论并不取决于先验的主张，因为国家实践明确否定了那种要使自己的行为构成法律上的自卫，一国只需要宣布自己的行为是自卫的观点。显然，任何国家的行为是否构成自卫是一个被普遍认为可以基于对相关事实的客观

468

---

〔34〕 国际法院提到可以用核武器进行自卫的情形是"一国的生存危在旦夕"，但这不能被视为自保概念的复兴。进一步参见 M. Kohen, 'The Notion of "State Survival" in International Law', in L. Boisson de Chazournes and P. Sands（eds）, *International Law*, *The International Court of Justice and Nuclear Weapons*（Cambridge：CUP, 1999）293 – 314.

审查而作出判断的问题。

自卫原则是很清楚的，尽管它在具体事实的适用中经常比较困难。以自卫为由进行干涉的一个十分著名的案件是 1837 年发生的"卡罗琳号"蒸汽船事件。在加拿大发生叛乱期间，"卡罗琳号"被用来运输人员和物资从美国领土跨越尼亚加拉河到加拿大。美国政府表示，自己没有能力也没有意愿预防这种贩运活动。在这种情况下，由英国皇家海军指挥的加拿大民兵团体跨越尼亚加拉，并且在一场战斗后，将"卡罗琳号"随波漂下尼亚加拉大瀑布。有两位美国公民被杀，包括被称为"小比利"（Little Billy）的船上的客舱服务员。

在接下来发生的争端中，美国并不否认英国的这种行动在某些情况下是正当的；英国也承认，要使这种行动正当，就需要存在十分紧急的情况。这两个国家只是对于本案事实是否足以构成例外原则存在分歧。[35]

美国国务卿丹尼尔·韦伯斯特（Daniel Webster）在本案中阐述的自卫原则继续被引用为禁止使用武力例外的自卫的基本要求。[36] 他说，必须证明，存在"自卫的必要，即刻的、压倒一切的、无法挑选方法和没有时间思考"的情形，而且，所采取的行动必须"不是不合理或过分的，因为自卫必要的行为必须限于必要的范围内，而且明显限于该范围"。这些建议中的第二项建议与第一项一样重要，而且更有可能被忽视，因为当已经诉诸武力时，在符合自卫的必要之后会存在继续使用武力的天然诱惑。

第二次世界大战结束之后的两个军事法庭的审判表明，有必要使自卫限制在严格的范围内，因为几乎每一个侵略行为都被描述为自卫行为。德国和日本的主要战犯在纽伦堡和东京法庭主张行使自卫权，但是被两个国际法庭驳回。纽伦堡

---

〔35〕 关于对事实的有趣考察，参见 R. Y. Jennings, 'The *Caroline* and McLeod Cases', 32 *AJIL* (1938) 82–99；注意，詹宁斯强调，依照那时候的观念，英国的行动是自保，那是一个在当时的理论中广泛运用的概念，而不是自卫这个概念。"然而，在这两个概念之间有相当的差别。因为如果是自卫的话，说明存在攻击；而如果是自保的话，则没有这种限制，而且广泛适用的话，将会使那些几乎不能采取的暴力行为披上合法的外衣。"At 91.

〔36〕 不过，参见布朗利的观点，即将 1838 年至 1842 年的这种意见交换作为"1945 年起草的《联合国宪章》成为习惯国际法的理由在时间方面是一种错误的，而且也是站不住脚的"，*Principles of Public International Law*, 7th edn (Oxford: OUP, 2008), at 734. 他解释说："那个时代的政治家使用自保、自卫、必要性和自卫的必要性这些说法的意思是一样的，而且外交信件也不是为了限制自保权，相反，实际上是重申了这种权利。"Ibidem.

法庭明确赞同韦伯斯特国务卿在"卡罗琳号案"中就这项权利的适当范围提出的交换意见：

> 显然，早在 1939 年 10 月，就已经考虑侵略挪威的问题。这里的辩护是，德国被迫进攻挪威，以便事先阻止盟军的入侵，因此其行动是预防性的。必须记住，只有当存在"自卫的必要，即刻的、压倒一切的、无法挑选方法和没有时间思考的情况时，才可以在外国领土上开展预防行动。"（"卡罗琳号案"）[37]

我们已经看到，一国不可以成为是否需要行使自卫权的法官。但是，如果必须由 471
每一个国家首先决定需要采取何种防卫行动措施，这并不是说，该决定此后不能依据法律在案情的基础上进行审查。这里，我们又可以提到纽伦堡法庭的判决。在处理德国入侵挪威的同一指控时，法庭写道：

> 还说，仅仅德国就可以依据《白里安—凯罗格公约》缔结时许多签署国提出的保留，对预防行动是否必要以及在作出决定时，其判断是否具有结论性作出判断。但是，声称自卫的行动是否实际上是侵略性或防卫性，需要最终调查和裁判，以便确定国际法是否得到了遵守。[38]

我们将在下面第四节介绍国际刑事法院对国际犯罪的管辖权。为了真正理解对使用武力的现代禁止（以及这种使用武力是否可以等于个人侵略罪的明显违反《宪章》的行为），我们必须更加仔细地审查《宪章》允许的使用武力的两个正当理由：自卫和安理会授权。我们现在仔细看看这些问题。

二、关于自卫的现代法
472

自卫权明确规定在《联合国宪章》中，其第 51 条规定："联合国任何会员国受武力攻击时，在安全理事会采取必要办法，以维持国际和平及安全以前，本

---

[37] *Trial of German Major War Criminals* (1946)，Cmd 6964 (London：HMSO)，at 28 – 9.
[38] Ibid 30.

宪章不得认为禁止行使单独或集体自卫之自然权利。会员国因行使此项自卫权而采取之办法，应立向安全理事会报告，此项办法于任何方面不得影响该会按照本宪章随时采取其所认为必要行动之权责，以维持或恢复国际和平及安全。"该条随后继续规定，任何自卫措施必须立即报告安理会，它采取行动的一般责任和权力不受影响。因此，任何行使自卫权明确受到安理会的判断和控制；如果行使否决权阻止安理会干预，那么根据"联合一致共策和平"决议，判断和控制的权力可以转移给联大。虽然自卫原则明确得到了接受，但是关于它的适用存在一些争论。[39]

（一）预防性自卫

大多数观察家认为，受害国没有必要等到对其领土的实际攻击已经开始（尽管《宪章》的英文版本是"if an armed attack occurs"）。[40] 问题是，如何判断可

473 以进行自卫的攻击需要的紧迫程度。我们在前文看到，国际军事法庭援引了"卡罗琳号案"原则，驳回了德国被告提出的需要预防盟军来自挪威的进攻的观点，意味着存在某种程度的紧迫性。不过，我们知道，在"卡罗琳号案"事件中，自卫并不是真正预防性的，因为德国已经对加拿大发起了攻击。

1981 年，当以色列对伊拉克奥西拉克（Osirak）核反应堆使用武力时，安理会严厉谴责以色列，认为其"明显违反了《联合国宪章》和国际行为规范"。[41] 以色列说，他"无论在道义上还是法律上，从事了自保的基本行为。在这样做时，以色列行使了一般国际法和《联合国宪章》第 51 条所规定的自卫这一固有权利。"[42] 在辩论中，安理会主席认为，"当没有发生武装攻击时，是不可以援引自卫权的。预防性战争在许多年里成为大国滥用权利的借口，因为对于什么构

474 成对他们的威胁是由他们来确定的，这一概念已经被《联合国宪章》明确放

---

〔39〕 有时，关于一方是否认为自卫权是一项习惯国际法上固有的持续的权利，或者这一权利完全受到了《联合国宪章》的限制，并且《宪章》现在规定了习惯国际法，存在争议。参见本书上一个版本，第416—421 页。这些争议现在更有可能被简单地表述为一种政策主张，而不是刻意通过对《宪章》的解释解决的，《宪章》允许同时存在一项并行的习惯法上的、在"卡罗琳号案"交换意见基础上关于自卫的先前权利。

〔40〕 比较法文版本：'dans le cas où un Membre des Nations Unies est l'objet d'une agression armée'.

〔41〕 SC Res. 487 (1981).

〔42〕 Debate in the Security Council, S/PV. 2280, 12 June 1981, 16 – 51; ILM (1981) 965, at 970.

弃了。"[43]

在过去 30 年的辩论中，国家经常说他们打算采取先发制人的打击，尤其是在受到核武器的威胁，以及 2001 年 9 月 11 日美国受到袭击后出现的来自恐怖组织的威胁的情况。经过对这些声明的研究，汤姆·吕斯（Tom Ruys）认为，"自 2002 年以来，接受预防性自卫的国家圈子扩大了"，即使那些以前只是主张扩大解释可以包括预防性自卫的国家继续关注实际的或**即刻的**威胁。[44] 不过，许多国家，包括中国、印度，否定任何许可先发制人的自卫的解释。[45]

尽管国际法院避免对"即刻的武装攻击的威胁的合法性"发表观点，[46] 但是它在 2005 年的确认为，乌干达最高指挥部的立场是，乌干达军队在刚果民主共和国境内的存在"对于确保乌干达的合法安全利益"是有必要的。但法院认为，这些安全需要"基本上是预防性的"，应只关注已经发生的攻击是否构成乌干达有权进行自卫的"武装攻击"。[47]

475

（二）武装攻击

接下来还有一个"武装攻击"的问题。第一个问题是攻击的性质。国家不仅在对他们的领土受到攻击的情况下，而且还在他们的使馆、国民和船舶在国外被攻击的情况下主张自卫权。在"石油平台案"中，国际法院区分了使用武力的事件与构成武装攻击"最严重"形式的使用武力。它认为，在科威特水域对悬挂美国旗帜的商船发动的攻击，即使无法证明攻击是针对这种船只而不是其他船只，而且在国际运输海峡对悬挂美国旗帜的船舶布雷，即使无法证明是专门针对美国运输船的，都并不构成武装攻击（即使假定该行为可以被证明归因于伊朗）。关于向美国军舰"塞缪尔·罗伯茨号"（USS *Samuel B. Roberts*）布雷是否可归

---

〔43〕 Ibid 991.

〔44〕 T. Ruys, '*Armed Attack*' and Article 51 *of the UN Charter*: *Evolutions in Customary Law and Practice* (Cambridge：CUP, 2010) ch 4, at 336ff; Corten (above) 406 – 43; C. Gray, *International Law and the Use of Force*, 3rd edn (Oxford：OUP, 2008), at 160 – 6.

〔45〕 Ibid 338 – 42. 另见 Y. Dinstein, *War, Aggression and Self – Defence*, 5th edn (Cambridge：CUP, 2012) ch 7. Cf M. W. Doyle, *Striking First*: *Preemption and Prevention in International Conflict* (Princeton：Princeton University Press, 2008).

〔46〕 参见 *Nicaragua* (above) at para. 194, 以及 *Armed Activities on the Territory of the Congo* (*Democratic Republic of the Congo v Uganda*), ICJ Rep. (2005), at para. 143.

〔47〕 Ibid paras 143 – 7.

因于伊朗所需的证据，也产生了同样的问题。不过，法院"并没有排除对一艘军事船舶布雷可能足以行使'固有的自卫权'的可能性"。[48]

476　　在"尼加拉瓜诉美国案"中，国际法院坚持这种对一国不法行为使用武力或干涉与等于是"武装攻击"的"最严重的"使用武力进行区分。对这种区分是在一国支持另一国叛乱分子的情况下作出的，法院认为，武装攻击这个概念并不包括"以提供武器、后勤或其他支持形式对叛乱分子的援助。这种援助可以被视为一种威胁或使用武力，或等于是对他国内外事务的干涉。"[49] 这种情况与武装攻击之间的基本区别是，**支持**武装分子的国家和向别国**派遣**武装分子的国家的区分。

　　我们刚看到，还有一个谁实施了攻击的问题。虽然可以说，《联合国宪章》可能已经想到了一国对另一国的攻击，但是今天，当国家受到了恐怖组织、叛乱分子或起义分子攻击时，国家经常主张自卫权。我们将在下文看到，侵略的定义包括：（7）一国派遣武装分子或非正规军实施某些达到使其与为国家武装部队确定的侵略相同严重程度的行为。国际法院认为，这种国家行为不仅是派遣国违反《宪章》的行为，而且这些行为可以被视为"武装攻击"："如果这种行为由于其规模和后果可以被归为武装攻击，而不是正规武装部队从事的边境事件。"[50] 在这种情况下，受害国就有权采取自卫行为。

477　　今天，争论焦点是武装的非国家行为者发动的攻击，以及没有国家被发现是派遣或资助这种攻击者的情况。这样的非国家实体在这种情况下发动的攻击，是否可以被视为可以使一国进行自卫的"武装攻击"呢？当恐怖袭击造成数百人而不是数千人死亡后，许多国家将采取肯定的反应。很少有国家会公开质疑美国具有对2001年9月11日受到的袭击采取自卫的权利。[51] 在那个案件中，阿富汗被视为包庇了基地组织，或者至少被视为不愿意进行合作，而且安理会决议也提到了自卫权。但是，如果一国政府只是没有能力对付那些从该国领土对其他国家

---

　　[48]　*Oil Platforms*（*Iran v USA*），ICJ Rep.（2003），at para. 72.

　　[49]　Above at para. 195，see also paras 191 and 227–31.

　　[50]　*Nicaragua*（above），at para. 195.

　　[51]　关于为什么是这样的有趣分析，参见 S. B. Ratner，'*Jus ad Bellum* and *Jus in Bello* After September 11'，96 *AJIL*（2002）905–21.

发动攻击的叛乱团体呢? 在这个问题上, 关于国际法中的自卫权的范围存在分歧。[52] 我们将看到, 国际法院尚未直接处理这个问题; 尽管法官们在采取的方法上有相当的分歧, 并留下了一些线索。[53]

在刚果民主共和国向国际法院起诉乌干达的案件中, 乌干达主张, 他有权对 478 "解放刚果民主军队联盟" 的攻击进行自卫。法院在 2005 年的判决中认为, 没有任何直接或间接证据证明刚果民主共和国卷入这些攻击, 因此 "乌干达对刚果民主共和国实施自卫权的法律和事实情况都不存在"。[54] 法院说, 它拒绝回答 "现代国际法是否允许以及在何种条件下, 可以对非正规部队的大规模攻击进行自卫的权利"。[55] 西玛法官的个别意见抱怨说: "法院对付这个问题过于谨慎⋯⋯给人的印象是, 它对面临这么一个现代国际关系中如此重要的问题有点不舒 479 服。"[56] 因此, 对于针对非国家行为者实施的大规模攻击进行自卫的权利问题, 法院将其留给了日后的判决。[57] 就现在来说, 可以说, 与其关注是否可以对非国家行为者进行自卫, 还不如关注一个更重要的问题, 即武力可以针对什么? 是否有必要动用武力? 以及动武是否相称? 我们现在将回答这些问题。

---

〔52〕 参见 T. M. Franck, 'Terrorism and the Right of Self - Defense', 95 *AJIL* (2001) 839 –43, A. Cassese, *International Law*, 2nd edn (Oxford: OUP, 2005) 354 – 5, N. Lubell, *Extraterritorial Use of Force Against Non – State Actors* (Oxford: OUP, 2010), Gray (above) ch 6; Corten (above) ch 3; and Ruys (above), at 447 – 72。他对 "9·11" 事件之后主张对非国家行为者的攻击进行自卫的国家反应进行了详细分析, 包括 2003 年以色列在叙利亚的行动、2004 年卢旺达在刚果的行动、2006 年埃塞俄比亚在索马里的行动、2006 年以色列在黎巴嫩的行动、2007—2008 年土耳其在伊拉克的行动, 以及 2008 年哥伦比亚在厄瓜多尔的行动。

〔53〕 在 (前文) 的 "尼加拉瓜案" 中, 我们看到, 法院认为, 并没有发生可以使美国有权以萨尔瓦多的名义进行集体自卫的 "武装攻击" (由于据称尼加拉瓜支持萨尔瓦多的武装叛乱分子)。判决书写道: "如上所述, 本法院无法认为, 依据习惯国际法, 向另一国的反政府武装提供武器就是对该国的武装攻击。即使在武器流入最高的时候, 并且假定尼加拉瓜政府有参与, 也不等于武装攻击。" At para. 230. 但是参见詹宁斯法官和施韦布尔法官关于这一点的反对意见, 他们认为, 尽管提供武器并不等于武装攻击, 但是可能存在一国对非国家行为者的攻击起到重大帮助从而可以引起受害国进行自卫程度的武装攻击的情形。在 "隔离墙案" 的咨询意见中, 法院认为, 来自被占领土的威胁不能成为自卫的对象, *Legal Consequences of the Construction of a Wall in Occupied Palestinian Territory*, ICJ Rep. (2004), para. 139, 但是参见希金斯 (Higgins) 和科艾曼斯 (Kooijmans) 法官的个别意见以及伯根索尔 (Buergenthal) 法官的声明。

〔54〕 *Armed Activities on the Territory of the Congo (Democratic Republic of the Congo v Uganda)*, ICJ Rep. (2005), at paras 146 – 7.

〔55〕 Ibid para. 147.

〔56〕 At para. 15. 参见科艾曼斯 (Kooijmans) 法官的个别意见。

〔57〕 See further Gray (above), at 132 – 6 and 198 – 202; Moir (above) 135 – 9; Ruys (above) 479 – 85; Lubell (above), at 30 – 6.

（三）合适的军事目标

显然，在自卫中使用武力必须尊重武装冲突法和国际人权法（下文会介绍）。另外，打击的目标必须与自卫行动有关。因此，打击军事目标必须与结束攻击或防止下一场即刻的攻击这一目的有关。自卫权不是一项进行武装报复或惩罚的权利。在"石油平台案"中，国际法院指出，援引自卫权的国家必须证明，其对某个特定的目标使用武力，对于处理其受到的攻击来说是必要的：

> 关于攻击"海岛城号"（*Sea Isle City*）和对美国海军"塞缪尔·罗伯茨号"（*Samuel B. Roberts*）布雷的问题上，本法院不相信对平台的攻击对于对这些事件的反应是有必要的。在这个方面，本法院注意到，没有证据表明，美国就平台的军事活动指责过伊朗——就像它不断指责布雷和攻击中立国船只一样——这说明，攻击平台不是一个必要的行为。本法院还注意到，在1987年10月19日的攻击中，美国军队攻击 R-4 平台是"机会目标"，而不是此前已经将其定为合适的军事目标。[58]

（四）必要性

必要性是限制使用武力的一项国际法原则。自卫权只适用于那些有必要对武装攻击作出反应的措施。虽然在第51条中没有提到，但是国际法院说，这项规则"是牢固确立的习惯国际法规则"。[59] 是否必要不能由有关国家根据自己对面临的危险作出判断。法院在乌干达主张的自卫案中解释说："《宪章》第51条只能在规定的严格限制范围内允许使用武力。它不允许一国在这些限制之外为了保护其自己认为的安全利益而使用武力。有关国家可以采取其他方法，例如将问题提交给安理会。"[60]

没有理由认为，为了使自卫合法，它必须是即刻的（尽管有"卡罗琳号案"原则）。1990年，在协助科威特自卫的时候，组建的盟军并没有即刻采取反应。

---

〔58〕 *Oil Platforms*（above），at para. 76. 科腾（前文）认为这是一个关于有效性的问题（前文），at 488-93.

〔59〕 *Nicaragua*（above），at para. 176.

〔60〕 *DRC v Uganda*（above），at para. 148.

朱迪思·加德姆（Judith Gardam）指出，实际上，"国家认为自己有持续的义务努力通过和平手段解决他们的分歧。依据情况的不同，不承认和平倡议可能使合法的自卫反应成为具有侵略性质的使用武力形式。"[61]

（五）相称

"石油平台案"为国际法院提供了一个在一国有权行使自卫权的情况下如何适用相称原则的解释机会。[62] 关于美国其中有一次使用武力的事件，法院说："不知身份的人员对美国一艘军舰进行布雷，并且造成了对该军舰重大损坏，但是没有沉没，也没有造成人员死亡。对这一事件，美国采取了'螳螂行动'。不过，就本案的案情来说，无论是这一行动的全部情况，还是这次行动中摧毁了'萨尔曼'（Salman）和'奈斯尔'（Nasr）平台的那次袭击，都不能说是在自卫中相称地使用了武力。"[63] 同样，关于乌干达的主张，法院认为："占领乌干达边 482 境几百公里之外的机场和乡镇，就其主张可以进行自卫的一系列越界攻击事件来说并不是相称的，而且对于实现该目的来说也不是必要的。"[64]

相称是指需要对产生的威胁进行自卫时使用的武力进行评估。相称并不限于对那些已经发生的事件进行评估，而是对需要采取的措施进行评估。伊丽莎白·维尔姆秀斯特（Elizabeth Wilmshurst）在介绍《关于使用武力的查塔姆原则》时解释说："由于自卫权并不允许为了惩罚侵略者而使用武力，因此不能认为相称性是指反应和已经因攻击而造成的伤害之间进行比较，因为这可能使自卫成为惩罚的正当理由，或者将使用武力不限于击退攻击的程度。"[65]

当诉诸武力时，各方都必须尊重第二项相称规则。我们在这里也进行介绍， 483

---

[61] J. Gardam, *Necessity, Proportionality and the Use of Force by States* (Cambridge：CUP, 2004)，at 155.

[62] 法院还确认，相称规则是习惯国际法上的规则。*Nicaragua*（above），at para. 176.

[63] *Oil Platforms*（above），at para. 76.

[64] *DRC v Uganda*（above），at para. 147.

[65] E. Wilmshurst, 'The Chatham House Principles of International Law on the Use of Force in Self - Defence', 55 *ICLQ* (2006) 963 - 72，at 968. 该原则声称，"使用武力造成的物理和经济后果与攻击可能造成的损害不得过分"。还可以参见弗兰克在第八章提到的贸易的情况下的结论，但是他在现在这个背景中也进行了适用："受害国没有必要只有在同类中采取反应，无论是贸易、使用武力或人权。在评估反应是否可接受时，相称原则允许那些遭受非法行为的人在考虑阻止重犯必需的反应程度后采取反应。"这种幅度可能取决于不法行为的严重性、频率和时间长短。它还可以援引环境法中发展出来的著名的"预防措施"理论。'On Proportionality of Countermeasures in International Law', 102 *AJIL* (2008) 715 - 67，at 765 - 6；and with regard in particular to Afghanistan (2001) 参见 Moir（above），at 68 - 71.

这是因为它是需要与刚才解释的规则一起考虑的另一项规则。这项规则来自武装冲突法和区分战斗员与平民的原则。一旦查明合适的军事目标，且使用武力是必要的，而且依据前面介绍的标准也是相称的，接下来就必须断定可能造成的生命损失或伤害与预期的军事利益是否相称。

　　某一个东西是否是军事目标需要依据具体情况具体判断。就像《日内瓦公约第一附加议定书》所解释的那样，"军事目标只限于由于其性质、位置、目的或用途对军事行动有实际贡献，而且在当时情况下其全部或部分毁坏、缴获或失去效用提供明确的军事利益的物体。"[66] 人们需要再一次仔细考察案件背景。一座桥梁或水电站可能就是民用物体，也可能对军事行动做出了实质贡献。即使这些物体是军事目标，也只有当符合了相称原则时，使用武力才能说是合法的。因此，这样的目标是否是适当的目标，取决于无论这样的目标是否是合适的目标，取决于摧毁它们将取得的直接或间接效果以及预期的利益。《第一附加议定书》第 51 条第 5 款第 2 项禁止"可能附带使平民生命受损失、平民受伤害、平民物体受损害或三种情形均有且与预期的具体和直接军事利益相比损害过分的攻击"。[67] 这是一项禁止不相称的附带损害的规则。我们将在本章最后介绍一些武装冲突法的其他规则。

第三节　安理会授权

　　在介绍完一国的自卫权的范围后，我们现在介绍禁止使用武力的第二项例外。安理会可以授权使用武力，这已经是明确确立的。在前一章中，我们看到了在对和平的威胁、破坏和平或侵略行为的情况下，《宪章》规定，安理会"得采取必要之空海陆军行动，以维持或恢复国际和平及安全"。[68] 这可以由交由安理

---

〔66〕　第 52 条第 2 款。

〔67〕　根据红十字国际委员会的《习惯国际人道法》研究，这项规则适用于国际性和非国际性武装冲突，规则 14；J. – M. Henckaerts and L. Doswald – Beck, *Customary International Humanitarian Law—Volume* 1: *Rules*（Cambridge：CUP, 2005）. 另见《国际刑事法院规约》，其规定的战争罪就是基于这个条款，第 8 条第 2 款第 2 项第 4 目。

〔68〕　参见《联合国宪章》第七章，第 39—50 条。

会处置的联合国部队实现。前文已经提到，目前的待命安排只是部分实现了这一思想。在实践中，使用武力要么授权在临时的基础上由出兵国的部队组成的联合国维和部队进行，要么由不受联合国指挥和控制的会员国的盟军行动。

安理会没有必要首先确定某个特定的国家非法使用了武力。要授权采取执行 485
行动，只要存在对和平的破坏或威胁就够了。今天安理会在授权国家在联合国指挥和控制以外使用武力时采取的做法是，它决定某个情势构成对国际和平与安全的威胁，然后依据《宪章》第七章采取行动，并授权某些国家"采取一切必要手段"或"采取所有必要措施"。[69]

安理会授权会员国在联合国指挥和控制之外使用武力已经产生了不少争论。第一，有人担心国家可以进行此种授权（无论是单独、通过区域组织，还是作为联盟行动）仅仅是为了追求他们自身的利益。

第二，即使关于正在从事的军事行动并不存在明确的授权使用武力，也依赖安理会决议作为使用武力的正当理由。在这个方面，1999 年在科索沃冲突中，有些参与国认为，北约轰炸南斯拉夫联盟共和国是得到安理会此前依据第七章通过的决议的授权的，这些决议对前南斯拉夫早期的冲突授权使用武力。同样，英国和美国援引因 1990 年伊拉克入侵科威特而导致安理会授权使用武力的决议来为 2003 年轰炸、入侵和占领伊拉克辩解。

第三，关于是否尊重了授权中的限制，很快引起了争端。最近的一个例子是 486
2011 年对利比亚授权使用武力，该授权只限于保护平民。所有这些导致安理会需要投以更大的谨慎，尤其是对被授权的国家施加的额外条件，对使命设置的时间，不愿提及"第七章"或者需要用到"所有必要的方法"这一表述。[70]

如果一国发现其他国家违反了《联合国宪章》，而像安理会和大会这样的联合国机构没有谴责大国非法使用武力，并且国际法院只能对那些已经同意接受法

---

〔69〕　例如参见 Resolutions 678（1990）（Kuwait）and 1973（2011）（Libya）.
〔70〕　参见下面书中的详细讨论：Gray（above）ch. 8 and Moir（above）107 – 17.

院管辖权的案件才能行使管辖权，那么读者们可能会感到非常灰心。[71] 而且，关于 2003 年伊拉克战争的争论[72]，已经从某种意义上导致人们对缺乏安理会明确授权情况下国际法无法控制使用武力行为这种情况的灰心。虽然这种感觉很能让人理解，但是还有一个真正的担忧，即如果对安理会通过决议的关注不当，我们就会过于轻易满足我们的智慧或者使用武力。对于许多评论员来说，对科索沃或伊拉克使用武力是否恰当取决于安理会的投票结果。如果能够有九票，并且没有否决票，那么使用武力就是合法的、正当的，也是应当得到支持的。但是，这样一种有限的关注是危险的，任何使用武力是否正当应当就该问题的多面性得到辩论。

在 2003 年伊拉克战争之前，亚当·罗伯茨（Adam Roberts）爵士请我们思考除了合法一面以外的下列问题："对伊拉克的威慑是否已经明显失败，以至于现在必须采取行动？当在阿富汗还有如此多没有完成的事情时就开始战争是否明智？在能够进一步努力解决巴以问题之前就应当对伊拉克采取行动吗？对于伊拉克的将来是否有任何可行的计划？"[73] 虽然任何诉诸武力的合法性问题仍然是重要的，但我们必须不要忘记战争的智慧问题，我们必须高度警惕，即使安理会决议使本来就是一个侵略行为的攻击合法，这种诉诸武力仍然是非常不明智的。

关于联合国和平行动，在联合国依据第六章采取的行动和依据第七章采取的行动之间必须进行区分。但是，这可能产生误导。所有联合国的和平行动都被认为是有权在自卫的情况于使用武力或保卫它们的使命。一国可以依据第六章行使

---

〔71〕 对南斯拉夫联盟共和国和伊拉克使用武力受到广泛谴责，详见 Corten（above）ch. 6 and Gray ibid, at 354–69。当一国已经断定这种行动不是由联合国安理会授权时，它可能有义务按照自己的法律拒绝开放领空或者进行其他形式的合作。在 2003 年美国和英国与伊拉克发生武装冲突的情况下，瑞士依法履行了自己的义务，确保冲突各方"在冲突之前和冲突期间禁止飞越瑞士领土。而且，还禁止瑞士向冲突中的国家出口武器和服务。"'Neutrality Under Scrutiny in the Iraq Conflict: Summary of Switzerland's neutrality policy during the Iraq conflict', Federal Department of Foreign Affairs, 5 December 2005, at 2.

〔72〕 在这一节中，"战争"这个词是在非技术意义上使用的，在下面这个案件中，高等法院认为，在英国和伊拉克之间并不存在战争（当然，存在国际性武装冲突）: Amin v Brown（2005）EWHC 1670（Ch），因此禁止伊拉克公民阿敏（Amin）女士依据关于敌国外国人的国内法就位于伦敦的一座房子向英国法院提起诉讼。当商业或保险合同中用到"战争"一词时，发端可能采取比较务实的做法，当然这取决于具体的案情，而且没有必要对战争作出正式宣布。关于战争概念在国际法中的不确定地位，参见 C. Greenwood, 'The Concept of War in Modern International Law', 36 ICLQ（1987）283–306.

〔73〕 'The Case for War', The Guardian, 17 September 2002.

这一权利，因为东道国已经同意了这种行动。仅仅因为某项行动是依据第七章建立的，并不意味着联合国的行动就一定是有权采取更大范围的武力。依据第七章采取的行动意味着所有联合国会员国都承担国际义务，但任何授权使用武力通常都是在阐明使命的情况下由安理会单独处理。例如，2007 年，在关于"非洲联盟—联合国达尔富尔混合行动"（UNAMID）的第七章决议中，安理会**决定**：

> 授权达尔富尔混合行动在其部队部署区内，并在其认为力所能及的情况下，采取一切必要的行动，以便：
>
> （一）保护其人员、设施、装置和装备，并确保自身人员和人道主义工作者的安全和行动自由；
>
> （二）在不妨碍苏丹政府履行责任的情况下，支持早日切实执行《达尔富尔和平协议》，防止干扰执行《协议》的行动和武装袭击，从而保护平民；……

联合国部队更广泛地诉诸武力不是没有争议的，而且对维和要求采取"强力理论"并没有得到联合国会员国的广泛支持。[74] 相反，联合国秘书处已经对安理会精心设计野心勃勃的使命的能力感到灰心，因为会员国提供资源十分吝啬，而且出兵十分不充分。 489

> 维和使命的存在，在东道国民众和保护冲突中的个人和人群的国际舆论中产生很大的期待。但是，一小部分装备不够的维和人员需要保护通常处在遥远地区的好几百万平民居民的能力十分有限。联合国的使命通常涉及十分广泛的任务，除了提供安全外，还包括支持难民和流离失所者的自愿返回以及保护平民免受性暴力。这些任务要求接触使命的方方面面，无论是军事的、警察的或者民事的。期待与提供全面保护的失

---

[74] Report of the Panel on United Nations Peace Operations (Brahimi Report), A/55/305 – S/2000/809, 21 August 2000.

配对联合国维和造成了重大挑战。[75]

490 　　现在看来，让联合国维和行动扮演维持和平和保护平民免受暴力威胁的全球角色几乎没有希望。各国没有给联合国充分发挥职责的方法。尽管我们不再有冷战中阻止建立这种行动的分裂因素，但是世界没有创造联合国可以有效方式实地作出反应的某种能力。秘书处的观点再次揭示了这一问题："每一项新的任务都是建立在自愿的基础之上，而且自始至终都是建立在可以找到充分的资源并且可以基于个别的预算、支持和行政的前提之上的。它需要符合它已经变成全球事业的全球体制。"[76] 对这种制度的动力将取决于国家（以及代表国家的个人）是否让国际社会中的每一个人都感觉得到。

第四节　　《国际刑事法院规约》中的侵略

491 　　第三章提到，国际刑事法院有可能自 2017 年开始对侵略罪有管辖权。[77] 修正后的《规约》将排除对没有批准《规约》的国家的国民的管辖权，除非该情势是由安理会提交的。[78] 就《国际刑事法院规约》而言，这种犯罪是指"能够有效控制或指挥一个国家的政治或军事行动的人策划、准备、发动或实施一项侵略行为的行为，此种侵略行为依其特点、严重程度和规模，须构成对《联合国宪章》的明显违反。"[79] 因此，这种犯罪可以被称为"领导人犯罪"，《规约》将共谋实施这一犯罪的范围限于那些能够控制或指挥一国武装部队的人员。[80]

---

〔75〕 Department of Peacekeeping Operations and Department of Field Support, *A New Partnership Agenda: Charting a New Horizon for Peace – Keeping* (2009), at 20.

〔76〕 *A New Partnership Agenda: Charting a New Horizon for Peace – Keeping* (2009) (above), at iii.

〔77〕 根据《国际刑事法院规约修正案》，新的第 15 条第 3 款规定："法院根据本条对侵略罪行使管辖权，但需由缔约国在 2017 年 1 月 1 日后以通过本规约修正案所需的同样多数作出一项决定。"关于全面讨论，参见 volume 10 (1) of the *Journal of International Criminal Justice* (2012).

〔78〕 Arts 15*bis* (5), and 15*ter*. 另见 the additional procedural steps under Arts 15*bis* (6) (7) (8) 以及第三章第四节（同上）。

〔79〕 Art. 8*bis* (1) ICC Statute.

〔80〕 Art. 25*bis* (3).

相反，"侵略行为"是指"一国使用武力或以违反《联合国宪章》的任何其他方式侵犯另一国的主权、领土完整或政治独立的行为"。[81] 下面就是可以称为侵略行为的一系列行为：

根据 1974 年 12 月 14 日联合国大会第 3314 号决议，下列任何行为，无论是否宣战，均应视为侵略行为：

（a）一国的武装部队对另一国的领土实施侵略（入）或者攻击，或者这种侵略（入）或者攻击导致的任何军事占领——无论其如何短暂；或使用武力对另一国的领土或部分实施兼并；

（b）一国武装部队对另一国的领土实施轰炸，或一国使用任何武器对另一国领土实施侵犯；

（c）一国的武装部队对另一国的港口或海岸实施封锁；

（d）一国的武装部队对另一国的陆、海、空部队或海军舰队和空军机群实施攻击；

（e）动用一国根据与另一国的协议在接受国领土上驻扎的武装部队，但违反该协议中规定的条件，或在该协议终止后继续在该领土上驻扎；

（f）一国采取行动，允许另一国使用其置于该另一国处置之下的领土对第三国实施侵略行为；

（g）由一国或以一国的名义派出武装团伙、武装集团、非正规军或雇佣军对另一国实施武力行为，其严重程度相当于以上所列的行为，或一国大规模介入这些行为。[82]

当使用武力是行使自卫权或得到安理会的授权而成为合法时，并不存在侵略罪。在这种情况下，就不会出现"对《联合国宪章》的明显违反"。

1946 年，纽伦堡国际军事法庭指出，"发动侵略战争……是最严重的国际犯

492

493

---

〔81〕　Art. 8*bis*（2）ICC Statute.

〔82〕　Resolution RC/Res. 6，adopted 11 June 2010，Annex I，Art. 8*bis* paras 1 and 2.

罪。"[83] 该法庭判决 12 名被告犯有与侵略有关的罪。东京法庭判决 24 名被告犯有相同的罪。从那以后，很少有要求起诉国际侵略罪的情况。在审判萨达姆·侯赛因等人的情况下，也没有赋予伊拉克特别法庭具有审判这一犯罪的管辖权，即使有人呼吁应当对伊拉克 1990 年入侵科威特进行起诉。[84] 国际刑事法院将来的审判所面临的程序障碍还是很大的。但是，将侵略罪包括在《国际刑事法院规约》中，当然会让一些国家的领导人在打算发动军事冒险行动之前停下来思考一下。

第五节　武装冲突中的国际法

武装冲突的所有当事方有义务遵守有关的国际法。无论是侵略的国家还是进行自卫的国家，均有义务遵守战争法，它现在经常被称为"国际人道法"。国家之间的冲突和有组织的非国家武装团体与一国或者他们彼此之间的其他武装冲突是不同的。关于国家之间的武装冲突的有些规则对于国内武装冲突是不适用的。[85] 例如，在国内武装冲突中，并不存在可以在冲突结束之前被羁押随后必须被释放的战俘这样的概念。在国内武装冲突中，被俘的处在叛乱一方的非政府武装通常因为拿起武器对抗国家而被认为是罪犯，而且国家可以对他们的行为起诉和惩罚。相比之下，在国际性武装冲突中，一国被另一国俘获的武装部队成员不仅有权受到战俘的待遇，而且不能因为他们对俘获国的武装部队使用武力——即使是致命的武力——而受到审判。即使被俘的士兵属于侵略国的部队，我们也

---

　　[83]　*Trial of German Major War Criminals* (1946), Cmd 6964 (London: HMSO), at 13.

　　[84]　不过，《规约》提到了可以用来起诉类似犯罪的伊拉克国内法的规定，参见 C. Kress, 'The Iraqi Special Tribunal and the Crime of Aggression', 2 *JICJ* (2004) 347–52.

　　[85]　关于国际性武装冲突的规则引起各国的高度关注，因为它们显然认为限制作战手段与方法具有对等性质。国家不太希望看到它们在国内武装冲突中的自由受到限制。可以比较《国际刑事法院规约》第 8 条第 2 款规定的国际性武装冲突中的战争罪的长长的单子与非国际性武装冲突中的战争罪的简短的单子。还可以参见红十字国际委员会的下列研究作出的区分: ICRC Customary International Humanitarian Law Study (Henckaerts and Doswald–Beck, above). 进一步参见 Y. Dinstein, *The Conduct of Hostilities under the Law of International Armed Conflict*, 2nd edn (Cambridge: CUP, 2010); L. Moir, *The Law of Internal Armed Conflict* (Cambridge: CUP, 2002).

已经看到，侵略罪这项个人犯罪是限于有权控制或指挥一国武装部队的那些人的"领导人犯罪"。一国武装部队成员享有被称为"战斗员豁免"的保护，不能因为他们拿起武器对抗另一国而被诉。当然，对于某些违反战争法的行为（战争罪），他们仍然有可能被诉。

战争法具有悠久的历史，已经具有了许多条约和习惯国际法。[86] 红十字国际委员会尝试对这套国际法进行澄清，随着违反武装冲突法的战争罪审判案件越来越多，最近，这套法律得到了新的关注。[87] 它是很复杂的，我们在这里仅仅介绍一些基本的原则以及那些规定在《国际刑事法院规约》中的战争罪。

在审查核武器的合法性问题时，国际法院从许多规则中抽取出了以下两项基本原则：

> 第一项旨在保护平民居民和民用物体，并且在战斗员和非战斗员之间进行区分。国家不得将平民和民用物体作为攻击的目标，因此不得使用那些无法区分平民物体和军事目标的武器。根据第二项原则，禁止对战斗员造成不必要的痛苦：因此禁止使用那些会造成此种伤害或不必要加剧他们痛苦的武器。在适用第二项原则时，国家并不具有选择使用的武器的不受限制的自由。[88]

适用相关的规则是很复杂的。关于第一项原则存在诸多争论，例如谁是战斗员、平民何时因为直接参加敌对行动而失去免受攻击的保护、[89] 什么是军事目标因

---

[86] 关于概览，参见 M. Sassòli, A. A. Bouvier, and A. Quintin, *How Does Law Protect in War? Cases, Documents and Teaching Materials on Contemporary Practice in International Humanitarian Law*, 3rd edn (Geneva: ICRC, 2011) 3 vols; R. Kolb and R. Hyde, *An Introduction to the International Law of Armed Conflicts* (Oxford: Hart Publishing, 2008); F. Kalshoven and L. Zegveld, *Constraints on the Waging of War*, 4th edn (Geneva: ICRC, 2011); C. Greenwood, 'International Humanitarian Law (Laws of War)', in F. Kalshoven (ed.), *The Centennial of the First International Peace Conference* (The Hague: Kluwer Law International, 2000) 161–259.

[87] 参见 S. R. Ratner, 'Law Promotion Beyond Law Talk: The Red Cross, Persuasion, and the Laws of War', 22 (2) *EJIL* (2011) 459–506.

[88] *Legality of the Threat or Use of Nuclear Weapons*, ICJ Rep. (1996) p. 226, at para. 78.

[89] N. Melzer, 'Keeping the Balance Between Military Necessity and Humanity: A Response to Four Critiques of the ICRC's Interpretive Guidance on the Notion of Direct Participation in Hostilities', 42 (3), *New York University Journal of International Law and Politics* (2010), 831–916.

此可以对其合法攻击，以及在打击军事目标时如何适用禁止对民用物体和生命造成过分伤害的相称原则等。

在冲突时，对这些问题的回答取决于各种因素，需要具体问题具体分析。例如，就像第二节第二目第五部分提到的，基于不同的情况，一座桥梁有可能被视为合法攻击的军事目标，而且，即使该桥梁对敌人的军事努力有贡献，对其的任何打击也必须采取预防措施，避免造成平民伤亡，而最终的轰炸不得造成不相称的平民伤亡。要进行这种评估，必须知道在白天或晚上的特定时间点平民出现在桥梁附近的可能性，还必须知道摧毁该桥梁将取得的战略利益。对平民生命和抽象的未来军事利益进行权衡看上去比较可笑，而且不可操作，但这项原则是评估所有现代冲突中军事打击行动合法性的基础。[90]

关于第二项原则，也会产生同样的争论。尽管许多条约依据禁止对战斗员造成不必要痛苦的原则而禁止某种武器，但是国家坚持认为这项原则是禁止那些没有被明确禁止的武器的原因。[91] 随之而来的争论是，某种武器是如何被使用的，而非其是否得到了使用。[92]

刚刚介绍的这些原则有时被称为"交战行为法"，得到了保护武装冲突受难者的人道法规则的补充。受到这些规则保护的人员包括病者、遇船难者、战俘和其他被羁押人员，以及被占领土上的平民。正如我们在前面几章看到的，可能存在不仅涉及这些人员待遇而且禁止对他们进行报复的具体规定。武装冲突法中这一分支的规定包括好几百个条款，大多数规定在 1949 年的四个《日内瓦公约》及其附加议定书中。那种认为武装冲突期间有些人不受其保护的思想现在是不值

---

〔90〕 关于这种情况下将法律适用于事实的困难，参见 Report of the Independent International Fact – Finding Mission on the Conflict in Georgia (2009) vol. II, at 321–51; Final Report to the Prosecutor by the Committee Established to Review the NATO Bombing Campaign Against the Federal Republic of Yugoslavia (2000), 39 ILM 1257; Report of the International Commission of Inquiry to investigate all alleged violations of international human rights law in the Libyan Arab Jamahiriya, A/HRC/17/44, 1 June 2011.

〔91〕 可思考受到国际刑事法院禁止的武器的详细单子：第 8 条第 2 款。关于这一领域国际法的概况，参见 W. Boothby, *Weapons and the Law of Armed Conflict* (Oxford: OUP, 2009).

〔92〕 参见国际法院的咨询意见以及一些法官们发表的个别意见和反对意见：*Legality of the Threat or Use of Nuclear Weapons* (above).

得信赖的。[93] 最低的保证已经规定在 1949 年《日内瓦公约》共同第 3 条中，它规定：

在一缔约国之领土内发生非国际性武装冲突之场合，冲突之各方最低限度应遵守下列规定：

1. 不实际参加战事之人员，包括放下武器之武装部队人员及因病、伤、拘留或其他原因而失去战斗力之人员在内，在一切情况下应予以人道待遇，不得基于种族、肤色、宗教或信仰、性别、出身或财力或其他类似标准而有所歧视。

因此，对于上述人员，无论何时何地，不得有下列行为：

（a）对生命与人身施以暴力，特别如各种谋杀、残伤肢体、虐待及酷刑；

（b）作为人质；

（c）损害个人尊严，特别如侮辱与降低身份的待遇；

（d）未经具有文明人类所认为必需之司法保障的正规组织之法庭宣判，而遽行判罪及执行死刑。

2. 伤者、病者应予收容与照顾。

公正的人道主义团体，如红十字国际委员会，得向冲突之各方提供服务。

冲突之各方应进而努力，以特别协定之方式，使本公约之其他规定得全部或部分发生效力。

上述规定之适用不影响冲突各方之法律地位。

这样的规定不仅对武装冲突的当事方有约束力，而且任何违反这种规定的行为都可以作为国际法中的战争罪产生个人的刑事责任。这些犯罪已经得到了许多有关

---

〔93〕 落入敌人手中的人员的待遇最低规则规定在《日内瓦公约》（已经得到了普遍批准）共同第 3 条以及《第一附加议定书》第 75 条。美国最近承认，虽然他不是《第一附加议定书》的缔约国，但是"美国政府将……挑选一些第 75 条规定的可适用于国际性武装冲突被羁押人员的具有习惯国际法地位的原则，并且希望所有其他国家也遵守这些原则。" The White House, Fact Sheet: New Actions on Guantánamo and Detainee Policy, 7 March 2011.

500 交战行为的犯罪的补充，而且在国际性武装冲突中还有更多的战争罪的规定。[94]

尽管危害人类罪规定在了纽伦堡和东京军事法庭的规约中，但这些法庭认为，除非它们与冲突有关，否则它们不能判决这种犯罪。今天，危害人类罪不仅可以在武装冲突期间实施，而且还可以在不存在武装冲突的情况实施，在这两种情况下的犯罪均可以被诉。根据《国际刑事法院罗马规约》，要使这些侵犯人权的行为构成危害人类罪，这些行为必须是"在广泛或有系统地针对任何平民人口进行的攻击中，在明知这一攻击的情况下，作为攻击的一部分而实施"。这就意味着具有"根据国家或组织攻击平民人口的政策，或为了推行这种政策，针对任何平民人口多次实施……所述行为的行为过程"。下列行为被包括在内：谋杀、灭绝、驱逐出境或强制迁移人口、酷刑、强奸、性奴役、强迫卖淫、强迫怀孕以及强迫绝育、基于政治或其他理由的迫害、强迫人员失踪。[95]

国际法院认为，除了国际人道法外，国际人权法和环境法均适用于武装冲突时期。[96] 我们已经在第七章看到，国际法委员会提出了一长串在武装冲突期间

501 继续适用的条约列表。最重要的是，国际性法院，例如欧洲人权法院在武装冲突和占领的局势中已经适用了人权条约，为人权受到侵犯的被害人提供了救济。[97]

不过，在人权条约的特定条款和战争法之间的实际互动方面仍然产生了相当的混乱和争议。[98] 有一些国家认为，两者只能适用其一。尽管可能存在只有一套规则适用的情况，但是在许多局势中，不同的法律规则是补充适用，而不是相互排斥的。例如，虽然人权法可能禁止任意剥夺生命或任意羁押，但要判断武装冲突的情况下什么情况构成任意，可能需要援引武装冲突法中的特别规则，例如

---

〔94〕《国际刑事法院罗马规约》第 8 条第 2 款。

〔95〕《国际刑事法院规约》第 7 条。

〔96〕 参见 Nuclear Weapons (above)，at paras 25 and 29；进一步参见 E. Brown Weiss, 'Opening the Door to the Environment and to Future Generations', in Boisson de Chazournes and Sands (above)，at 338 – 53.

〔97〕 例如参见 Al – Skeini and others v. UK, 7 July 2011；Al – Jedda v. UK, 7 July 2011；L. Doswald – Beck, Human Rights in Times of Conflict and Terrorism (Oxford：OUP, 2011).

〔98〕 关于人权法和人道法互动的详细研究，参见 M. Sassòli, 'The Role of Human Rights and International Humanitarian Law in New Types of Armed Conflicts', in O. Ben – Naftali (ed.)，International Humanitarian Law and International Human Rights Law (Oxford：OUP, 2011) 34 – 94；关于"9·11 事件"之后对战争法的援引，参见 M. E. O'Connell, 'The Choice of Law Against Terrorism', Journal of National Security Law and Policy (2010) 343 – 68, and P. Alston, 'The CIA and Targeted Killings Beyond Borders', 2 Harvard National Security Journal (2011) 283 – 446.

什么是军事目标这样的规定（前文已经介绍）。同样，我们也已经看到，《日内 502
瓦公约》只提到了"酷刑"，但没有对此作过多规定。"酷刑"这个人权法中的
术语的定义和解释将有助于战争法的适用。[99]

第六节　国际法的当今作用

本书全文透露出了一对紧张关系，即国家利益和涉及个人尊严的特定价值；
另外，我们还遇到了国际社会中正在出现的概念：**针对**国际社会承担的义务（对
一切的义务）、经国家之国际社会**接受和承认的规范**（强行法规范），以及现在
国际社会准备接受的避免人民遭到严重暴行的**保护的责任**。对于国际法将来的进
一步发展来说，发展一个不仅仅是国家集体的另一个名称的社会是十分重要的。
要求建立一个被称为国际社会的呼声是不够的，这个社会必须感到，每一个人都
被包括在内，而且每一个人的困境都是一个受到关注的事项、一个需要采取行动
的事项。

法律不是一类基于自身某种固有的力量可以将人类或国家紧密团结在一起、
否则彼此就没有关系并会分道扬镳的黏合剂。法律也不是可以用来大量生产方法
的东西。它的成长被刺激，实际上，如果它要从一个非常粗糙的阶段进一步发
展，它就需要通过有目的地创造特别机构——例如法院——的方式得到刺激，这
样它就可以发挥它的功能。但它主要是一种共同体的意识和可以表达这种共同体 503
的意识更广泛的组织，而不仅仅是法律组织，同时还是社会和政治组织发展的副
产品。[100]

关于国际法的作用，存在两种很流行的但同时也是对立的错误看法。一种是
愤世嫉俗的、实用主义的人的看法，流露出主张者们的幻想，并且他们只是简单
相信国际法是一块假的遮羞布。他们指出，国际法缺乏制裁，根本不去看事实是

---

〔99〕　关于这两套制度之间的补充发展和融合发展的进一步思考和更多的例子，参见 D. Thürer, 'International Humanitarian Law: Theory, Practice, Context', 338 *RCADI* (2008) 9 – 370, at 110 – 63.

〔100〕　最后的这一段话首次作为 1944 年在查塔姆研究所的演讲的一部分被包括在：Brierly, 'International Law: Its Actual Part in World Affairs' in *The Basis of Obligation in International Law*, 305 – 13, at 312；重印于：20 *International Affairs* (1944) 381 – 9.

否真的如此，并认为没有制裁的法律永远不可能得到遵守。他们还指出，这样或那样的条约得到了违反，并因此认为所有条约甚至都不值得起草。另一个极端是，超越法定主义的法学家拥有的乌托邦式的看法，认为法典和规定具有自身的魔力，或者那些狂热的非法学家想象认真追求更佳的国际秩序可以取代对实际问题的耐心研究。然而，今天的国际法是作为一个体系存在的，而且有可能发现它内在的运作方式，尽管这不是很容易。

寻找各种典籍是不够的，国际法的文学史，以及传统论述中包含的文学史在许多方面是误导性的。我们必须寻找真正的样子——不是学术研究中的样子，而是实践中的样子，因此我们必须利用能够裁判国际法问题的法院和讨论国际法的外交部门。这里，我们必须找到无数正在交涉的法律事务，它们中的多数都是实际的事务，而且（对于不是律师的人来说），就像任何其他律师的工作一样枯燥。它广泛涉及许多在国际法的书本中仅仅只是略微提及的问题、涉及对各种意义的条约的起草或解释、涉及在国外遇到了麻烦的国民的保护、涉及管辖权的冲突，以及社会各种其他问题，它们中的大多数问题都远离政治，而且一般人并不感兴趣。

但是，所有这种工作的重要意义在于，发展的前提是，国家通常都遵守他们的条约，而且尊重国际法规则，而且这种前提是得到实践支持的。有关的法官和律师用的是其他律师在用的相同的技巧，而且与其他律师遇到的困难一样，十有八九的困难是在将公认的一般原则适用到具体复杂或争议的事实中产生的，而不是国际法律师必须处理的任何不确定或抽象的原则。大多数那些证明国际法原则具有非法律性或抽象性的流行观点实际上是那些只在书本中看到过国际法，而不是在实践中看到过国际法的理论家们的看似真实的观点，也不知道他们是否真的研究过国际法。[101]

---

〔101〕 最后三段话最初以相同的方式出现在：Brierly's 'Law, Justice, and War', *Czechoslovak Year Book of International Law* (1942), reproduced in *The Basis of Obligation*, 265–79, at 265–6.

索　引